高速铁路干部培训教材

高速铁路工务

郑州铁路局 编

中国铁道出版社

2012年·北京

内 容 简 介

为了做好高速铁路管理干部及技术人员业务培训工作，郑州铁路局工务处组织专业技术人员编写了本教材。全书共分十四章，内容包括：高速铁路概述、主要技术标准、钢轨、轨道结构类型、道岔、控制网及轨道测量技术、桥涵、隧道、路基及防灾、安全防护设施、大型养路机械、基本规章制度、线路检查及主要作业项目、桥隧主要检查及作业项目等。

图书在版编目(CIP)数据

高速铁路工务/郑州铁路局编. —北京：中国铁道出版社，2012.3
高速铁路干部培训教材
ISBN 978-7-113-14240-7

Ⅰ.①高…　Ⅱ.①郑…　Ⅲ.①高速铁路—铁路工程—干部培训—教材　Ⅳ.①U238

中国版本图书馆 CIP 数据核字(2012)第 027247 号

书　　名：**高速铁路工务**
作　　者：郑州铁路局　编

责任编辑：程东海　　**编辑部电话**：(010)51873135
封面设计：崔　欣
责任校对：孙　玫
责任印制：陆　宁

出版发行：中国铁道出版社(100054，北京市西城区右安门西街 8 号)
网　　址：http://www.tdpress.com
印　　刷：中国铁道出版社印刷厂
版　　次：2012 年 4 月第 1 版　2012 年 4 月第 1 次印刷
开　　本：787 mm×1 092 mm　1/16　印张：15.5　字数：383 千
书　　号：ISBN 978-7-113-14240-7
定　　价：45.00 元

编委会名单

前　言

为更好地落实“十二五”铁路人才发展规划，强化人才培养和实践锻炼，加快建设一支数量充足、结构合理、素质过硬的高铁专业技术人才队伍，尽快满足确保高铁安全运营对专业技术人才的需要，郑州铁路局结合管内郑西、石武高铁运营和建设实际，本着立足当前、着眼长远、瞄准前沿、务求实用的原则，编写了本套教材。

本套教材针对高铁专业技术干部岗位需要，以应知应会、实作技能为重点，涵盖了高铁行车组织、调度指挥、客运、机务运用、供电、工务、通信、信号、动车组等专业系统知识。教材内容通俗易懂、信息量大、专业性强，侧重高铁运营管理中的新技术、新设备，既立足应用实际，又有适度超前，部分章节在全局各类教材中属于首次涉及，可用于高铁在岗专业技术人员和即将上岗人员的强化培训教材，也可作为各级领导干部和综合管理干部日常学习业务知识的参考资料。

本套教材由郑州铁路局人事处（党委组织部）组织筹划，集中了运输处、客运处、机务处、供电处、工务处、电务处、车辆处、调度所、高铁办等专业处室的骨干技术力量共同编写，总工程师室对教材内容进行了审核。对他们的辛苦努力和大力支持，在此表示衷心感谢！

由于时间仓促，加之编者水平有限，书中难免存在疏漏和不足之处，恳请广大读者批评指正。

编　者

二〇一二年三月

目　录

第一章 高速铁路概述

第一节 高速铁路的概念及发展

1. 高速铁路概念

高速铁路是指新建线路允许速度达到 250 km/h 及以上的铁路，或通过既有线改造，线路允许速度达到 200 km/h 及以上的铁路。

2. 世界高速铁路的发展及优越性

日本、法国、中国及美国的高速铁路发展都是首先连接人口密集的大城市：日本的东京至京都；法国的巴黎至里昂；中国的北京至上海，北京至天津，武汉至广州，上海至杭州，南昌至上海，郑州至西安；美国的波士顿至纽约、华盛顿。这样可以提前发挥社会效益，需要时亦可以将原有的线路改良后使用。

服务对象：高速铁路的顾客对象多数以商务旅客为主。旅游游客是第二主要客户。以法国高速铁路为例，它连接了海岸的度假区，并且在长程路线上减价以跟飞机竞争。因为高速铁路的出现，不少以离巴黎现在低于 1 h 车程的地区开始成为通勤的住宅区。不少本来是偏远的地区亦得到较快的发展。西班牙及荷兰的高速铁路亦是希望得到这种效果。

(1)世界高速铁路回顾

铁路是人类发明的首项公共交通工具，在 19 世纪初期便在英国出现。直至 20 世纪初发明汽车，铁路一向是陆上运输的主力。二次大战以后，汽车技术得到改进，高速公路亦大量建成，加上民航的普及，使铁路运输慢慢走向下坡。特别在美国，政府的投资主要放在公路的建设上，不少城市内的公共交通曾一度被遗弃。

早在 20 世纪初前期，当时火车"最高速率"超过时速 200 km 者寥寥无几。直到 1964 年日本的新干线系统开通，是史上第一个实现"营运速率"高于时速 200 km 的高速铁路系统。

世界上首条出现的高速铁路是日本的新干线，于 1964 年正式营运。日系新干线列车由川崎重工建造，行驶在东京—名古屋—京都—大阪的东海道新干线，营运速度 271 km/h，营运最高时速 300 km。

①第一次浪潮(1964 年～1990 年)

1959 年 4 月 5 日，世界上第一条真正意义上的高速铁路东海道新干线在日本破土动工，经过 5 年建设，于 1964 年 3 月全线完成铺轨，同年 7 月竣工，1964 年 10 月 1 日正式通车。东海道新干线从东京起始，途经名古屋，京都等地终至(新)大阪，全长 515.4 km，运营速度高达 210 km/h，它的建成通车标志着世界高速铁路新纪元的到来。随后法国、意大利、德国纷纷修建高速铁路。1972 年继东海道新干线之后，日本又修建了山阳、东北和上越新干线；法国修建了东南 TGV 线、大西洋 TGV 线；意大利修建了罗马至佛罗伦萨线。以日本为首的第一代高速铁路的建成，大力推动了沿线地区经济的均衡发展，促进了房地产、工业机械、钢铁等相关产业的发展，降低了交通运输对环境的影响程度，铁路市场份额大幅度回升，企业经济效益明显好转。

② 第二次浪潮(1990 年～20 世纪 90 年代中期)

高速铁路建设在日本和法国所取得的成就影响了很多国家。20 世纪 80 年代末,世界各国对高速铁路的关注和研究酝酿了第二次建设的高潮。第二次建设高峰于 90 年代在欧洲形成,所波及到的国家主要有法国、德国、意大利、西班牙、比利时、荷兰、瑞典和英国等。1991 年瑞典开通了 X2000 摆式列车,1992 年西班牙引进法、德两国的技术建成了 471 km 长的马德里—塞维利亚高速铁路。1994 年英吉利海峡隧道把法国与英国连接在一起,开创了第一条高速铁路国际连接线。1997 年,从巴黎开出的"欧洲之星"又将法国、比利时、荷兰和德国连接在一起。在这个期间,日本、法国、德国以及意大利对发展高速铁路进行了全面规划。根据 1987 年的计划,日本将再修建东北新干线(盛冈—青森)、北陆新干线(高崎—敦贺)、九州新干线(福冈—鹿儿岛)、九州新干线(福冈—长崎)、北海道新干线(青森—札幌)等 5 条新干线,总长达到 1 440 km。1986 年,意大利政府批准了交通运输发展规划纲要,准备修建横连东西(都灵—米兰—威尼斯)、纵贯南北(米兰—佛罗伦萨—罗马—那不勒斯),长达 1 230 km 的"T"形高速铁路网。法国于 1992 年由政府公布了建设全国高速铁路网的规划,根据规划,未来 20 年内高速铁路网将由 4 700 km 新线(其中 1 282 km 已于 1997 年开通投入运营)构成,新线建造费用预计达 1 800 亿法郎(以 1989 年价格计)。1991 年 4 月,德国联邦政府批准了联邦铁路公司改建、新建高速铁路 2 000 km 的计划。第二次建设高潮时期,高速铁路所表现出的特征体现在:已建成高速铁路的国家进入了高速路网规划和建设的年代;高速铁路的建设已经不仅仅是铁路部门的需要,修建高速铁路网成为地区之间相互联系的政治需求;能源和环境的要求呼吁发展无污染的高速铁路;出现了全国的和跨越国境的高速铁路网。

法国、德国、意大利、西班牙、比利时、荷兰、瑞典、英国等欧洲大部分发达国家,大规模修建本国或跨国界高速铁路,逐步形成了欧洲高速铁路网络。这次高速铁路的建设高潮,不仅仅是铁路提高内部企业效益的需要,更多的是国家能源、环境、交通政策的需要。

③第三次浪潮(从 20 世纪 90 年代中期至今)

在亚洲(韩国、中国)、北美洲(美国)、澳洲(澳大利亚)世界范围内掀起了建设高速铁路的热潮。主要体现在:一是修建高速铁路得到了各国政府的大力支持,一般都有了全国性的整体修建规划,并按照规划逐步实施;二是修建高速铁路的企业经济效益和社会效益,得到了更广层面的共识,特别是修建高速铁路能够节约能源、减少土地使用面积、减少环境污染、交通安全等方面的社会效益显著,以及能够促进沿线地区经济发展、加快产业结构的调整等等。

适合高速铁路的生存环境其实只有两条基本原则:第一是人口稠密和城市密集,而且生活水准较高,能够承受高速轮轨比较昂贵的票价和多点停靠,第二是较高的社会经济和科技基础,能够保证高速轮轨的施工、运行与维修需要。就这两点而言,以巴黎和柏林为核心的欧洲大陆和日本密集的城市带是最适合不过的。因此世界最先进的高速轮轨技术诞生在德、法、日这 3 个国家就非常合乎逻辑。日本的高速铁路"新干线"诞生于 1964 年。当时的东京至新大阪"东海道"新干线仅用 8 年时间就收回全部投资。近 40 年来,新干线技术不断进步,已经构成了日本国内铁路网的主干部分。虽然新干线的速度优势不久之后就被法国的 TGV 超过,但是日本新干线拥有目前最为成熟的高速铁路商业运行经验——近 40 年没有出过任何事故。而且新干线修建之后对于日本经济的拉动也是引起世界高速铁路建设狂潮原因之一。TGV 可能是目前唯一没有任何盈利色彩而享誉世界的法国产品。所谓 TGV 是 Train *à* Grande Vitesse(法语"高速铁路")的简称。第一条 TGV 是 1981 年的开通的巴黎至里昂线。此后不过几个月,TGV 就打败法国航空拥有了这条线路的最大客源。1972 年的试验运行中,TGV

创造了当时的318 km的高速轮轨时速。从此TGV一直牢牢占据高速轮轨的速度桂冠，目前的纪录是2007年创下的574.8 km/h。另外法国境内的加来至马赛TGV的平均时速超过300 km，表现也非常稳定。法国TGV的最大优势在于传统轮轨领域的技术领先。1996年，欧盟各国的国有铁路公司经联合协商后确定采用法国技术作为全欧高速火车的技术标准。因此TGV技术被出口至韩国、西班牙和澳大利亚等国，是被运用最广泛的高速轮轨技术。德国的ICE则是目前高速铁路中起步最晚的项目。ICE(Intercity-Express的简称)的研究开始于1979年，其内部制造原理和制式与法国TGV有很大相似之处，目前的最高时速是1988年创下的409 km。因此现在德国与法国政府正在设计进行铁路对接，用各自的技术完成欧洲大陆上最大的两个国家铁路网的贯通。ICE起步较晚和进展比较落后的一个重要原因是德国人在高速轮轨和磁悬浮的两线作战。由于磁悬浮在设计理念上的先天优势(没有固态摩擦)，德国的常导高速磁悬浮一直是其铁路方面科研的重点。磁悬浮的设计理念与传统意义上的轮轨完全不同，因此当法国的TGV顺利投入运行，而且速度不亚于当时的磁悬浮时，德国人才开始在高速轮轨方面奋起直追，但是至今仍与法国TGV技术有不小的差距。

在认识建造高速铁路的优势后，美国奋起直追，不仅保留了原计划拆除的东北走廊电气化设施，而且在引进TGV技术的基础上，研制了具有美国特色的高速列车Acela，该列车连接了波士顿、纽约、费城、华盛顿，是美国唯一一条高速铁路。

1971年最早的TR1型磁悬浮面世之后，至今已经有8个型号。上海磁悬浮采用的就是最新的TR8型。

日本磁悬浮研究成功是在新干线正式运行10年之后的1972年，而且研究方向是与德国完全不同的超导方式。目前日本磁悬浮已经在试验中得到552 km/h的最高速度。

高速轮轨和磁悬浮虽然在设计方法上有天壤之别，却还有一点是共通的，那就是关注于改变列车和轨道的接触状况以提高速度。到目前为止，磁悬浮能够达到的设计运行最高时速为450 km(德国)，试验最高时速552 km(日本)。与目前最高时速的高速轮轨TGV相比，磁悬浮的纯速度领先还并不明显，但它有明显的速度潜力和能耗比、噪声等。与此大相径庭的是近年兴起的，关注于改进机车牵引系统的摆式列车，很有可能是此后地面交通工具提高速度的另一个有益尝试。

德国、意大利和瑞典是最早进行摆式列车试验的国家，1997年以来摆式列车因为价格便宜和制造工艺相对简单，尤其是能够充分利用现有线路，不必铺设全新的铁路网络的优势，而逐渐能够在高速列车的竞争上与高速轮轨和磁悬浮分庭抗礼。

从国际趋势来看，摆式列车很有可能是一种在大规模成熟铁路网基础上完成提速，而且性价比较高的高速铁路技术。

最新资料表明，日本磁悬浮型高铁JR-Maglev已经超过法国，最高时速581 km，成为实验时速世界最快的高铁。

(2)主要优势

载客量高：高速铁路的优点是载客量非常高。无论是高速公路或机场都会发生挤塞。倘若旅程非以大城市中心为出发及目的地，使用高速铁路加上转乘的时间可能只跟驾驶汽车相仿，但高速铁路毋须自行驾车，较为舒适。另外，虽然高速铁路的速度比不上飞机，但在距离稍短的旅程(650 km以下)，高速铁路因为无需到通常较远的机场登机，也不需要值机、行李托运和安检，故仍较省时。由于高速铁路的班次安排可较为频密，其总载客量亦远高于民航。

输送能力大：目前各国高速铁路几乎都能满足最小行车间隔时间4 min及其以下(日本可

达3 min)的要求，扣除维修时间4 h，则每天可开行的旅客列车约为280对；如每列车平均乘坐800人，年均单向输送能力将达到82 000万人；如果采用双联列车或改用双层客车，载客高达1.65亿人。4车道高速公路客运专线，单向每小时可通过小轿车1 250辆，全天工作20 h，可通过25 000辆。如大轿车占20%，每平均乘坐40人；小轿车占80%，每车乘坐2人，年均单向输送能力为8 760万人。航空运输主要受机场容量限制，如一条专用跑道的年起降能力为12万架次，采用大型客机的单向输送能力只能达到1 500万～1 800万人。

速度快：速度是高速铁路技术水平的最主要标志，各国都在不断提高列车的运行速度。法国、日本、德国、西班牙和意大利高速列车的最高运行时速分别达到了300、300、280、270和250 km。如果作进一步改善，运行时速可以达到350～400 km。除最高运行速度外，旅客更关心的是旅行时间，而旅行时间是由旅行速度决定的。以北京至上海为例，在正常天气情况下，乘飞机的旅行全程时间(含市区至机场、候检等全部时间)为5 h左右，如果乘高速铁路的直达列车，全程旅行时间则为5～6 h，与飞机相当；如果乘既有铁路列车，则需要15～16 h；若与高速公路比较，以上海到南京为例，沪宁高速公路274 km，汽车平均时速83 km，行车时间为3.3 h，加上进出沪、宁两市区一般需1.7 h，旅行全程时间为5 h，而乘高速列车，则仅需1.15 h。

安全性好：高速铁路由于在全封闭环境中自动化运行，又有一系列完善的安全保障系统，所以其安全程度是任何交通工具无法比拟的。高速铁路问世35年以来，日、德、法三国共运送了50亿人次旅客。除德国1998年6月3日的ICE884高速列车行驶在改建线上发生事故外，各国高速铁路都未发生过重大行车事故，也没有因事故而引起人员伤亡。这是各种现代交通运输方式所罕见的。几个主要高速铁路国家，一天要发出上千对的高速列车，即使计入德国发生的事故，其事故率及人员伤亡率也远远低于其他现代交通运输方式。因此，高速铁路被认为是最安全的。与此成对比的是，据统计，全世界由于公路交通伤亡事故每年约死亡25万～30万人；1994年全球民用航空交通中有47架飞机坠毁，1 385人丧生，死亡人数比前一年增加25%，比过去10年的平均数高出20%。每10亿人公里的平均死亡数高达140人。

正点率高：高速铁路全部采用自动化控制，可以全天候运营，除非发生地震。据日本新干线风速限制的规范，若装设挡风墙，即使在大风情况下，高速列车也只要减速行驶，比如风速达到25～30 m/s，列车限速在160 km/h；风速达到30～35 m/s(类似11、12级大风)，列车限速在70 km/h，而无须停运。飞机机场和高速公路等，在浓雾、暴雨和冰雪等恶劣天气情况下，则必须关闭停运。正点率高也是高速铁路深受旅客欢迎的原因之一。由于高速铁路系统设备的可靠性和较高的运输组织水平，可以做到旅客列车极高的正点率。西班牙规定高速列车晚点超过5 min就要退还旅客的全额车票费；日本规定到发超过1 min就算晚点，晚点超过2 h就要退还旅客的加快费，1997年东海道新干线列车平均晚点只有0.3 min。高速列车极高的准时性深得旅客信赖。

舒适方便：高速铁路一般每4 min发出一列车，日本在旅客高峰时每3.5 min发出一列客车，旅客基本上可以做到随到随走，不需要候车。为方便旅客乘车，高速列车运行规律化，站台按车次固定化等。这是其他任何一种交通工具无法比拟的。高速铁路列车车内布置非常豪华，工作、生活设施齐全，座席宽敞舒适，走行性能好，运行非常平稳。减震、隔音，车内很安静。乘坐高速列车旅行几乎无不便之感，无异于愉快的享受。

能源消耗低：如果以“人/km”单位能耗来进行比较的话。高速铁路为1，则小轿车为5，大客车为2，飞机为7。高速列车利用电力牵引，不消耗宝贵的石油等液体燃料，可利用多种形式的能源。

环境影响轻:当今,发达国家对新一代交通工具选择的着眼点是对环境影响小。高速铁路符合这种要求,明显优于汽车和飞机。

经济效益好:高速铁路投入运行以来,倍受旅客青睐,其经济效益也十分可观。日本东海道新干线开通后仅7年就收回了全部建设资金,自1985年以后,每年纯利润达2 000亿日元。

(3)与普通铁路的区别

一是高速铁路非常平顺,以保证行车安全和舒适性,高速铁路都是跨区间无缝线路,300 km以上的高速铁路均采用无砟轨道;二是高速铁路的曲线少,曲线半径大,道岔都是可动心高速道岔;三是大量采用高架桥梁和隧道,来保证平顺性和缩短距离;四是高速铁路的接触网,悬挂方式也与普通铁路不同,以保证高速动车组的接触稳定和耐久性;五是高速铁路的信号控制系统比普通铁路先进。

第二节 郑西、石武高速铁路简介

郑西高铁是我国中长期铁路规划中10条客运专线中徐兰客运专线(徐州—郑州—西安—宝鸡—兰州)最先建成的一段。郑西高铁为双线,线路穿越豫西山地和渭河冲积平原,南倚秦岭,北临黄河,沿线80%区段为黄土覆盖,湿陷性黄土区施工技术是最大的技术难题。郑西高铁东起郑州国家综合交通枢纽的新郑州东站,向西经过洛阳市、三门峡市、渭南市,西至西安枢纽的西安北站(新建),分别连接石武高铁、京广铁路大通道(包括京广深客运专线、京广线)、大湛通道、包柳通道。正线长456.639 km,另由西安北站向西延伸至陇海线咸阳西站,线路长27.879 km。沿线新建荥阳南站、巩义南站、洛阳龙门站、渑池南站、三门峡南站、灵宝西站、华山北站、渭南北站、临潼东站、西安北站共10个车站。最小曲线半径7 000 m,最大坡度20‰,轨道结构为旭普林无砟轨道。

2010年1月28日郑西高速铁路成功试运行。

2010年2月6日郑西高速铁路正式投入商业运营。

石武铁路客运专线北起石家庄,南至武汉,是北京—广州—深圳—香港客运专线的组成部分,设计运营时速350 km,沿线共设高邑西站、邢台东站、邯郸东站、安阳东站、鹤壁东站、新乡东站、郑州东站、许昌东站、漯河西站、驻马店西站、明港东站、信阳东站、孝感北站和横店东站等14个车站,并预留新郑东站。其中,河北省境内203 km,河南段507 km,湖北段130 km。正线全长840.7 km,设计速度目标值350 km/h,石武高速铁路基础轨道工程除少部分路段采用有砟轨道外,其余均采用无砟轨道;牵引供电、通信信号、调度集中和安全检测等系统均采用国产化设备,能满足高速列车的高平顺性要求,保证列车安全正点运行。全线以高架线路为主,桥隧比达81%,与既有铁路线相比,大幅减少了土地使用量。在沿线敏感地段大量采取吸、隔声屏障降噪措施或减振措施,减少了列车运行对环境的影响。

石武铁路客运专线北接京石、石太客运专线,中连郑西高铁和规划中的郑徐高铁,南接武广高铁和沪汉蓉快速通道,构成完整的中国南北高速铁路交通大通道,中国及世界上线路最长的高速铁路线路,在我国铁路网中具有重要地位。

第二章　高速铁路主要技术标准

第一节　曲　　线

1. 曲线及夹直线

曲线:曲线一般由圆曲线和缓和曲线组成,曲线要素为缓和曲线长度、曲线半径、超高、圆曲线长度、超高顺坡率等。

我国高速铁路的运输组织模式为高速与低速列车共线运行,其匹配关系一般客运专线为(350/250)km/h、(300/200)km/h、(250/160)km/h,客货共线为(200/80)km/h。考虑到我国路网尚未完整,部分客运专线初期需兼顾货运,且由于大部分货车限制速度仅为80 km/h,故初期兼顾货运的客运专线也可暂时采用(250/80)km/h的匹配关系。

最小曲线半径是线路设计主要技术标准之一,它与铁路运输模式、速度目标值、旅客乘坐舒适度和列车运行平稳度等有关。

圆曲线范围内,旅客乘坐舒适度的主要控制因素为未被平衡超高,分为欠超高和过超高。根据实验,未被平衡超高与舒适度的评判关系为:40 mm为优秀,60 mm为良好,90 mm为一般。

圆曲线未被平衡超高计算公式为

$$h=\frac{11.8\times V^2}{R}-H$$

式中　h——未被平衡超高(mm),正值为欠超高,负值为过超高;

R——曲线半径(m);

V——列车速度(km/h);

H——曲线实设超高(mm)。

高速铁路设计时,一般在速度目标值确定后,按舒适度条件“优秀”确定未被平衡超高值,可确定最小曲线半径。

目前,我国高速铁路关于最小曲线半径的规定见表2-1。

最大曲线半径通常是在小偏角情况下为保证圆曲线长度而采用的半径。最大曲线半径主要受线路的铺设、养护能达到的精度控制。当曲线半径达到一定程度后,管理波长范围内矢距值将很小,现有的检测精度难以保证其准确性,可能反而成为轨道不平顺的因素。综合以上因素,我国高速铁路规定的最大曲线半径一般为12 000 m。

2. 圆曲线及夹直线长度

圆曲线及夹直线最小长度的计算采用的是车辆震动不叠加理论。

圆曲线长度及曲线间夹直线长度:

$$一般条件下,L\geqslant 0.8V$$

$$困难条件下,L\geqslant 0.6V$$

缓和曲线与道岔间夹直线长度:

一般条件下，$L \geqslant 0.6V$

困难条件下，$L \geqslant 0.5V$

表 2-1　最小曲线半径规定

<table>
<tr><th colspan="3">设计行车速度(km/h)</th><th colspan="2">最小曲线半径(m)</th></tr>
<tr><td rowspan="6">有货物列车运行时的线路</td><td rowspan="3">200</td><td rowspan="2">新建</td><td>一般</td><td>3 500</td></tr>
<tr><td>特殊困难</td><td>2 800</td></tr>
<tr><td>既有线保留地段</td><td>特殊困难</td><td>2 500</td></tr>
<tr><td rowspan="3">250</td><td>新建</td><td></td><td>4 500</td></tr>
<tr><td rowspan="2">既有线保留地段</td><td>一般</td><td>3 500</td></tr>
<tr><td>特殊困难</td><td>2 800</td></tr>
<tr><td rowspan="16">仅运行旅客列车的线路</td><td colspan="2" rowspan="2">200</td><td>一般</td><td>2 500</td></tr>
<tr><td>特殊困难</td><td>2 200</td></tr>
<tr><td colspan="2" rowspan="2">250/160 有砟、无砟轨道</td><td>一般</td><td>4 000</td></tr>
<tr><td>特殊困难</td><td>3 500</td></tr>
<tr><td rowspan="4">250/200</td><td rowspan="2">有砟轨道</td><td>一般</td><td>3 500</td></tr>
<tr><td>特殊困难</td><td>3 000</td></tr>
<tr><td rowspan="2">无砟轨道</td><td>一般</td><td>3 200</td></tr>
<tr><td>特殊困难</td><td>2 800</td></tr>
<tr><td rowspan="4">300</td><td rowspan="2">有砟轨道</td><td>一般</td><td>5 000</td></tr>
<tr><td>特殊困难</td><td>4 500</td></tr>
<tr><td rowspan="2">无砟轨道</td><td>一般</td><td>5 000</td></tr>
<tr><td>特殊困难</td><td>4 000</td></tr>
<tr><td rowspan="4">350</td><td rowspan="2">有砟轨道</td><td>一般</td><td>7 000</td></tr>
<tr><td>特殊困难</td><td>6 000</td></tr>
<tr><td rowspan="2">无砟轨道</td><td>一般</td><td>7 000</td></tr>
<tr><td>特殊困难</td><td>5 500</td></tr>
</table>

3. 超高

线路实设超高最大值主要取决于列车在曲线上停车时的安全、稳定和旅客舒适度要求。根据实验结果和国外经验，我国设计规范规定有砟轨道最大超高设计值为 170 mm，无砟轨道最大超高设计值为 175 mm。考虑到有砟轨道横向稳定性相对薄弱，我国双线铁路有砟轨道实设最大超高一般不大于 150 mm。高速铁路曲线超高设置应优先满足本线直通列车的旅客舒适度要求，并兼顾低于本线运行速度的跨线列车和中间站进出站列车的旅客舒适度要求。线路起终点车站或以进出站旅客列车为主的车站两端曲线，应满足未被平衡超高的一般要求。目前超高设置一般规则如下：

(1)欠超高一般不大于 40 mm，困难条件下不大于 60 mm，过超高应不大于 70 mm。

(2)进出站旅客列车欠超高按表 2-2 要求设置。

在使用困难条件时，原则上先用足进出站列车的困难条件，再使用通过列车的困难条件。当进出站列车使用过超高困难条件限值后，通过站列车欠超高仍超出困难条件限值时，应适当降低通过站列车的线路允许速度，直至欠超高符合要求。

表 2-2　进出站旅客列车欠超高要求设置

列车速度(km/h)	一般条件(mm)	困难条件(mm)
$V\leqslant160$	90	110
$160<V\leqslant200$	70	90
$200<V\leqslant250$	60	80
$250<V\leqslant300$	60	70

第二节　坡度及竖曲线

坡度：高度铁路线路最大坡度正线一般不大于 20‰，特殊困难条件下不大于 30‰。从列车平稳性的角度考虑，最小坡段长度除应满足两竖曲线不重叠外，还应满足车辆震动不叠加要求，两竖曲线间应有一定的夹坡段长度，确保列车在前一个竖曲线上产生的振动在夹坡段长度范围内完成衰减，不与下一个竖曲线上产生的振动造成叠加。

新建高速铁路正线最小坡段长度规定见表 2-3。一般条件的最小坡度长度不宜连续采用。困难条件下的最小坡段长度不得连续采用。

表 2-3　新建高速铁路正线最小坡段长度

设计行车速度(km/h)	350	300	250
一般条件(m)	2.000	1 200	1 200
困难条件(m)	900	900	900

竖曲线：正线相邻坡段的坡度差大于或等于 1‰时，应采用圆曲线形竖曲线连接，最小竖曲线半径应根据所处区段设计行车速度按表 2-4 选用，最大竖曲线半径不应大于 30 000 m。最小竖曲线长度不得小于 25 m。

表 2-4　最小竖曲线半径

设计行车速度(km/h)	350	300	250
最小竖曲线半径(m)	25 000	25 000	20 000

竖曲线(或变坡点)与缓和曲线、道岔及钢轨伸缩调节器均不得重叠设置。竖曲线与平面圆曲线不宜设置重叠，困难条件下，应符合表 2-5 的规定。

表 2-5　竖曲线与平面圆曲线重叠设置的最小曲线半径

设计行车速度(km/h)		350	300	250
最小圆曲线半径(m)	有砟轨道	7 000	5 000	3 500
	无砟轨道	6 000	4 500	3 000
最小竖曲线半径(m)		25 000	25 000	20 000

动车组走行线相邻坡段坡度差大于 3‰时设置圆曲线形竖曲线，竖曲线半径一般 5 000 m，困难条件 3 000 m。

第三节　线路间距及站台限界

线路间距：高速铁路区间线间距标准，主要受列车交会运行时的气动力作用控制。根据科研成果，高速铁路区间正线线间距规定见表 2-6。

表 2-6　高速铁路区间正线间距

设计行车速度(km/h)	350	300	250
正线线间距(m)	5.0	4.8	4.6

采用表 2-6 线间距时,可不考虑曲线线间距加宽。

位于车站两端加减速正线及联络线,可采用与设计行车速度相适应的较小线间距。

正线与联络线、动车走行线及既有铁路并行地段的线间距,设计的因素较多,应根据相邻一侧线路的行车速度及技术要求和相邻铁路路基高程关系,考虑电气化接触网杆位,路基排水及桥涵等土建工程、通信及信号设备、电缆沟槽,必要的噪声防护设备等几何尺寸技术要求,对路肩人行道和中间走道还要考虑保障技术作业人员的安全要求等。

站台限界:为满足旅客乘降舒适性和安全性的要求,我国高速铁路采用高度为 1 250 mm 的高站台,且一般位于到发线一侧,站台边缘至线路中心线的距离为 1 750 mm。在正常风速下(环境风速不大于 15 m/s),动车组列车通过站台的速度不大于 80 km/h,此速度和正线与到发线间连接通常采用的 18 号道岔的侧向通过速度是匹配的。个别站场由于站坪用地等因素的限制,站台临靠正线,此时站台边缘至线路中心线的距离通常采用 1 800 mm。

第四节　350 km/h 铁路的验收、维修标准

1. 静态几何尺寸容许偏差管理值:

(1)线路轨道静态几何尺寸容许偏差管理值见表 2-7。

表 2-7　线路轨道静态几何尺寸容许偏差管理值

项　目	作业验收	计划维修	临时补修	限速 200 km/h
轨距(mm)	+1,−1	+4,−2	+5,−3	+6,−4
高低(mm)	2	4	7	8
轨向(mm)	2	3	5	6
水平(mm)	1	4	6	7
扭曲[mm/(6.25 m)]	2	4	5	6

注:1. 高低偏差为 10 m 弦测量的最大矢度值;

2. 轨向偏差,直线为 10 m 弦测量的最大矢度值。

(2)曲线正矢允许偏差见表 2-8。

表 2-8　曲线正矢允许偏差(20 m 弦)

项目	实测正矢与计算正矢差(mm)		圆曲线正矢连续差(mm)	圆曲线最大最小正矢差(mm)
	缓和曲线	圆曲线		
作业验收	2	3	3	5
计划维修	2	4	5	6
临时补修	4	5	6	8

(3)正线道岔静态几何尺寸允许偏差管理值见表 2-9。

表 2-9　正线道岔静态几何尺寸允许偏差管理值

项目		作业验收	计划维修	临时补修	限速 200 km/h
轨距(mm)	岔区	+1,−1	+4,−2	+5,−2	+6,−4
	尖轨尖	+1,−1	+2,−2	+3,−2	

续上表

项目		作业验收	计划维修	临时补修	限速 200 km/h
高低(mm)		2	4	7	8
轨向(mm)	直线	2	3	5	6
	支距	2	3	4	—
水平(mm)		1	4	6	7
扭曲[mm/(6.25m)]		2	4	5	6

注：1. 支距偏差为实际支距与计算支距之差；

2. 导曲线下股高于上股限值，作业验收为 0 mm，临时补修为 3 mm；

3. 特殊道岔的轨距及其他结构允许偏差按设计图办理。

(4)钢轨焊接接头验收标准见表 2-10。

表 2-10 钢轨焊接接头验收标准[mm/(1 m)]

部位 允许速度	轨顶面	内侧工作边	轨底
350 km/h、250 km/h	0,+0.2	0,+0.3	0,+0.5
200 km/h	0,+0.3	0,+0.3	0,+0.5

2. 线路动态不平顺是指线路不平顺的动态质量反映，主要通过轨道检查车进行检测。轨道检查车对轨道动态局部不平顺(峰值管理)(表 2-11)检查的项目为轨距、水平、高低、轨向、扭曲、车体垂直加速度、车体水平加速度共七项。各项偏差等级划分五级：一级为作业验收标准，Ⅰ级为计划维修标准，Ⅱ级为舒适度标准，Ⅲ级为临时补修标准，Ⅳ级为限速标准。

表 2-11 轨道动态不平顺动态管理值

项 目		作业验收管理值	日常保养管理值	舒适度管理值	临时补修管理值	限速 200 km/h
超限等级		—	Ⅰ	Ⅱ	Ⅲ	Ⅳ
42 m 波长	高低(mm)	3	5	8	10	11
	轨向(mm)	3	4	5	6	7
120 m 波长	高低(mm)	4	7	9	12	15
	轨向(mm)	4	6	8	10	12
轨距(mm)		+3,−2	+4,−3	+6,−4	+7,−5	+8,−6
水平(mm)		3	5	6	7	8
扭曲(mm)		3	4	6	7	8
车体垂直加速度(m/s^2)		—	1	1.5	2	2.5
车体水平加速度(m/s^2)		—	0.6	0.9	1.5	2

注：1. 表中管理值为轨道不平顺实际幅值的半峰值；

2. 高低、轨向不平顺偏差管理值按照轨道实际情况评定；

3. 水平偏差管理值不包含曲线按照设计规定设置的超高量及超高顺坡量；

4. 扭曲基长为 2.5 m，偏差管理值包含缓和曲线超高顺坡造成的扭曲量。

轨道检查车检查线路区段整体不平顺(均值管理)的动态质量用轨道质量指数(TQI)评

定见表 2-12。

表 2-12　轨道动态质量指数 TQI 管理值

项目	高低	轨向	轨距	水平	扭曲	TQI
波长 1.5～42 m	0.8×2	0.7×2	0.6	0.7	0.7	5
波长 42～120 m	2.0×2	1.5×2				

注：1. 波长为 1.5～42 m 的单元区段长度为 200 m；

2. 波长为 42～120 m 的单元区段长度为 500 m。

第三章　高速铁路钢轨

钢轨是轨道结构最重要的部件，其主要功能是：直接承受车轮荷载，并将其传递、分配到轨枕或轨下基础上；引导车轮运行，并将作用在轨头上的水平力传递、分配到轨枕或轨下基础上；为车轮提供光滑的运行表面，通过黏着分配牵引力和制动力；传递信号电流。采用无砟轨道结构的高速铁路，随着轨下基础施工精度和稳定性的提高，逐步具备了保持轨道高平顺性和高稳定性的基本条件。钢轨作为轨道不平顺的直接载体和轨道稳定性的直接体现者，保证高质量十分重要。

第一节　钢轨技术特点及外形尺寸

一、高速铁路钢轨技术特点

高速铁路要求钢轨安全使用性良好，几何尺寸精度高、平直度好，这就要求钢轨钢质洁净、韧塑性高、焊接性能优良，表面基本无原始缺陷。为此，我国高速铁路钢轨生产采用炉外精炼、真空脱气、大方坯连铸等先进技术进行冶炼，保证钢轨的纯净性；采用万能法轧制技术，保证钢轨的几何尺寸精度；采用热预弯、平立复合矫直、四面液压补矫等技术精整钢轨，使之具有高的平直度；采用长尺化生产，钢轨定尺长度达到 100 m，保证钢轨端部的内部和外观质量，同时可以减少钢轨焊接接头；通过集中检测中心对钢轨的内部和表面质量进行检测，保证出长钢轨的质量。上述高速铁路钢轨的生产技术通常可概括为“精炼”、“精轧”、“精整”、“长尺化生产”和“集中质量检测”等五大技术。我国钢轨生产厂家(攀钢、包钢、鞍钢和武钢)均完成了钢轨生产的现代化技术改造，所生产的钢轨定尺长度达到 100 m，钢轨的实物质量达到了高纯净、高平直、高精度、定尺长的要求。

钢轨在极其复杂的受力条件下工作，钢轨状态又直接影响行车安全和平稳，因此，对高速铁路钢轨提出要求：一是具有较高的强度和承载能力，在车辆荷载及其他荷载作用下，不会发生伤损和破坏；二是具有良好的抗磨耗性能，在车辆荷载长期作用下，能保持良好的断面形状，维持轮轨良好的接触状态；三是具有良好的韧性，适应较高的动力作用，获得较长的疲劳寿命；四是具有良好的焊接性能，以便采用无缝线路；五是具有良好的道岔机加工性能，以获得良好的道岔质量；六是化学成分便于热处理，以提高钢轨的强韧性；七是要有严格的尺寸公差及高平直度，保持轨道结构高精度和平顺性。

一般来说，无砟轨道结构和有砟轨道结构对钢轨的要求没有本质区别，都要求钢轨在外形及其尺寸上的高精度，满足高平顺的要求；在内部质量上的高纯净度，满足高安全性和高稳定性的要求。但是，无砟轨道相对于有砟轨道来说，可以采用较小的曲线半径和较大的实设超高与欠超高，钢轨将承受较大的横向力；无砟轨道刚度要大于有砟轨道刚度，钢轨产生波浪磨耗几率增大。因此，无砟轨道结构要求钢轨应具备良好的耐磨性能。

二、高速铁路钢轨外形及尺寸

高速铁路对钢轨外形及其尺寸的要求主要体现在以下几方面：与车轮相匹配的钢轨断面；

长定尺；几何尺寸高精度；高平直度；好的表面质量。

1. 钢轨断面

为承受荷载和抵抗变形，要求钢轨具有更大的刚度和更好的耐磨性。为使钢轨具有足够的刚度，可适当增加钢轨高度，以保证钢轨具有较大的水平惯性矩。同时为使钢轨具有足够的稳定性，在设计轨底宽度时应尽可能选择宽一些。为使刚度与稳定性匹配性最佳，高速铁路通常将钢轨断面轨高与底宽之比控制在 1. 14～1. 20（UIC60 为 1. 14，日本 JIS60 为 1. 2，中国 CHN60 为 1. 17）。

轨头断面是构成轮轨相互作用关系的重要方面，是影响高速铁路行车平稳性的主要因素，轨头断面设计也是提高刚度和耐磨性的方法之一。为与车轮良好匹配，轨踏面圆弧尽量符合车轮踏面的尺寸。

为减少应力集中造成裂缝，轨头与轨腰过渡区一般采用复曲线，在腰部采用大半径设计；在轨腰与轨底过渡区，为实现断面平稳过渡，也采用复曲线设计，逐步过渡至与轨底斜度平滑相连；钢轨底部全部采用平底，以使其断面有很好的稳定性。

目前，国外高速铁路使用的钢轨除日本采用 JIS60 kg/m 钢轨断面外，法国、德国、西班牙、意大利以及韩国等都采用 UIC60 kg/m 钢轨断面。UIC 高速铁路部的研究认为，欧洲高速铁路采用的 UIC60E1 和 UIC60E2 断面钢轨不仅适用于 200 km/h 的高速铁路，同样也适用于速度≥300 km/h 的高速铁路。日本新干线经过 40 多年的运营实践，证明采用 JIS60kg/In 钢轨断面适用于速度 210～ 300 km/h 的高速铁路，而 JIS50 kg/m 钢轨由于刚度不够，伤损比较严重，在东海道新干线应用不到 10 年就全部被更换。

中国 60 kg/m 钢轨断面（CHN60）轨头形式、尺寸与 UIC60E1 钢轨没有实质性差异（如图 3-1 和表 3-1 所示），轨头侧面斜度均为 1∶20，轨头顶面弧线均为 *R*13—*R*80—*R*300—*R*80—*R*13 五段式。

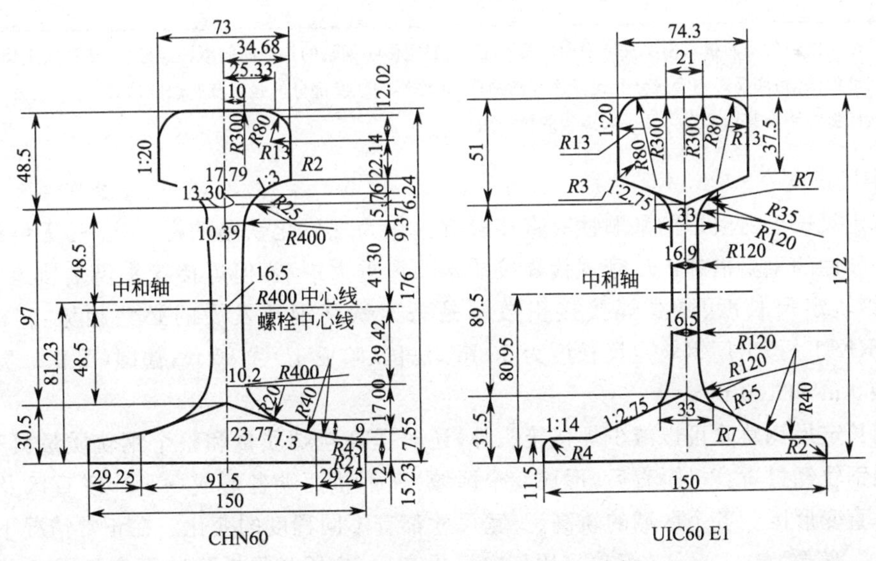

图 3-1　CHN60 钢轨断面与 UIC60 钢轨断面图

CHN60 钢轨五段长度分别为 11. 15、15. 35、20、15. 35、11. 15 mm，UIC60E1 钢轨五段长度分别为 11. 15、15. 5、21、15. 5、11. 15 mm。动力仿真计算表明 CHN60 和 UIC60E1 与欧洲车轮踏面 S1002、中国磨耗型车轮踏面和锥形车轮踏面匹配时，在高速（速度≥250 km/h）、中速

(200 km/h)和快速(160 km/h)运行下的安全性、舒适性及磨耗方面的影响基本接近。从技术上来说，采用CHN60 断面和 UIC60E1 断面都是可行的。考虑到与我国既有线的兼容以及在钢轨生产、管理、维修使用方面的方便,高速铁路采用 CHN60 断面。

表 3-1　CHN60 和 UIC60 钢轨断面尺寸及特性

项　　目	CHN60	UIC60
钢轨高度(mm)	176	172
钢轨底宽(mm)	150	150
轨头高度(mm)	48.5	51
轨头宽度(mm)	73	74.3
轨腰厚度(mm)	16.5	16.5
轨头圆弧(mm)	300-80-13	300-80-13
钢轨高度与钢轨底宽之比	1.17	1.15
重心距轨底面距离(mm)	81.23	80.89
剪切中心(距轨顶面)(mm)	136	124
对水平轴惯性矩(cm)	3 217	3 055
对竖直轴惯性矩(cm)	524	512.9
下部截面模量(cm)	396	377
上部截面模量(cm)	339	336
上部截面模量与下部截面模量之比	1.17	1.13
轨底横向挠曲断面系数(cm)	70	68.4
断面积(cm^2)	77.45	76.86
质量(kg/m)	60.64	60.34

注:轨重影响钢轨的垂向抗弯刚度及抗横向倾覆稳定;轨底宽影响钢轨的抗横向倾覆稳定性;头高影响金属分配比及轨头的磨耗限值;底高影响金属分配比及底部的强度;腰厚影响轨腰部分的强度及腐蚀限值;轨头轨腰及轨腰、轨底的连接圆弧将影响其局部应力及接头夹板的接触面。

2. 定尺长度

钢轨定尺长度对轨道的平顺性有直接影响。作为现代化铁路的标志之一,无缝线路是实现轨道平顺性的重要措施。尽管现代焊接技术取得重大进展,但焊接接头仍是轨道的薄弱环节,增加钢轨定尺长度、减少焊接接头数量是高速铁路钢轨发展的必然趋势。目前,日本(NSC、NKK 工厂)出厂钢轨定尺长度为 50 m ,法国(哈亚士)为 80 m,德国(蒂森)、奥地利(奥钢联)为 60 m 和 120 m 。

采用长定尺钢轨除可以减少焊接接头外,还对提高轨端质量和整个钢轨质量具有重要意义。一根钢轨经过矫直机矫直后,形成 5 个区域:在钢轨两端各形成一个非矫直区及过渡区,中部为矫直变形区。各个区域的轨高、头宽尺寸都有不同程度的变化。在正常情况下,高差为 0.4 mm,头宽差为 0.1 mm。钢轨采用长定尺生产后,应用长尺矫直冷锯定尺工艺,利用热轧头尾余量切除矫直区和过渡区,使整根钢轨尺寸及高度一致,以提高钢轨整体的平顺度。法国生产 80 m 长定尺钢轨和德国生产 120 m 长定尺钢轨,长尺矫直后冷锯定尺时,法国钢轨两端各锯去 1.5 m,德国钢轨两端各锯去 0.8 m,这样可充分消除其端部存在的矫直和探伤盲区,同时还可提高钢轨的成材率,保证端部平直度、端头内部质量以及钢轨全长的性能质量。

钢轨长定尺生产还便于对钢轨进行热预弯，减少钢轨矫直前的弯曲度，以降低钢轨因矫直引起的残余应力和表面损伤。

另外，采用长定尺钢轨还具有降低成本（减少焊头数量带来的效益）、缩短装运时间（总重量相同的长定尺钢轨与短定尺钢轨相比）、焊接进度快（焊头数量少）等优点。我国高速铁路钢轨定尺长度确定为 100 m。

3. 几何尺寸

钢轨几何尺寸精度不仅直接影响轨道平顺性，还对焊接配轨、扣件性能产生影响。从表 3-2 可以看出，高速铁路钢轨相对于既有标准，几何尺寸偏差比较严格而且全面。

表 3-2　钢轨几何尺寸

<table>
<tr><th rowspan="2">项　目</th><th colspan="8">允许偏差(mm)</th></tr>
<tr><th>技术条件</th><th>EN(A)</th><th>EN(B)</th><th>UIC860</th><th colspan="2">JISE1101</th><th>GB2585</th><th>TB/T2344</th></tr>
<tr><td>钢轨高度</td><td>±0.6</td><td>±0.6</td><td>±0.6</td><td>±0.6</td><td colspan="2">±1.0</td><td>±0.8
−0.5</td><td>±0.5</td></tr>
<tr><td>轨头宽度</td><td>±0.5</td><td>±0.5</td><td>±0.5</td><td>±0.5</td><td colspan="2">+0.8
−0.5</td><td>±0.5</td><td>±0.5</td></tr>
<tr><td>轨头顶部断面</td><td>+0.6
−0.3</td><td>+0.6
−0.3</td><td>+0.6
−0.3</td><td>+0.6
−0.3</td><td colspan="2"></td><td></td><td></td></tr>
<tr><td>接头夹板安装面斜度</td><td>±0.35</td><td>±0.35</td><td>±0.35</td><td>±0.35</td><td rowspan="2">间隙</td><td>外侧
≤1.5</td><td rowspan="2">腰高±0.5</td><td rowspan="2">腰高±0.5</td></tr>
<tr><td>接头夹板安装面高度</td><td>+0.6
−0.5</td><td>+0.6
−0.5</td><td>+0.6
−0.5</td><td>+0.6
−0.5</td><td>内侧
≤0.5</td></tr>
<tr><td>轨腰厚度</td><td>+1.0
−0.5</td><td>+1.0
−0.5</td><td>+1.0
−0.5</td><td>+1.0
−0.5</td><td colspan="2">+1.0
−0.5</td><td>+1.0
−0.5</td><td>+1.0
−0.5</td></tr>
<tr><td>轨底宽度</td><td>±1.0</td><td>±1.0</td><td>±1.0</td><td>+1.0
−0.5</td><td colspan="2">±0.8</td><td>+1.0
−2.0</td><td>+1.0
−2.0</td></tr>
<tr><td>轨底边缘厚度</td><td>+0.75
−0.5</td><td>+0.75
−0.5</td><td>+0.75
−0.5</td><td></td><td colspan="2"></td><td></td><td></td></tr>
<tr><td>轨底凹陷</td><td>≤0.3</td><td>≤0.3</td><td>≤0.3</td><td></td><td colspan="2">≤0.4</td><td>凸出≤0.5</td><td>凸出≤0.5</td></tr>
<tr><td>端面斜度（垂直、水平方向）</td><td>≤0.6</td><td>≤0.6</td><td>≤0.6</td><td>≤0.6</td><td colspan="2">头对底偏移
≤0.5</td><td>≤1.0</td><td>≤1.0</td></tr>
<tr><td>断面不对称</td><td>±1.2</td><td>±1.2</td><td>±1.2</td><td>±1.5</td><td colspan="2">±1.2</td><td>头≤0.5
底≤1.0</td><td>头≤0.5
底≤1.0</td></tr>
</table>

4. 平直度

钢轨平直度是我国钢轨生产的薄弱环节，特别是钢铁生产企业未进行技术改造前，采用孔型法生产，轧辊造成的 3 m 左右波长的波浪弯曲十分明显。在我国秦沈客运专线建设中，鞍钢、攀钢提供了近 10 万 t 钢轨，与从法国进口的钢轨相比，在物理力学指标方面基本接近，因为几何尺寸、平直度和表面质量的原因，满足技术条件要求的合格率仅为 50%～60%，3 m 弯曲不平顺在线路上表现得非常明显，对列车速度提高影响很大。所以，为满足客运专线的需要，国内钢铁企业都进行了生产设备技术改造，从孔型法轧制钢轨转变为采用万能轧机生产，从 25 m 短定尺转变为 100 m 长定尺，都为提高钢轨平直度提供了条件。从表 3-3 也可以看出，高速铁路钢轨对平直度的要求显著提高。

5. 表面质量

钢轨表面基本无原始缺陷，不仅对保证钢轨安全使用有益，而且可以减少触疲劳伤损的出现，延长钢轨的使用寿命。高速铁路钢轨技术条件要求：一是钢轨表面不应有裂纹。二是钢轨

表 3-3 钢轨平直度

部位	项目	允许偏差(mm/m)						
		技术条件	EN(A)	EN(B)	UIC860	JISE1101	GB2585	TB/T 2344
轨端	垂直向上	0.3/1 0.4/2	0.3/1 0.4/2	0.5/1.5	0.7/1.5	0.7/1.5	0.8/1	0.5/1
	垂直向下	0.2/2	0.2/2	0.2/1.5	0	0	0.2/1	0.2/1
	水平	0.4/1 0.5/2	0.4/1 0.6/2	0.7/1.5	0.7/1.5	0.5/1.5	0.8/1	0.5/1
轨身	水平	0.45/1.5	0.45/1.5	0.6/1.5				
重叠	垂直	0.3/0.2	0.3/0.2	0.4/1.5				
	水平	0.6/2	0.6/2	0.6/1.5				
全长	上弯曲和下弯曲	5 mm	5 mm	5 mm		10/10	0.5‰	0.5‰
	侧弯曲	R> 1 500 mm	R> 1 500 mm	R> 1 500 mm		10/10		
端部	扭曲	0.455/1	0.455/1	0.455/1	0.4/1			
全长	扭曲	2.5 mm	2.5 mm	2.5 mm		1 mm	0.1‰	0.1‰

踏面、轨底下表面及距轨端 1 m 内影响接头夹板安装的所有凸出应修磨掉。三是在热状态下形成的钢轨纵向导位板刮伤、磨痕、热刮伤、纵向线纹、折叠、氧化皮压入、轧痕等的最大允许深度，钢轨踏面为 0.35 mm，钢轨其他部位为 0.5 mm。在钢轨长度方向的任一部位，纵向导位板刮伤最多只允许有 2 处，深度不应超过规定，但在钢轨走行面上，只允许有 1 处。沿同一轴线重复发生导位板刮伤可作为 1 处认可。导位板刮伤的最大宽度为 4 mm 。导位板刮伤的宽度与深度之比≥3∶1。与轧辊直径等距的周期性热轧痕可作为 1 处认可，并且可以修磨，但在轨冠部位其修磨处数每 40 m 不应多于 3 处。四是在冷状态下形成的钢轨纵向及横向划痕等缺陷最大允许深度，钢轨踏面和轨底下表面为 0.3 mm(轨底下表面不应有横向划痕)，钢轨其他部位为 0.5 mm。五是钢轨在生产过程中出现表面缺陷后可用手砂轮、锉刀或砂带进行修磨，但应保证钢轨的显微组织不受影响和修磨面轮廓圆滑。最大允许修磨深度，钢轨踏面为 0.35 mm；钢轨其他部位为 0.5 mm。钢轨 10 m 长范围内表面缺陷不得多于 3 处。每 10 m 可修磨 1 处。修磨后钢轨的尺寸和平直度应满足技术要求。六是钢轨表面不应存在马氏体或白相组织的损伤，如有应予以消除。轨头表面任何部位，按要求测量的连续封闭铁素体网，深度不应超过 0.5 mm。郑西、石武高铁采用 60 kg/m、U71Mn(k)、定尺长 100 m 无螺栓孔热轧新钢轨。

第二节 无 缝 线 路

高速铁路采用跨区间无缝线路，其主要技术特点为高速铁路长大桥上无缝线路、高速铁路路基上无缝道岔、高速铁路桥上无缝道岔。

一、跨区间无缝线路

高速铁路采用跨区间无缝线路，最大限度的减少了钢轨接头，并取消了缓冲区，线路平顺性好，整体强度高，防爬能力强，钢轨纵向力分布均匀，可保证轨道结构的高平顺性及高稳定性，实现高速列车的平稳安全运行。

二、大跨度桥上无缝线路

满足高速铁路跨越江河、山谷等的需要，桥梁跨度不断增加，形成高速铁路大跨桥上无缝线路。大跨桥梁伸缩、挠曲变形大，梁轨相互作用复杂，列车制动或桥上发生断轨对结构施加的附加力也比一般桥梁大。如何减小梁轨相互作用是大跨桥上无缝线路的技术核心。

三、桥上无缝道岔

由于环保要求或地形、地质条件的限制，高速铁路无缝道岔需要设置在大桥、特大桥或高架结构上，形成桥上无缝道岔结构。桥上无缝道岔涉及无缝道岔、桥上无缝线路、桥梁对道岔的适应性等相关问题，既要考虑无缝道岔中钢轨受力和变形的复杂关系，又要考虑桥上无缝道岔的梁轨相互作用。

四、无缝线路养护维修

1. 作业轨温控制

无缝线路作业要严格执行作业轨温的有关规定，作业轨温不超标，作业不超限、不超范围，坚持作业前、中、后测量轨温。

2. 钢轨伸缩调节器管理

日常保养工作中，应使调节器保持尖轨锁定、基本轨可伸缩状态，防止尖轨爬行或基本轨异常伸缩，确保基本轨伸缩正常、焊缝位置正确。单项调节器应加强尖轨及其后 50～100 m 范围内钢轨的锁定、双向调节器应加强尖轨范围的锁定。调节器连接零件螺栓扭矩应经常保持规定的数值，并定期进行螺栓涂油。轨下垫板位置应正确。尖轨或基本轨肥边应及时打磨，出现擦伤应及时修复或更换。对调节器的轨距、水平、方向、伸缩位移量、尖轨与基本轨密贴状态应加强检查，记录观测时气温与轨温，并进行分析。

3. 桥上无缝道岔变形观测

桥上无缝道岔力学性能复杂，对轨温及梁温、钢轨爬行、尖轨及心轨伸缩、岔桥相对位移(转辙机、辙叉等处)及道岔几何形位(轨距变化量/变化率、轨向变化量、尖轨与基本轨的密贴情况)等进行重点观测，在高温、低温季节及日温差较大时应加强观测。有条件时可采用实时监测方法加强监测。

4. 位移观测

无缝线路铺设锁定后，应及时按规定设置位移观测桩，观测位移初值并测量两桩之间无缝线路长度。对无缝线路位移、道岔尖轨及心轨位移按规定进行周期性检查，记录观测时的气温、轨温及观测结果，并进行锁定轨温变化的计算与分析。累计位移量出现异常时(锁定轨温变化超过 5 ℃)，应及时上报工务(桥工)段查明原因，并采取相应措施。在高温、低温及日温差大的季节应加强检查与观测。

5. 防胀

在高速铁路无缝线路铺设和养护过程中，应严格遵守锁定轨温和作业轨温的相关规定，保持锁定轨温正确，不超温作业；保持道床饱满密实，保证道床阻力；定期检查复紧扣件，保持扣件阻力，加强线路锁定，提高轨道结构的框架刚度；加强日常观测(碎弯变形、轨向等变化)，控制轨道不平顺；特别要加强无缝线路单元轨条交界处、桥涵两侧、过渡段、曲线地段和变坡点附近等易产生钢轨内力峰值或钢轨受力变化频繁地段的线路养护。工务(桥工)段应备齐工(机)具和材料,加强技术培训和演练,提高防胀应急处理能力。

6. 防断

钢轨重伤处理:发现钢轨重伤时,应立即进行处理。

(1)对钢轨核伤和焊缝重伤可加固处理,并在适宜温度及时进行永久处理;在实施永久处理前应加强检查,发现伤损发展时,应按照钢轨折断及时进行紧急处理、临时处理或永久处理。

(2)对垂直裂纹和可能引起轨头揭盖的重伤,应按照钢轨折断进行紧急处理、临时处理或永久处理。

(3)对其他重伤可采取修理或焊复方法处理,处理前可根据现场实际情况采取限速措施。

钢轨折断处理:发现钢轨折断时应立即封锁线路,并根据现场情况采取紧急处理、临时处理或永久处理。

(1)紧急处理:当断缝不大于 30 mm 时,进行临时加固,拧紧断缝前后各 50 m 范围内的扣件,并派专人看守,按不超过 45 km/h 速度放行列车,且邻线限速不超过 160 km/h。紧急处理后,应在断缝两侧轨头非工作边做出标记(标记间距一般为 26 m),并准确丈量两标记间距离和轨头非工作边一侧断缝值,作好记录。由专人看守检查。

(2)临时处理:当钢轨折损严重、断缝超过 30 mm 或紧急处理后不能及时进行永久处理时,应切除伤损部分,在两锯口间插入长度不短于 6 m 的同型钢轨,轨端钻孔,安装接头夹板,用 10.9 级螺栓拧紧,拧紧短轨前后各 50 m 范围内的扣件,按不超过 160 km/h 速度放行列车。临时处理前,应在断缝两侧轨头非工作边做出标记(标记间距一般为 26 m),并准确丈量两标记间距离和轨头非工作边一侧断缝值,作好记录。

(3)永久处理:对紧急处理或临时处理处所,宜于当日天窗内采用原位焊复或插入短轨焊复处理。进行焊复处理时,应保持无缝线路锁定轨温不变。作业轨温宜低于实际锁定轨温 0~20 ℃。当采用插入短轨焊复时,短轨长度不得小于 20 m。

钢轨焊接应按照《钢轨焊接》(TB/T 1632)执行,并满足下列要求:

①焊接宜采用具有拉伸、保压功能的焊接设备。

②焊接作业轨温应不低于 5 ℃,且应避免大风和雨雪等不良天气。必须在不良天气进行焊轨作业时,应采取相应措施,并使环境温度高于 5 ℃;推凸后应采用石棉覆盖直至轨温降至 300 ℃以下。

③钢轨焊接后应对焊缝进行超声波探伤检查。

④焊接作业结束后,应测量原标记间距离,计算焊接作业范围内锁定轨温。

道岔(钢轨伸缩调节器)内钢轨折断处理:发现道岔尖轨、基本轨、可动心轨、翼轨折断时应立即封锁线路,尽快进行更换。当抢险机具及备用轨件不能及时到达现场时,可采取以下措施进行紧急处理。

(1)断缝位于尖轨与基本轨、可动心轨与翼轨密贴范围以外,且易于加固的处所时,按钢轨折断处理办法进行紧急处理或临时处理,限速条件同钢轨折断处理。

(2)断缝位于尖轨与基本轨、可动心轨与翼轨密贴段范围内,无法按钢轨紧急处理方法加固处理时,根据现场实际情况,确定道岔开通位置,工务紧固,车务加锁(或控制台单锁),可按限速不超过 45 km/h 放行列车,同时每趟列车通过后检查轨道状态,邻线限速不超过 160 km/h。

(3)道岔尖轨、基本轨、可动心轨、翼轨折断处理技术要求同钢轨折断处理。

道岔的辙叉、尖轨及钢轨伤损需要更换不能焊接时应临时处理并限速(速度不超过

160 km/h)，并尽快恢复原结构。

胶接绝缘接头拉开时，应立即复紧两端各 50 m 线路的扣件，限速 160 km/h 及以下，并及时进行更换，进行永久处理。绝缘失效时，应立即于当日天窗时间更换，进行永久处理。

第三节　钢轨焊接及铺设

一、材料钢轨的运输

高速钢轨的运输主要是指：从钢厂出厂的 100 m 定尺钢轨运输到焊轨基地。100 m 长定尺钢轨运输有 6 种定尺方案(包含 3 中梯形方案和 3 种矩形方案)和 4 种混装方案(包含 3 种梯形方案和 1 种矩形方案)。梯形方案装载 50 根钢轨，分为 4 层，从下到上分别为 14 根、14 根、12 根、10 根；矩形装载方案装载 56 根钢轨，分为 4 层，每层 14 根。

按照不同的普通平车车辆长度分为 8 辆一组和 7 辆一组两种装载方式。两端车上各有 1 个专用座架，中间车上各有 2 个专用座架，中间的座架有 4 个锁定座架，每个锁定座架只锁定一层钢轨。95、96、99 m 短尺钢轨装载时需要增加 1 个混装座架。

正线运行时，车组运行完全按照普通平板车管理，车组最高运行速度为 80 km/h。

二、焊接方式分类及应用范围

目前钢轨焊接主要有三种：固定式闪光焊接、移动式闪光焊接和铝热焊。

1. 固定式闪光焊接

闪光焊机在基地(或工厂)焊轨生产线焊接钢轨，焊接电源由电力网经配电变压器供电。固定式闪光焊接又称为固定式接触焊。我国 12 个焊轨基地全部采用固定式闪光焊接方法，将厂制定尺钢轨焊接成 500 m 焊接长钢轨。共有 24 条焊接生产线，其中 21 条生产线装备的时 GAaS80/580 型直流焊机，3 条生产线装备的是 K1000 型交流焊机。郑州铁路局小李庄焊轨基地的 2 条生产线装备的是 GAaS80/580 型直流焊机。

常用焊接工艺主要有三种：电阻预热闪光焊接工艺、连续闪光焊接工艺和脉动闪光焊接工艺。我国 GAaS80/580 型焊机全部采用电阻预热闪光焊接工艺，K1000 型采用连续闪光或脉动闪光焊接工艺。

钢轨闪光焊接工艺过程分为闪平、预热、烧化、顶锻四个阶段，顶锻过程又分为有电顶锻和无电顶锻。顶锻结束后自动完成推凸工作。

2. 移动式闪光焊接

闪光焊机在铁路轨道上焊接钢轨，焊机及其配套设备的动力源是独立的车载式发电机组。移动式闪光焊接又称为移动式接触焊。

移动闪光焊接是我国铁路现场焊接钢轨的主要方法，包括单元焊接(将 500 m 焊接长钢轨焊接成 1 500～2 000 m 的单元轨节)和单元轨节的锁定焊接。全部是交流焊机，以脉动闪光焊接工艺为主。焊轨车有集装箱式和自走行式两种。

3. 铝热焊接

以氧化铁为氧化剂，以铝粉为还原剂的一种热剂焊。道岔焊接主要采用铝热焊接方法。

铝热焊接材料主要包括：焊剂、砂模和坩埚。目前我国铁路铝热焊材料的供应商主要有三家：德国施密特、法国拉伊台克和中国铁道科学研究院。其中，郑州铁路局使用的是德国施密特铝热焊和法国拉伊台克铝热焊。

铝热焊接工艺参数主要涉及：焊接环境（如温度、湿度、风力等）；不同牌号、型号的钢轨所对应的焊剂；钢轨轨端的焊前准备及轨缝大小；详细的预热参数；从点燃焊剂到钢轨浇铸的时间范围；允许列车通过焊接接头的温度；焊后打磨等。

三、闪光焊接的质量要求

1. 内部缺陷

(1)缺陷种类

①灰斑：存在于闪光焊焊缝断口中的局部光滑区域，与周边金属有明显界限。

②未焊合：母材与母材之间未能完成结合的部分。

③过烧：晶粒边界融化，是体积型缺陷，存在于或热影响区。轻度过烧呈细小黑灰斑点，重度过烧呈黑色蜂窝状。

④夹渣：推凸时焊渣进入热态金属中。

(2)影响因素

①焊接工艺参数：参数设置不佳。

②焊机状态：点击老化、绝缘不良、冷却系统异常、机械磨损等。

③作业过程：除锈不良、端面斜度超标、推凸不良等。

④钢轨母材：母材夹杂物超标。

⑤焊接条件：环境不良或钢轨温度太低，电网电压（移动闪光焊发电机电压）波动大等。

(3)标准要求

无未焊合、过烧、夹渣缺陷；允许存在少量灰斑：单个灰斑面积不大于10 mm^2，灰斑总面积不大于20 mm^2。

(4)检查方法

落锤试验是检验闪光焊接缺陷的主要方法。落锤试验机采用刚性基础，垂头1 t，砧座10 t。落锤高度是锤头落下时刻锤头底面至钢轨落锤时间轨头顶面之间的垂直距离。

以高速铁路普遍使用的60 kg/m钢轨为例：落锤高度3.1 m时，锤击两次，接头不断为落锤项目合格；落锤高度5.2 m时，锤击一次，接头不断为落锤项目合格。

断口检验：闪光焊焊头利用落锤试件、补加锤击击断，肉眼或借助放大镜检查折断的焊接接头断口，记录断口缺陷细节。

2. 外观质量

焊接接头的外观质量包括表面质量和平直度。

(1)表面质量

焊接接头及其附近钢轨表面不应由裂纹、明显压痕、划伤、碰伤、电极灼伤、打磨灼伤等伤损。

焊接接头的轨头工作面经外形精整后的表面不平度满足：在焊缝中心线两侧各100 mm范围内，表面不平度不大于0.2 mm。轨顶面及轨头侧面工作边母材打磨深度不应超过0.5 mm。

表面不平度与平直度描述的是不同的现象，平直描述的是方向的偏差，表面不平度描述的表面状态，与粗糙度类似。

(2)平直度

焊接接头平直度是以焊缝为中心的1 m范围内，焊接接头偏离直线的程度，包括接头顶面平直度和轨头侧面工作边的平直度。

平直度与接头错边量不同，前者描述的现象是折线形，后者描述的现象是平行偏差，是"台阶"。平直度偏差可以通过矫直纠正，接头错边不能通过矫直纠正。接头错边是在焊后、未经打磨处理的情况下测量，超标时只能锯掉。高速铁路要求轨头行车面和导向面的接头错边量不大于 0.2 mm。

高速铁路在线路最后验收时对焊接接头平直度的要求是：

轨顶面：0.1(凸出)～0.3(凸出)mm，轨头导向面：－0.1(凹进)～＋0.2(凸出)mm。

平直度的实现主要依靠矫直，而不是打磨，精磨的长度范围越短越好，标准规定最长不应超过焊缝两侧各 450 mm 限度。

3. 机械性能

(1)拉伸

①980 MPa 级钢轨，焊接接头的抗拉强度 $R_m \geqslant 880$ MPa，延伸率 $A \geqslant 6\%$。

②880 MPa 级钢轨，焊接接头的抗拉强度 $R_m \geqslant 800$ MPa，延伸率 $A \geqslant 6\%$。

(2)冲击

冲击吸收功 $A_{ku} \geqslant 6.5$ J。

(3)硬度

速度大于 200 km/h 的线路：每条测试线应满足 $0.95H_p \leqslant H_j \leqslant 1.05H_p$，软化区宽度 $W \leqslant$ 20 mm。

(4)显微组织和晶粒度

焊缝、热影响区：珠光体，可出现少量铁素体，不应有马氏体、贝氏体和魏氏组织。

(5)焊接接头机械性能的影响因素

热处理工艺是主要影响因素。

四、铝热焊焊接的质量要求

1. 内部缺陷

(1)缺陷种类

①缩孔：高温钢水在冷却及凝固过程中，有体积收缩(液态收缩)是形成缩孔的主要原因。在浇注过程中，在温度最高、最后凝固的部位，由于体积收缩后得不到外来钢水的补缩，而形成集中孔穴称为缩孔。

②疏松：细小而不连贯的缩孔，比较均匀地分布在焊缝的局部范围内称为疏松。

③气孔：气孔是焊缝在凝固过程中产生和放出气体所形成。气孔按其部位分为内部气孔和皮下气孔两种。内部气孔在焊缝整个断面内均可出现。皮下气孔紧靠表皮下产生，一般在轨底及轨底两侧斜面。

④夹渣：夹渣是由于熔渣进入焊缝而形成的。

⑤夹砂：夹砂是由于砂型进入焊缝而造成的。

⑥热裂：在焊头凝固过程中，稍低于于其凝固点的一定温度范围内，强度较低，由于产生了收缩应力或受外力超过了该温度范围内钢的强度极限时，就会产生裂纹或断裂。

⑦未焊合：在焊接后，原来待焊的两个钢轨断面上仍有没有熔化的区域，称为未焊合。

⑧粗晶：在焊头的金相组织方面，部分或全部断面上的晶粒度粗大或不均匀，称为粗晶。

(2)影响因素

①预热、推凸等焊接工艺和操作过程未严格执行标准。

②外界环境温度过低。

③焊接过程中“跑铁”。

④铁模、对轨装置等设备老化、变形。

⑤钢水完成结晶前扰动钢轨，使焊缝提前受力。

⑥钢轨母材问题。

(3)标准要求

不应出现疏松、缩孔或由焊接引起的裂纹缺陷。允许出现少量气孔、夹渣或夹砂等缺陷，其尺寸及数量：最大尺寸 2 mm，允许数量 1 个；最大尺寸 1 mm 时，允许数量 2 个。

(4)检查方法

静弯试验是检验铝热焊接缺陷的主要方法。轨头受压，以最常见的 P60-U75V 钢轨为例，$F\geqslant 1\ 300$ kN，$f_{max}\geqslant 10$ mm，载荷力值和扰度值均达到上述要求表示合格。

断口检验：利用静弯试验折断，肉眼或借助放大镜检查折断的焊接接头断口，记录断口缺陷细节。

2. 外观质量

焊接接头的外观质量包括表面质量和平直度。

(1)表面质量

①经打磨后的焊接接头轨头部位应满足：

a. 不应有裂纹；

b. 可以出现 1 个最大尺寸为 1 mm 的气孔；

c. 在轨头下颚与焊筋边缘交界处半径为 2 mm 的区域内，可以出现 1 个最大尺寸为 1 mm 的气孔、夹渣或夹砂。

②焊接接头焊筋表面焊筋应满足：

a. 最多可以出现 3 个最大尺寸不超过 2 mm 的气孔；

b. 焊筋表面夹渣或夹砂等缺陷的尺寸应下表的规定，这些缺陷不应侵入钢轨的横断面内。

焊筋表面夹渣或夹砂等缺陷的最大尺寸：

缺陷面积(mm^2)	缺陷深度(mm)
≤10	≤3
≤15	≤2
≤20	≤1

焊接接头的轨头工作面经外形精整后的表面不平度满足：在焊缝中心线两侧各 100 mm 范围内，表面不平度不大于 0.2 mm。轨顶面及轨头侧面工作边母材打磨深度不应超过 0.5 mm。

表面不平度与平直度描述的是不同的现象，平直描述的是方向的偏差，表面不平度描述的表面状态，与粗糙度类似。

(2)平直度

高速铁路在线路最后验收时对焊接接头平直度的要求是：

轨顶面：0.1(凸出)～0.3(凸出)mm，轨头导向面：－0.1(凹进)～＋0.2(凸出)mm。

3. 机械性能

(1)拉伸

①980 MPa 级钢轨,焊接接头的抗拉强度 R_m≥780 MPa,延伸率 A≥2%。

②880 MPa 级钢轨,焊接接头的抗拉强度 R_m≥710 MPa,延伸率 A≥2%。

(2)冲击

冲击吸收功 A_{ku}≥6.0 J。

(3)显微组织和晶粒度

焊缝、热影响区不应有马氏体和魏氏组织等。

贝氏体型焊剂:焊缝显微组织应为贝氏体加少量铁素体。

珠光体型焊机:焊缝显微组织应为珠光体加少量铁素体。

五、基地固定式闪光焊接工艺

1. 焊轨基地的工艺布局

2007 年以来,全路新(改)建了 12 个百米钢轨焊接基地,分别是沈阳局沈阳南、北京局沙河、呼和浩特局呼和浩特、郑州局小李庄、武汉局武昌南、济南局桑梓店、上海局芜湖北、南昌局向塘、广铁集团红海、成都局石板滩、兰州局河口南、包钢中铁。高速铁路用的焊接长钢轨全部由 12 个焊轨基地供应。

焊轨基地生产线包括焊接线(或热加工线)和精整线(或冷加工线)两部分。500 m 场钢轨通过失效台上的横移作业将两条生产线联系起来,形成 U 形或 N 形布局。U 形布局见图 3-2。

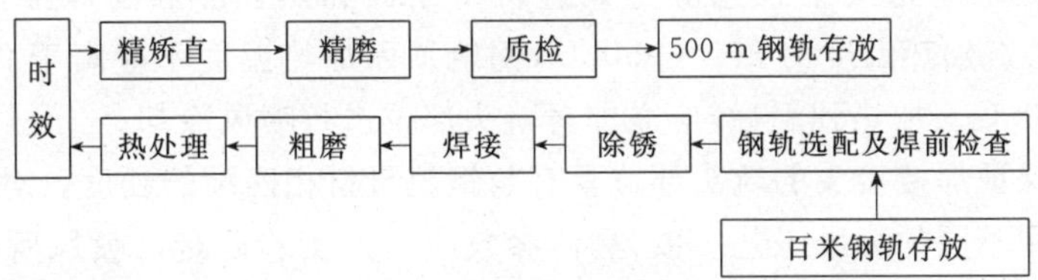

图 3-2 U 形布局

郑州铁路局小李庄焊轨基地采用的就是这种布局。

2. 长钢轨焊接基本工序及关键控制要点

(1)百米钢轨的吊运及存放

吊运:采用专用的吊卡装置,夹持钢轨时,卡具应卡住轨头下颚,夹持牢固、可靠,夹持点间距不大于 13 m,钢轨两端的夹持点距轨端不大于 7 m,钢轨夹持应牢固、可靠。一次装卸多根钢轨时,所吊钢轨应保持同一高度。各台起重机的起吊和走行应保持同步,作业过程应保证钢轨平顺。钢轨起吊、走行、下落应分布动作,钢轨应水平起吊,到位后方可走行,走行期间应避免钢轨摆动,走行到位确认钢轨平稳后方可下落。吊运过程中应避免摔跌、撞击钢轨。

存放:基础平稳、牢固、无下沉;层间垫物尺寸一致;各层间垫物与轨垛基础上下对齐;堆码层数不宜超过 15 层;不同钢轨应分开单独存放;伤损钢轨或不合格钢轨应单独存放。

(2)钢轨焊前检查及选配

只有合格的钢轨才能焊接,应检查钢轨表面质量、轨端主要几何尺寸、轨端平直度和轨端扭曲。

(3)焊前除锈

目的是增强导电性,防治钢轨发生电极灼伤。除锈部位是待焊钢轨的顶面、底面和端面。关键控制要点是除锈部位及范围、除锈深度、除锈后的表面质量。注意除锈效果应保持一致,不同的除锈效果会引起焊接电流变化。

(4)焊接

焊接前轨温不宜低于 10 ℃;焊接参数的修改应经过主管工艺工程师批准;在待焊钢轨对位时,应以钢轨顶面和轨头侧面工作边为基准。每焊接一个接头,焊接作业人员应清扫焊机并检查接头表面质量、推凸质量、接头错边量、有无电极灼伤、焊接记录曲线,完成焊头标识,查看钢轨炉号,填写焊接记录。

焊接后在未经打磨处理的情况下检查接头错边量:接头顶面错边量不大于 0.2 mm,轨头侧面工作边错变量不大于 0.2 mm,轨脚边缘水平方向错边量不大于 2 mm。接头错边量超标的接头应在焊缝两侧各 100 mm 位置切掉接头重新焊接。接头表面应无裂纹、无焊渣挤入母材,推凸余量应符合标准,出现电极灼伤的焊接接头应判为不合格。

(5)粗磨

粗磨部位:焊接接头轨头非工作边、距轨脚边缘 35 mm 范围内上下表面、轨脚边缘。

打磨时应严钢轨方向纵向打磨。粗磨后的表面应平整、光洁,与母材过渡圆顺,轨脚边缘上下棱角应倒成圆角。钢轨打磨表面不应出现打磨灼伤,不应将接头磨亏。

轨底面焊筋高度应打磨至 0～0.5 mm,轨底打磨不得伤及母材。

(6)焊后热处理

焊接接头热处理应采用中频感应方式进行全断面加热。加热前焊接接头温度应低于 500 ℃(轨头表面)。加热温度为 850～950 ℃,钢轨顶面加热温度不应高于 950 ℃,轨脚加热温度不应低于 850 ℃。加热到温后,应立即对轨头部位进行喷风冷却。

喷风目的是保证焊接接头的轨头部位具有与钢轨母材相匹配的硬度。对不同强度强度级别的钢轨可能采用不同的喷风工艺参数,具体参数应通过实验确定。喷风所用的压缩空气应经过干燥过滤,防止水汽喷到红热的接头上。

(7)时效

为充分释放焊缝残余应力,要求时效时间应大于 24 h。

(8)焊接接头矫直

平直度的实现主要依靠矫直,而不是打磨。

(9)外形精整(精打磨)

精磨的部位是焊接接头的轨顶面及轨头侧面工作边。精磨后应保持轨头轮廓形状,不应使焊接接头或钢轨产生任何机械损伤或热损伤。精磨的长度范围越短越好,标准规定最长不应超过焊缝两侧各 450 mm 限度。

(10)质检

质检包括超声波探伤和平直度检验。每个焊头都应进行超声波全断面探伤检查。探伤工应持有铁道部门无损检测人员技术资格鉴定考核委员会颁发的Ⅱ级探伤证书。平直度检验必须使用电子平直尺,测量记录作为竣工资料的一部分保存。

(11)500 m 焊接长钢轨的吊运与存放

钢轨起吊、走行、下落应分别操作。钢轨应水平起吊,到位后方可走行,走行期间应避免钢轨摆动,走行到位确认钢轨平稳后方可下落。长钢轨吊运的每个阶段,群吊应同步动作。

钢轨应正向平排列码放在存放台上，排列要整齐、平直、稳固。钢轨端部应对齐，相错量不大于 100 mm。

存放基础应采用混凝土地基梁。多层存放时，层间应布置钢质垫物，垫物尺寸应相同。存放作业中禁止损伤钢轨。层间垫物应与存放基础垂直对齐，钢轨存放不宜超过 6 层。

六、移动式闪光焊接工艺

郑州铁路局已拥有 YHG-1200 型铁路自行式焊轨车，该车具备双向自行、钢轨焊接、保压推凸等功能，能够快速到达作业地点，满足铁路建设、大修或维修时无缝线路钢轨的线上焊接、线下焊接。

1. 焊前检查和处理

焊前应检查轨端几何尺寸、平直度、端部扭曲，超标应进行处理。钢轨除锈的部位是待焊钢轨轨腰和端面，注意控制除锈效果的一致性，除锈后的表面应防止被油水等污染，除锈打磨深度不应超过 0.2 mm。电极夹持钢轨部位的热轧凸起标志应打磨平整。

2. 焊接

相关要求与基地焊接相同。

3. 粗磨

相关要求与基地焊接相同。

4. 热处理

应在焊头不受压应力的情况下进行热处理，应全断面加热钢轨接头。加热温度计喷风冷却等与基地焊接相同。

5. 平直度控制与外形精整

控制平直度可以采取矫直的方法，也可以采用焊前预留上拱度的方法，焊前预留值应通过试验确定。使用仿形打磨机进行精打磨，应符合前述质量的相关要求。

6. 焊接接头探伤

相关要求与基地焊接相同。

七、焊接长钢轨的运输

焊接长钢轨的运输指从焊轨基地出厂的长钢轨的运输，以 500 m 长钢轨为主。

1. 500 m 长定尺钢轨普通平板运输

(1)设备组成

500 m 长钢轨普通平板车运输采用梯形方案，车组由 36 辆木地板平车组成。装载加固装置包括座架 72 个，其中普通座架 60 个，锁定座架 8 个，端部座架 2 个，次端座架 2 个；紧固装置 8 副，每副包括紧固螺栓、紧固螺母、防松螺母、垫块、夹板；安全防护门 2 个。

(2)装载方案

① 36 车一组跨装。第 1～16 车和 21～36 车每车放置 2 个座架，第 17～20 车每车放置 2 个锁定座架。

② 沿车辆纵向对称装载，共 4 层，第 1～4 层分别装 14、14、12、10 根，皆为正摆，共计装载 50 根。每列也只能装整 50 根长钢轨。

③ 允许在第 4 层装载 490 m 和 495 m 两种长度的短尺钢轨，但根数不超过 6 根。装载 490 m 长钢轨时，纵向对称，两端与 500 m 长钢轨端部距离相同；装载 495 m 长钢轨时，一端与

500 m 长钢轨端部对齐。短尺钢轨靠内侧并尽可能横向对称装载。

(3)实际应用

①适用于 500 m 长钢轨的运输,可以运输个别的 490、495 m 长钢轨。

②要求卸车地点建有符合前述 500 m 焊接长钢轨吊运和存放条件的存轨场。

2. T11 长钢轨车运输列车(简称:长轨列车)运输

长轨列车是同时具备运、收、卸长钢轨作业能力的专用设备,适用于 50 m 及以上长钢轨的运输。

(1)设备组成

500 m 长轨车组由 13 种车型 43 辆车组成,编组顺序依次为:发电车→安全车(一)→运轨车(8 辆)→防翻车(一)(1 辆)→防翻车(二)(1 辆)→运轨车(6 辆)→锁定车(一)、(二)、(三)、(四)→运轨车(6 辆)→防翻车(一)(1 辆)→防翻车(二)(1 辆)→运轨车(7 辆)→安全车(二)→作业首车→作业中车(一)→作业中车(二)→作业中车(三)→作业尾车。

(2)装载方案

一列最多能够装载 56 根长钢轨,共 4 层,每层装载 14 根。每层最外侧禁止装短尺长钢轨。

(3)实际应用

①适用于长度大于等于 50 m、小于等于 500 m 长钢轨的运输。

②除可以在存轨场卸车外。如果在有砟道床地段采用换铺法铺设长轨时,可以直接将长钢轨卸到线路两侧,避免建设存轨场。

③需要随车安排专门的押运人员。

④一般按货物列车运行速度运行。在通过半径小于等与 500 m 的曲线和 9 号以下道岔时,有限速要求。

八、无缝线路的铺设

按照轨道结构不同,无缝线路铺设包括有砟轨道铺设和无砟轨道铺设。基本工艺流程如图 3-3 所示。

1. 有砟轨道无缝线路铺设

根据国内外有砟轨道铺设无缝线路的经验,新线铺设长钢轨可以归纳为两类铺设方式。

第一类是引进国外的技术装备和作业方法,用铺轨机布枕、铺轨。其中,可以分为散枕铺设法和长轨排铺设法。第二类是充分利用我国铁路轨道工程现有的工程机械和技术,并加以合理组合,进行无缝线路长钢轨铺设施工,此法称为工具轨换铺法,即先用钢轨、轨枕运输车(或其他机械设备)将临时轨排和长钢轨运至工地,再用常规铺轨机将轨排铺设在底层道床上,轨排铺完后铺轨机及钢轨轨枕运输车退职临时轨排铺设起点,拆除工具轨,用长钢轨推送装置将长钢轨直接推送入轨枕承轨槽,上好扣件完成长钢轨铺设施工。另外,也可以利用人工配合长轨运输车进行长钢轨的铺设。

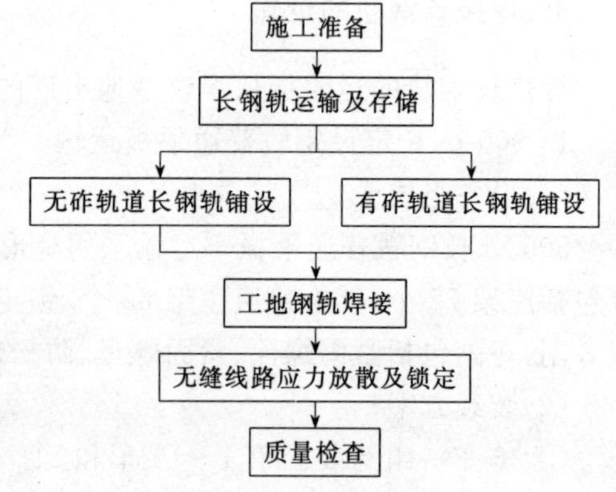

图 3-3　无缝线路铺设基本工艺流程

2. 无砟轨道无缝线路铺设

目前，无砟轨道长钢轨的铺设主要有推送法和拖拉法两种方法。长钢轨铺设施工基本工艺流程图如图 3-4 所示。

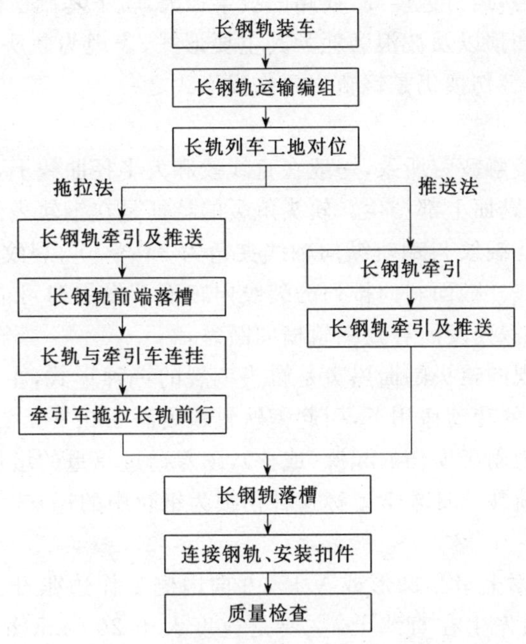

图 3-4　长钢轨铺设施工基本工艺流程

(1)纵向推送法

①铺轨列车在施工地段运行限速 5 km/h，在接近已铺长钢轨轨头 10 m 处应一度停车，以 0.5 km/h 速度对位。

②距卸轨起点约 9、16 及 32 m 处一次组装 A 字形龙门顺坡架，通过三台龙门顺坡架将长钢轨由平车高度卸至承轨槽滚筒上。

③长钢轨落槽后，宜每隔 5～8 根枕安装一组扣件，接头前后两根枕扣件应安装齐全。

④铺轨列车以不大于 3 km/h 的速度推进，并按相关规定对位，进行下一对长钢轨的推送。

(2)拖拉法

①铺轨牵引车和钢轨导向车预先在铺轨起点处等待，待长轨运输车进入区间后，机车推送长轨运输车钢轨导向车连接。

②人工从铺轨牵引车牵引钢丝绳经钢轨导向车后引入长轨运输车，并按预定顺序分左右两股各挂住钢轨轨头，车上人工配合拨轨和拖轨。

③铺轨牵引车向前走行，牵引长轨经钢轨导向车后引入未铺地段轨枕承轨槽之间的地面滚筒上。

④一节长钢轨牵引到位置后，用压机将长钢轨打起，拆除地面滚筒，长钢轨落槽就位，人工宜每隔 5～8 根枕安装一组扣件，接头前后两根枕扣件应安装齐全。

长轨铺设后，用移动式闪光焊机将长钢轨焊接成 1 000～2 000 m 的单元轨，然后通过无缝线路应力放散及线路锁定、轨道整理和钢轨预打磨完成无缝线路的铺设。

第四节　主要钢轨伤损形式及处理

高速铁路列车轴重轻，运行速度高，线路曲线半径大，轨下基础稳固，钢轨磨损轻微。钢轨表面的伤损以接触疲劳伤损以及波浪磨耗为其主要形式，表现为轨头龟裂、压溃、蜂窝状裂纹及尖啸型波磨。另外，焊缝伤损仍是钢轨主要伤损形式之一。

1. 轨头龟裂

轨头龟裂是由滚动接触疲劳所致，一般在直线段和大半径曲线上，两股钢轨内侧工作边上交替产生，或在两股钢轨踏面上都产生。轨头龟裂的特征是在钢轨表面出现细小裂纹，间距为0.5～10 mm，连续出现。裂纹与钢轨纵向轴线夹角为35°～70°，裂纹深度越深，角度越大，是一种非常危险的伤损形式。踏面斜向排列的裂纹向踏面下发展时可能合拢并形成剥离掉块，可能转变为压溃；向踏面深处发展导致钢轨横向断裂。

日本新干线钢轨出现的轨头踏面黑斑是轨头龟裂的一种形式，主要发生在列车加速和制动区间，在高速行驶车轮的转动作用下，引起钢轨轨顶表面0.05～0.2 mm的表层金属加工硬化。此加工硬化层将成为剥落损伤的起源（或核），随着通过总重的增加，黑斑缺陷发展成纵向水平裂纹甚至引发钢轨断裂。日本学者称这种伤损为钢轨中的癌症。

2. 压溃

压溃裂纹在钢轨踏面上呈半圆形或V形，并向内侧工作边张开。该处踏面比周围表面低，颜色明显发暗。压溃发生在直线上，主要是速度大于200 km/h线路上或高速铁路上。压溃最初的形态是在踏面的内侧上圆角处出现表面裂纹，然后与踏面呈较小的角度向内和向运行方向扩展，同时裂纹上部材料的塑性变形造成踏面局部凹陷，致使轮轨不接触或产生锈蚀，从而使凹陷部位变暗。在有砟轨道上，压溃引起的动力作用常导致道床上频繁出现白点。

3. 蜂窝状裂纹

蜂窝状裂纹呈簇分布，间隔20～100 mm，也是由滚动疲劳所致，主要发生在速度≥200 km/h的线路上。在钢轨表面，蜂窝状群裂纹长度约为5～15 mm，与钢轨纵轴夹角45°，倾斜向下发展与踏面呈20°～30°，仅与钢轨波浪磨耗同时存在。

4. 尖啸型波磨

尖啸型波磨产生于高速铁路上，主要在直线区段或大半径曲线上，波长25～80 mm。产生的机理目前还没有完全搞清楚，最权威的解释是车轮滑移造成的。典型的频率大约为750 Hz。波磨的发展与运量有关。根据德铁的统计，有以下关系：

$$v=c\cdot\sqrt{M^3}$$

式中　v——波磨幅值(mm)；

M——通过总重(t)；

c——比例常数，一般取决于钢轨材质，在0.004 8～0.007 3范围内。

5. 焊缝伤损

焊接接头是无缝线路的薄弱环节。焊接接头的平直度以及轨顶面的硬度是否与母材匹配，将决定其在使用过程中是否出现低塌以及影响列车平顺运行，严重时将发生焊接接头断裂。日本东海道新干线由于建设时采用50 kg/m钢轨，运行初期钢轨伤损大部分（约占80%）发生在铝热焊接头处，主要是铝热焊接头强度难以满足铁路高速运行的需要。法国高速铁路早期采用 60 kg/m UIC700 普通热轧钢轨，后来采用 60 kg/m UIC900A 普通热轧钢轨，从 1983 年开通运营至 2001 年，断轨 80 起，其中 30%断在焊缝上。在 30% 的焊缝断头中，有 90%断在铝热焊焊缝处。因此，高速铁路仍需采取措施提高焊接质量或减少焊接接头。

第五节　钢轨探伤及打磨

一、钢轨探伤

钢轨探伤主要检查钢轨在使用过程中产生的各种疲劳裂纹，其中最主要的是轨头核伤和其他各种方向的裂纹，另外还包括一些钢厂漏检的材质缺陷，如严重的纵向夹杂等。

使用中的钢轨处于铺设状态，超声波探伤只能从踏面进行。由于缺陷类型、位置、取向等有很大区别，因而需要多只探头或多种方向的声束进行扫查。常见的做法是用 70°探头探测轨头核伤，用 37°(或 37°～45°间的)探头探测各种斜裂纹，而用 0°探头探测水平裂纹和某些材质缺陷。由于疲劳裂纹相对钢轨有一定的方向性，为防止漏检，一台仪器上至少需要配置 2 只 70°探头、2 只 37°探头和 1 只 0°探头，以分别检查不同取向的缺陷。为确保缺陷补漏检，目前有些探伤仪携带 9 只探头进行探伤，其中使用 6 只 70°探头，以提高轨头核伤的检测能力。目前高速铁路的探伤与既有线基本一样，均采用小型钢轨探伤仪与大型探伤仪相结合的方法。

根据钢轨截面形状和声程的差异，一般是将断面划分为三个区域，如图 3-5 所示，以采用不同的方式进行扫查。

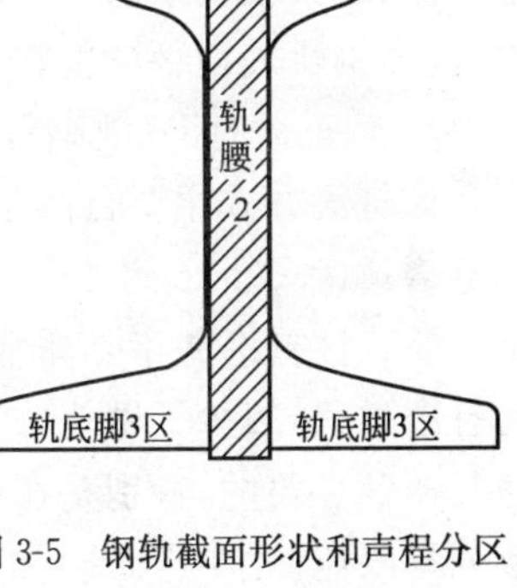

目前高铁钢轨探伤与既有线区别不大，仪器也基本相同，主要采用钢轨探伤车与钢轨探伤仪相结合。

1. 钢轨探伤仪(图 3-6)

钢轨探伤仪习惯上称为钢轨探伤小车，是一种新一代数字化手推车式能在一股钢轨上推行，并能同时对钢轨中的各种缺陷进行检测的小型超声波探伤设备。适宜于探测国产、进口的钢轨中的各种缺陷。

钢轨探伤仪器具有 6 路发射、接收通道，用于钢轨探伤，一台探伤仪可同时获得钢轨探伤，焊缝部分探伤的功能。钢轨探伤仪中具有 B 型显示功能，真正实现直观易懂的超声波探伤；同时具有波形记忆、本机直接回放或通过 U 盘将存储的探伤数据传递到微机回放功能，并具有自动记录探伤作业参数(黑匣子)功能，实现了探伤作业的微机化管理，有效地保证探伤质量，防止漏探事故。

轨头1区　轨头1区
轨腰2
轨底脚3区　轨底脚3区

图 3-5　钢轨截面形状和声程分区

2. 钢轨探伤车

按钢轨探伤车检测原理可分为电磁钢轨探伤车和超声波钢轨探伤车两类。

电磁钢轨探伤车是根据非接触通磁法检测钢轨伤损的，其最佳检测速度为 30～70 km/h(最高可达 100 km/h)这种车辆不能检测钢轨腰部和钢轨接头附近的钢轨伤损。检测核伤的最佳灵敏度仅为轨头断面积的 20%～25%，所以已逐步被超声波钢轨探伤车所代替。

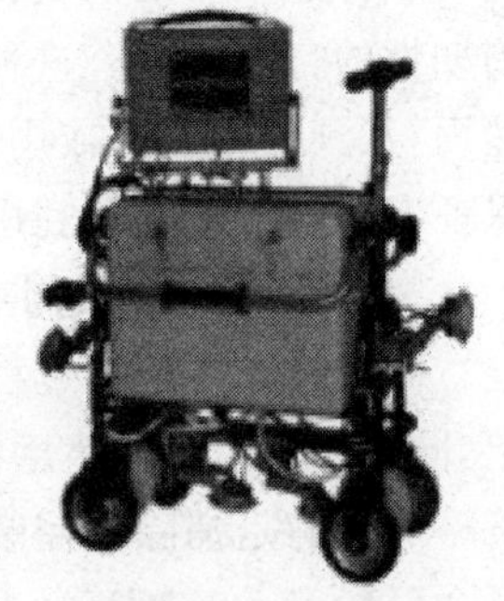

图 3-6　钢轨探伤仪

超声波钢轨探伤车利用超声波法进行钢轨伤损探测，能够探测钢轨的轨头和轨腰范围内(包括接头附近)的疲劳缺陷和焊接缺陷,有的还能检测擦伤、轨头压溃和波浪形磨耗,以及轨底锈蚀和月牙掉块。这种车辆装有自动记录设备,能把钢轨伤损信号、里程信号和线路特征信号(桥梁、隧道、接头、轨枕类别等)等记录在同一纸带或胶片上。根据记录可分析确定伤损的大小和在钢轨内的位置,也可确定伤损所在的线路里程。此外,根据连续二次的记录还可确定钢轨伤损的发展速度和发展规律。超声波钢轨探伤车常用的检测行车速度为 30~50 km/h,检测核伤的最佳灵敏度约 50 mm^2,检测轨腰裂纹的最佳灵敏度相当于直径为 3 mm 的钻孔。确定钢轨伤损所在线路上的位置误差最小达±10 cm。轨面不平和不洁会影响这种车辆的检测灵敏度,特别是影响接头附近伤损的检出灵敏度。这种车辆冬季配合加热器可在不低于−15 ℃情况下使用,水中添加防冻剂时工作温度可更低,但大雪天仍不宜使用。

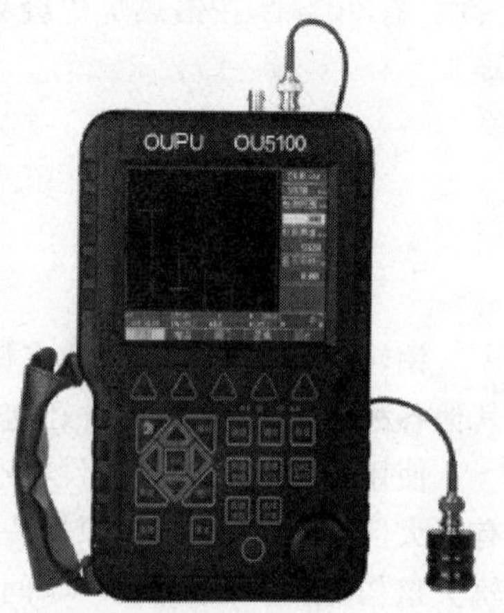

图 3-7　焊缝探伤仪

3. 焊缝探伤仪(图 3-7)

焊缝探伤仪是一种真彩显示全数字式超声波探伤仪,它能够快速便捷、无损伤、精确地对钢轨进行内部多种缺陷(裂纹、夹杂、气孔等)的检测、定位、评估和诊断。

二、钢轨打磨

钢轨打磨主要是通过打磨机械或打磨列车对钢轨头部滚动表面的打磨,以消除钢轨表面不平顺、轨头表面缺陷及将轨头轮廓恢复到原始设计要求,从而实现减缓钢轨表面缺陷的发展、提高钢轨表面平滑度,进一步达到改善旅客乘车舒适度。目前有 4 种打磨方式。

1. 矫正性打磨(缺陷打磨)

该打磨方式主要目的是消除或减少在线钢轨的缺陷,一般采用积极打磨的工序,预先设计好打磨量(0.5 mm 到 4~6 mm 之间),并且,作业间隔相对较长,通常由缺陷的严重程度来决定。矫正性打磨并不是非常经济,主要是因为需要除去钢轨表面的大量金属,还要求使用大量的打磨过程,减少了钢轨的潜在使用寿命。但是,为了确保钢轨不会在短期内失效,矫正性打磨是非常必要的,特别是在更换钢轨的预算较为紧张的时期。不过这种条件的钢轨可能会导致列车限速。

2. 过渡性打磨

该打磨策略是钢轨长期使用策略(3~6 年),目的是将矫正性打磨制度转变成预防性或者周期性的打磨制度。这种策略需要经历数次打磨周期,特别是钢轨不是很规范地养护的时候。然而,从预防性打磨或周期性打磨策略的成本效果来看,过渡性打磨是一个较好的选择,可以保证有限资源的合理利用。

3. 预防性打磨或周期性打磨

高速铁路在运营过程中,钢轨轨头表面会逐渐发生变形,甚至形成疲劳裂纹出现伤损现象,同时车轮也会发生磨损,二者轮廓均会改变。接下来,就可以执行预防性打磨。这种打磨策略的目的是消除或控制钢轨表面缺陷、保证钢轨表面状态和良好的外形。通常需要移除少量金属(0.2~0.3 mm),且打磨时期更为频繁或可控。

4. 特殊性打磨

这种打磨策略是为实现上述三种目的之外的某种特殊目的而进行的打磨。例如:实现特殊的钢轨断面形状,通过打磨量超过钢轨头部允许磨耗限度,从而延长钢轨短期使用寿命。例如,当轮/轨接触区接近 20～30 mm 宽时,接触区过于集中,可以采用这种打磨策略移除车轮和钢轨的相应金属量,并打磨钢轨轨距内侧面。钢轨打磨量必须与通过线路的主要列车车轮断面相配合。

第四章　高速铁路轨道结构类型

第一节　有砟轨道结构形式

有砟轨道要从轨道结构的发展讲起，随着英国工业革命，为了把大量的矿石从矿区运到最近的码头，1605 年有了第一条用木条铺成的轨道。18 世纪中叶，出现了铸铁轨轨道。19 世纪 40 年代，在铁轨下铺设了与之垂直的木轨枕，用来连接两根铁轨。1865 年，钢轨代替了铁轨，建成的轨道具有了现代轨道结构的基本结构形式，为减少地面应力，在地面上轨枕下铺设一层碎石组成的道床，碎石道床还提高了轨道的弹性和排水性能，使轨道便于维修，用散体材料碎石组成道床的传统轨道形式，也叫普通轨道，即我们最常说的有砟轨道。

一、钢　　轨

我国钢轨随着铁路运输事业的发展经历了漫长的发展过程，钢轨类型形成了 75、60、50 kg/m 的系列，钢轨材质主要有 U71Mn、U74、PD3，其中 PD3 钢轨在强度、硬度和使用寿命上都比较占优势，近年来得到了比较广泛的使用。1998 年，铁道部颁布了《时速 300 公里客运专线 60 kg/m 钢轨暂行技术条件》，对 60 kg/m 钢轨加以规范。

从钢轨单位质量上来看，在大轴重、大运量的重载线路上应采用 60～75 kg/m 钢轨，在列车运行速度超过 160 km/h 的线路上应采用 60～75 kg/m 钢轨。高速客运专线铁路钢轨的断面应在既有铁路使用成熟的钢轨中选择，而我国也已形成 75、60 和 50 kg/m 的断面系列，其中 60 kg/m 钢轨（图 4-1）应用最为广泛。

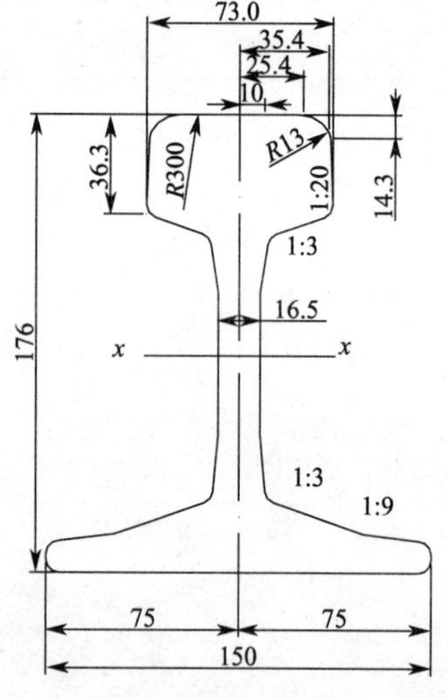

图 4-1　60 kg/m 钢轨横断面

二、轨　　枕

虽然在高速铁路的发展中无砟轨道所占的比例越来越大，在许多国家已成为轨道结构的首选，但有砟轨道依然是铁路高速铁路轨道结构的主要形式，因此混凝土枕的性能和质量仍需重点关注。

在混凝土枕长度方面，我国Ⅰ型和Ⅱ型混凝土枕长度都是 2 500 mm。长期使用结果表明，这个长度不能满足高速铁路的技术要求。而且世界各国的客运专线和高速铁路中无一例外地采用 2 600 mm 以上的混凝土枕。我国采用Ⅲ型预应力混凝土、无挡肩轨枕，轨枕长 2 600 mm，每公里铺设 1 680 根（按轨枕中心间距 600 mm，实际每公里为 1 667 根）。Ⅲ型枕设计参数见表 4-1。

三、扣　　件

钢轨与轨枕的连接是通过中间连接零件实现的。中间连接零件也称扣件，其作用是将钢

表 4-1 Ⅲ型枕设计参数

高速方案	轨下截面(mm)		中间截面(mm)		轨枕重量(kg)	设计承载弯矩(kN·m)	
	高度	宽度	高度	底宽		轨下截面	中间截面
Ⅲ型枕	230	300	185	280	320	19.05	−17.30

轨固定在轨道上，防止钢轨倾覆，保持轨距并阻止钢轨相对于轨枕的纵、横向移动。扣件必须具有足够的强度、弹性和耐久性，并有效地保持钢轨与轨枕的可靠连接。在钢筋混凝土轨枕轨道上，因其弹性小于木枕轨道，扣件还必须提供较高的弹性。扣件应允许调整钢轨高低，以保证轨面得平顺性，混凝土扣件还要求有良好的绝缘性能，此外，还应结构简单，便于安装及拆卸。

图 4-2 弹条Ⅳ型扣件

1. 弹条Ⅳ型扣件(图 4-2)

弹条Ⅳ型扣件为无螺栓扣件，属轨枕不带混凝土挡肩的不分开式有砟轨道用扣件。其主要结构特征如下：

在制作轨枕时预先埋设预埋铁座，弹条通过插入预埋铁座扣压钢轨。

预埋铁座与钢轨间设有绝缘轨距块，通过更换绝缘轨距块实现钢轨左右位置的调整。

本扣件不能进行钢轨高低调整。

弹条Ⅳ型扣件养护维修要求：

(1)运营初期应注意观察扣件和轨枕的使用情况，发现有轨枕空吊、高低和水平不平顺或三角坑时，应及时进行起道捣固，不得使用调高垫板进行钢轨调高作业。

(2)使用中如发现扣件部件损坏应及时更换。

(3)在进行无缝线路应力放散时，须用专用工具(同安装工具)将弹条卸下。应力放散结束后，应检查橡胶垫板和轨距块位置是否正确，如有错位，应在调整后再安装弹条。

2. 弹条Ⅴ型扣件(图 4-3)

弹条Ⅴ型扣件为有螺栓扣件，属轨枕带混凝土挡肩的不分开式有砟轨道用扣件。其主要结构特征如下：

在制作轨枕时预先埋设预埋套管，螺旋道钉与套管配合紧固弹条。

通过更换轨距挡板实现钢轨左右位置的调整。

可垫入调高垫板实现钢轨高低调整。

弹条Ⅴ型扣件养护维修要求：

(1)运营初期应注意观察扣件和轨枕的使用情况，如扣件松弛，应及时复拧。发现有轨枕空吊、高低和水平不平顺或三角坑时，应及时进行起道捣固，如遇有少量高低和水平不平顺难用起道捣固作业消除时，可垫入调高垫板。

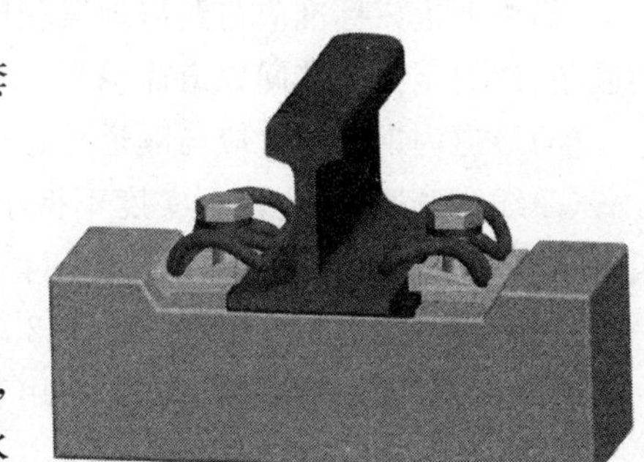

图 4-3 弹条Ⅴ型扣件

(2)使用中如发现扣件部件损坏应及时更换。

(3)在进行大型养路机械起道捣固作业前，应将调高垫板全部取下。起道捣固作业完成后，如个别地段钢轨高低和水平有少量不平顺时，可放入调高垫板。

(4)如遇有需要卸下螺旋道钉的情况时,应避免泥污进入预埋套管。

四、道　　床

碎石道床是有砟轨道的突出特点。散粒体道床不仅要承受轨枕传递的各种力的作用,保持轨道结构的稳定性,而且要便于进行养护。对高速铁路而言,散粒体道床的这些作用显得尤为重要。我国有砟道床标准的实验参数及物理力学指标都比较多,这是根据我国铁路道砟生产量大、材质差而又无法在短期内废止石灰岩等性能较差的道砟上的特定情况下提出的。根据《新建时速 300～350 公里客运专线铁路设计暂行规定》,我国高速铁路有砟道床应满足以下技术要求:

(1)应采用碎石道砟,道砟的物理力学性能应符合特级道砟材质指标的规定。

(2)正线单线道床顶面宽度 3.6 m,道床厚度 35 cm,道床边坡 1∶1.75,砟肩堆高 15cm,双线道床顶面宽度应分别按单线设计,高速铁路单线有砟轨道道床横断面形式见图 4-4。

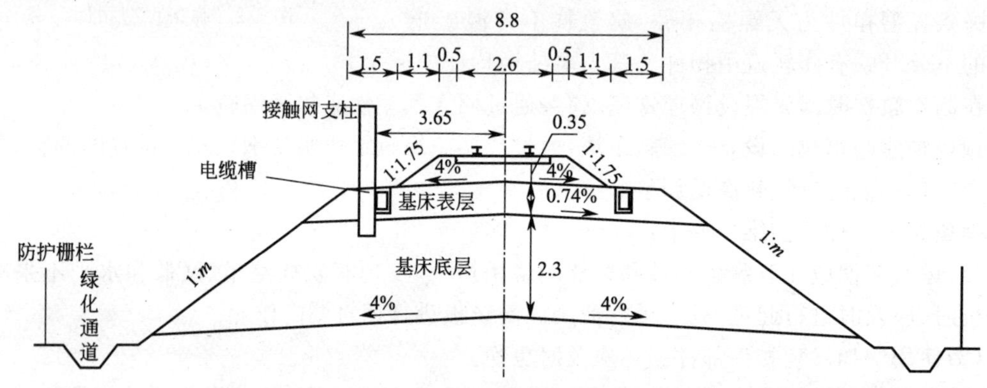

图 4-4　单线路堤标准横断面示意图(单位:m)

(3)铺设Ⅲ型枕地段,道床顶面高度应与轨枕中部顶面齐平;岔枕等其他类型轨枕地段的道床顶面应低于轨枕承轨面 3 cm。

(4)桥上道床标准应与路肩地段相同。通过居民区的桥梁宜于道砟下铺设厚度为 2.5 cm 的胶垫,砟肩至挡砟墙间以道砟填平。

(5)隧道内道床厚度应与隧道外道床厚度相同,砟肩至边墙(或高侧水沟)间以道砟填平。

(6)线路开通前,道床密实度不得小于 1.75 g/cm^3,支承刚度不得小于 120 kN/mm,纵向阻力不得小于 14 kN/枕,横向阻力不得小于 12 kN/枕。

(7)轨道电路道床电阻不应小于 2 Ω · km。

研究表明,我国的一级道砟不适用于高速铁路,必须采用特级道砟。特级道砟相关技术和要求如下:

(1)道砟由开山块石破碎筛分而成,颗粒表面全部为破碎面。

(2)道砟颗粒形状和清洁度指标应符合下列要求:

①针状指数不应大于 20%,片状指数不应大于 20%。

②粒径 0.5 mm 以下的颗粒含量的质量百分率不大于 0.6%;粒径 0.063 mm 以下的粉末含量的质量百分率不大于 0.5%。

③道砟出场前应用水清洗,且不含黏土团及其他杂质。

第二节　无砟轨道结构形式

无砟轨道结构的出现，解决了有砟轨道存在的稳定性差、维修工作量大的问题，为高速度、高密度的铁路运输提供了有利条件。经过 40 多年的发展和 100 多种结构形式的试验，遴选出 30 多种结构进行了现场试铺，形成了适用于不同运输条件的无砟轨道技术体系，为无砟轨道结构的进一步发展奠定了坚实的基础。

无砟轨道（表 4-2 及图 4-5）作为一种轨道结构形式，需要保持轨道结构支承列车运行、传递列车荷载的基本功能。无砟轨道分为上部结构和下部结构两部分：上部结构由钢轨、扣件、预制结构或混凝土/沥青道床板以及底座/支承层等组成，即常说的轨道结构，其中的钢轨、扣件和预制结构组合结构称为轨排，而道床板、支承层/底座称为上部结构层；下部结构包括桥梁、隧道和路基，即常说的基础工程。

表 4-2　有砟轨道和无砟轨道区别

轨道形式	有砟轨道	无砟轨道
上部结构	钢轨、扣件、轨枕、道砟	钢轨、扣件、预制的轨枕、轨道板或现浇混、凝土结构；混凝土道床板或沥青基础隔离层/底座或水硬性材料层
下部结构	桥梁或隧道刚性基础或上部非水硬性材料承载层；防水层/防冻层下部非水硬性材料承载层；强化的路堤或路堑工程地基	桥梁或隧道刚性基础或上部非水硬性材料承载层；防水层/防冻层下部非水硬性材料承载层；强化的路堤或路堑工程地基

注：用于路基上的无砟轨道结构，基床表层以上的水硬性材料层（德国）或混凝土支承层，统称为支承层；用于桥梁上和隧道内的无砟轨道，桥上混凝土保护层以上和隧道内仰拱以上、隔离层以下混凝土层，统称为底座，见图 4-5。

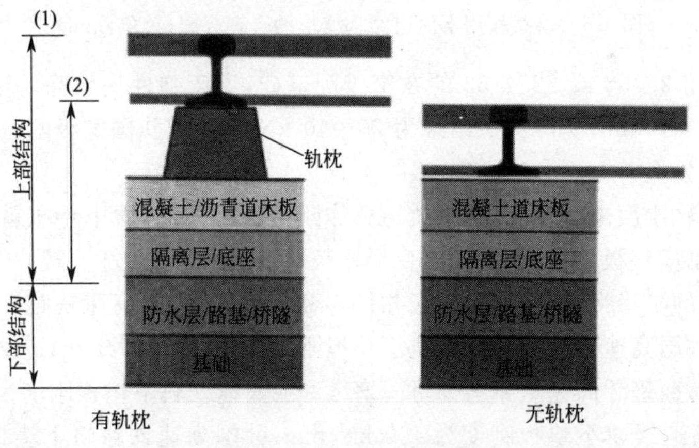

图 4-5　无轨枕与有轨枕

无砟轨道结构与有砟轨道结构的根本区别在于塑性变形小耐久性好的混凝土或沥青材料代替了有砟轨道结构中容易磨耗、粉化和破碎的道砟材料，其目的是增强轨道结构的稳定性，减少维修工作量。由于道砟在有砟轨道结构中的主要功能是支承、传递、分散轨排的垂向、纵向和横向荷载，提供弹性、减缓冲击荷载、降低噪声，有效调整轨道几何尺寸，方便维修。无砟轨道结构取消道砟以后，将带来轨道刚度（适应垂向荷载与变形）及其几何状态调整和抵抗纵横向作用力方式（适应纵横向荷载与变形）的改变，其中抵抗纵横向作用力方式的不同，也构成了无砟轨道结构形式的不同。

1. 轨道刚度及轨道几何状态调整

(1)轨道刚度

轨道要承受荷载并减缓冲击荷载，就要求轨道不仅具有一定的强度，还要允许产生一定的变形。强度和变形的相互协调，决定了轨道的合理刚度。理论和实践表明，当线路运营速度≥300 km/h 时，合理的轨道整体刚度为 50～100 kN/mm。按 60 kg/m 钢轨、600 mm 轨枕间距换算，合理的轨道支点刚度为 20～50 kN/mm。有砟轨道的弹性由扣件和道砟提供(见图 4-6)。两者为串联关系，可表示为

$$D=\frac{D_1D_2}{D_1+D_2}$$

式中 D——轨道支点刚度；

D_1——扣件刚度；

D_2——道床路基刚度。

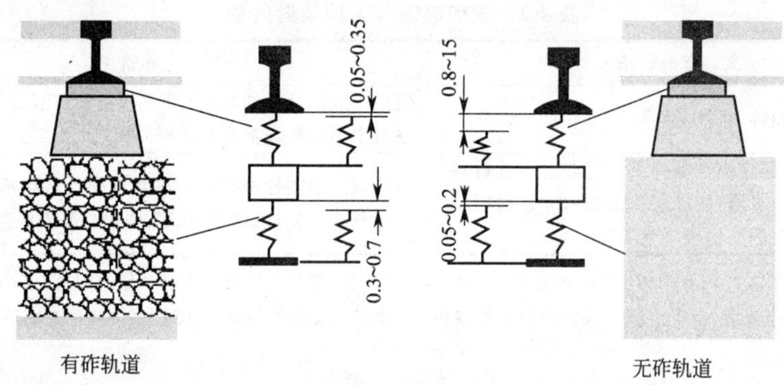

图 4-6 荷载作用下轨道结构变形的合理分配(单位：mm)

高速铁路采用 25/50 或 22.4/63 的在窄级配道砟，道床弹性比较高。法国 TGV 线路要求道床刚度为 60 kN/mm，实际测试结果为 20～40 kN/mm 与我国宽级配道砟实测刚度 76～160 kN/mm 差异较大。

道床弹性提高、刚度减小以后，如果轨道整体刚度保持不变，轨下垫板就可以采用较大的刚度。采用较大刚度垫板的优点是：扣件变形比较小，弹条的跟随性比较好，可以防止钢轨外翻，保证高速行车的平稳性，还有利于延长扣件寿命。因此，国外高速铁路有砟轨道轨下垫板刚度都比较大。法国高速铁路区间线路轨下垫板刚度达到 150 kN/mm，道岔区轨下垫板刚度达到 250 kN/mm；西班牙高速铁路马德里—塞维利亚高速线轨下垫板刚度为 500 kN/mm，马德里—巴塞罗那高速线轨下垫板刚度为 100 kN/mm；韩国高速铁路轨下垫板刚度为 80 kN/mm。法国高速铁路区间轨道支点刚度为 43 kN/mm，道岔区轨道支点刚度为 48 kN/mm；西班牙马德里—塞维利亚线轨道支点刚度为 54 kN/mm，马德里—巴塞罗那线轨道支点刚度为 37.5 kN/mm；韩国高速铁路轨道支点刚度为 34 kN/mm。除西班牙马德里—塞维利亚线外，上述各线都满足 20～50 kN/mm 的要求，列车运行平稳，乘坐舒适性良好。因此，有砟轨道弹性主要由道床提供，轨下垫板选用较大刚度值，以保持轨道的动态轨距和扣压件的跟随性。

在高速铁路采用的轨枕埋入式和板式无砟轨道结构中，预制结构、道床板和底座由混凝土材料制作，调整层一般为沥青混合材料，能提供的弹性都有限轨道弹性只能由扣件提供。因此，必须改变有砟轨道扣件设计理念，将解决轨道弹性作为无砟轨道扣件设计的主要内容。

(2)轨道几何状态调整

在高速列车荷载的长期作用下,轨道结构及轨道部件变形和磨损都将影响轨道几何尺寸的精度,必须及时对轨道进行相应的养护和维修。高速铁路有砟轨道的修理工作量主要是道床捣固作业工作量,其目的是整正轨道几何尺寸,提高轨道弹性。高速铁路需要保持良好的轨道长波长平顺性,而影响长波长平顺的主要因素是基础工程和道床状态,因此,通过起拨道来进行轨道几何状态调整是合理的。无砟轨道长波长平顺性要好于有砟轨道。上部结构层由混凝土或沥青混凝土层组成,调整轨道几何状态只能由扣件来实现,这就要求无砟轨道扣件有足够的调整量。

轨道刚度及轨道几何状态是影响乘坐舒适性和行车安全性的重要参数。有砟轨道刚度匹配和几何状态调整主要由道床来实现,无砟轨道刚度匹配和几何状态调整则主要由扣件来实现。因此,扣件技术是无砟轨道应用的关键技术。

2. 轨道纵横向阻力

为实现轨道稳定,特别是无缝线路的稳定,轨道必须具备抵抗纵横向作用力的能力。有砟轨道结构的纵横向阻力,主要由轨排与道砟之间的摩擦力及砟肩阻力提供。作为散粒体的道床,其自身在纵横向力作用下的稳定,靠道砟颗粒间的摩擦力来维持。道床与下部基础界面上的稳定,也主要取决于相互间的摩擦力。无砟轨道的稳定与其结构形式有关,特别是预制结构、道床板和底座为分离的层状结构时,纵横向阻力取决于各结构层间的连接方式;无砟轨道上部结构与下部结构之间,一般来说也是分离的层状关系,在纵横向力作用下,结构的稳定也取决于层间的连接方式。也就是说,轨道纵横向阻力,除扣件纵横向阻力提供方式相同外,在有砟轨道中,主要靠轨枕与道砟间的摩擦力提供,在无砟轨道中,则由连接结构提供。

要实现轨道稳定,就需要轨道具备很高的抵抗纵横向作用力的能力,这就要求无砟轨道具有最优的预制结构和纵横向连接方式。正是预制结构的不断优化和连接方式的不断演变,才形成了无砟轨道不同的结构形式和特点。

第三节　无砟轨道结构分类

无砟轨道结构类型比较多,其主要区别在于:支承扣件方式是有轨枕还是无轨枕;支承轨枕方式是埋入到道床板中、支承在道床板上还是嵌入到道床板中;道床板材料是混凝土还是沥青;道床板制作方式是预制还是现浇。根据以上区别,可将无砟轨道分为预制板式和现浇混凝土两大类。板式无砟轨道是将预制好的轨道板直接“放置”在混凝土底座上,通过轨道板与底座间充填沥青混凝土材料调整轨道板,确保铺设精度。板式无砟轨道以预制轨道板为核心,轨道板结构形式、抵抗纵横向作用力方式和高性能的调整层材料是板式无砟轨道关键技术。轨枕支承式无砟轨道是将预制好的轨枕(包括轨枕块)直接“放置”在混凝土或沥青道床板上的一种结构形式,在概念上最接近有砟轨道结构。

目前板式预制板式无砟轨道分为CRTSⅠ、CRTSⅡ、CRTSⅢ和道岔区板式四种类型,现浇混凝土无砟轨道分为CRTSⅠ、CRTSⅡ双块式和道岔区轨枕埋入式三种。

一、CRTSⅠ型轨道板(图4-7)

预制轨道板通过水泥沥青砂浆调整层,铺设在现场浇注的钢筋混凝土底座上,由凸形挡台限位,适应ZPW-2000轨道电路的单元轨道板无砟轨道结构形式。

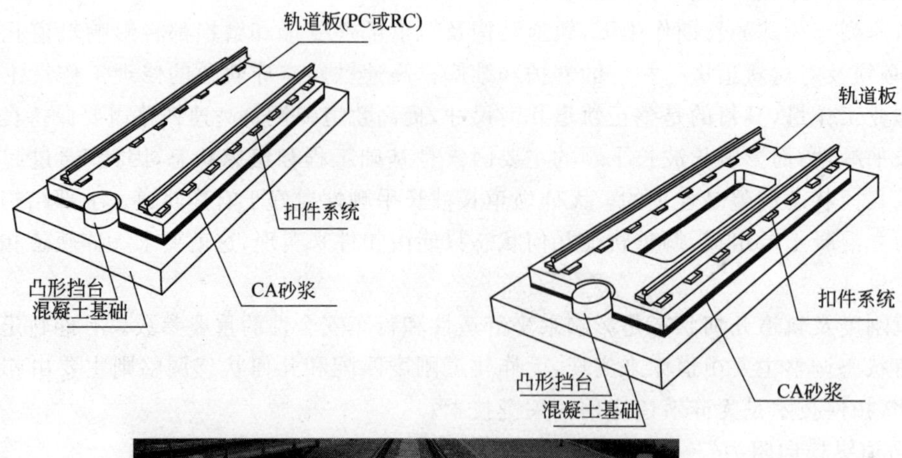

图 4-7　CRTSⅠ型轨道板

1. 结构组成

(1)轨道板

混凝土轨道板有预应力平板(P)、预应力框架板(PF)、普通钢筋混凝土框架板(RF)等多种形式,目前各线多采用预应力平板,即 P 型轨道板。

(2)填充层

采用低弹模水泥乳化沥青砂浆,目前主要采用袋装法施工,充填层厚度设计值为 50 mm,弹性模量为 100～300 MPa。

(3)凸形挡台

凸形挡台有圆形和半圆形两种,设置于底座两端的中部,用以限制轨道板的纵、横向移动,直接承受由钢轨传递到轨下基础的纵向力和横向力其中半圆形主要应用于梁端和过渡段等特殊部位。其半径为 260 mm,高度为 250 mm。凸形挡台与轨道板之间灌注树脂,树脂可以提供合适的弹性,有效地缓冲列车纵横冲击。

(4)底座

混凝土底座分段设置。路基地段 2～4 块轨道板设置一道底座伸缩缝;桥梁地段每块轨道板设置独立混凝土底座;隧道地段一般 2 块轨道板设置一道底座伸缩缝,遇隧道沉降缝应对设置伸缩缝。曲线地段超高在底座上实现。

2. 结构特点

(1)轨道结构按明确的层状体系设计。

(2)路基、桥梁和隧道地段的无砟轨道结构组成相同,轨道板外形尺寸统一。

(3)结构设计传力明确。

(4)轨道板承担了钢轨定位、传力、承载的多重作用,轨道板工厂化预制,质量易于保证,轨道板能用,便于制造、维修和更换。

(5)轨道板下充填具有承力传力、支撑高速、缓和冲击功能的低弹械水泥乳化沥青砂浆材料。

二、CRTSⅡ型板式无砟轨道(图 4-8)

1. CRTSⅡ型无砟轨道结构组成

CRTSⅡ型无砟轨道结构由防冻层(级配碎石)(①)、水硬性材料支承层(HGT)(②)、厚度30 cm 灌浆层,3 cm 厚的沥青水泥砂浆层(③)、预制轨道板(④)、沟槽(⑤)、承轨台(⑥)、调高装置(⑦)、灌浆孔(⑧)、长拉锁件螺母⑨)、窄接缝(⑩)、宽接缝(⑪)组成。

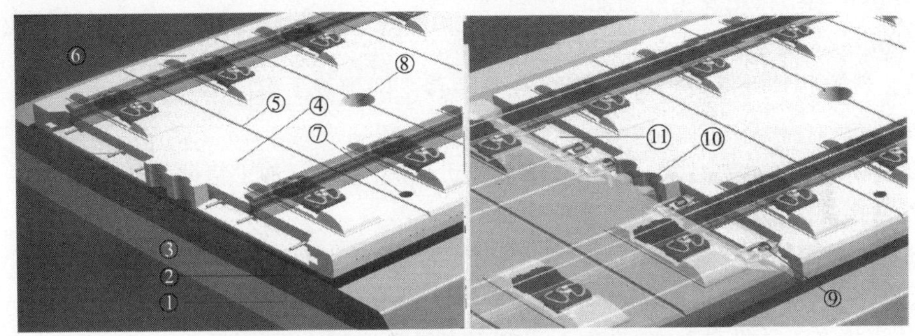

图 4-8 CRTS Ⅱ型轨道板

2. 预制轨道板的形式

预制轨道板通过水泥沥青砂浆调整层,铺设在现场摊铺的混凝土支承层或现场浇筑的具有滑动层的钢筋混凝土底座(桥梁)上,适应 ZPW-2000 轨道电路的连续轨道板无砟轨道结构形式。

(1)标准预制轨道板

标准预制轨道板为长度 6.50 m,厚度为 200 mm 的单向预应力混凝土板,板与板之间有纵向连接,适用于路基、桥长 25 m 及以下的桥梁和隧道。

(2)特殊预制轨道板

特殊预制轨道板为最大板长 4.50 m,板厚 300 mm 的钢筋混凝土板,可用在长度大于 25 m

的桥上。特殊预制轨道板设有减振系统(质量弹簧系统)。必要时还可在特殊预制轨道板里安装信号设备。

(3)其他补充型预制轨道板

由于存在着桥梁、隧道、道岔和新线与既有线路的连接处等控制点,必要时需对预制轨道板的长度进行调整,为此可生产长度从 0.60 m 到小于 6.50 m 不等的预制轨道板。

3. 水硬性材料支承层(HGT)

该层厚度为 300 mm,由素混凝土构成。水硬性材料支承层的作用是保证系统刚度从防冻层经预制轨道板到钢轨的递增。

在隧道和明洞里不设水硬性混凝土支承层,直接铺设在结构底板上。

4. 防冻层

路基上应铺设一层防冻层,以防止路基因冻融循环所引起的冻胀。防冻层由级配碎石组成,也具有防止毛细作用发生的功能。

5. 沟槽

为防止轨道扣件处混凝土出现裂缝,在承轨台之间预设了沟槽。

6. 承轨台

轨道扣件安装在承轨台上。承轨台用数控机床磨削加工,加工精度为 0.1 mm。

7. 轨道扣件

预制轨道板磨削工序完成之后,在工厂里预安装轨道扣件。

8. CRTSⅡ型板式轨道的特点

(1)轨道板在工厂批量生产,进度不受施工现场条件制约。

(2)每块板上有 10 对承轨台,承轨台的精度用机械打磨并由计算机控制。工地安装时,不需对每个轨道支撑点进行调节,使工地测量工作可大大减少。

(3)预制轨道板可用汽车在普通施工便道上运输,并通过龙门吊直接在线路上铺设,无须二次搬运。

(4)现场的主要工作是沥青水泥砂浆层的灌注,灌浆层在灌注 5~6 h 后即可硬化。

(5)具有可修复性,除在每个钢轨支撑点处(轨道扣件)调高余量外,还可调整预制板本身的高程。

(6)CRTSⅡ型板式轨道的缺点是制造工艺复杂,成本相对较高。

9. 适应不同基础设施条件的 CRTSⅡ板式无砟轨道

(1)路基

CRTSⅡ型板式无砟轨道在路基上的标准截面,见图 4-9。为了将工后沉降控制在允许范围内,必要时应对地基进行加固处理。

在路基上铺设预制轨道板(间隙为 50 mm),首先使用调高装置对轨道板进行调整和精确定位,再将轨道板与水硬性材料支承层之间的间隙进行密封处理,灌浆后密封灌浆孔。接下来进行轨道板的连接。先在窄缝处灌浆,然后连接张拉预制轨道板两端露出的螺纹钢筋,使接缝处始终处于压应力状态下,最后在宽接缝处浇注混凝土,起到保护作用。

(2)长度小于 25 m 的桥梁

对于长度小于 25 m 的短桥来说,气候变化对桥梁变形影响很小。因此,在短桥上可使用 CRTS 板式轨道系统的标准预制轨道板。图 4-10 为短桥上的 CRTS 板式无砟轨道标准截面图。

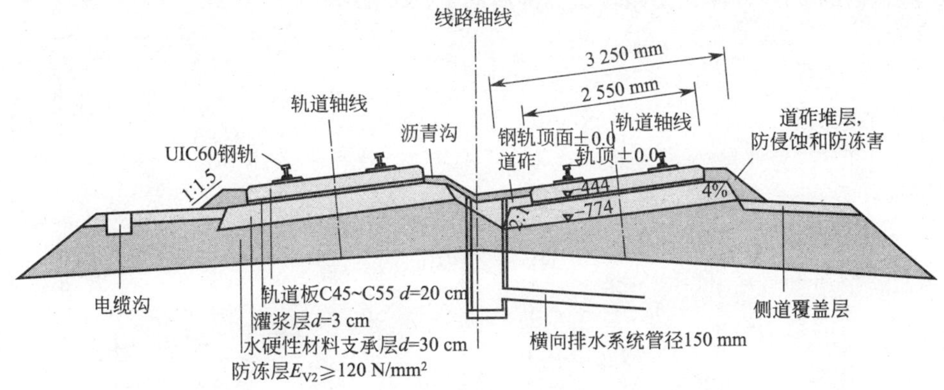

图 4-9　路基 CRTSⅡ型板式无砟轨道标准截面图

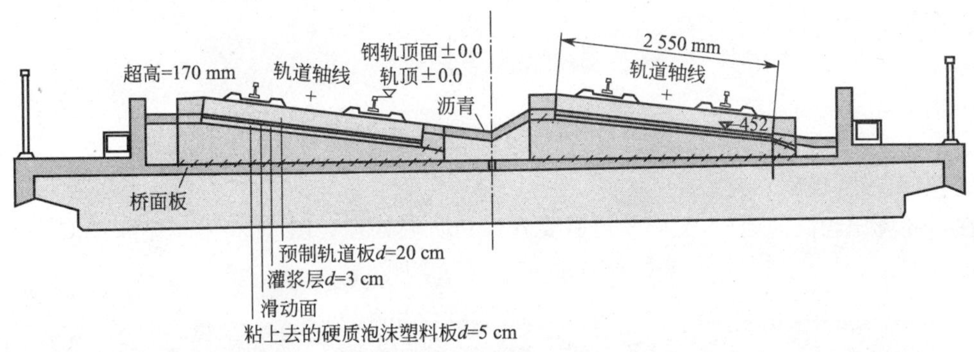

图 4-10　桥长≤25 m 的桥上 CRTSⅡ型板式无砟轨道标准截面图

(3)长度大于 25 m 的桥梁

当桥梁长度超过 25 m 时,受温度变化和活载引起的桥梁挠度的影响,桥面在纵向和横向会发生位移。因此,桥上需使用特殊预制轨道板,设置限位块,以避免这种位移对轨道板产生不良影响。图 4-11 为长桥上的 CRTSⅡ型板式无砟轨道标准断面图。

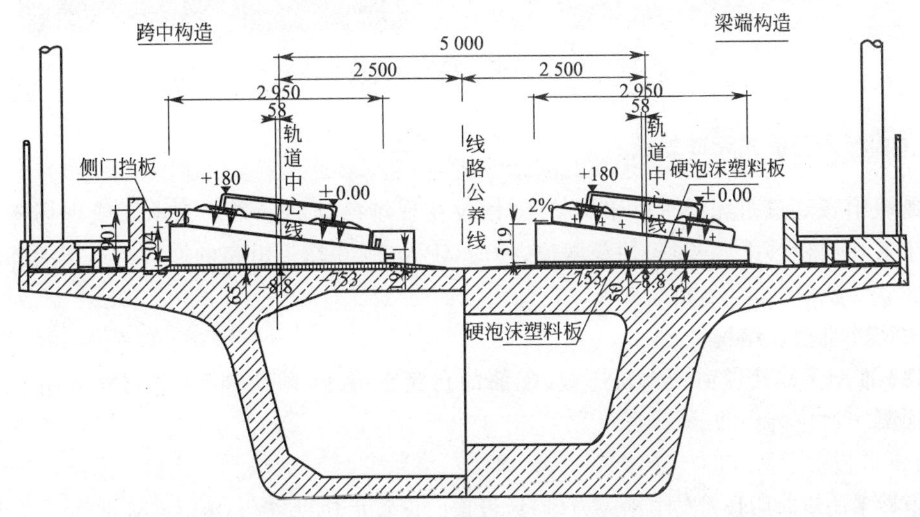

图 4-11　桥长>25 m 桥上 CRTSⅡ型板式无砟轨道标准断面图

(4)隧道内的 CRTS 板式无砟轨道标准断面见图 4-12。

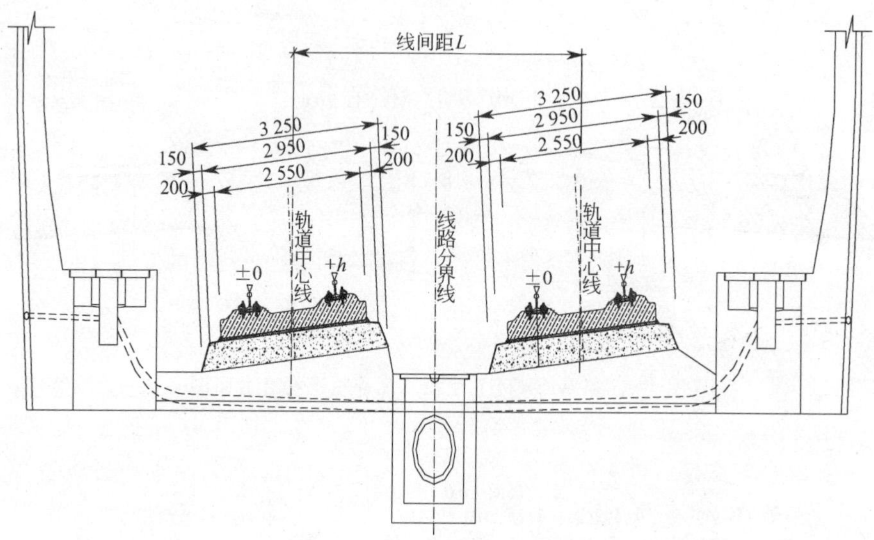

图 4-12　隧道内的 CRTSⅡ型板式无砟轨道标准截面

(5)减振降噪措施

在对环境比较高的地段,无砟轨道需要降噪和防振处理。图 4-13 为减振降噪 CRTSⅡ型板式无砟轨。

图 4-13　减振降噪板式无砟轨道

三、CRTSⅢ型板式无砟轨道

预制轨道板通过水泥沥青砂浆调整层,铺设在现场摊铺的混凝土支承层或现场浇注的钢筋混凝土底座(桥梁)上,并对每块板限位,适应 ZPW-2000 轨道电路的连续轨道板无砟轨道结构形式。

1. CRTSⅢ型板结构

CRTSⅢ型无砟轨道由预制轨道板、配筋的自密混凝土、限位挡台、中间隔离层(土工布)和钢筋混凝土底座等组成。

(1)轨道板

轨道板采用双向后张无黏结预应力体系,板顶面设置承轨台,板底预留连接钢筋,通过轨道板与自密实混凝土之间的黏结和连接钢筋限制轨道板纵横向位移。轨道板规格:(长)5 350 mm×

(宽)2 500 mm×(厚)190 mm;根据布板需要可匹配 4 856 mm 长的轨道板。

(2)轨枕间距

P5350 型轨枕板间距为 687 mm,P4856 型轨枕板间距为 617 mm[P4856 型轨道板规格:(长)4 856 mm×(宽)2 500 mm×(厚)190 mm]。

(3)自密实混凝土层

自密实混凝土层的规格:混凝土强度 C40;自密实混凝土层内配置 ϕ12 mm 的构造网,钢筋纵横间距均为 200 mm,自密实混凝土层厚度 90 mm,长宽与轨道板对齐;采用单层钢筋网配筋,在限位挡台处加设钢筋,自密实混凝土层与底座采用限位凹槽的方式进行限位和纵横向力的传递。

(4)底座

底座(支承层)采用现场浇筑,底座宽度路基地段为 3 100 mm,底座厚度路基地段为 200～300 mm;桥梁与隧道地段为 2 900 mm,桥梁与隧道地段为 190 mm。

当轨道板纵向连续设置时,采用混凝土支承层,线路纵向连续设置。当轨道单元板设置时,采用混凝土底座,顶面限位凹槽,路基地段 2～4 块轨道设置一道底座伸缩缝;桥梁地段每块轨道板设置独立混凝土底座;隧道地段一般 2 块轨道板设置一道底座伸缩缝,遇隧道沉降缝应对应设置伸缩缝。

底座混凝土强度等级路基地段为 C25;桥梁与隧道地段为 C40。

(5)限位挡台

在每块轨道板对应的底座范围内设置两个限位挡台,凹槽深度为 100 mm,长宽尺寸为 1 000 mm×700 mm;凹槽周围(侧面)设置弹性垫层,弹性垫层满足结构受力、变形和材料耐久性能要求。

(6)中间隔离层

在自密实混凝土层与底座间设置中间隔离层(土工布)。

(7)轨道结构高度

路基地段轨道结构高度为 772 mm;桥梁与隧道地段轨道结构高度为 722 mm,组成见表 4-3。

表 4-3　CRTSⅢ型无砟轨道结构高度(mm)

基础部位	钢轨	扣件	承轨台	轨道板	自密实混凝土	底座	合计
路基	176	38	38	190	90	240	772
桥梁、隧道	176	38	38	190	90	190	722

四、双块式无砟轨道

双块式无砟轨道是将预制好的轨枕(包括轨枕块)直接“放置”在混凝土或沥青道床板上的一种结构形式,在概念上最接近有砟轨道结构。混凝土枕为获得精确的轨底坡和轨距提供了保证。在垂直方向,轨枕仅放在道床板上;在横向和纵向,则通过销钉或锚块提供纵横向阻力。从总体上来说,轨枕和道床板为弱连接,轨枕容易更换。由于轨枕仅放置在道床板上,枕底应当粗糙,或采用土工布,以解决轨枕与道床板间的接触问题,对轨枕厚度偏差要求比较严格。轨枕支承式无砟轨道的关键技术是解决轨排纵横向作用力的传递,提高轨道的稳定性。双块式无砟轨道包含有 CRTSⅠ、CRTSⅡ双块式无砟轨道。CRTSⅠ型双块式无砟轨道是指将预制双块式轨枕组装成轨排,以现浇混凝土的方式将轨枕埋入道床板中。CRTSⅡ型双块式无砟轨道是指将预制双块式轨枕组装成轨排，以机械振动方式将轨枕压入混凝土中。两种构造均能适应 ZPW-2000 轨道电路。CRTSⅠ、CRTSⅡ双块式无砟轨道差异仅表现在施工工艺的不同。

(1)双块式无砟轨道系统(图 4-14)由钢轨、弹性扣件、带有桁架钢筋的双块式轨枕、现浇混凝土道床板、支承层或底座等组成。

(2)钢轨采用 60 kg/m、100 m 定尺长、非淬火无孔 U71Mn(k)新轨。

(3)扣件采用 Vossloh300-1U 或 WJ-8B 扣件，扣件高度 34 mm，由 Skl15 弹条、Ss 螺栓、Zw692 轨下垫板、Grp21 铁垫板、Zwp104 NT 弹性垫板、wfp15a 轨距挡板、Sdu26 绝缘套管等部件组成。

图 4-14　双块式无砟轨道结构组成

(4)道床板采用 C40 钢筋混凝土现场浇注而成，宽 2 800 mm，路基地段道床板构筑于混凝土支承层上，道床板连续设置，桥梁地段道床板分段设置。

(5)支承层铺设在路基基床表层，采用水硬性支承层或 C15 混凝土支承层，宽 3 400 mm，厚度 300 mm，连续摊铺，每隔 3.9 m 左右(每 6 个轨枕块)设 1 个深度约 105 mm 的横向伸缩假缝。

(6)混凝土保护层设置在桥上双块式无砟轨道的道床板下，采用 C40 钢筋混凝土，每块道床板范围设置三个限位凸台，道床板与保护层之间设置 4 mm 厚土工布中间层。

五、岔区轨枕埋入式无砟轨道结构形式(图 4-15)

(1)长枕埋入式无砟轨道：长枕埋入式无砟轨道由道岔钢轨件、扣件系统、岔枕、道床板和支承层组成。施工方法：自上至下施工，道岔和岔枕现场组装、精调完成后，进行道床板混凝土

图 4-15　长枕埋入式无砟轨道结构形式

的浇筑。

(2)道床板采用 C40 钢筋混凝土结构。板内所有钢筋交点或搭接处均设绝缘套管。

(3)混凝土底座采用 C25 的钢筋混凝土底座,厚度 300 mm。每隔 12 m 设置横向伸缩缝。

(4)转辙机平台采用钢筋混凝土平台,平台与道床相接处设宽 20 mm 的结构缝。

(5)道岔与普通双块无砟轨道过渡段在两道床板缝位置应设置剪力棒。

(6)道床板接缝处结构采用在板与板间设置剪力棒,接缝处填缝板采用泡沫塑料板,并用聚氨酯密封胶填充。

六、岔区板式无砟轨道结构形式(图 4-16)

(1)岔区板式无砟轨道结构在路基上和桥上都可采用,由道岔及配件、预制混凝土道岔板(厚度 240 mm)、底座(厚 180 mm)及垫层(130 mm)等。

①道岔板采用 C55 钢筋混凝土结构,厚度 240 mm,除转辙机安装位置外道岔板间连接缝宽度为 100 mm。

②底座采用流动性了的自密实混凝土,强度等级为 C40,厚度为 180 mm,横向宽度较相应的道岔板宽 400 mm。

③垫层混凝土强度等级为 C25,可不配筋,厚度为 130～200 mm,横向宽度较相应的底座宽 300 mm。

(2)技术特点如下:

①轨道板为普通混凝土结构,分块设置,预设连接筋;

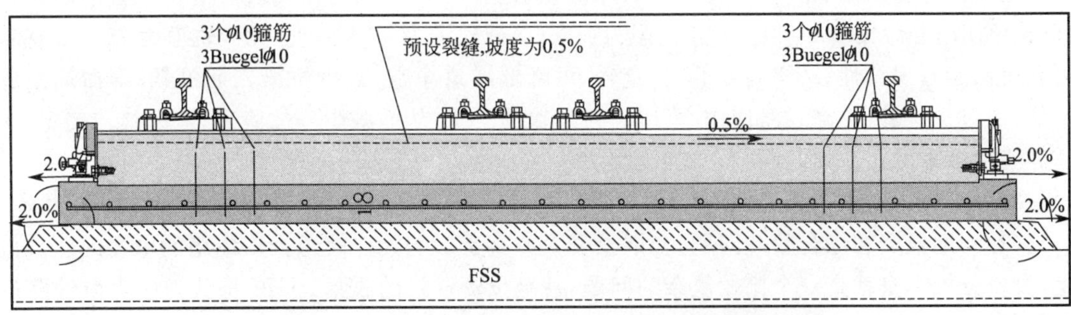

图 4-16　岔区板式无砟轨道结构形式

②轨道板厂内预钻扣件螺栓孔、测量棱镜孔(精度 0.5 mm)；

③板底充填自密混凝土砂浆；

④便于施工组织,不需带道岔钢轨件组装施工。

七、无砟轨道与有砟轨道的区别

无砟轨道结构的出现是为了解决传统有砟轨道结构稳定性差、维修工作量大的缺点,为高速度、高密度的铁路运输提供一种少维修、免维修的轨道结构形式,因此,稳定性好、少维修是无砟轨道结构相对于有砟轨道结构最突出的优点。

但是,铁路运输的目的是安全、服务和效益,效益是铁路建设和运营不可或缺的关键因素。无砟轨道结构设计使用寿命一般要求≥50 年或 60 年。目前使用时间最长的无砟轨道结构也只有 40 多年,综合分析无砟轨道结构的经济效益还比较困难。特别需要提出的是,在无砟轨道结构一个生命周期内,有砟轨道结构需要进行一次大修作业,一般计算认为无砟轨道结构与有砟轨道结构初期投资与维修成本的平衡期是 10～12 年,从而得出无砟轨道结构综合经济效益好的结论。实际上,如果考虑轨道结构大修或更新的影响,按无砟轨道结构两个生命周期计算得到的结果才比较客观,因为无砟轨道结构达到生命周期后,其更新过程对铁路运输的直接影响和间接影响(运输中断时间内的社会影响),对综合效益分析影响很大。所以,无砟轨道结构的投资效益问题不容回避,也是影响其发展的重要因素。

1. 无砟轨道结构优点

无砟轨道结构相对于有砟轨道结构的优点是：轨道稳定性好,几何形位能持久保持,线路养护维修工作量显著减少;长波不平顺性好,轨道弹性均衡稳定,可提高乘坐舒适度;耐久性好,轨道使用寿命长(60 年以上);横向阻力提高(有砟轨道为 12 kN/枕,无砟轨道为 25 kN/枕),可获得高运营安全性;结构高度低,自重轻,可降低隧道净空,减少桥梁二期恒载;寿命周期成本低;通过少维修,提高线路使用率,减少对运输的干扰,从而减少事故隐患;道床整洁美观,无道砟飞散带来的一系列问题。

2. 无砟轨道结构存在的问题

(1)初期投资和综合效益问题:初期投资大一直是影响无砟轨道推广应用的重要问题。但是,投资分析本身就是一个比较复杂的问题,甚至投资资料的收集, UIC 都认为应当以铁路运营部门为准,无砟轨道生产厂家提供的资料应当予以否定或严加核准。经分析表明,无砟轨道初期投资与有砟轨道初期投资的比例,日本板式无砟轨道一般在 1.3～1.5 之间;德国 Rheda 型无砟轨道一般在 1.5～1.7 之间。对有砟轨道和几种无砟轨道费用进行了归纳,无砟轨道与有砟轨道初期投资比例在 1.30 左右。有砟轨道的建设费用一般为 350 欧元/m,无砟轨道建设费用最低为 500 欧元/m,最大为 750～1 100 欧元/m,随着建设长度的增加会逐渐降低,但是,即使施工方法得到优化,建设长度进一步增加,无砟轨道与有砟轨道的建设成本比例仍将达到 1.5～2.0。另外,需要注意的是,实际建设费用往往要比预算费用高。科隆—法兰克福高速铁路预算 46 亿欧元,实际费用达 60 亿欧元,增加近 30%(该线隧道结构设计寿命为 100 年,路基上无砟轨道设计寿命为 40 年)。无砟轨道相对于有砟轨道的经济效益仅能从有砟轨道需要增加的维修费用计算得到。如果按无砟轨道结构生命周期 60 年计算,一般在 10～12 年内可以实现收支平衡。但是,影响无砟轨道初期投资和经济效益的因素比较多。由于无砟轨道建设和修理都没有达到自动化程度,无砟轨道质量需要高水平的养护措施提供保障,这就意味着在施工工序和质量控制方面都要增加额外的费用和时间,而且建设期间的质量缺陷将为整个使用寿命期留下隐患，并需要花高昂的代价进行弥补。另外，在路基上铺设时，任何情况下都要铺设防冻层(至少 400 mm)，要延长无砟轨道寿命周期，支承层厚度不能减少，路基处理深度也比有砟轨道大。据统计，桥上和路基上的无砟轨道，为控制基础的长期沉降需要增加的费用，比有砟轨道一般要增加 2.0～2.5 倍。需要注意的还有，现在有砟轨道结构的维修在很大程度上实现了机械化和自动化，大型养路机械作业精度越来越高，作业质量越来越好，保持轨道几何状态越来越持久，比手工作业费用要低。从一定意义上来说，无砟轨道也需要维修，钢轨打磨工作量相对于有砟轨道要增加，且随着无砟轨道使用年限的增加，伤损将增多，经济效益相对来说将降低。无砟轨道的修复工作也比较复杂，并需要大量费用和时间，一旦损坏引起长期关闭线路带来的投入将相当大，也是初期无法计算和预料的。从目前既有的经济研究报告来看，两种轨道结构的经济性分析没有在对等前提下进行，即只考虑了有砟轨道结构到生命周期后的更新费用，而没有考虑无砟轨道达到寿命周期后高昂的再建费用。所以，无砟轨道初期投资与经济效益是一个复杂的问题，必须结合工程实际进行分析。但是，可以肯定的是，隧道内的无砟轨道相对于有砟轨道具有良好的经济效益，桥上和路基上的无砟轨道经济效益往往要差。

(2)噪声问题：在高速铁路上，相对于有砟轨道来说，无砟轨道噪声水平要高 5dB，传播范围比较大。一般来说，结构噪声在 250～1 000 Hz 频率范围内显著增加，空气噪声在无砟轨道表面没有吸声措施下增大 5 dB。因此，必须采取有效的降噪措施。

(3)轨道弹性问题：有砟轨道的弹性主要由道床提供，无砟轨道的弹性主要由扣件提供。由于有砟轨道道床的散粒体特点，保持纵向轨道弹性均匀性非常困难，而无砟轨道可以在扣件结构设计、材料选用和技术标准上严格要求，实现轨道弹性的均衡稳定，从而对扣件设计提出了更高的要求。各类过渡段是影响纵向轨道弹性均匀性的重要因素。过渡段轨道弹性的差异将造成轨道变形的差异，形成较大的不平顺，对行车舒适性和轨道稳定性都会带来显著影响，需要采取措施解决。

(4)与信号系统匹配问题：如果采用谐振式轨道电路，道床泄漏电阻以及无砟轨道钢筋网与轨道电路间的电磁作用对信号系统影响比较大，需要采取措施增大扣件绝缘电阻，减少钢筋网与轨道电路感应阻抗。

(5)修理与修复问题：无砟轨道作为刚性结构，在后期运营阶段仅允许进行少量的改善，如调整轨道几何状态，一般只能靠扣件来实现，当发生较大的变化时，调整不仅十分困难，而且要付出高昂的代价。特别是采用混凝土承载层的无砟轨道，达到承载强度极限时将产生断裂，轨道几何尺寸将发生急剧和难以预见的恶化。这些问题都为无砟轨道修理提出了严峻课题。

另外，到目前为止，对脱轨或基础沉降过大等原因造成的无砟轨道严重损坏还没有提出特别有效的修复措施，一些修复手段不仅还在概念阶段，代价也比较大。混凝土承载层无砟轨道由于混凝土的养生和硬化需要很长时间，修复时需要关闭线路时间比较长，对运输影响比较大。无砟轨道修理与修复问题必须在设计阶段提出解决方案。

第四节　无砟轨道扣件系统

扣件是轨道结构的重要组成部件。在有砟轨道结构中，扣件将钢轨与轨枕组合为轨排结构，承受列车荷载，抵抗纵横向作用力；在无砟轨道结构中，扣件几乎是轨道弹性和调整能力的唯一提供者，其结构形式和性能甚至关系到无砟轨道结构运用的成败。扣件技术是无砟轨道结构的关键技术。

一、扣件类型及结构特点

1. 扣件类型

扣件由扣压件、紧固件和弹性垫板(层)等部件组成,一般分为刚性扣件和弹性扣件两大类。高速铁路采用弹性扣件。如图 4-17 所示,弹性扣件可以按不同分类方法分类。

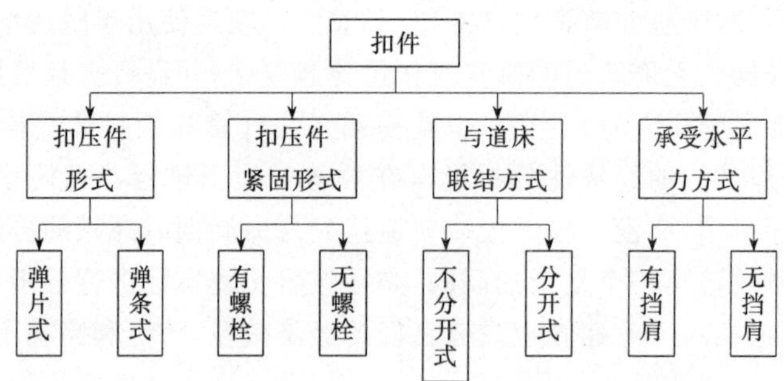

图 4-17 扣件类型

按扣压件形式,有弹片式和弹条式两种类型。日本的直结型扣件、法国的 Nabla 扣件和前苏联的 ЖБ 型扣件都属弹片式扣件;英国的 Pandrol 扣件、德国的 vossloh 扣件、荷兰的 DE 扣件、瑞典的 Fist 扣件和我国的弹条Ⅰ型、Ⅱ型、Ⅲ型扣件都是弹条扣件。

按扣压件紧固形式,有无螺栓和有螺栓两种类型。除 Pandrol 扣件和我国Ⅲ型扣件采用无螺栓方式外,其余类型扣件均采用有螺栓方式。

按与道床连接方式,有不分开式和分开式两种类型。不分开式扣件一般没有通长铁垫板(Vossloh300 型扣件除外,国外将铁垫板统称为基板,铁垫板下的弹性垫层则统称为弹性基板),钢轨与轨枕或轨道板间只有一层轨下垫板,扣压件的紧固件直接连接到混凝土轨枕或混凝土轨道板中。无砟轨道扣件中,日本的直结 4K 型扣件属此类。分开式扣件有基板,钢轨由扣压件紧固于基板上,基板由螺栓与预埋于轨枕或轨道板中的绝缘套管连接。无砟轨道扣件中,日本的直结 8K 型、Pandrol 公司的 Fastclip 型、德国 Krupp ECF 型及我国 WJ-2 型扣件属此类。

按承受水平力方式,则有无挡肩和有挡肩两种类型。有挡肩方式需要在轨枕或轨道板上设承轨槽,直接承受钢轨传递过来的轮轨横向力,不分开式扣件一般为有挡肩方式。无挡肩方式不需要在轨枕或轨道板上设承轨槽,钢轨传递过来的轮轨横向力由基板螺栓和摩擦力承受,分开式扣件一般为无挡肩方式。

2. 无砟轨道对扣件的要求

(1)轨道结构对扣件的一般要求

①可在各类运营条件下固定钢轨,保持轨距能力强,正确的轨距是保证高速行车安全的最基本条件,由钢轨和轨枕组成的轨道框架完全由钢轨扣件连接,它必须保证框架几何特征的稳定,即牢固保持轨距,防止钢轨倾翻和轨距扩大。同时,扣件要保证轨道框架的弯曲刚度和扭转刚度,使钢轨处于准确位置。减小扣件横向组装公差是保持轨距的重要保证。一般铁路建议验收标准为:新扣件,钢轨横向公差应≤1.5 mm/轨座;3 亿次荷载循环后的老扣件,钢轨横向公差应≤2.5 mm/轨座。

②具有足够的防爬阻力,适用于较大的运营温度范围和较大的轴重范围,维持轨道稳定性

在列车荷载作用下，钢轨受到辗压时存在沿轨枕产生位移的可能性，如果钢轨产生爬行，会引起诸多线路病害。特别是高速铁路全部铺设无缝线路，钢轨爬行会使锁定轨温发生变化，因此扣件必须具备足够的扣压力，轨道框架才能充分发挥作用。但是，扣件扣压力必须适度，过大的扣压力会使垫层弹性下降和弹条损伤。

③具有较高的弹性，减少振动扣件弹性对减振和隔振具有重要作用，既减少对下部基础的冲击作用，也能有效提高乘坐的舒适性，特别是后者。研究认为，弹性体距离车轮越近，对行车平稳性越有利。扣件的弹性是通过垫板弹性实现的。这就要求扣件弹条(或弹片)的弹性与弹性垫板的弹性相匹配。当列车通过时，垫板被压缩，弹条(或弹片)应有足够的弹性紧扣钢轨；列车通过后，垫板回复原状，弹条(或弹片)也紧扣钢轨回复原位，从而形成钢轨扣件的跟随性。

④零部件精度高，可靠性好扣件最基本的功能是扣压钢轨，保持轨距。随着高速铁路对平顺性要求的提高，对扣件的精度也提出很高要求。因此，扣件各零部件除本身应具有的高精度外，其组装精度也必须满足高速行车的需要。扣件各部件要有足够的强度和使用性能：在设计的使用寿命周期内，扣件各部件不产生疲劳伤损和显著的残余变形；当扣压件和轨下弹性垫层产生容许范围内的磨耗和残余变形时，扣件整体性能仍能满足高速行车的要求。

⑤较大的调高能力和调距能力为克服由于基础工程施工误差、桥梁徐变上拱、桥墩不均匀沉降和路基不均匀沉降等原因造成的轨道不平顺，要求扣件系统必须具备较大的调整钢轨高低和左右位置的能力。

⑥结构简单，少维修，长寿命客运专线铁路轨道结构的养护维修只能在封锁时段进行，扣件应具有结构简单的特点，零部件数量越少、使用可靠性越高，则对减小养护维修工作量越有利。同时，还应选择耐磨耗以及疲劳极限大的部件，以提高扣件的使用寿命。

⑦良好的电绝缘性能和适应气候性能为保证行车的绝对安全，钢轨扣件应具有良好的绝缘性能，以确保轨道电路的正常工作，减少电气化铁路迷流的影响，并能够在气候变化时保证扣件弹性变化比较小，易于清除积雪和结冰。

(2)无砟轨道对扣件的要求

无砟轨道结构中，用耐久性混凝土或沥青材料代替有砟轨道中的道砟材料以后，轨道弹性和调整轨道几何形态的功能必须由扣件来完成。因此，除应满足上述要求外，还应强调以下要求：

①合理、均衡、稳定的弹性无砟轨道的弹性主要由扣件提供。为适应乘坐舒适性和减少冲击作用的要求，需要确定扣件合理的弹性值。同时，为保证舒适性和减少钢轨波磨，在纵向，扣件弹性应当是均衡的，而且随着累积运量的增加和气候的变化，扣件弹性应当是稳定的。

②足够的调高能力在运营过程中，基础工程出现不均匀沉降和变形时，主要由扣件调整来进行维修，扣件必须具备较大的调高能力。

③足够的纵向节点阻力，高速铁路都采用一次铺设跨区间无缝线路，由于下部结构设计提供的纵横向阻力相对来说都非常大，无砟轨道纵横向阻力主要取决于扣件，满足无缝线路稳定性要求的节点阻力(包括桥上无缝线路和道岔区无缝线路)是扣件设计的主要参数之一。

④足够的绝缘电阻，我国采用谐振式轨道电路，道床漏泄电阻越大越利于轨道电路的传输。目前，我国针对有砟轨道规定道床泄漏电阻≥2 Ω·km。按照这一标准，秦沈客运专线铺设的板式无砟轨道电路传输长度仅为700 m，长枕埋入式无砟轨道电路传输长度为900 m。如果道床泄漏电阻提高到3 Ω·km，则轨道电路传输长度相应延长到850 m和1 100 m。因此，应在设计时尽量增大扣件绝缘电阻。

⑤方便施工,用于高速铁路的无砟轨道,采用“自下而上”施工方法施工的轨枕埋入式无砟轨道都是混凝土结构,进行系统精细调整时,只能使用扣件的调整能力;采用“自上而下”施工方法施工的板式无砟轨道,只用充填层进行一次调整,难以保证轨道精度,必须用扣件调整,才能满足轨道高精度、高平顺性的要求。因此,扣件对施工精度有很大作用,在扣件设计中要充分考虑其对施工方便性的影响。

二、我国无砟轨道常用扣件结构特点

我国常见无砟轨道常见类型为 WJ-7 型扣件、WJ-8 型扣件、SFC 型扣件、福斯罗 300 型。其中福斯罗 300 型、WJ-8 型扣件有挡肩轨枕/轨道板采用,WJ-7 型扣件、SFC 型扣件为无挡肩轨枕/轨道板采用。

(一)福斯罗 300 -1 扣件系统

福斯罗 300 -1 扣件属轨枕/轨道板带混凝土挡肩的不分开式扣件。通过轨枕螺栓与轨枕/轨道板中预埋的套管配合紧固弹条。

钢轨与混凝土挡肩间设置轨距挡板,通过更换轨距挡板实现钢轨左右位置的调整。可垫入调高垫板实现钢轨高低调整。轨枕螺栓采用福斯罗 300-1 扣件系统 SS36 轨枕制造技术,如图 4-18、图 4-19 所示,轨枕螺栓长 230 mm、螺栓轴径 24 mm、栓头长度 28 mm、栓头宽度 21 mm,轨枕螺栓抗拉强度不低于 500 N/mm。使用轨枕螺栓时,表面不得有影响其功能的裂缝和其他损伤。

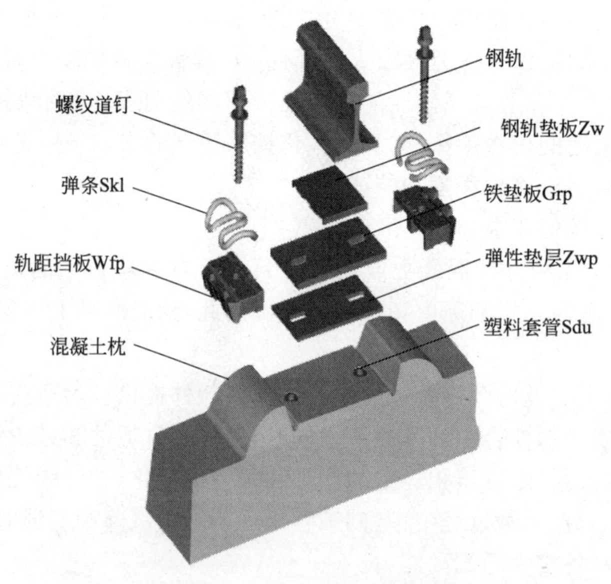

图 4-18 福斯罗 300-1 扣件系统

1. 弹条

采用福斯罗 300-1 扣件系统 Skl15 弹条如图 4-20 所示,原材料化学成分应符合 DIN EN 10089 标准,由直径 15 mm 热轧弹簧钢制成,弹程 27 mm 扣压力≥6.5 kN。使用时弹条表面不得有影响其功能的裂缝和其他损伤。

一般地段为 Skl15 弹条直径为 15 mm,桥上小阻力弹条 Skl B15 弹条直径为 13 mm。

2. 绝缘垫片

采用福斯罗 300-1 扣件系统绝缘垫片 Is15 制造技术如图 4-21 所示,第一长度 116 mm,

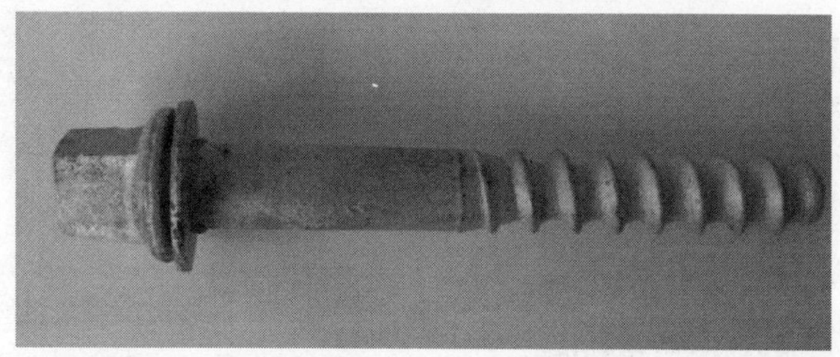

图 4-19　SS36 轨枕螺栓

图 4-20　Skl15 弹条

图 4-21　Is15 绝缘垫片

第二长度 56 mm，高度 3 mm；绝缘垫片由含有 30%玻璃纤维增强材料的聚酰胺制成，具有防日光与紫外线特性；原材料体积电阻率符合 DIN ICE 60093 和 DIN ICE 60167 标准；使用绝缘垫片时，应查看表面，不得有影响其性能的裂缝和其他损伤；储存时要防止地面水浸泡，如果露天存储，必须加盖顶棚或苫布。

3. 轨距挡板

采用福斯罗 300-1 扣件系统 Wfp15a 轨距挡板制造，如图 4-22 所示，挡板长度 112.2 mm，螺栓预留孔长度 31 mm、宽度 26 mm，由含有 30%玻璃纤维增强材料的聚酰胺制成，并具有防日光紫外线特性。使用轨距挡板时，应查看表面，不得有影响其性能的裂缝和其他损伤。

轨距调整：福斯罗 300-1 扣件系统的轨距调整范围为±16 mm，轨距调节是通过更换不同宽度的轨距挡板，实现±8 mm 范围内的横向调节，每步调节 1.0 mm。

4. 轨垫

采用福斯罗 300-1 扣件系统 Zw 692 轨垫（或轨下垫板），如图 4-23 所示，轨垫长度 175 mm、宽度 148 mm、厚度 6 mm，轨垫采用 EVA 材料，含有低于 12%的 VA 材料，该材料中同时含有碳元素以避免日光和紫外线伤损，原材料绝缘电阻值符合 DIN IEC 60093 和 DIN IEC 60167 标准；使用轨垫时，表面不得有影响其性能的裂缝和其他损伤。

图 4-22　Wfp15a 轨距挡板

图 4-23　Zw 692 轨垫

5. 底板

采用福斯罗 300-1 扣件系统 Grp 21 底板（或基板）制造，如图 4-24 所示，采用最新 DIN 59200 标准规定的材料，长度 300 mm、厚度 170 mm，符合 DIN 59200、EN 10025 标准的热轧宽带钢要求，抗拉强度最小为 410 N/mm，使用时底板表面不得有影响其功能的裂缝和其他损伤。另外，储存时要防止地面水浸泡，如果露天存储，必须加盖顶棚或苫布。

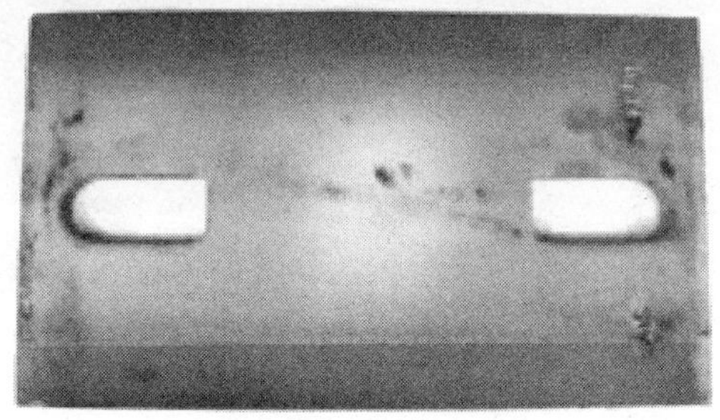

图 4-24　Grp 21 底板

6. 弹性底板垫

采用福斯罗 300-1 扣件系统 Zwp 104 NT 制造技术，如图 4-25 所示，长度 290 mm、宽度 180 mm、厚度 12 mm；有橡胶或三元乙丙橡胶制成。室温条件下静态刚度为 22.5 kN/mm，静动刚度比为 1.5；材料的绝缘电阻率值符合 DIN IEC 60093 和 DIN IEC 60167 标准；该弹性垫板具有使用寿命长、坚固、抗老化和风化、防水、防冻和耐油脂特性；使用时弹性垫板表面不得有影响其性能的裂缝和其他损伤。

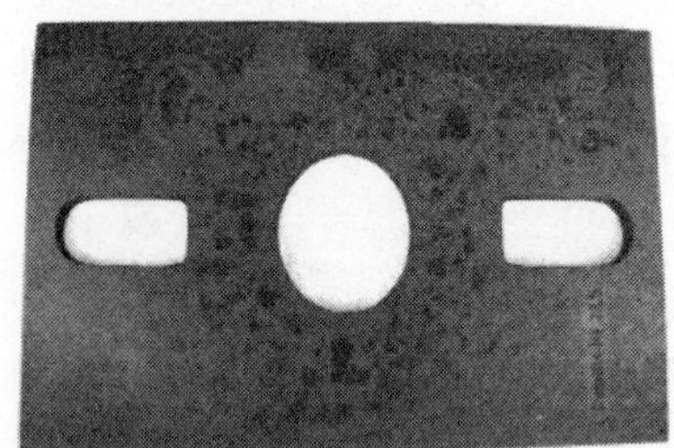

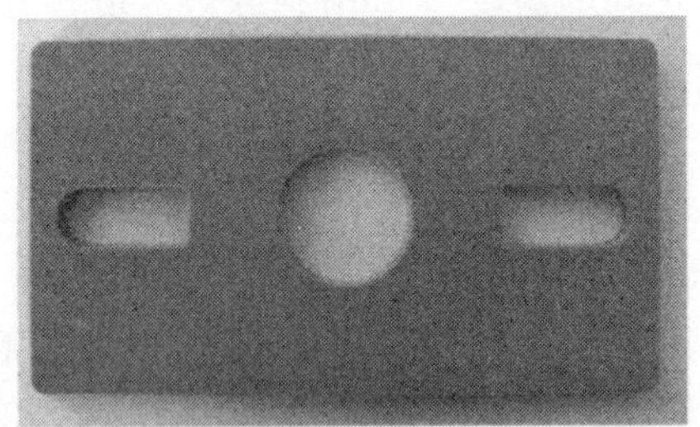

图 4-25　Zwp 104 NT 弹性底板垫

7. 绝缘套管

采用福斯罗 300-1 扣件系统 Sdu 26 绝缘套管制造技术如图 4-26 所示，绝缘套管长度为 141 mm，外径 36 mm、内径 18 mm；采用 PA（聚酰胺）6 和 6.6 材料。材料的绝缘电阻率值符合 DIN IEC 60093 和 DIN IEC 60167 标准；使用时绝缘套管表面不得有影响其性能的裂缝和其他损伤。

8. 调高垫板

厚度为 6 mm 或 10 mm 的塑料调高垫板（图 4-27），根据实际工程情况按照标准调高规则选择。

厚度为 20 mm 的刚制调高垫板（图 4-28），根据实际工程情况按照标准调高规则选择。

图 4-26 Sdu 26 绝缘套管

图 4-27 AP20 塑料调高垫板

图 4-28 AP20 刚制调高垫板

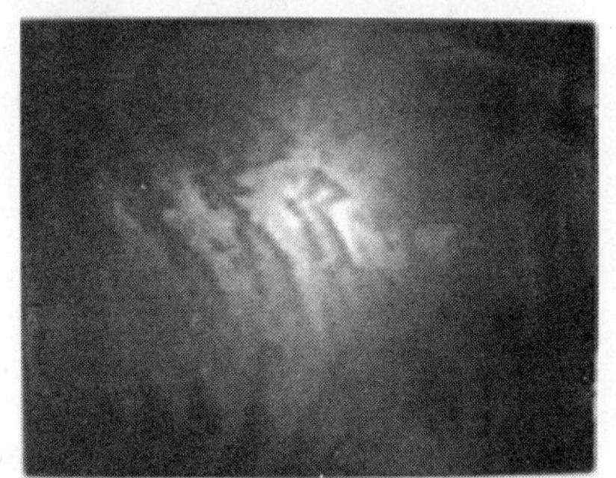

图 4-29 调高轨垫

厚度为 2～8 mm 的调高轨垫板(图 4-29)，根据实际工程情况按照标准调高规则选择。

(二) WJ-8 型扣件系统

1. 部件组成及说明

WJ-8 型扣件(以下简称扣件)由螺旋道钉、平垫圈、弹条、绝缘块、轨距挡板、轨下垫板、铁垫板、铁垫板下弹性垫板和预埋套管组成。此外为了钢轨高低位置调整的需要，还包括轨下微调垫板和铁垫板下调高垫板。扣件组装见图 4-30。

(1)弹条(图 4-31)：弹条分两种，即一般地段使用的 W1 型和桥上可能使用的 X2 型，W1 型弹条的直径为 14 mm，X2 型弹条的直径为 13 mm。

(2)轨下垫板(图 4-32)：轨下垫板分一般地段使用的橡胶垫板和桥上可能使用的复合垫板两种。

(3)桥上需要降低线路阻力时，可采用 X2 型弹条并配用复合垫板，此时每组扣件的钢轨

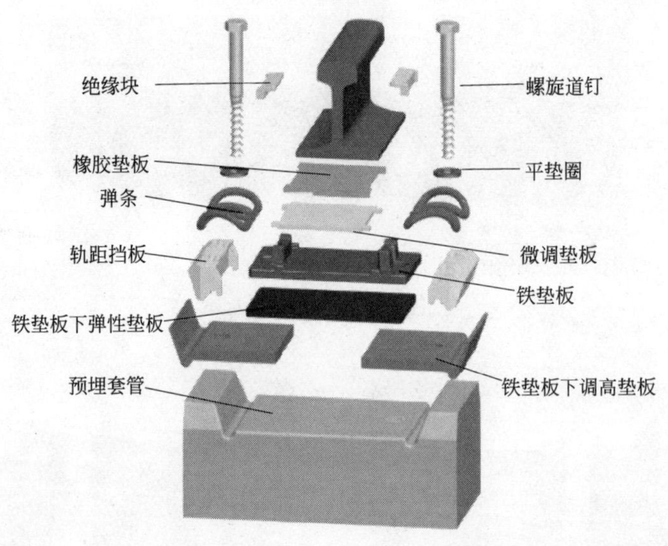

图 4-30　扣件组装

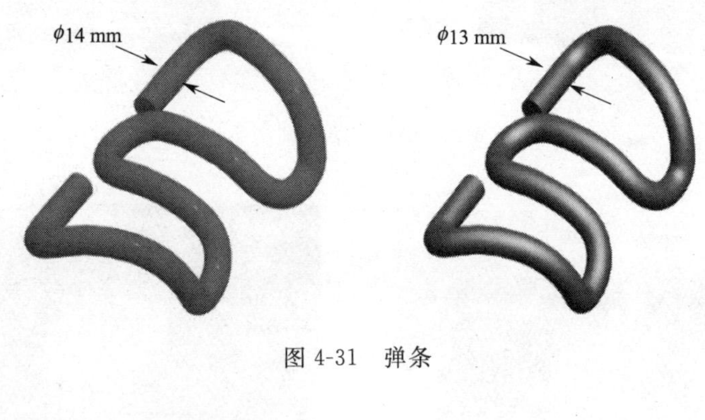

图 4-31　弹条

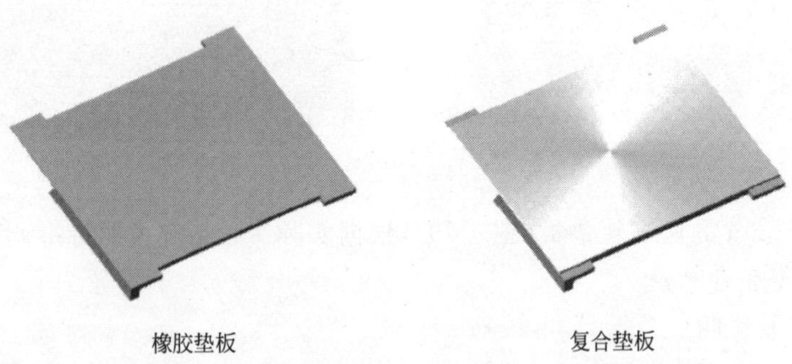

图 4-32　轨下垫板

纵向阻力为 4 kN。

(4)轨距挡板(图 4-33):轨距挡板分一般地段用 WJ-8 轨距挡板和钢轨接头处用 WJ-8 接头轨距挡板两种。

一般地段用 WJ-8 轨距挡板又分为 2、3、4、5、6、7、8、9、10、11 和 12 号十一种规格,标准轨距时使用 7 号轨距挡板,其中 10、11、12 号三种规格可用于钢轨接头处。

WJ-8 接头轨距挡板分 2、3、4、5、6、7、8、9 号八种规格,标准轨距时使用 7 号。

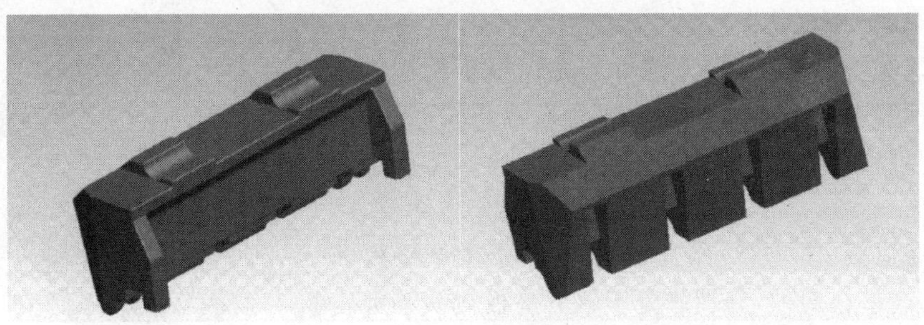

图 4-33　轨距挡板

(5)绝缘块(图 4-34):绝缘块分Ⅰ型和Ⅱ型两种,一般地段采用Ⅰ型,钢轨接头处采用Ⅱ型绝缘块。

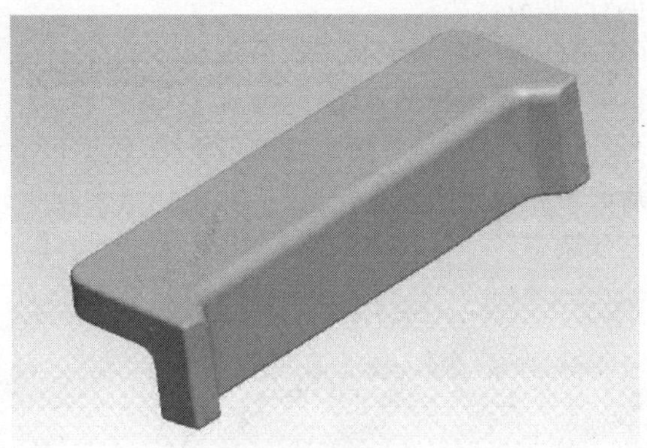

图 4-34　绝缘块

(6)铁垫板下弹性垫板(图 4-35):铁垫板下弹性垫板分 A、B 两类。A 类弹性垫板用于兼顾货运的客运专线;B 类弹性垫板用于客运专线。

图 4-35　铁垫板下弹性垫板

(7)螺旋道钉(图 4-36):螺旋道钉分 S2 型和 S3 型两种,在钢轨调高量不大于 15 mm 时用

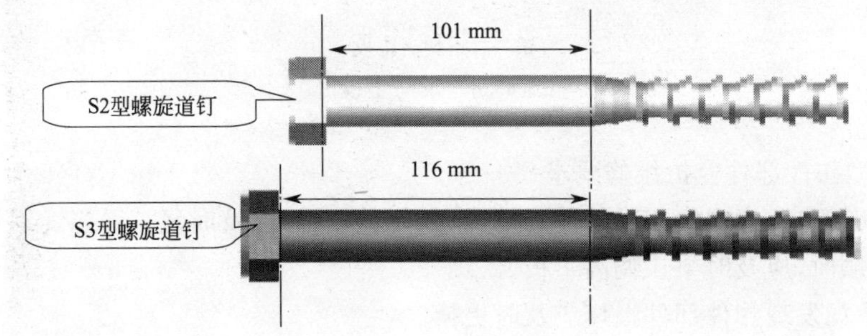

图 4-36　螺旋道钉

S2 型，大于 15 mm 时用 S3 型。

(8)预埋套管(图 4-37)：该部件预先埋设于轨枕或轨道板中，且预埋套管顶面应与轨枕或轨道板承轨面齐平。预埋套管埋设后，应加盖塑料(或其他材料)盖以防雨水和泥污进入。

图 4-37　预埋套管

(9)调高垫板(图 4-38)：调高垫板分轨下微调垫板和铁垫板下调高垫板两种，分别放置于轨下垫板与铁垫板之间和铁垫板下弹性垫板与轨枕或轨道板承轨面之间。轨下微调垫板按厚度分为 1、2、5 和 8 mm 四种规格；铁垫板下调高垫板按厚度分为 10 mm 和 20 mm 两种规格，铁垫板下调高垫板由两片组成，应成对使用。

WJ-8 型扣件为无砟轨道扣件，属轨枕/轨道板带混凝土挡肩的不分开式扣件。其主要结构特征如下：铁垫板上设挡肩，挡肩与钢轨之间设有绝缘块。通过螺旋道钉与轨枕/轨道板中预埋的套管配合紧固弹条。铁垫板与混凝土挡肩间设置轨距挡板，通过更换轨距挡板实现钢轨左右位置的调整。可垫入调高垫板实现钢轨高低调整。

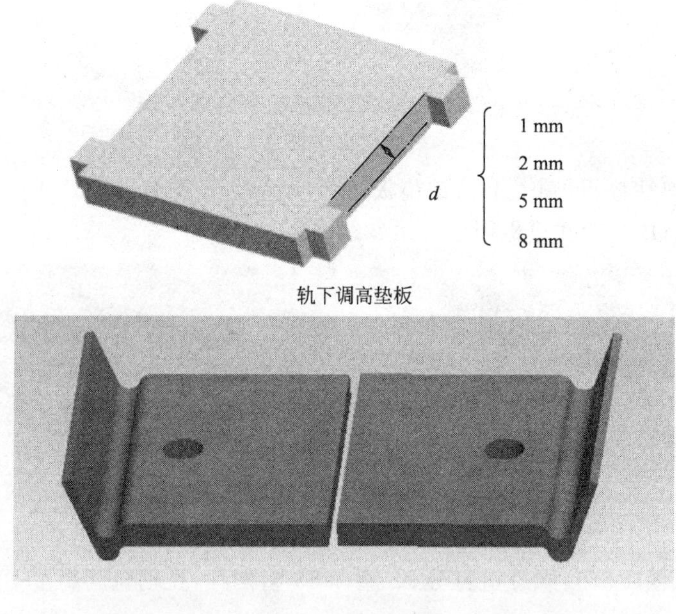

铁垫板下调高垫板

图 4-38　调高垫板

2. WJ-8 型扣件部件养护维修要求

(1)运营初期应注意观察扣件的使用情况，如扣件松弛，应及时复拧。当发现钢轨空吊、高低和水平不平顺时，应及时垫入调高垫板。

(2)使用中如发现扣件部件损坏应及时更换。

(3)如遇有需要卸下螺旋道钉的情况时，应避免泥污进入预埋套管。

(三)SFC 型扣件

SFC 型扣件为无砟轨道扣件,属轨枕/轨道板不带混凝土挡肩的分开式扣件。其分直列式和错列式两种(图 4-39),主要结构特征如下:

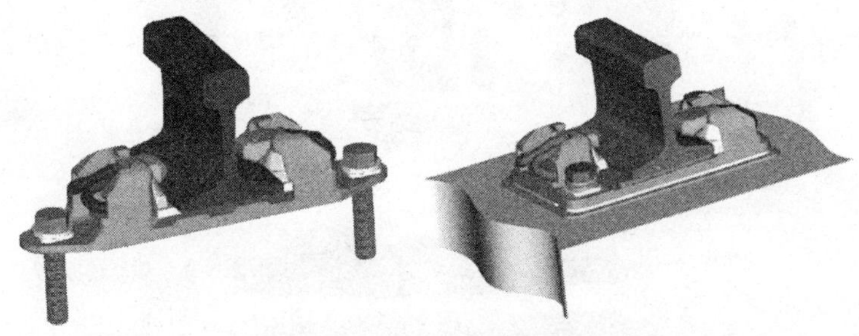

图 4-39　SFC 型扣件

弹条通过插入铸铁底板的挡肩紧固钢轨。

铸铁底板挡肩与钢轨间设有绝缘块,起绝缘作用。

通过锚固螺栓与轨枕/轨道板中的预埋套管配合紧固铸铁底板。

轨向和轨距的调整通过移动铸铁底板来实现。

在铸铁底板下垫入调高垫板实现钢轨高低调整。

SFC 型扣件部件养护维修要求:

(1) 运营初期应注意观察扣件的使用情况。当发现钢轨空吊、高低和水平不平顺时,应及时进行调节。

(2) 错列式 SFC 型扣件具有极少的维护量,其部件设计寿命与钢轨相同。在使用中如发现扣件部件不慎损坏,应及时更换。

(3) 如遇有需要卸下锚固螺栓的情况时,应避免泥污、雨水等进入预埋套管。

(四)WJ-7 型扣件(图 4-40)

WJ-7 型扣件为无砟轨道扣件,属轨枕/轨道板不带混凝土挡肩的分开式扣件。其主要结构特征如下:

铁垫板上设置轨底坡,轨枕/轨道板承轨面为平坡。

铁垫板上设有 T 形螺栓插入座和挡肩,通过拧紧 T 形螺栓的螺母紧固弹条。

铁垫板上挡肩与钢轨间设有绝缘块,起绝缘作用。

通过锚固螺栓与轨枕/轨道板中预埋的绝缘套管配合紧固铁垫板。

轨向和轨距的调整通过移动铁垫板来实现,为连续无级调整。

可垫入调高垫板实现钢轨高低调整。

WJ-7 型扣件部件养护维修要求:

(1) 运营初期应注意观察扣件的使用情况,如扣件松弛,应及时复拧。当发现钢轨空吊、高低和水平不平顺时,应及时放入调高垫板。

(2) 应对 T 形螺栓进行定期涂油,防止螺栓锈蚀。

(3) 应保持扣件的清洁。

(4) 使用中如发现扣件部件损坏应及时更换。

(5) 如遇有需要卸下锚固螺栓的情况时,应避免泥污进入预埋套管。

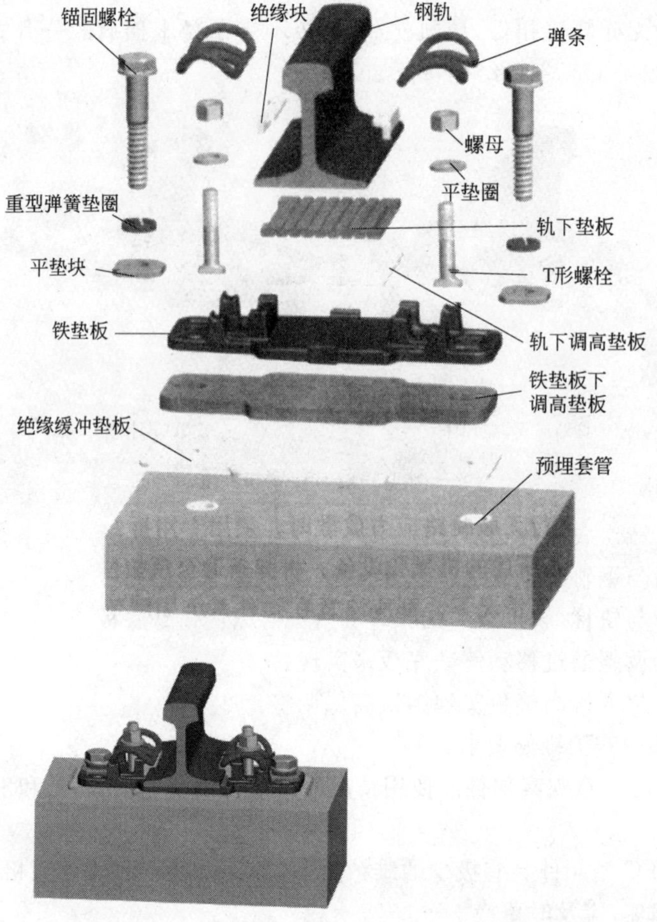

图 4-40　WJ-7 型扣件

第五节　郑西、石武高速铁路的轨道结构

1. 郑西高铁轨道结构

郑州至西安客运专线正线采用 CRTSⅡ双块式无砟轨道形式，扣件系统采用福斯罗 300-1 型和 WJ-8B 型扣件。

2. 石武高铁轨道结构

石武高铁郑州局管内正线采用 CRTSⅠ、CRTSⅡ轨道板，CRTSⅠ板采用 WJ-7 型扣件，CRTSⅡ板式无砟轨道采用 WJ-8B 型扣件。黄河大桥及郑州东站内采用有砟轨道，Ⅲ混凝土枕，Ⅴ型扣件。

第五章　高速铁路道岔

第一节　高速道岔的技术特点

高速道岔是高速铁路和客运专线轨道结构的关键，由于道岔区轨道结构连续性被破坏和轨道刚度的急剧变化以及线路平剖面的几何不平顺，列车过岔时必然增大轮轨相互作用动荷载，增加轨道变形和列车的急剧振动，道岔的结构与状态对列车运行安全和运行品质具有重大影响。为满足动车组高速过岔时的安全性和平稳性要求，高速道岔必须具有高平顺性、高精度和高可靠性。因此，在设计、制作、运输、铺设和维护过程中都与普通道岔存在较大差异。

目前我国高速铁路无砟道岔共三种系列，即客专线系列、CZ 系列、CN 系列。

一、高速道岔设计

1. 高速道岔具有可靠的安全性

道岔是轨道结构中的薄弱环节，安全性相对较低，高速铁路道岔设计中，采用多项安全保证措施，以确保高速列车运行的安全性。

(1)高速道岔的试验检算速度按设计速度增加 10%，进行理论检算及试验考核，以保证道岔在设计速度(运营速度)时的绝对安全。

(2)可靠的锁闭、密贴检查设备。道岔均采用外锁闭系统(CZ 系列道岔尖轨、心轨第一牵引点采用外锁闭，其后的牵引点采用内锁闭)，同时都在尖轨及心轨牵引点间设置密贴检查器，进行尖轨与基本轨、心轨与翼轨的密贴状态检查。

(3)采用成熟、合理的无缝道岔技术。我国的三种道岔结构通过心轨跟端结构加强、扣件扣压力保证、设置限位器或间隔铁(CZ 系列道岔尖轨跟端没有限位器或间隔铁)等措施限制尖轨及心轨伸缩位移；转换系统的锁闭机构能在锁闭及解锁状态下允许尖轨及心轨有一定范围的自由伸缩。

(4)保证尖轨、心轨等薄弱关键部件的强度。为了安全，长大尖轨尽量不焊接，防止因焊接质量而导致尖轨折断等潜在问题出现；尖轨制造过程中不允许发生扭曲，避免在尖轨中产生过大的残余应力。

2. 保证列车通过道岔的平稳性和乘坐的舒适性

(1)平面线形。高速道岔设计以提高旅行舒适度为首要设计指标，主要平面设计参数为未被平衡离心加速度和未被平衡离心加速度时变率。在侧向允许通过速度较高的大号码道岔中，当用于渡线时，由于两反向曲线间夹直线较短，为避免列车通过圆直点和直圆点时产生的冲击振动叠加，一般采用圆曲线与缓和曲线的组合平面线形，其中缓和曲线一般采用三次抛物线(或放射螺旋线)，并控制其欠超高时变率。平面线型设计根据用途将高速道岔划为 3 类：侧向低速行车的车站咽喉道岔，直向与区间等速，侧向低速进站停车，要求速度为 80 km/h，基本上都采用大半径单圆曲线；用于列车上行和下行换线行驶的区间渡线道岔，直向与区间等速，侧向中速换线，要求速度为 160 km/h；用于上下两高速线的联络线道岔，直向与区间等速，侧向高速换线，要求速度为 220 km/h；这两种道岔中采用不同类型的缓和曲线形导曲线。CN 系列道岔采用缓＋圆＋缓，CZ 道岔为圆＋缓，我国客专 42 号大号码道岔，采用圆曲线＋缓和曲线的平面线型，导曲线半径为 5 000 m →∞。

(2)结构设计。高速铁路道岔尖轨基本上采用特种断面钢轨加工制造。客专系列道岔根据高速道岔轮轨关系的研究成果，优化了尖轨的降低值设计，保证了列车高速运行时的平稳。CZ 道岔从理论和试验上研究了轨底坡的量值以获得最优的等效锥度，旨在减缓列车蛇行运动与摇摆，此外通过优化尖轨降低值以提高列车运行平稳性。CN 道岔采用 FAKOP 技术在尖轨尖端附近将轨距加宽 15 mm，使轮对左右两车轮的滚动半径趋于相同，避免激扰蛇形运动，同时加大尖轨厚度，提高尖轨的耐磨性。

控制不足位移及可动件部分的线型，优化牵引点布置，减小尖轨及心轨长度，采用减摩装置等是消除不足位移的有效措施。

客专道岔和 CN 道岔采用了高弹性的硫化橡胶基板，可大大降低车体的竖向振动加速度，合理设置道岔前后过渡段长度和刚度，保证道岔区各部位的轨道整体刚度一致，以减缓列车在道岔内的竖向振动。

3. 以系统论的观念来进行高速道岔的设计

(1)电务与工务是两个相互影响的一体化集成系统。

(2)道岔为高精密的机械设备而不是简单粗糙的工程结构物。

(3)轨下基础采用与道床相匹配的混凝土长岔枕或道岔板。岔枕直接影响着工务及电务系统正常工作状态，与钢轨件同等重要，应严格控制其制造精度。

(4)道岔监控系统及融雪设备是工务及电务系统能否正常工作的可靠保证，进行养护维修的依据。

(5)道岔应考虑与高速铁路轨道结构的整体性与一致性。无论多大号码的道岔，均要以高速的理念来进行设计。

4. 完善的道岔动力学计算及试验

高速道岔在线形、轨距扩大技术等模拟方面采用了仿真软件外，在道岔结构设计、刚度设计和转换计算方面均采用了准静态轨道强度计算理论或有限元结构分析程序。部件性能和道岔整体动力性能都分别在室内和现场进行了大量的试验，道岔性能也是通过试验反馈和现场应用经验的不断完善、成熟。

二、高速道岔的制造特点

1. 加工精度要求高

钢轨件加工均采用数控精密加工，严格控制加工精度，保证平顺性。零部件的单件精度、系统间的接口配合精度的控制要求高。钢轨件的试装及检查在专用检测平台上进行，检测基准精度提升，提高零部件的质量水平。考虑温度对长大轨件加工精度的影响。

2. 专门的加工设备

如客专道岔生产所需的 52 m 双龙门数控铣床，可完成轨件高精度加工。28 m 数控铣床。电加热设备，可提高热锻加工表面质量，减少脱碳层。60 Mt 压力机，是轨件热锻加工的关主设备。中频淬火设备，在线进行淬火钢轨，特别是特种断面钢轨，需在道岔制造工厂进行热处理，提高轨件性能。钢轨顶调设备，是钢轨件加工必不可少的工序之一，是轨件质量状态的形成的关键。模锻翼轨，是解决可动心轨辙叉对翼轨削弱问题的关键技术。长大钢轨件吊装，是大号码高速道岔必须解决的问题，根据特性需要采用多点柔性起吊方式。道岔组装，高精度组装平台，专用的 40 m 钢轨质量检测平台；尖轨轨顶面采用新设计的钢轨轨顶面机加工专用铣刀。

3. 专门的工艺、工装

客专道岔生产采用：尖轨的加工工艺，主要长大尖轨加工工艺研究，尖轨加工工装的设计制造。尖轨跟端成型段工装模具的设计，跟端成型工艺的研究，工装模具的加工制造。特种断面翼轨制造工艺，热锻模具制造，特种断面的热锻成型，锻压的精度及形位公差的控制；翼轨的后端采用闪光对接焊焊接成长翼轨，焊缝进行正火处理，探伤检查。道岔厂内组装及试铺工艺，研究究合理工艺及操作规程，研制相应的加工、组装、调试工装，研究相应的检测方法，完善客运专线道岔的组装、试铺技术规范和操作规程。道岔在现场铺设的工艺流程、施工技术条件，结合厂内组装及试铺技术条件和操作规程，设计单位、道岔制造工厂、协作单位和施工单位联合制订现场技术要求和操作规程。

4. 需要进行厂内逐组组装

道岔供应商是道岔产品的总集成单位，对道岔产品总体负责，要严格控制自制部件的质量，对所采购的所有道岔部件和产品负责。为保证道岔精度，高速道岔均在专用组装平台上进行厂内进行组装、调试，合格后再解体（但铁垫板不拆，带在岔枕上），运至铺设现场。道岔组装质量严格按照《客运专线无砟轨道道岔铺设暂行技术条件》的要求进行检查验收。

5. 需要专门的原材料（如钢轨等）

50 m 长定尺 60D40 道岔专用轨，高速道岔轨护轨采用 33 kg/m 护轨用槽形钢制造。

三、高速道岔铺设特点

高速道岔铺设是完整道岔技术中的关键组成部分，道岔铺设质量的好坏，对道岔的使用状态有直接的影响，其影响程度与道岔的设计、制造质量的影响是相同的，因此高速铁路道岔铺设遵循"专业化、机械化、标准化"的施工模式，确保道岔铺设质量和工期要求。一般由生产厂家按因此对于高速道岔的铺设必须给予高度的重视，从观念上要有根本的转变。

1. 运输、装卸必须保证道岔不发生永久变形

道岔的装卸、运输、储存和堆放应保证道岔质量、安全。装卸时应采用起重设备和专用吊具，按规定的吊点起吊。装卸作业应由具有作业资格的人员操作，所有组件的出厂加固措施在铺设前不得拆除，层间包装除外。作业人员应保证产品零部件表面的清洁，装卸绳索宜采用无油钢丝绳或吊装带，以免造成产品零部件表面污染，降低产品质量特性。操作时应充分考虑设备、场地、物件等形状等因素，明确作业任务，检查好绳索及各种起重工具。道岔的尖轨-基本轨、可动心轨辙叉在厂内已组装成组装件，道岔装卸和铺设过程中，不得拆解厂内已组装好的道岔组装件。

施工单位要严格按照技术条件要求进行转辙器、辙岔、钢轨件的现场吊卸、运输与存放作业，监理单位要全过程进行监理，制造单位要现场确认。道岔产品进场后的检查验收。目的主要是检查道岔产品在运输过程中是否发生损坏和变形。以保证道岔最终的安装质量。

2. 专业铺设队伍，采用必要的设备、工装

根据《客运专线道岔专业化铺设指导意见》要求，客运专线道岔施工须采用专业化队伍，机械化设备进行施工。施工单位在人员配置、施工技术、工装设备和量测仪器配置、组织管理等

方面达到专业化水平。主要管理、技术人员和主要技术工人要经过专项技术培训并考核通过，焊接、探伤及吊卸等特殊工种人员资质须符合国家和铁道部有关规定。建设单位要对专业化施工队伍进行审查，满足要求后方可批准施工。

铺设吊装是采用大型龙门吊等专用机械设备按照铺设说明及铺设图进行铺设，道岔安装调整时采用道岔组装和维修的专用工具，根据要求进行安装。利用精测网使用绝对测量系统进行道岔测量。有砟道岔使用 CPH 铺设机组进行施工。

3. 需严格按照相关文件的要求进行铺设，确保道岔的铺设精度

高速道岔的铺设属于轨道工程施工的一部分，因此应执行轨道工程相关的规程规范。通过精密的测量和调整控制，施工结构精确定位后，现场浇筑道床板混凝土形成无砟道床道岔，如《客运专线无砟轨道铁路工程测量暂行规定》、《高速铁路轨道工程施工质量验收标准》、《高速铁路轨道工程施工技术指南》。但道岔又是特殊的轨道部件，因此道岔的铺设还需执行道岔的铺设技术条件，如《客运专线道岔铺设技术条件》、《客运专线铁路道岔铺设手册》、《客运专线铁路高速道岔铺设标准化管理要点》、《客运专线(无)有砟轨道道岔铺设暂行技术条件》。

三、高速道岔养护维修特点

1. 高速道岔检查内容多、标准要求高

高速道岔要检查辊轮状态，弹性夹、拉簧状态；检查弹性铁垫板、弹性基板等各种垫板状态；检查心轨各控制断面相对于翼轨的高差，尖轨各控制断面相对于基本轨的高差；直尖轨工作边直线度，心轨直股工作边直线度；测量检查钢轨件顶面轮廓、轨顶坡；无砟高速道岔还要检查道床板或道岔板、底座等混凝土结构状态。

2. 高速道岔维修工作量少

高速铁路应加强高速道岔的养护维修，维修坚持“预防为主、防治结合、严检慎修”的原则，坚持精确检测、全面分析、精细修理的过程控制，根据其状态的变化规律和伤损等级，安排养护与维修，有效预防和整治病害。

3. 重视道岔钢轨的修理

轨面高平顺，高速铁路的轨道运营前要全面打磨，以消除初始不平顺，防止早期出现过大的不平顺。建立周期性的钢轨打磨制度。

第二节 客专系列高速道岔的结构特点

客专系列道岔是在铁道部的统一领导和组织下，由西南交大、铁科院、中铁咨询、中铁宝桥、中铁山桥、通号设计院等铁路科研院所、高校和道岔主要生产厂家，联合自主研发的。道岔的研制以“满足客运专线速度要求，保证安全性和旅客舒适度”为目标，坚持“博采众长，自主研发，打造中国品牌”的原则，集中了我国铁路道岔科研、设计、制造等方面的主要力量。

道岔在研制过程中，认真研究分析了当今国外成熟高速铁路道岔的理论和实践，消化和吸收了其先进成熟的技术和结构，认真总结了我国秦沈客运专线道岔以及提速道岔的经验和教训，确定了我国客运专线道岔的设计条件和制造技术要求。重点围绕平面线形和尺寸、道岔整体和零部件结构、系统刚度、轨下基础 、扣件系统、转换设备、制造精度、组装铺设等关键技术进行了研究、试验。

从 2005 年 6 月开始，11 月份完成了时速 250 km 客运专线铁路 60 kg/m 钢轨 18 号道岔

结构设计,并通过了铁道部组织的审查。2006 年 3 月,中铁宝桥和山桥完成了道岔的试制和厂内试铺、试验,6 月在胶济线线的胶州预留站铺设了 4 组有砟道岔,并进行了列车直向通过实验和现场动力测试,结果表明,道岔状态良好,完全满足 250 km 客运专线使用要求,12 月进行了侧向通过实验和动力测试,并通过了铁道部组织的阶段审查。2006 年 12 月至 2007 年 1 月,在郑武、沪宁提速区段铺设了 57 组 60 kg/m 轨 18 号有砟客专道岔,保证了第六次提速开行 250 km/h 动车需要。2006 年 10 月,在遂渝线无砟轨道试验段铺设了 2 组 60 kg/m 轨 18 号无砟道岔,12 月进行了列车通过试验和现场动力测试。2007 年 3 月开始,进行了时速 350 km60-18 42 号道岔研制。11 月 15 日时速 350 km/h 客运专线 60 kg/m 钢轨 18 号单开道岔,在中国中铁宝桥股份有限公司通过铁道部专家组的技术审查。

一、客专时速 250 km 钢轨 60 kg/m 钢轨 18 号道岔(有砟、无砟)

1. 通过速度

旅客列车直向通过速度为 250 km/h;

货物列车直向为 120 km/h (轴重 23 t) ;

侧向通过速度均为 80 km/h。

2. 道岔线形和平面尺寸(图 5-1)

道岔采用半径为 1 100 m 的相离单圆曲线线型。道岔前长 31.729 m,后长 37.271 m,全长 69 m;道岔各部轨距均为 1 435 mm。

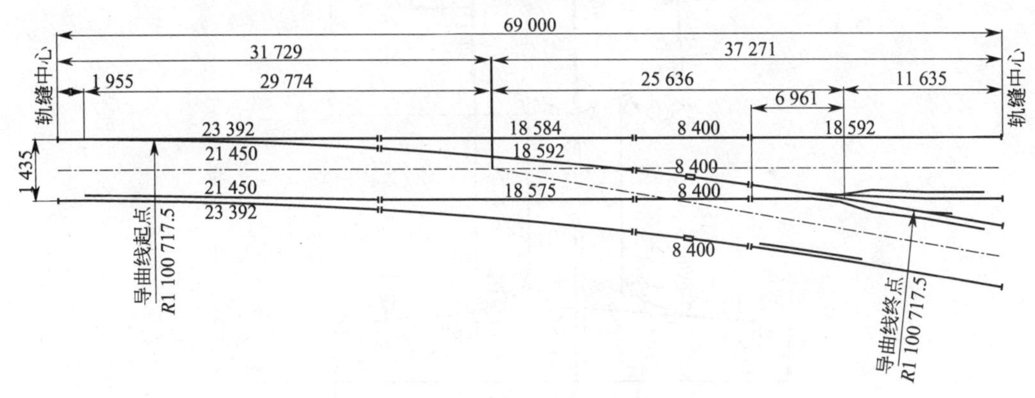

图 5-1 道岔线形和平面尺寸(单位:mm)

3. 转辙器结构

(1)采用相离半切线的平面线形(图 5-2),导曲线半径 1 100 m,侧股基本轨工作边设置为曲线,尖轨相离值为 12 mm,从尖轨断面宽 26.8 mm 处向前作半切线。

(2)尖轨全长 21 450 mm,为跟端固定弹性可弯形式,采用 60D40(70 kg/m)钢轨制造。为了防止车轮冲击,尖轨尖端设置 3 mm 藏尖式结构,尖轨从 25 mm 断面作半切线,从尖轨尖端向后 200 mm 作藏尖刨切。尖轨设置 1∶40 轨顶坡,尖轨跟端锻压成中国标准 60 kg/m 钢轨断面(图 5-3),并进行 1∶40 的扭转,过渡段和成型段长度分别为 150 mm 和 450 mm,尖轨固定端起点位置在支距 190 mm 处,有利于减少尖轨三动至固定端起点区段的不足位移。在尖轨固定位置的支距约为 190 mm 左右。

(3)转辙器设置三个牵引点:

第一牵引点动程(开口值)160 mm,理论转换力 712 N;

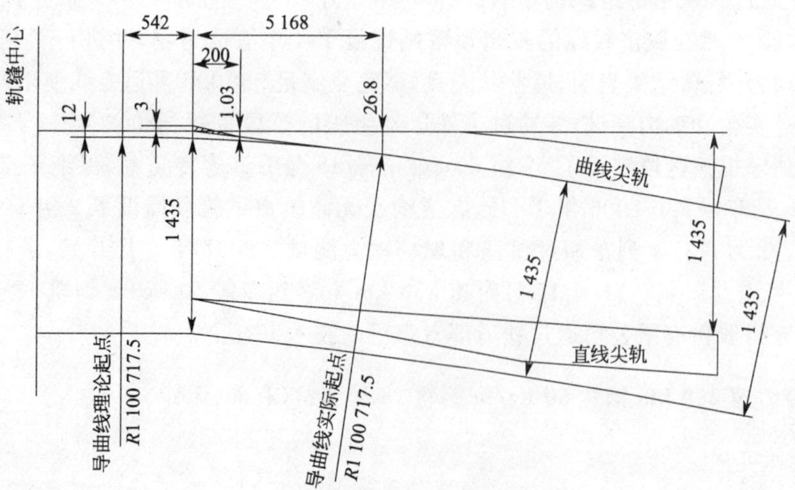

图 5-2　相离半切线的平面线形(单位:mm)

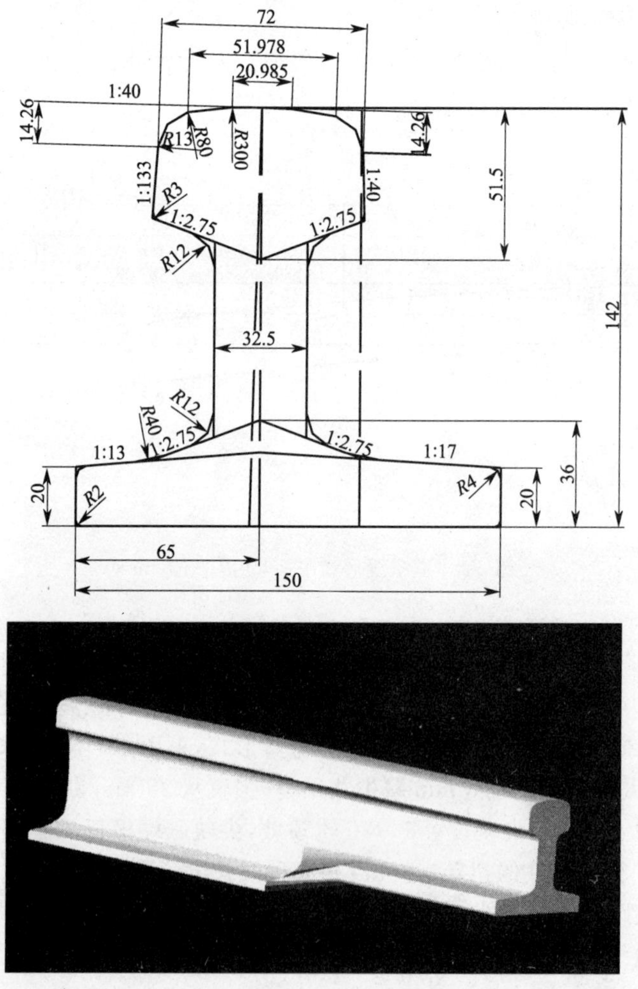

图 5-3　1∶40 轨顶坡 60D40 钢轨断面尺寸图(单位:mm)

第二牵引点动程 118 mm,理论转换力 294 N;

第三牵引点动程 71 mm，理论转换力 2 832 N。

(4)尖轨各牵引点采用无卡阻设计的新型分动钩形外锁闭装置。牵引点间设置密贴检查器监控尖轨状态。

(5)为了减小和防止尖轨在列车通过时跳动,密贴尖轨采用与基本轨轨头下颚配合防跳，在轨头切削断面以后采用防跳顶铁,非贴合状态设置适合于辊轮滑床垫板的防跳限位装置(图 5-4)。

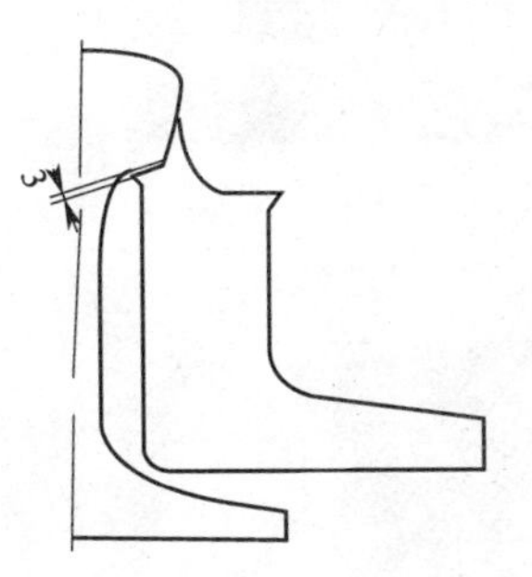

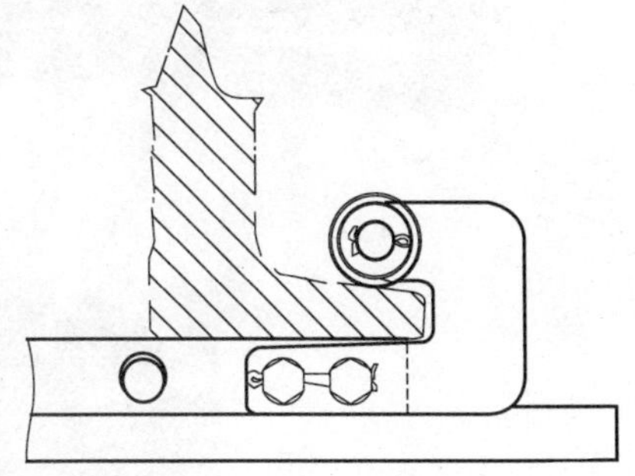

图 5-4　防跳限位装置(单位:mm)

(6)为了适应不同的无缝线路的要求,尖轨跟端按采用间隔铁(图 5-5)。

图 5-5　间隔铁

(7)滑床板范围基本轨内侧采用弹性扣压(图 5-6)。采用弹性夹扣压,其优点是扣压力大,安装和拆卸均较为方便。

(8)滑床台减摩措施。所有滑床垫板的台板、可动心轨下起滑动作用的台板均采用增设镍基合金—MoS_2 自润滑复合镀层。尖轨部分,每隔 3 m 左右设一对辊轮滑床板(图 5-7),辊轮结构可以无级调高,最大调高量达 6 mm,保证辊轮与滑床台板的接触。

采用该辊轮结构的特点是可以无级调高,最大调高量达 6 mm,可以方便地保证辊轮与滑床台板的接触。

(9)基本轨采用 CHN60 钢轨,材质与区间线路钢轨相同,设置 1∶40 的轨底坡。

(10)尖轨顶面降低值。转辙器部分的轮轨关系是影响动车组过岔平稳性的主要因素,缩

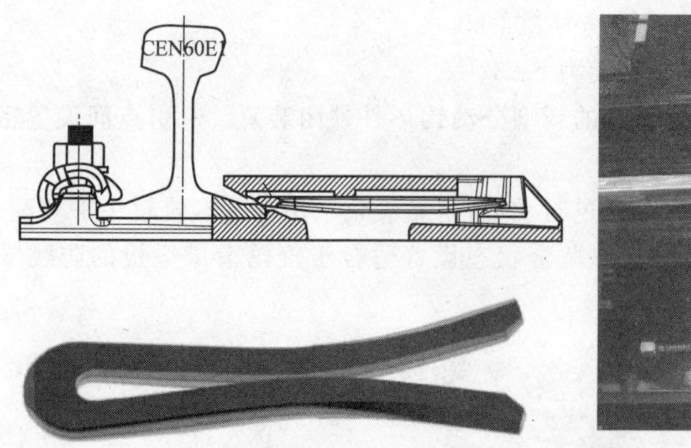

(a) 施维格弹性夹

(b) SSB4(360 mm)用于尖轨跟端

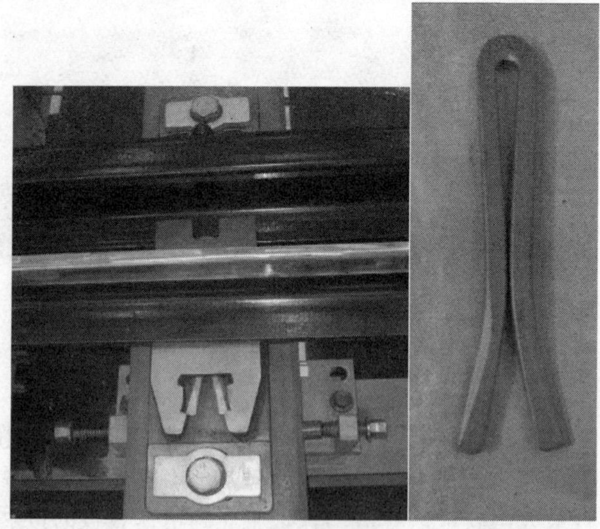

(c) SSB3(303 mm)用于滑床板

图 5-6　弹性扣压

短轮过渡范围能提高动车组的过岔平稳性尖轨及心轨顶面纵坡，可以提高列车直向过岔时的平顺性和安全性。18 号道岔直线尖轨顶面纵坡优化设计为：顶宽 0 mm(尖轨尖端)，降低

图 5-7 转辙器间隔设置带滚轮的滑床板

23 mm；顶宽 5 mm(距尖轨尖端 960 mm)，降低 14 mm；顶宽 20 mm(距尖端 3 852 mm)，降低 4 mm；顶宽 50 mm(距尖端 8 598 mm)，降低 0 mm。

4. 辙叉结构特征

(1)平面特征：辙叉全长 20 992 mm；辙叉角 3°10′47.39″；辙叉趾端开口距 436.5 mm，跟端开口距 633.6 mm。

(2)辙叉组成：可动心轨辙叉主体采用长翼轨、钢轨拼装式组合式结构。长心轨跟端为弹性单肢可弯形式，短心轨后端为滑动斜接头形式(图 5-8)。

图 5-8 心轨跟端的斜接头

(3)心轨结构：长心轨、短心轨采用 60D40 钢轨制造；长心轨、短心轨为拼接形式，心轨尖端为贴尖形式(图 5-9)。短心轨后端为滑动端，长短心轨采用切底式高强螺栓连接。心轨尖端至弹性可弯中心的距离为 8 275 mm，岔跟尖轨长 5.75 m，心轨设置轨顶坡。

由于客运专线道岔采用 60D40 钢轨，轨顶带有 1∶40 的轨顶坡，因此只能将长肢向外，在短心轨后端需将 AT 轨长肢刨切。长短心轨贴合型式采用了轨底直切式(图 5-10)，其优点是可以减少长短心轨连接螺栓的受力，缺点是长心轨的强度削弱较大，长、短心轨的轨底水平受加工精度影响较大，宜造成轨底扭转，在高强度螺栓施加较大轴向力的情况下，会因轨头斜贴造成长短心轨轨顶上下错位，将给组装带来较大难度。

(4)翼轨结构(图 5-11)。开始翼轨采用模锻翼轨与 60 kg/m 钢轨焊接的长翼轨，采用 60AT＋模锻特种断面＋P60 焊接形式。特种断面翼轨研制成后，目前翼轨统一采用轧制特种断面翼轨，机加工。内侧的轨底刨切 17 mm，内侧轨底上表面也作适量刨切。由于电务牵引的位置提高，可有效的解决电务 4 mm 检查失效的问题，翼轨跟端用间隔铁分别与长心轨和叉跟轨胶接，胶接层厚度不大于 1 mm。翼轨设置轨顶坡，趾端或跟端扭转 1∶40。

(5)翼轨跟端结构(图 5 12)。翼轨跟端结构的作用是抵抗线路传递过来的温度力，并将其通过导曲线传递给基本轨，因此，翼轨跟端结构的设计与无缝道岔的计算密切相关。翼轨跟

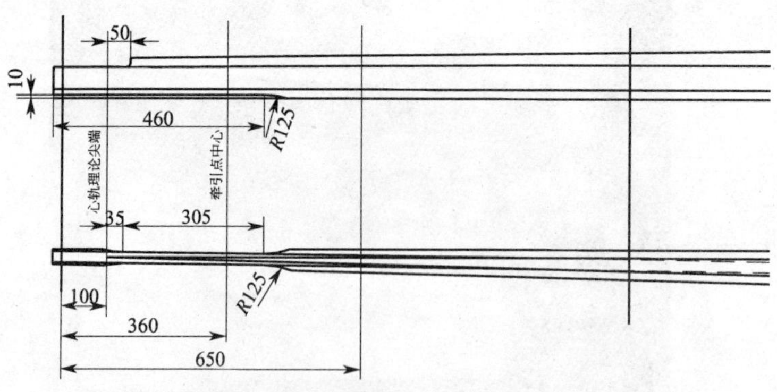

图 5-9　心轨的连接(单位:mm)

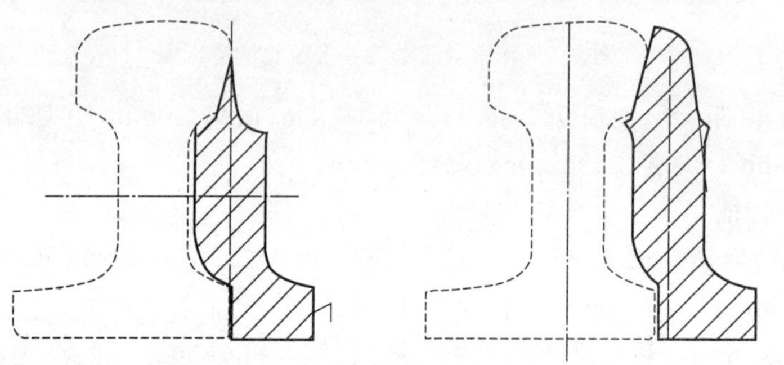

图 5-10　长短心轨贴合形式轨底直切式结构

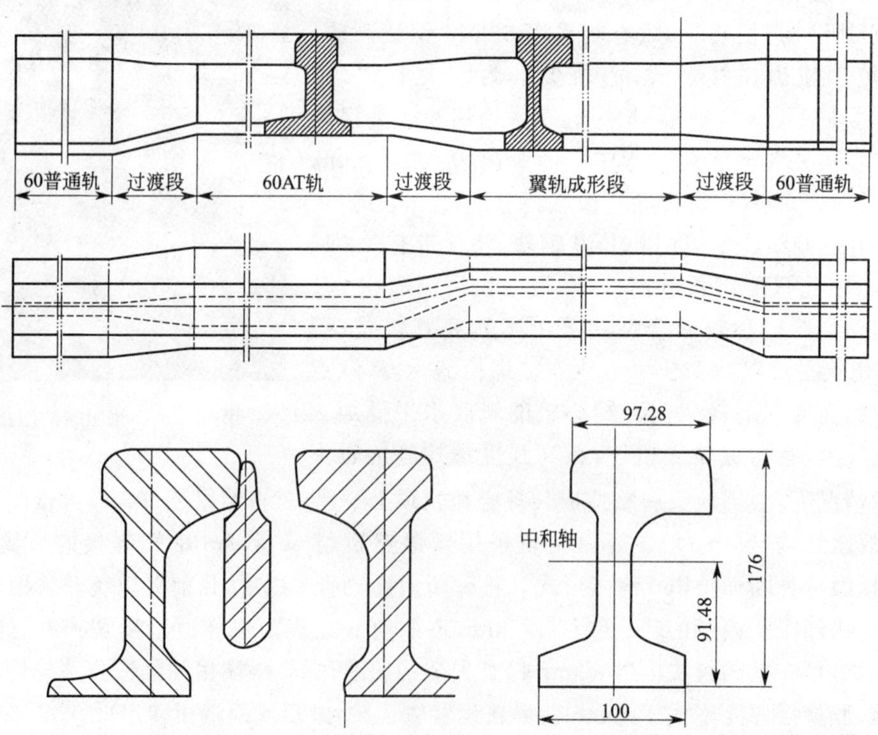

图 5-11　翼轨结构(单位:mm)

端设两块间隔铁，间隔铁采用全断面接触加长型间隔铁，并采用胶接形式，其优点是结构简单，技术较为成熟，使用效果也较好。

图 5-12　翼轨跟端结构

(6)心轨防跳。为了降低列车通过辙叉时心轨的垂直跳动，在长心轨前端加工出台阶(图 5-13)，与相对的翼轨下颚也相应增加配合台面；在心轨与翼轨密贴段增设部设置了防跳卡铁、中部设置防跳顶铁，后端在长、短心轨之间设置单、双边扣板，扣压心轨轨肢。

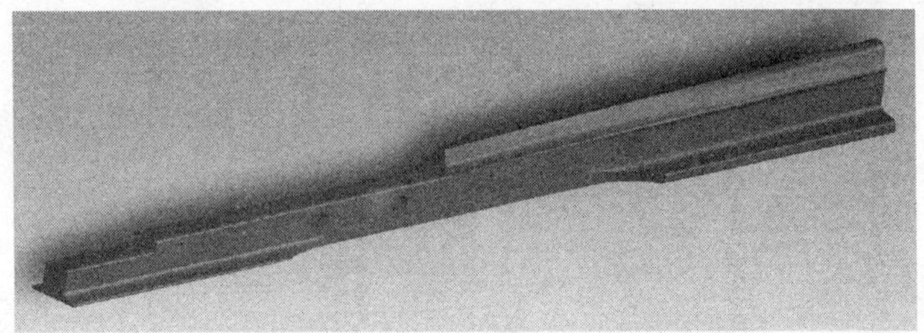

图 5-13　心轨前端结构

(7)心轨降低值。确保心轨相对翼轨降低值，提高翼轨至心轨过渡的平顺性。心轨尖端，轨头宽度 0 mm，降低值 23 mm；距心端 559 mm，轨头宽度20 mm，降低值 5 mm ；距心端 1 454 mm，轨头宽度 50 mm，降低值 0 mm。

(8)可动心轨辙叉设置两个牵引点：

第一动牵引动程 115 mm,理论转换力 1 080 N;

第二动牵引动程 64 mm，理论转换力 4 536 N。

(9)护轨(图 5-14)。侧股采用 UIC33 槽形防磨护轨,侧面工作边作淬火处理结构设护轨,长 7.5 m,护轨缓冲段冲击角 $\beta_c=0.494\ 5°$,平直段长度 1 800 mm,缓冲段长度 2 700 mm,开口段长度 150 mm。钢轨内侧用施维格弹性夹扣压,轨距调整采用缓冲定调距块调整。

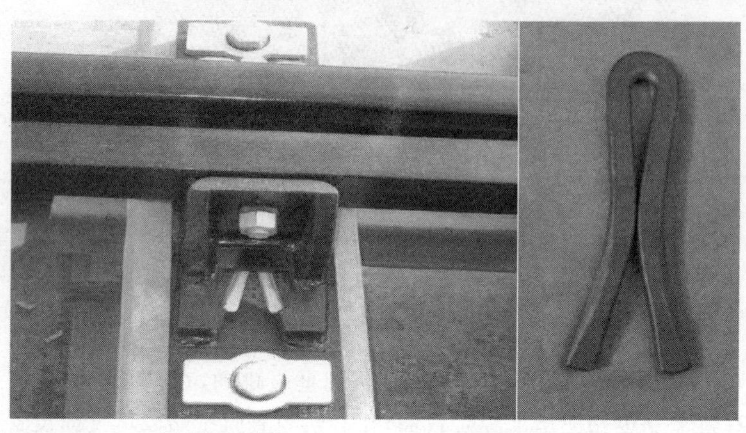

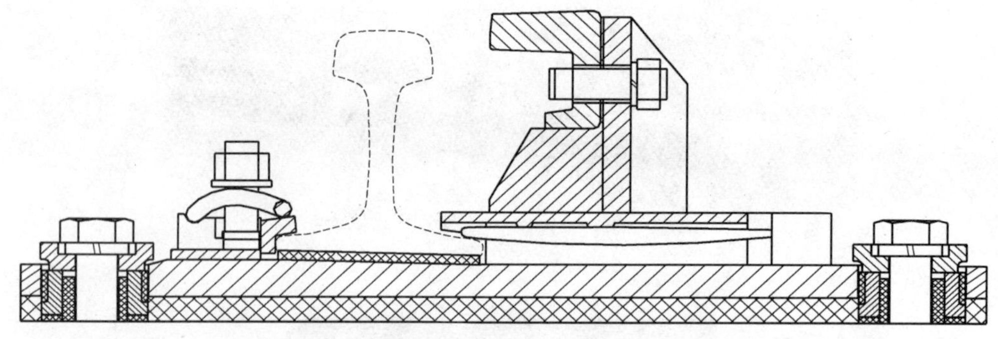

图 5-14　护轨

(10)辙叉基本轨采用 CHN60 钢轨,材质与区间线路钢轨相同,设置 1∶40 的轨底坡。

(11)在辙后、叉前等安装支距扣板的位置(图 5-15),及可动心轨辙叉安装轨撑、扣铁等的位置,T 形螺栓需从上向下安装,到底后旋转 90°上提,再拧紧螺母。平时需保持螺栓的紧固状

图 5-15　支距扣板的位置

态，防止螺栓脱落。

5. 扣件系统

有砟道岔与无砟道岔采用不同的扣件系统结构，有砟道岔扣件如图 5-16 所示，采用Ⅱ型弹条和硫化铁垫板结构，轨下设 5 mm 橡胶垫层，板下设 20 mm 橡胶垫层与铁垫板硫化在一起，铁垫板与岔枕的连接采用 $\phi30$ 高强螺栓及带缓冲偏心套的结构，可降低锚固螺栓的受力点和保证垫板弹性。板下垫层设置调高垫板，可实现 0～26 mm 调高量。弹条座与轨底间设置轨距块，与偏心套相结合，可实现－8～＋4 mm 的调距量，调距精度为 1 mm。

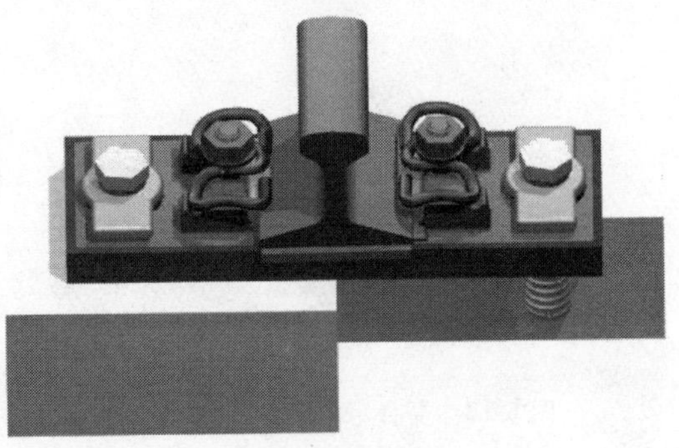

图 5-16　有砟道岔扣件

无砟道岔的扣件系统如图 5-17 所示，其主要结构部件包含：

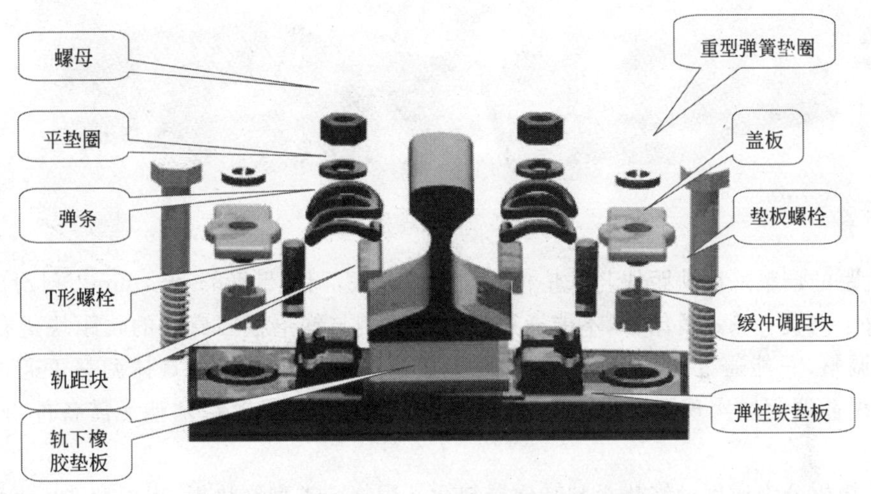

图 5-17　无砟道岔扣件

(1)结构为带铁垫板的Ⅱ型弹条分开式结构，铁垫板上部结构为有螺栓扣件系统。

(2)挡肩与钢轨轨底间设轨距块用于调整和保持轨距，工作边采用 10 号轨距块，非工作边采用 11 号轨距块。

(3)钢轨与铁垫板间设 5 mm 橡胶垫板主要起缓冲冲击作用，橡胶垫板下可以采用调高垫板进行调高，最大调高量 0～30 mm(无砟轨道)。但在可动心轨辙叉的翼轨前半部分轨下设7 mm 厚橡胶垫板，后半部分不设橡胶垫板(铁垫板上焊有台板)，具体位置见道岔铺设图。

铁垫板与混凝土岔枕间设 20 mm 弹性垫层以发挥系统弹性作用。铁垫板与其下的弹性垫层均采用硫化处理。

(4)铁垫板与混凝土岔枕采用 $\phi30$ 高强螺栓与预埋套管配合紧固方式连接。可调距的弹性连接。

(5)铁垫板与螺栓间设置复合定位套(图 5-18)，用以缓冲铁垫板对螺栓的横向冲击，同时使螺栓紧固时对铁垫板不产生较大的压力，有利于充分发挥铁垫板下弹性垫层的弹性。

图 5-18 复合定位套

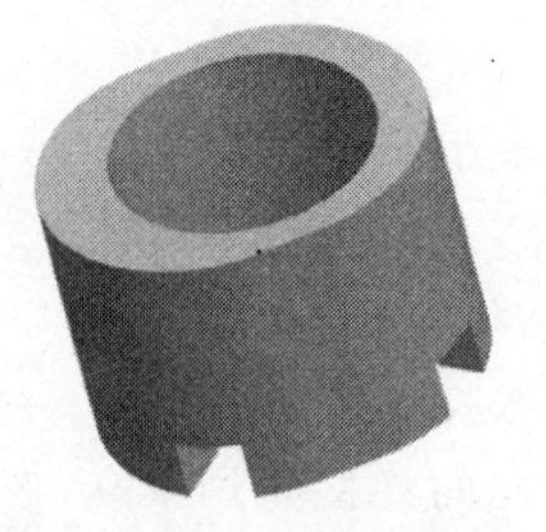
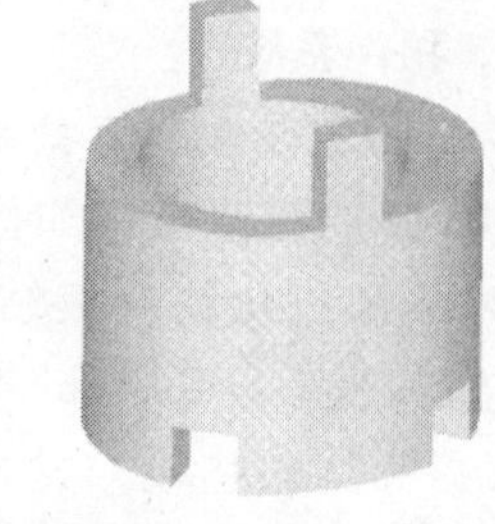

图 5-19 缓冲调距块

(6)复合定位套与螺栓间设缓冲调距块(图 5-19),既缓冲铁垫板对螺栓的横向冲击,又可通过调整铁垫板的位置调整轨距。

(7)垫板螺栓通过盖板扣压铁垫板(图 5-20),盖板上附有弹性较好的橡胶垫圈,既不对铁垫板产生较大压力也可防止垫板倾翻。

图 5-20 盖板

(8)轨距的调整采用轨距块与铁垫板相结合的方式,调距量－8～＋4 mm。对滑床板和护轨垫板,由于钢轨一侧为滑床台,不能通过钢轨另一侧与铁垫板挡肩间的轨距块进行钢轨左右位置的调整,只能通过移动滑床板和护轨垫板来进行轨距调整。具体调整可通过更换不同号码的缓冲调距块实现调距量为－4～＋2 mm。一般地段轨距调整无需备件,调整级差为 1 mm。

(9)铁垫板分为通用型铁垫板和转辙器与辙叉用特殊类型铁垫板,通用型铁垫板采用球墨铸铁铸造,铸造垫板的球化级别不应低于 3 级。特殊类型铁垫板采用 Q235 钢焊接制造。铁垫板的厚度为 27 mm(钢轨中心处)平垫板,承轨槽设有 1∶40 的轨底坡。

(10)扣件系统刚度。由于岔区范围内,钢轨有多种形式,轨枕、垫板长度是变化的,板下胶垫的刚度也是变化的,同时还有间隔铁、限位器、滑床台等多种区间线路所不具有的轨道部件,这些因素使得岔区轨道刚度沿纵向呈现严重不均匀性。动力学分析表明,扣件系统竖向刚度越大,动轮载、轮缘力、减载率、脱轨系数等指标越高,越不利于轨道稳定和行车安全;扣件系统竖向刚度越小,尖轨及心轨顶面开始受力的断面越小,尖轨及心轨的动应力越大,钢轨的竖向位移越大。轴重越轻,车速越快,刚度对轮轨动力响应的影响越明显。

客专道岔开发了分块式橡胶垫层,根据岔区的尖轨前端、滑床板地段、尖轨跟端及支距垫板部位、导曲线部位、辙叉部位、护轨地段、道岔前后过渡段等不同位置,采用不同的橡胶垫层,板下垫层采用分块式设计方式,实现了在岔区不同位置上等厚度而不等弹性设计,从而实现了岔区整体刚度的均匀化。同时铁垫板与橡胶垫板的整体硫化一体制造,提高其整体性。

客专道岔扣件系统具有互换性和刚度的兼容性,即运营条件变化时扣件系统总体结构不变,只是刚度变化。而且通过合理设置扣件系统刚度,解决岔区刚度的合理化和均匀化问题。

客货共线运行的时速 250 km 有砟、无砟道岔扣件系统静刚度设计值为(50±5)kN/mm，动静刚度比不大于 1.8。

无货运的时速 250 km 无砟道岔扣件系统静刚度设计值为(25±2.5)kN/mm，动静刚度比不大于 1.5。

道岔前后设置二级刚度过渡，过渡段长度为客车运行距离的一半，实现与区间线路的均匀过渡。

有砟轨道靠道岔端扣件系统刚度为 55～65 kN/mm，靠区间端扣件系统刚度为 65～75 kN/mm。

6. 岔枕

(1)岔枕布置

岔枕均垂直于道岔直股，岔枕间距一般按 600 mm 布置，牵引点处的岔枕间距，仍采用 650 mm，牵引点两侧的岔枕间距采用 575 mm。

(2)有砟道岔岔枕

①有砟道岔混凝土岔枕采用整体式长岔枕结构，沿用Ⅲ型混凝土岔枕断面，在对提速岔枕和前期客专 18 号有砟岔枕设计应用经验研究分析的基础上，对影响徐变上拱的岔枕截面形式尺寸(图 5-21)和配筋进行优化设计，增加了两根钢筋。

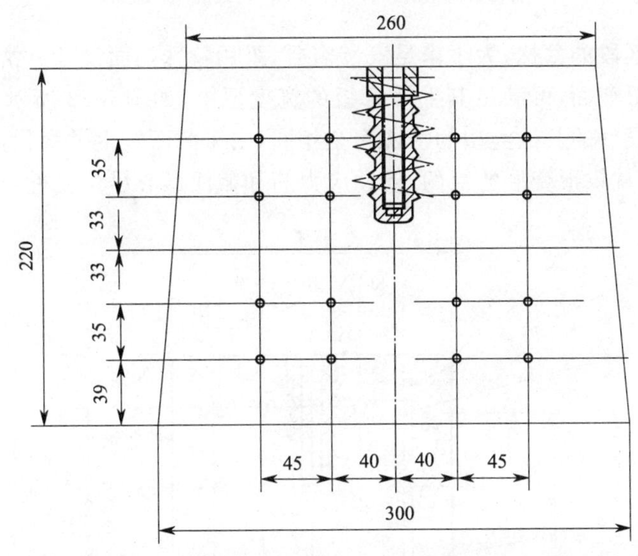

图 5-21　影响徐变上拱的岔枕截面(单位：mm)

②混凝土截面上下宽度及高度分别为：260、300 和 220 mm。

③在岔枕的长度方向上，断面及配筋各截面处完全一样，各根岔枕的钉孔(塑料套管)按照要求在长度的纵方向上成一线形布置。除枕端放置双层箍筋外，中部箍筋按照间隔为 170 mm 沿纵向布置。

(3)无砟道岔岔枕

①岔枕结构为预应力混凝土加钢筋桁架的组合结构，其中螺纹钢筋组成的钢筋桁架露出混凝土截面的下方，这样使岔枕能够与道床很好地结合成为一体。

岔枕截面如图 5-22 所示，混凝土截面上下宽度及高度分别为 260、290 和 130 mm，主钢筋分别为 ϕ7.0 mm 的预应力钢丝 4 根，8 根 ϕ14 mm 的螺纹钢筋。其中 4 根 ϕ14 mm 的螺纹钢筋与 4 根 $\phi 8$ mm 的螺纹钢筋组成钢筋桁架，露出在混凝土截面的下方。为了避免岔枕端角过于尖锐引起此处的道床应力集中造成裂纹的出现，将岔枕端角在竖向也做成带圆弧的结构形式，圆弧半径为 15 mm。

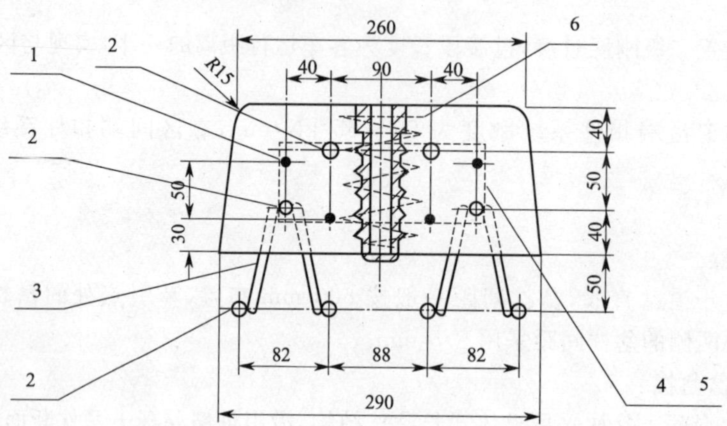

图 5-22　岔枕截面(单位：mm)

1—$\phi 7.0$ mm 的预应力钢丝；2—$\phi 14$ mm 的螺纹钢筋；
3—普通波纹钢筋；4、5—$\phi 6.0$ mm 的箍筋；6—螺旋筋

②对于转辙机区段的岔枕，为了满足安装需要，采用特殊端面设计。岔枕宽度为260 mm，设计成直立的长方形截面，可满足其上滑床板的宽度要求，如图 5-23 所示。岔枕各种配筋的种类和数量与本次设计的其他类型的岔枕完全相同，由于截面发生了变化，截面形心就有所不同，为了达到减少岔枕拱形变形的目的，使预应力筋和截面形心尽量接近。

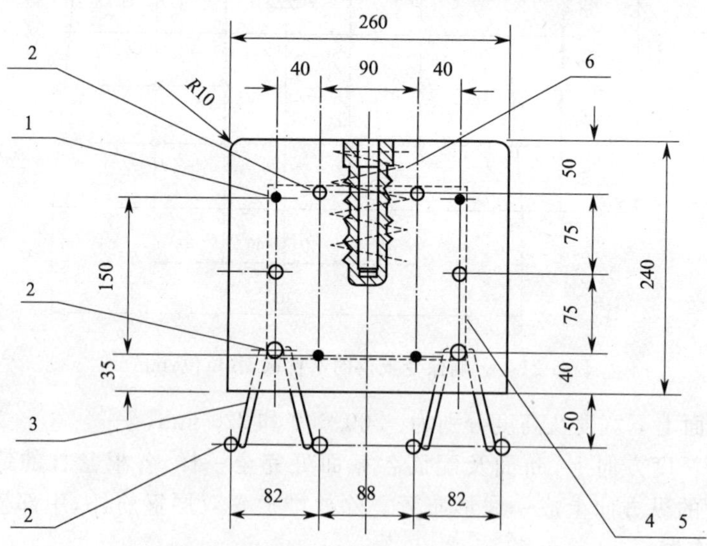

图 5-23　转辙机区段的岔枕截面(单位：mm)

1—$\phi 7.0$ mm 的预应力钢丝；2—$\phi 14$ mm 的螺纹钢筋；
3—普通波纹钢筋；4、5—$\phi 6.0$ mm 的箍筋；6—螺旋筋

③预埋连接铁(图 5-24)的设计。对于牵引点的特殊岔枕，由于其两侧面的道床的高度一高一低。岔枕在道床中的受力不对称，如果纵向力较大时，处于不利状态。对于受力薄弱一侧

设计了岔枕侧面带预埋连接铁的方案，增强其稳定性。在一块小钢板的一个面上焊接上2根ϕ8 mm的U形螺纹钢筋，将其预埋在岔枕的一个侧面里面，岔枕脱模后，再在这块小钢板的另一面也同样焊接上2根U形钢筋，在这种岔枕纵向的一个侧面上每隔300 mm预装一个这样的预埋连接铁，在道床施工时，带预埋连接铁的这面与高道床的一侧混凝土浇筑在一起，可大大地增加这种轨枕的稳定性。

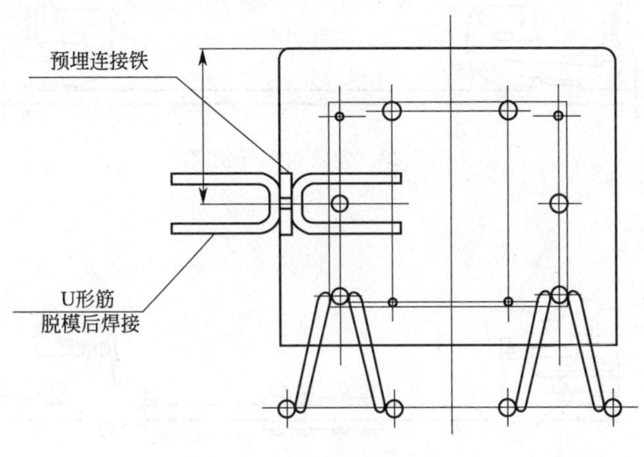

图5-24 预埋连接铁

④预埋套管采用钢套管与塑料套管组合的形式，可在不更换岔枕的情况下便于现场更换损坏的塑料套管。

7. 道岔转换系统

道岔转换系统包括道岔的转换、锁闭与监督表示三大功能，锁闭是道岔转换系统的重要环节，无论是在国内还是国外，锁闭方式都分为外锁闭方式和内锁闭方式，内锁闭、外锁闭都能够满足行车安全的需求。对于高速道岔，外锁闭采用的相对较多。

根据尖轨的动作型式不同，分为尖轨联动和分动两种方式。尖轨联动方式的特点是两根尖轨通过连杆连接为一体，形成框架结构，有利于尖轨的整体结构转换，转换时同时动作，转换后一起锁闭到位，但是转换阻力较大。尖轨分动的特点是两根尖轨之间不设置连接杆件，两根尖轨不一定同时解锁、转换、锁闭。通过外锁闭机构分别实现两根尖轨的解锁、转换、锁闭。由于尖轨分动，系统的转换阻力小，有利于实现道岔转换。

(1)转辙器部分牵引方式与转换结构

中国道岔采用多机多点牵引方式，18号道岔尖轨设置3个牵引点，第一牵引点动程为160 mm，其余各牵引点动程与距尖轨跟端的距离近似成比例关系，这样斥离尖轨的线型较好，内应力较小。尖轨采用分动钩形外锁锁闭方式，18号道岔在提速道岔的基础上对钩形外锁结构进行了优化，如图5-25所示，适应尖轨伸缩的能力有所提高，尖轨钩形外锁闭由锁闭杆(1)、锁钩(2)、锁闭框(3)、尖轨连接铁和防护罩(4)组成。

外锁闭动作原理如图5-26所示，从一侧尖轨锁闭位置经过解锁—转换—锁闭到达另一侧锁闭位置。

为了减小锁闭转换的阻力，同时又不影响零件的防腐性能，对锁闭杆、锁钩、锁闭铁等零件采取相应防腐处理，并增加摩擦面的表面粗糙度。

(2)辙叉部分牵引方式与转换结构

中国道岔采用多机多点牵引方式，18号道岔心轨设置2个牵引点，18号道岔心轨第一牵

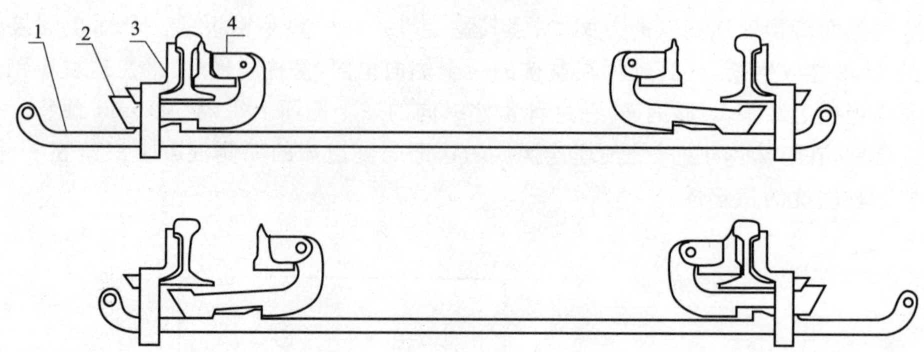

图 5-25　尖轨钩形外锁闭

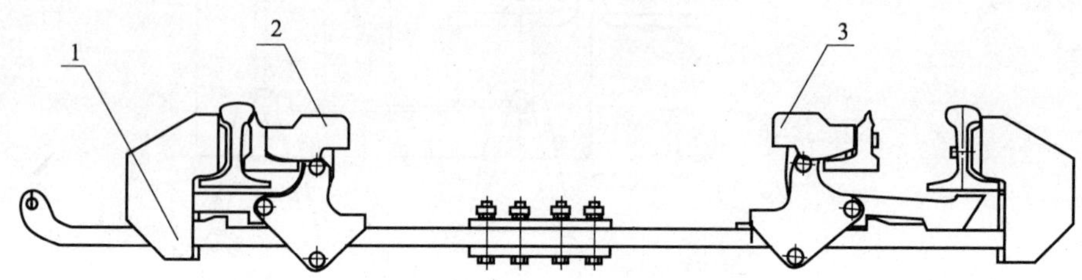

图 5-26　外锁闭动作原理

1—锁闭框防护罩；2、3—连接铁防护罩

引点动程为 119 mm，其余各牵引点动程按距心轨跟端的距离近似线性设计。心轨采用钩形外锁闭方式，第一牵引点处为托槽式，如图 5-27 所示，心轨轨底刨切后位于托槽内，受力点高，

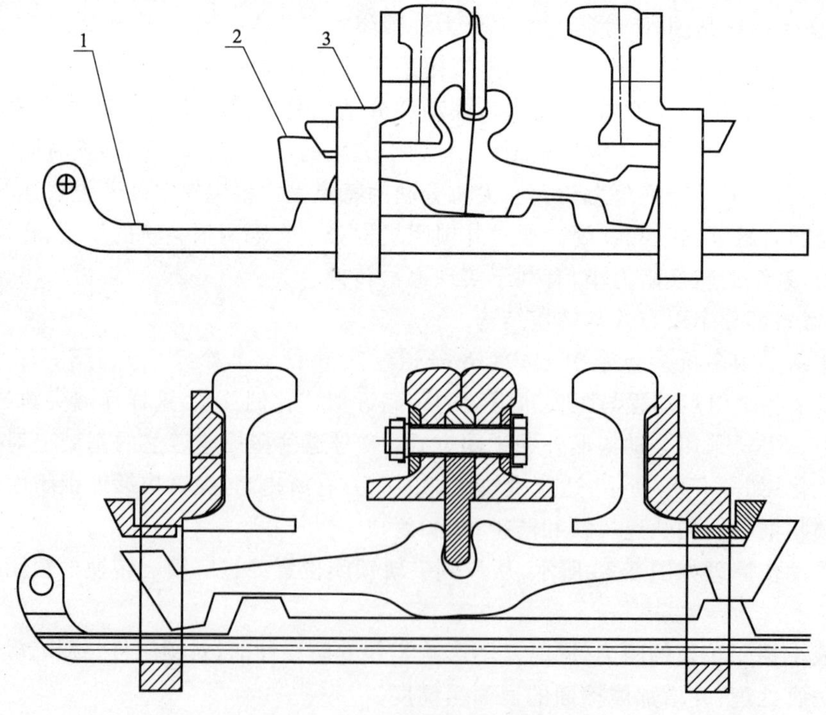

图 5-27　心轨钩形外锁闭

1—锁闭杆；2—锁钩；3—锁闭框

锁闭力大，解决了心轨“翻背”问题，且能较好地适应心轨的伸缩。转辙机与尖轨相同，各转换杆件均位于岔枕间。

(3)密贴检查器

道岔转换系统在转换、锁闭道岔尖轨和心轨之后，对道岔尖轨、心轨的密贴状况进行检查与监督，当尖轨和心轨的密贴状况没有满足道岔技术要求的指标时，进行报警与提示。

由于道岔转换系统采用多点多机形式，牵引点位置尖轨的密贴检查由此位置的牵引转辙机完成。在尖轨两个牵引点之间的密贴检查通过设置在牵引点之间的密贴检查器完成。

密贴检查器的检查接点串接在转换系统的表示电路之中，当任何一个牵引点位置的转辙机没有正常表示或者任何一个牵引点之间的密贴检查器没有正常表示时，道岔的转换系统都将提示使用者道岔处在不正常状态，需要进行维护调整。

(4)转辙机

高速道岔采用 ZDJ9 型电动转辙机、S700K 型电动转辙机和 ZYJ7 型电液转辙机。

对转辙机的要求必须具有双锁闭功能，即除了动作杆具有锁闭功能外还需有检查道岔尖轨密贴的检查杆具有锁闭功能。

转辙机动作需具有下列条件：切断表示、解锁、转换、锁闭和接通表示。

二、客专速度 350 km/h 18 号道岔(无砟)

1. 通过速度。旅客列车直向通过速度为 350 km/h(轴重 17 t)；侧向通过速度均为 80 km/h。

2. 道岔的平面线形、主要尺寸、岔枕布置与时速 250 km 客运专线 18 号道岔相同。

3. 尖轨、心轨降低值不同：由于 350 km/h 道岔无货车运行，而且从行车平稳性考虑尖轨受力断面提前，轮载过渡范围减短，横向不平顺作用的时间变短，蛇行运动的可能性越低。直尖轨降低值发生变化：尖轨尖端的降低值为 23 mm；距尖端 575 mm(轨头宽 3 mm)的降低值为 14 mm；距尖端 2 889 mm(轨头宽 15 mm)降低值为 3 mm；距尖端 7 304 mm(轨头宽 40 mm)降低值为 0 mm。曲线尖轨降低值基本不变。

心轨降低值：心轨尖端的降低值为 16 mm；距心端 389 mm(心轨宽 22.5 mm)降低值为 4 mm；距心端 1 225 mm(心轨宽 50 mm)降低值为 0 mm。

4. 辙叉结构不同：

(1)心轨结构。辙叉心轨采用水平藏尖(图 5-28)，为改善列车运行条件，将尖端水平藏入翼轨内 9 mm，避免了心轨过早受力，心轨理论尖端的位置较 250 km/h 客专向前移了 130 mm；为保证开通侧股时心轨与翼轨的密贴，弹性可弯中心的位置前移了 900 mm。心轨前端通过插入翼轨间隔铁下增加了防跳性能。

为减少道岔内钢轨焊接接头，避免采用长定尺轨，可动心轨辙叉趾端前移了 2 400 mm，相应地加长了可动心轨辙叉的长度，变更了配轨长度。

(2)翼轨结构。辙叉采用整体轧制特种断面翼轨，取消了轨底坡，设置轨顶坡。为了保证心轨一动处的锁钩工作空间，经过工电联合设计，翼轨轨底进行了切削，轨底原宽 150 mm，切削后轨底宽 105 mm。加强了心轨密贴范围内台板与底板的连接，修改了翼轨的轨撑结构，增强了翼轨的稳定性。修改了辙后垫板的结构形式，提高了钢轨的稳定性。顶铁螺栓增加了防松措施。

(3)长心轨与岔跟尖轨间增设两个间隔铁连接(图 5-29)。

(4)辙叉部分牵引点的动程与 250 km/h 道岔不同。心轨一动 119 mm;心轨二动 59 mm。

5. 时速 250 km 客货共线客专道岔轨头顶面作淬火处理,时速 350 km 客专道岔钢轨件不淬火。

图 5-28　水平藏尖

图 5-29　间隔铁连接

6. 钉孔距误差更严格:采取的钉孔距误差限为:钉孔距<1 550 mm 时误差限为±0.5 mm;钉孔距>1 550 mm 时误差限为±1.0 mm。

7. 进一步提高了钢轨件的加工精度,对道岔细部结构进行了优化,密贴检查器优化设计。

三、客专时速 350 km 42 号道岔

1. 通过速度

旅客列车直向通过速度为 350 km/h;

侧向通过速度均为 160 km/h。

2. 道岔线形和平面尺寸(图 5-30)

道岔采用半径为 5 000 m 圆曲线+缓和曲线线形。道岔前长 60.573 m,后长 96.627 m,全长 157.200 m;道岔各部轨距均为 1 435 mm。

3. 转辙器结构

(1)尖轨为切线形,圆曲线与缓和曲线的切点在曲尖轨支距 636.1 mm 处。尖轨长度为 44.240 m,采用 60D40 钢轨制造,为弹性可弯尖轨,尖轨尖端为藏尖方式与 18 号道岔相同,从尖轨实际尖端向后 200 mm 的位置做补充藏尖刨切。为了减小尖轨后端的不足位移,采用了预顶弯技术,该技术又用在了直线尖轨的密贴段,解决了电务转换装置夹片不对称的问题。直线尖轨为了消除构造加宽,非工作边加工成曲线线形。

(2)转辙器尖轨设六个牵引点,采用钩形分动钩型外锁闭装置,各牵引点设计动程分别为 160、136、111、87、62、33 mm。在正常情况下,各牵引点的理论转换力分别为 1 187、1 120、1 176、1 420、1 478、3 900N。

4. 辙叉结构

(1)心轨结构

辙叉为双肢弹性可弯心轨结构;长心轨采用长 25.09 m 的 60D40 钢轨制造,跟端压型成 60 kg/m 钢轨,前端设置了防跳台,侧股工作边加工为缓和曲线。短心轨采用长 20.44 m 的

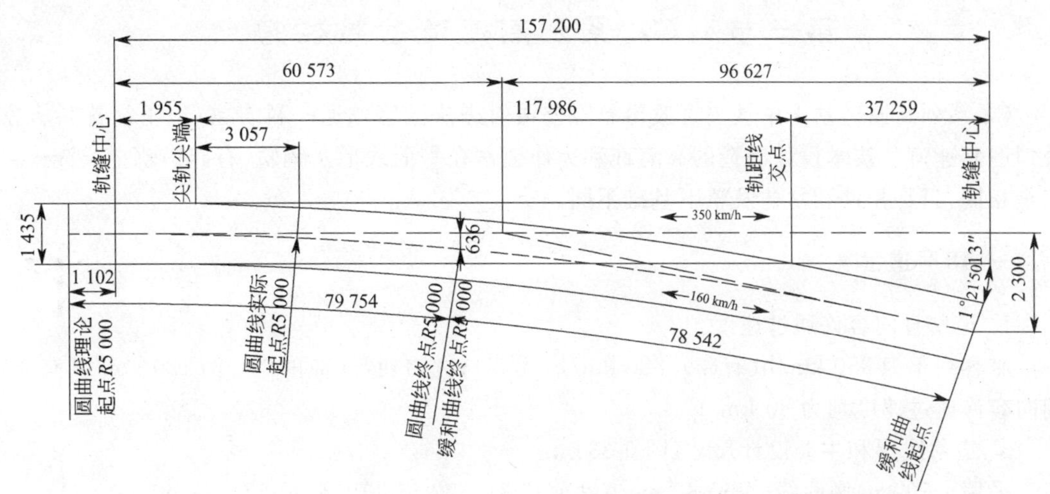

图 5-30　道岔线形和平面尺寸(单位:mm)

60D40 钢轨制造,整个工作边为缓和曲线线形,与长心轨密贴段轨底爬坡刨切,其余部位加工与长心轨类似,也是通过增加控制支距完成缓和曲线线形加工。长短心轨跟端锻压、成型段同尖轨跟端,直接与其后导轨焊连。

(2)翼轨结构

翼轨(图 5-31)为轧制特种断面翼轨,两翼轨咽喉前工作边均采用机加工方式将轧制的特种断面钢轨逐渐加工过渡到 60 kg/m 钢轨断面与普通钢轨焊接,后端通过机加工形成普通断面,特种断面翼轨的长度为 12.406 m,普通钢轨长度为 15.044 m。道岔直侧线均不设置护轨。

图 5-31　翼轨

(3)翼轨跟端结构

在岔后两心轨间,增设了两个间隔铁(图 5-32),并与大垫板相连。

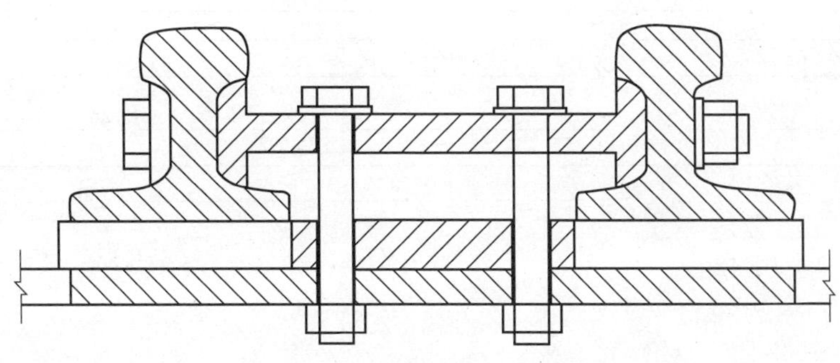

图 5-32　间隔铁

(4)心轨设三个牵引点,采用钩型外锁闭装置,设计动程分别为 113、79、36 mm。正常情况下,各点的理论转换力分别为 2 532、1 943、4 240 N。

第三节　CZ 系列高速道岔结构特点

CZ 系列高速道岔由中铁宝桥股份有限公司引进法国富顺通一科吉富(以下简称科吉富)公司的高速道岔技术设计制造的。有砟和无砟道岔在平面线形及钢轨(有砟钢轨全长淬火)件完全相同,只是扣件和岔枕及轨下基础不同。

一、18 号道岔

1. 道岔直向容许通过速度

旅客列车为 250 km/h(有砟),350 km/h(无砟);货物列车(轴重 23t)为 120 km/h(有砟);侧向容许通过速度均为 80 km/h。

2. 道岔线形和主要设计尺寸(图 5-33)

采用 1 100 m 圆曲线,全长 69 m,道岔前长 31.729 m,道岔后长 37.271 m。

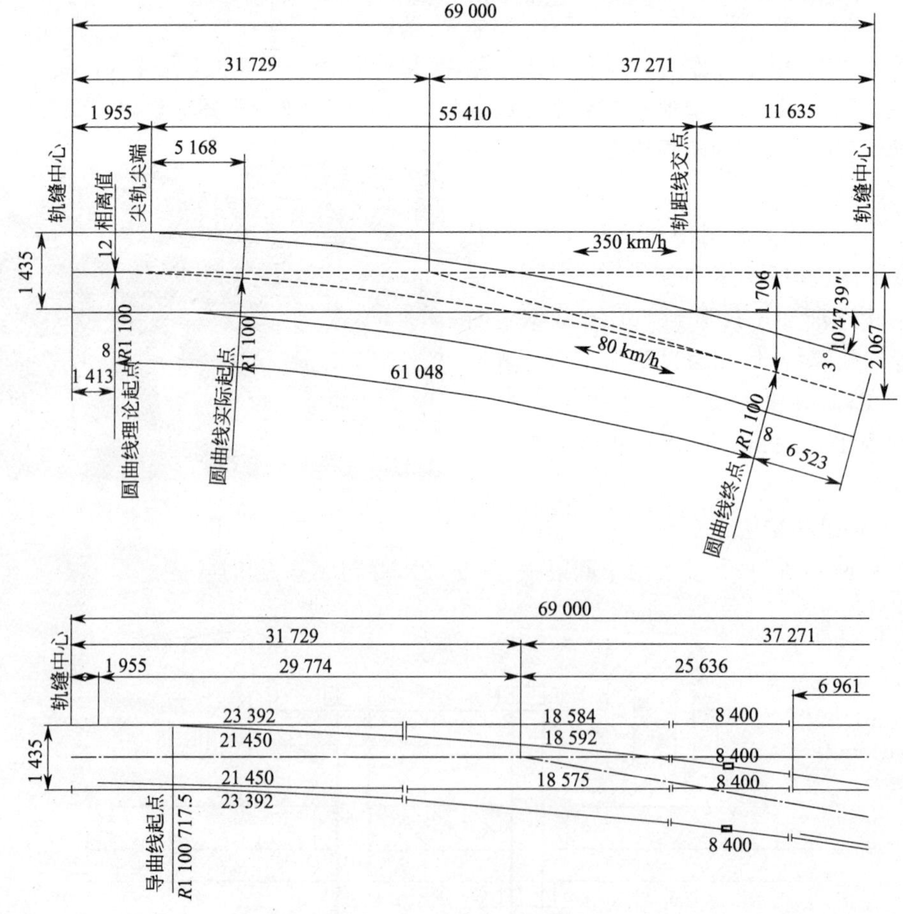

图 5-33　道岔线形和主要设计尺寸(单位:mm)

3. 转辙结构(图 5-34)

(1)尖轨用 60D40AT 钢轨制造,全长 22 090 mm,圆曲线型,半径 1 100 m,尖端藏尖，切点位置在尖轨 26.8 mm 宽度断面处，竖切点位置在 55 mm 宽度断面处，跟端锻压并经机加工成为标准 60 kg/m 钢轨断面。尖轨为半切线型弹性尖轨，尖轨尖端 3 mm 藏尖。

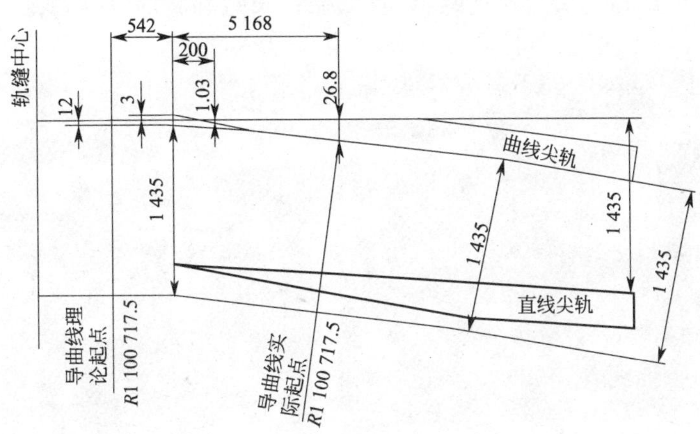

图 5-34　转辙结构(单位:mm)

(2)基本轨。基本轨用标准 60 kg/m 钢轨制造，全长 24 645 mm，与尖轨密贴段做 1/40 斜度加工。

(3)尖轨和基本轨之间设置了防跳铁或防跳顶铁。

(4)为了减少尖轨的扳动力，转辙器间隔设置带滚轮的滑床板(图 5-35)，在开口值较大部位采用双滚轮，开口值较小部位采用单滚轮。滑床板表面设置了减摩涂层。

(5)转辙器设 4 个牵引点。第一牵引点距尖轨尖端为 452.5 mm；第二牵引点距尖轨尖端为 4 610 mm；第三牵引点距尖轨尖端为 9 410 mm；第四牵引点距尖轨尖端为 14 330 mm。牵引点动程依次为 120、107、83、41 mm。

图 5-35　滑床板

(6)锁闭方式：第一牵引点使用 VCC 联动外锁闭器，paulve 密检器；后 3 个牵引点使用中国内锁闭。

(7)尖轨降低值：顶宽 0 mm(尖轨尖端)，降低 22.5 mm；顶宽 6.5 mm(距尖轨尖端1 254 mm)，降低 17.1 mm；顶宽 12 mm(距尖轨尖端 2 314 mm)，降低 9.3 mm；顶宽22 mm(距尖端 4 241 mm)，降低 4.5 mm；顶宽 26.8 mm(距尖端 5 168 mm)，降低3.2 mm；顶宽 55 mm(距尖端 9 188 mm)，降低 0 mm。

(8)尖轨跟端不设置限位器或间隔铁等传力结构。为了适应跟端结构狭小位置处扣压，尖轨跟端采用 Skl24 扣件和 USK2 弹条(图 5-36)，转辙器跟端结构简单、可靠。

4. 辙叉结构

(1)可动心轨辙叉全长 17 455 mm，翼轨长 14 389 mm，心轨长 13 761 mm。

(2)心轨采用单肢弹性可弯结构，长、短心轨和岔跟尖轨均采用 60D40AT 钢轨制造，长短心轨用哈克紧固件连接(图 5-37)。长、短心轨及叉跟尖轨采用 60D40 制造，短心轨后端为滑动端，短心轨尖端嵌入长心轨，心轨跟端和尖轨跟端一样锻压加工为 60 kg/m 钢轨标准断面。长短心轨采用哈克螺栓连接，保证长短心轨的整体稳定性。

图 5-36　Skl24 扣件和 USK2 弹条

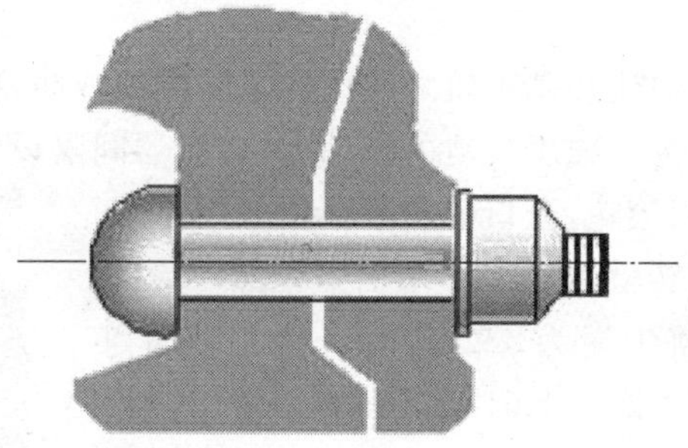

图 5-37　心轨的连接

(3)心轨尖端设置 13.7 mm 水平藏尖，翼轨与长心轨之间、长心轨与短心轨之间采用水平藏尖方式(图 5-38)，以减少轨线的竖向和横向的不平顺。心轨尖端设置防跳限位装置，避免心轨的跳动。

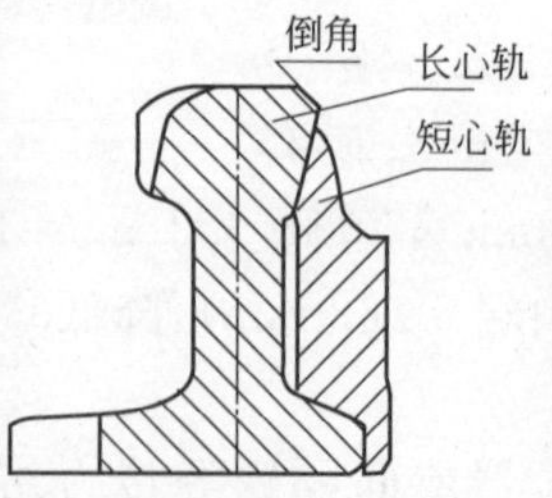

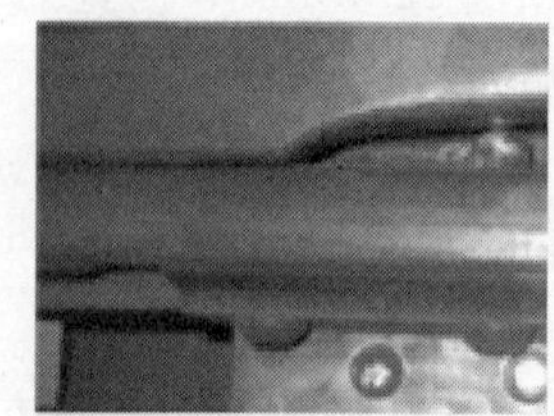

图 5-38　水平藏尖

(4)翼轨为高锰钢铸件和钢轨件焊接的形式(图 5-39)，与心轨密贴段用高锰钢铸造件，在

图 5-39　翼轨的连接

趾端焊接与线路钢轨相同断面和性能的钢轨，在跟端焊接厚腰的 A74 钢轨。用厚腰钢轨是为了翼轨与心轨连接的需要。高锰钢铸造翼轨有利于解决可动心轨转换装置的安装空间，而且高锰钢的冲击硬化性能得以充分表现。

①法国技术的道岔也将心轨尖端伸入间隔下进行防跳。

②由于心轨的活动段较短，约在长短心轨分叉点后就用间隔铁将其与翼轨固定，故未设扣压防跳装置。

法国技术的客专道岔，岔跟轨用 60D40 钢轨制造。

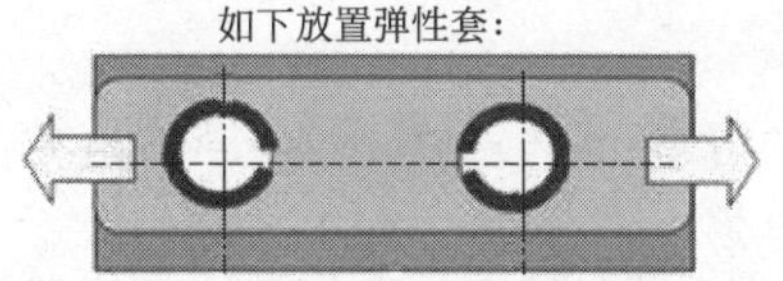

图 5-40　弹性销

(5)跟端结构。心轨跟端采用长间隔铁和高强度螺栓与长翼轨后端连接，并通过在螺栓孔内安装弹性销(图 5-40)使各螺栓受力均匀，弹性销外侧圆柱面与钢轨和间隔铁的孔壁用“过盈”配合装配，弹性销内孔穿过高强度螺栓，这种紧密的连接方式保证了心轨或岔跟尖轨与翼轨之间纵向的“零”相对位移。该结构满足辙叉跟端抵御区间无缝线路温度力的要求。

弹性销在纵向有一缺口，其外径稍大于钢轨上的安装孔，在安装时，通过专用工具将弹性销挤压入钢轨的安装孔中，以确保在“过盈”配合装配时，弹性销有一定的“压缩”量，实现紧密安装。为确保焊接间隔铁的孔与翼轨孔的同心，传力均匀，焊接间隔铁夹板与翼轨配钻弹性销安装孔；同时采用配焊方式焊接间隔铁的筋板(图 5-41)。

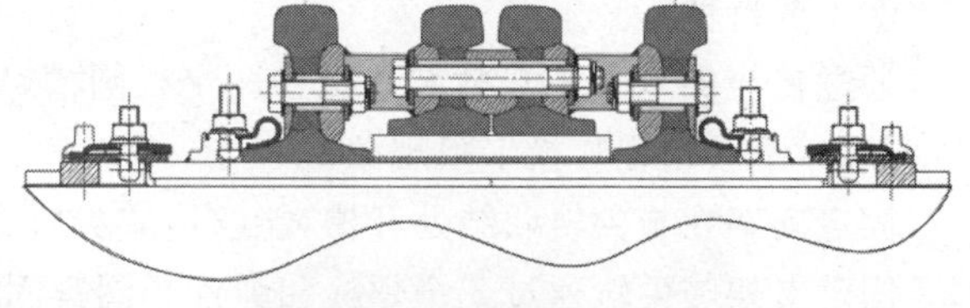

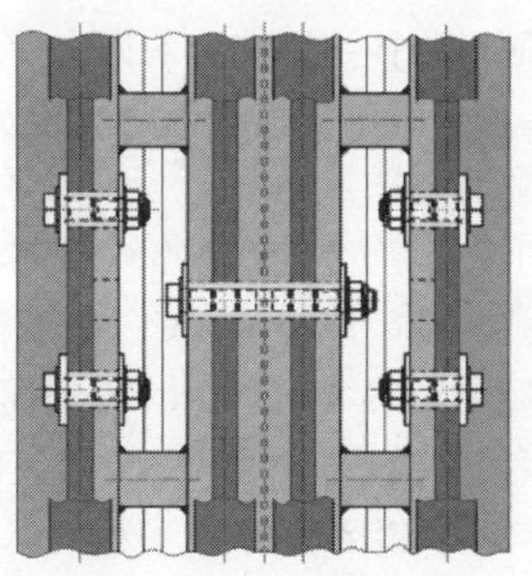

图 5-41　筋板

(6)可动心辙叉测线设置防磨护轨，全长 8 300 mm，为分开式，采用 UIC33 槽形钢制造，护轨高出基本轨轨面 12 mm，护轨基本轨内侧采用弹性扣压，护轨轮缘尺寸按照 44 mm 设计。

(7)辙叉设 2 个牵引点。第一牵引点距心轨尖端为 125 mm；第二牵引点距心轨尖端为 2 828 m。牵引点动程依次为 115、54 mm。

(8)心轨第一牵引点使用 VPM 锁闭器和 paulve 密检器，第二牵引点使用内锁闭方式。

(9)心轨降低值：心轨尖端，轨头宽度 9 mm，降低值 7.5 mm；距心端 3 185 mm，轨头宽度 22 mm，降低值 4.2 mm ；距心端 1 394 mm，轨头宽度 50 mm，降低值 0.9 mm；距心端 2 770 mm，轨头宽度 60.5 mm，降低值 0 mm。

5. 道岔转换系统

CZ 道岔在最初使用的时候是采用科吉富公司的一机多点转换方式，后来根据使用情况改变为了国内多机多点牵引转换系统。尖轨、心轨第一牵引点使用原克吉富锁闭方式，后面牵引点使用我国的内锁闭方式。

(1)转辙器 VCC 联动外锁闭

VCC 锁闭器(图 5-42)是用于转辙器尖轨部位的外锁闭装置，其锁闭结构安全可靠，通过与两个锁闭位置的配合能够提供的持续锁闭力≥20kN，内集成了密贴检查器，检查密贴情况。

①VCC 结构

部件组成：垫板、滑板、底座、C 臂装置、固定支架、锁闭器、连接件及扣件等。

②实施方式及过程

VCC 锁闭器通过 C 臂与锁闭块及框架底部的配合保证尖轨的锁闭与打开位置。

VCC 的锁闭位置：当尖轨与基本轨密贴时，C 臂转动使 C 臂头贴靠在锁闭块上。C 臂头被锁闭块固定，外部作用力无法打开尖轨。

实施过程：(转换开始)转辙器动作→VCC 解锁→轨件转换→VCC 锁闭→锁闭信息反馈(转换结束)。

③主要特性

通过在与尖轨联结 C 臂装置上的两个长圆槽，VCC 锁闭器可以适应无缝线路尖轨的纵向自由伸缩，不会出现转换卡阻现象。

固定支架在与尖轨联结处开槽，能够适应尖轨±55 mm 纵向伸缩。

固定支架与尖轨通过 2 个螺栓和弹性垫圈紧固连接。

螺栓紧固时弹性垫圈装置的两个 V 形垫圈间隙 0.5～1.0 mm(图 5-43)，使尖轨处于自由状态，尖轨在伸缩时不会损坏锁闭装置及导致转换卡阻。

(2)VPM 外锁闭

VPM 锁闭器是用于可动心轨辙叉心轨部位的外锁闭装置，能够保证心轨打开与锁闭的位置。其形式和锁闭原理与 VCC 锁闭器相似，通过双锁闭头与两个锁闭位置的配合能够提供的持续锁闭力≥20 kN。VPM 外锁闭的锁闭动作过程如图 5-44 所示。

主要特性：VPM 锁闭器与 VCC 锁闭器一样在结构设计上能够使心轨沿纵向自由伸缩。心轨处于 VPM 双锁闭头的 U 形槽内，U 形槽与双锁闭头通过销轴连接，使心轨在伸缩时不会影响转换锁闭，VPM 锁闭结构能够适应心轨±55 mm 纵向伸缩而不会出现转换卡阻现象。双锁闭头结构如图 5-45 所示。

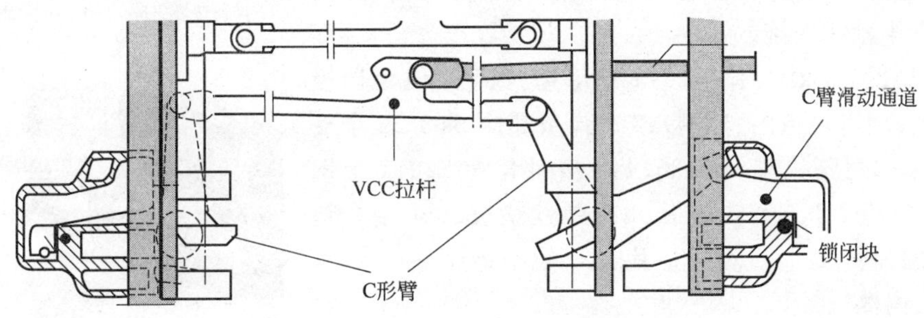

VCC尖轨锁闭系统

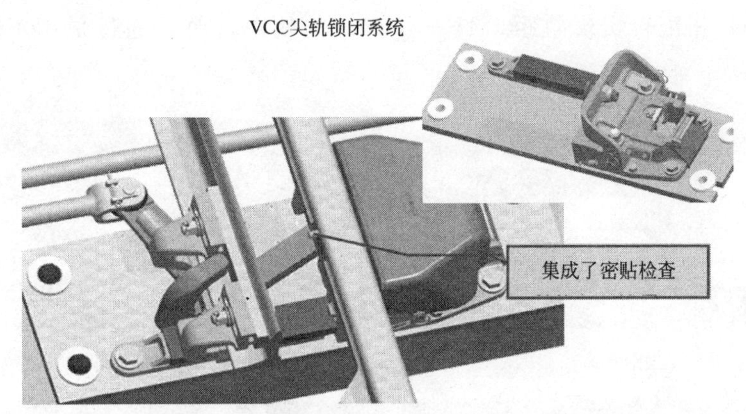

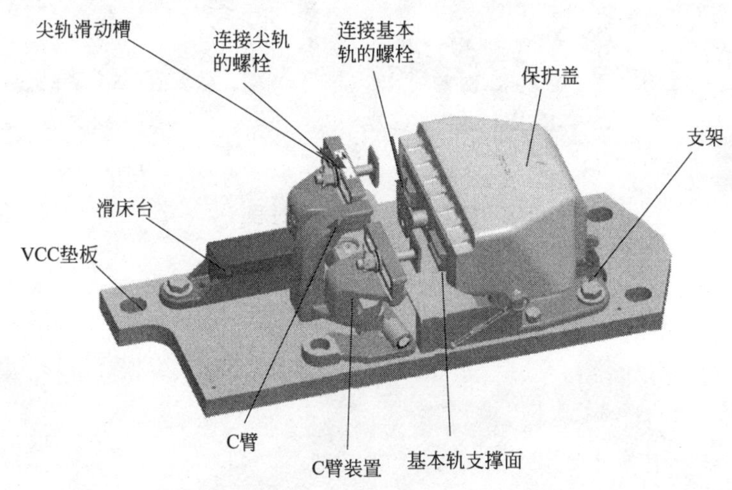

图 5-42　VCC 锁闭器

Paulve 密贴检查器(图 5-46)是对牵引点之间的尖轨、心轨与基本轨、翼轨的密贴状况进行检查与监控,确保道岔在转换过程中尖轨与心轨位置的正确性。牵引点的密贴检查是由曲柄连杆联动控制,VCC 与 VPM 的锁闭表示向系统提供各牵引点的密贴状态。

6. 扣件系统

(1)无砟轨道扣件

无砟道岔采用 300 W 扣件系统(图 5-47),采用 Skl15 弹条扣压。在混凝土岔枕顶面设有横向沟槽，设置了尼龙 V 形垫板，铁挡肩嵌入沟槽内，并用螺栓与混凝土岔枕连接。

①组成：2 个 Skl15 弹条、2 个绝缘垫片、2 个轨距挡板 Wfp15w-G 或 F（轨道内、外侧）、2 个弹条螺栓 Ss 36、2 个支撑挡肩、2 个档肩岔枕螺栓 Ss35、4 个塑料套管 S26、1 个钢轨下轨垫 Zw 692-6、1 个铁垫板、1 个弹性垫板、1 个中介垫板、2 个双圈弹簧、2 个凹槽 V 垫片、2 个轨距垫片 Gs-0 或＋1（轨道外、内侧）。

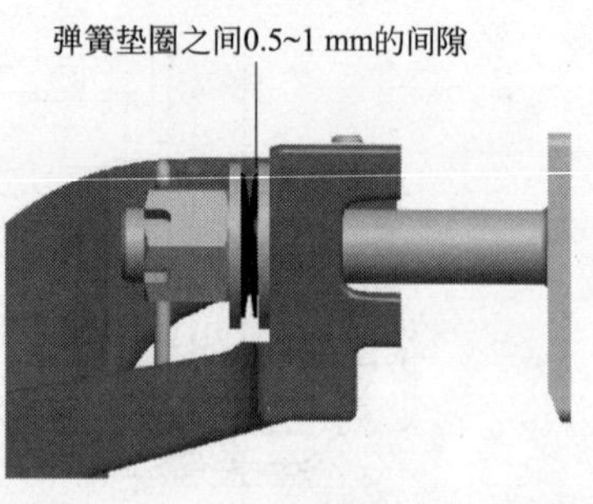

图 5-43　螺栓紧固

②轨距高低调整：300 W 扣件系统通过绝缘轨距挡板与轨距调整垫片相配合实现轨距－4～＋8 mm 的轨距调整。通过采用不同厚度规格的轨距调整片实现－4～＋4 mm 调距。

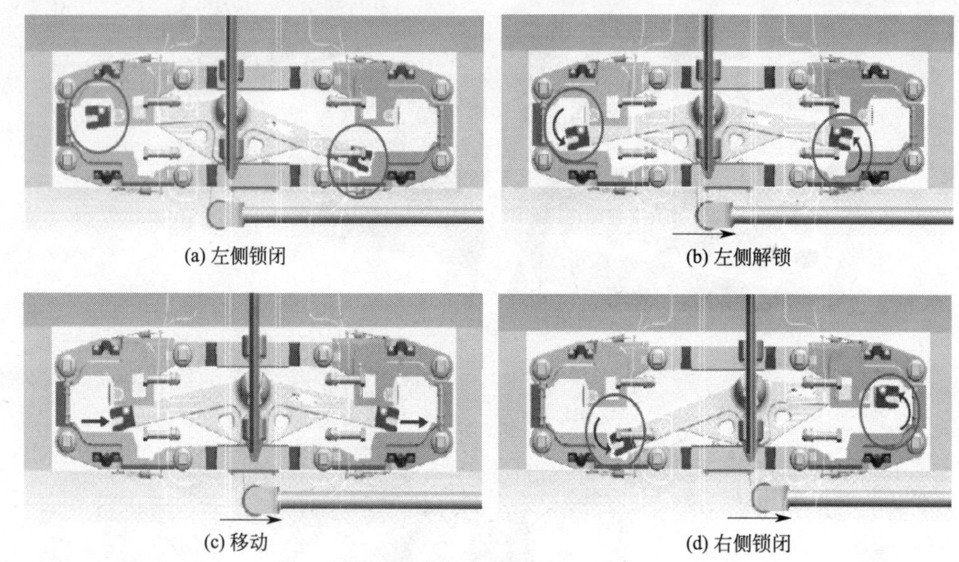

图 5-44　锁闭动作过程

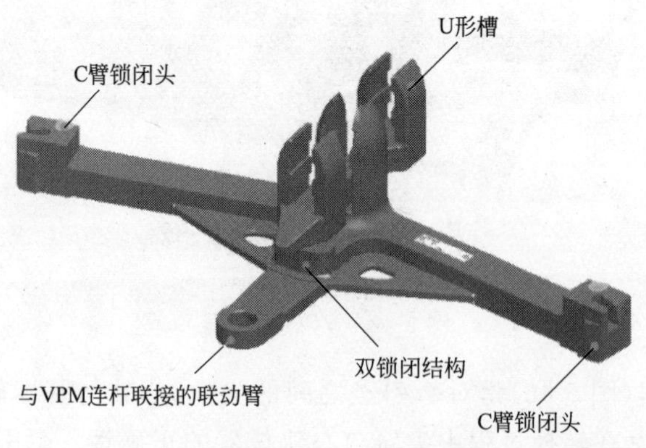

图 5-45　双锁闭头

在弹性垫层下设置了 4 mm 的绝缘调高垫板，通过取消绝缘调高垫板或增加绝缘调高垫板实现－4～＋26 mm 调高，当调节到一定高度时，需要更换不同高度的岔枕螺栓。

③安装于支撑挡肩上的轨枕螺栓 Ss35 需约 180 N · m 的理论安装扭力矩拧紧；双圈

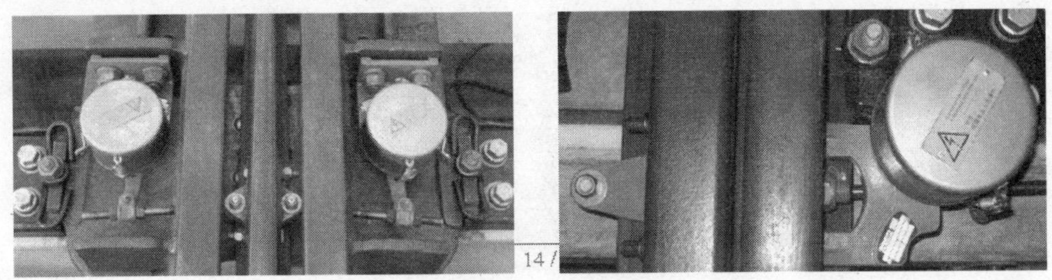

图 5-46　密贴检查器

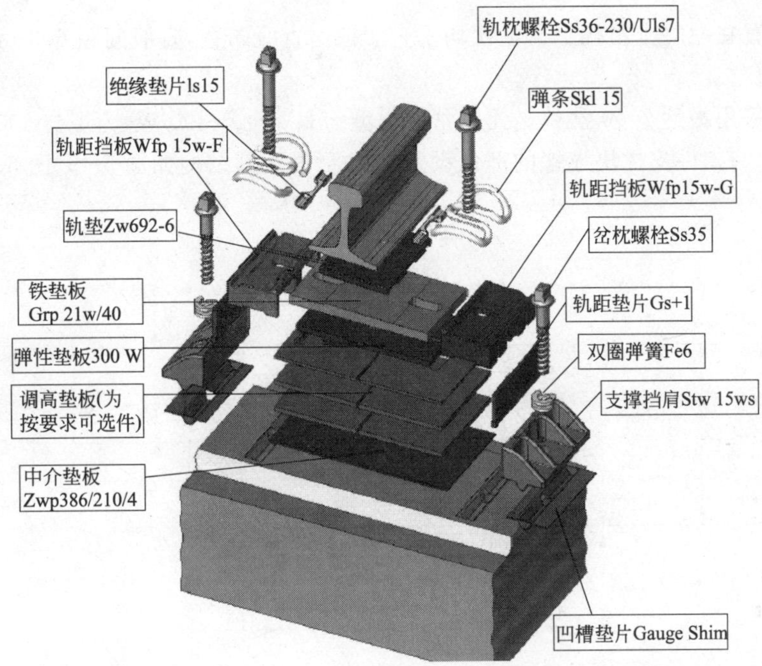

图 5-47　300 W 扣件系统

弹簧上下弹簧圈的间隙大约为 1～1.4 mm。SKL15 弹条上的轨枕螺栓 Ss36 扭矩达到约 250 N · m。

④刚度：扣件系统的刚度通过弹性垫层的设置来实现。刚度由 12 mm 厚的轨垫提供，轨垫的静态刚度为 22.5 kN/mm，组件的动态刚度为 35～45 kN/mm。

(2)有砟轨道

扣件系统采用 Vossloh 扣件 Skl12、Skl24 弹条扣件(图 5-48)扣压。平垫板不设置轨距块，采用偏心绝缘套来实现单股轨距－4～＋4 mm 的调整，滑床板采用其上的长圆孔和滑床板端头的挡肩组合进行调距。扣件竖向调节量为 0～＋10 mm，除滑床板及辙叉摇篮处轨下不设橡胶垫板，尖轨区辙跟垫板处轨下用 4.5 mm 橡胶垫板外，其余轨下胶垫厚度为 9 mm 橡胶垫板；除滑床板(含辙叉后滑床板)下橡胶垫板 9 mm、辙叉摇篮垫板下橡胶垫板 9 mm、尖轨区辙跟垫板用 4.5 mm 橡胶垫板外，其余垫板下一律不设橡胶垫板；所有垫板下均设置 4 mm 绝缘垫层。

扣件系统静态刚度为 55～75 kN/mm，动态刚度为(150±30)kN/mm。各种类型的垫板均采用高强度耐低温球墨铸铁制造。

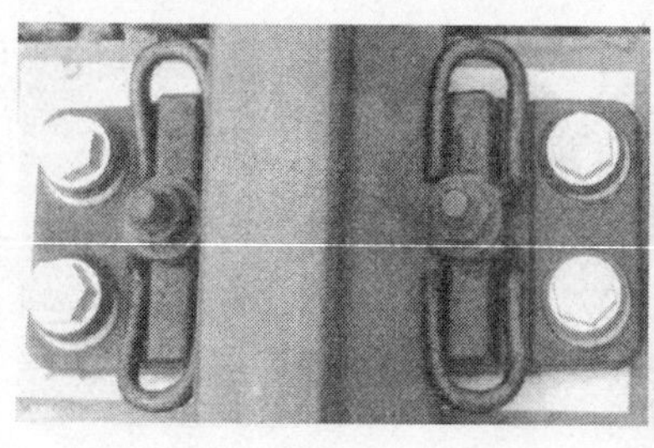

图 5-48　弹条扣件

7. 岔枕

牵引点设置在混凝土岔枕上。岔枕均垂直于道岔直股布置，直股间距 600 mm。

(1)无砟道岔

无砟道岔采用雷达 2000 岔枕。无砟岔枕类型为 GWS 05-300 W，为了与 300 W 扣件系统配套，在岔枕上与扣件支撑块连接的部位设置了 V 形槽。其结构如图 5-49、图 5-50 所示。

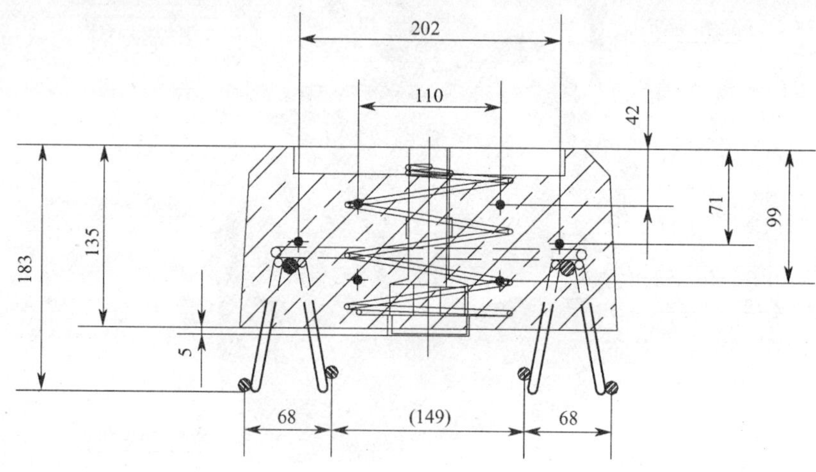

图 5-49　无砟岔枕(单位:mm)

(2)有砟岔枕

有砟道岔的每块铁垫板设 4 个螺栓与岔枕连接，且垫板偏斜不同钉孔位置也不同，左右开道岔的岔枕需对称制造。另外，在电务牵引点附近的岔枕，断面也不相同，使得岔枕的制造较为复杂。

整体通长混凝土岔枕。岔枕长度由 2.2 m 逐渐过渡到 4.8 m。岔枕内预埋塑料套管，岔枕拱度允许值为 ±1 mm。岔枕长度由 2.6 m 逐渐过渡到 4.8 m，岔枕总张拉力控制在 500 kN，长岔枕不采用铰接结构。岔枕内预埋固定铁垫板的塑料套管。钉孔距小于 500 mm 时，公差为 ±0.5 mm；钉孔距大于 500 mm 时，公差为 ±1.0 mm；岔枕拱度允许值为 ±1.0 mm。

二、41 号道岔

1. 道岔直向容许通过速度

旅客列车为 250 km/h(有砟)，350 km/h(无砟)；货物列车(轴重 23 t)为 120 km/h(有砟)；侧向容许通过速度均为 160 km/h。

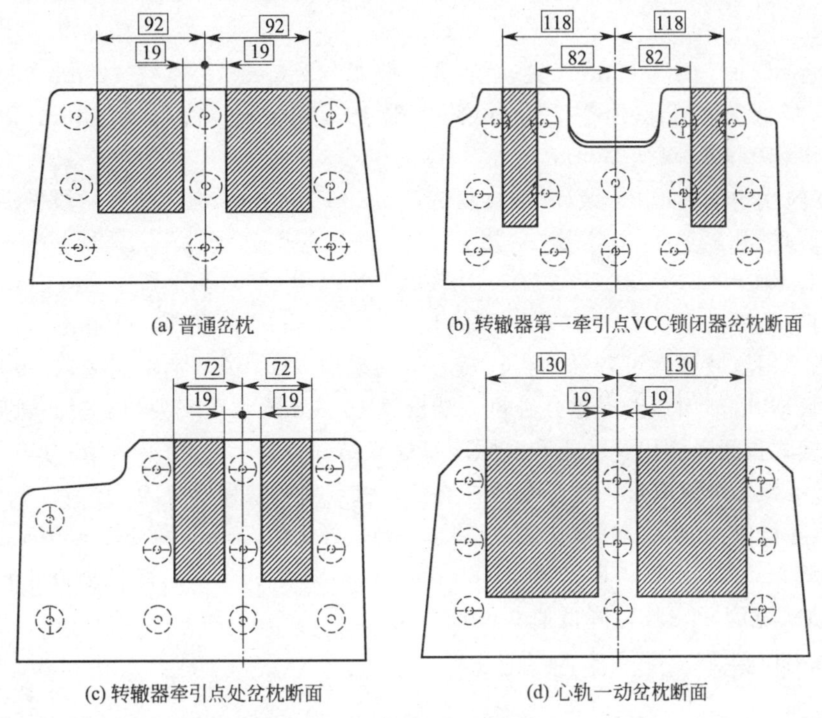

图 5-50 岔枕断面的 4 种形式

2. 道岔线形和主要设计尺寸(图 5-51)

道岔采用圆+缓和曲线,圆曲线半径 4 500 m。道岔全长 140.599 m,前长 56.319 m,后长 84.280 m。

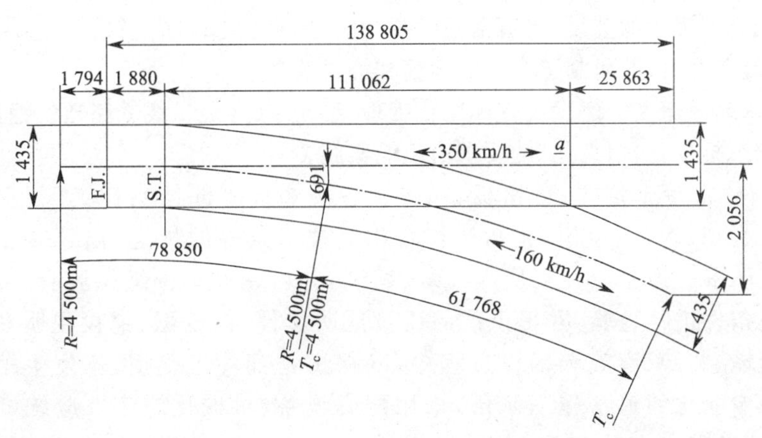

图 5-51 41 号道岔线形和主要设计尺寸(单位:mm)

3. 转辙器结构

(1)尖轨

尖轨用 60D40AT 钢轨制造,尖轨为半切线性弹性尖轨,尖轨尖端 3 mm 水平藏尖。全长 43 090 mm,圆曲线形,半径 4 500 m,尖端藏尖,切点位置在尖轨 5 mm 宽度断面处,跟端锻压并经机加工成为中国标准 60 kg/m 钢轨断面,材质为 U71Mnk。

(2)转辙器设 8 个牵引点 6 对密贴检查器。牵引点尖轨动程依次为 120、111、101、90、78、60、37、21 mm。

(3)尖轨降低值：顶宽 0 mm(尖轨尖端)，降低 22.5 mm；顶宽 12 mm(距尖轨尖端 6 719 mm)，降低 7.7 mm；顶宽 22 mm(距尖端 10 398 mm)，降低 4.4 mm；顶宽 55 mm(距尖端 18 576 mm)，降低 0 mm。

(4)基本轨用中国标准 60 kg/m 钢轨制造，全长 46 764 mm，与尖轨密贴段做 1/40 斜度加工，材质为 U71Mnk。

4. 辙叉结构

(1)可动心轨辙叉全长 22 720 mm，翼轨长 17 594 mm，心轨长 19 025 mm。

(2)心轨采用双肢弹性可弯结构，长、短心轨均采用 60D40AT 钢轨制造，长短心轨前部用哈克紧固件联结，后部用顶铁支撑。心轨尖端设置 15.8 mm 水平藏尖，长、短心轨后部与翼轨之间通过焊接式长间隔铁用弹性销和高强度螺栓联结。

(3)转辙器设 4 个牵引点 2 对密贴检查器。牵引点尖轨动程依次为 115、72.5、41、18 mm。

(4)心轨降低值：心轨尖端(轨头宽度 10.3 mm)，降低值 7 mm；距心端 630.3 mm(轨头宽度 22 mm)，降低值 4.5 mm ；距心端 3 460 mm(轨头宽度 50 mm)，降低值 0.4 mm；距心端 4 250 mm(轨头宽度 54 mm)，降低值 0 mm。

(5)道岔不设护轨。

第四节　高速道岔铺设

一、概　　述

高速道岔的铺设是高速铁路轨道施工的重要内容。高速道岔铺设质量直接决定高速铁路的安全性、舒适性和耐久性，与道岔的设计、制造质量同等重要。拥有成熟高速道岔技术的德国、法国都特别重视道岔的铺设，将道岔铺设视为完整道岔技术的一个关键组成部分，与道岔的设计和制造环节并重，并研制了专门的运输和铺设装备。

铁道部要求高速道岔的建设推行标准化管理，编制了《客运专线铁路道岔铺设手册》，按照"专业化、机械化、标准化，信息化"的要求由组织实施。

道岔钢轨件、混凝土岔枕、道岔板、扣件及各类垫板等部件实行工厂化生产，道岔质量、检验规则、标识、存放、运输、装卸等符合相关技术条件的规定，出厂时工厂应提供产品制造技术证明书。道岔应在工厂内组装、调试，并由建设单位组织验收。出厂时，制造厂应依据相关条件进行检验，并提供产品质量证明文件、铺设图、铺设说明和发货明细表等。道岔在运输、装卸、存放和铺设过程中，确保道岔部件不受损、不发生塑性变形。道岔施工应配备专业化的道岔施工队伍，采用配套设备、机械化施工。应统筹考虑道岔的生产、运输和铺设等环节的实施方案，做好施工协调工作。道岔施工前应根据排水、信号、供电等设计图，逐一核对道岔区范围内各种管线沟槽的数量、位置、结构尺寸是否正确，与道岔区无砟轨道接口是否正确。道岔区排水设施应满足设计要求，并与站场排水设施配套完成。

道岔区无砟轨道施工应与区间正线、站线相关轨道工程施工相协调。

正线无砟道岔宜在站内正线无砟轨道道床施工前完成预铺，应在铺轨前进行铺设。岔位前后应预留一定长度的调整段，确保线路平顺性。

道岔定位测量应依据经复测后的轨道控制网 CPⅢ采用全站仪自由设站测设道岔控制基标、加密基标。道岔施工测量应符合《高速铁路工程测量规范》和《高速铁路无砟轨道施工测量暂行标准》的规定。

高速道岔的铺设方法有两种：一种是原位组装铺设法，即道岔部件散件运输至铺设现场，在具体的铺设地点将散件一一组装成整组道岔。该方法的特点是不需要专门的移位设备，也省去了移位的工作量。缺点是道岔组装质量不如厂内组装容易保证，进度较慢，长时间占用线路。一种是整体移位铺设方法，即道岔在厂内组装，分段运输，采用专用施工机械现场拼接铺设；或采用散件运输，在施工现场设置专用组装平台进行组装，再采用专用施工机械整体移位至铺设地点并进行铺设的方法。该方法的优点是组装质量容易保证，施工进度快。缺点是需要专门的起升、移位设备，如果控制不好，移位过程中也可能造成道岔的变形。

二、板式无砟高速道岔铺设

高速板式无砟轨道道岔板系统由多层结构组成，自下而上为：防冻层、找平层、混凝土支承层和道岔板（预制件）。由于是自下而上施工，因此要求道岔板的铺设要达到很高的精度，否则将造成道岔铺设的调整量很大，影响道岔组装精度。同时由于道岔板难以在厂内与道岔进行组装，也不利于保证道岔的组装质量。道岔板的道岔，道岔只能采用分体运输的方式。

施工过程是在路基沉降评估合格后，进行垫层混凝土施工→施工准备→CPⅢ网复测→测量放样→钢筋绑扎及支撑垫块安装→隔离墙施工→道岔板粗铺→道岔板精调→底座模板安装→道岔板灌浆→道岔板复测及验收→道岔部件安装→道岔精调→工电联调→道岔焊接锁定→质量检查。

道岔板质量应符合相关技术条件，道岔板出场及铺设前应及时检查外观质量情况，对道岔板的螺栓孔位置、标识、预埋件、螺栓配件安装情况、门形锚固筋尺寸位置、棱镜孔、混凝土缺陷等进行检查记录，并对存在问题及时处理。

道岔前后各不少于 200 m 的无砟轨道应在道岔板铺设完成后再组织施工，该部分无砟轨道应按道岔铺设后最终位置（中线、高程）适当调整轨道位置以顺接前后线路。

1. 道岔板施工放样

在垫层找平层验收合格后，依据道岔相对坐标及公共点坐标，换算出大地坐标，分别放出道岔板用的基准点、粗铺点，道岔板边角点、道岔板抗剪钢筋位置、调节系统的混凝土垫块点的位置。

利用已施工放样的角点及垫块点位置，根据放样点设出每块道岔板下的底座边线，作为底座模板内侧的控制线。

根据设计的钢筋位置在找平层上投影的位置弹出墨线，以控制底座钢筋的摆设，由于底座为变宽度的，在放样时，应注意宽度变化处的钢筋布置。

建立加密网（GRP 网）。利用 CPⅢ网建立 GRP 网，分别用全站仪和水准仪测量 GRP 点的平面和高程，经平差符合精度要求后粗铺道岔板。

2. 安装混凝土垫块及绑扎底座板钢筋

(1)在找平层上放样出底座混凝土的各放样点及钢筋线后，纵横向钢筋下支垫 30 mm 厚的混凝土垫块，混凝土垫块尺寸为 500 mm（长）×40 mm（宽）×30 mm（高）mm，沿道岔纵向放置(垫块与横向钢筋接触)。铺设间距约为 50 cm,距离板边缘约为 10～15 cm。

(2)钢筋纵横交叉点处用塑料绝缘卡进行绝缘处理。钢筋绑扎完成后,按要求进行绝缘测试,测试方法及要求同 CRTSⅡ型轨道板绝缘检测,钢筋网电阻不小于 2 MΩ。

特别应注意在混凝土垫块位置要将纵横钢筋断开,截断处距垫块侧面 50 mm,钢筋的搭接区域不能落在道岔板板缝范围内。

(3)精调爪垫块安装:精调垫块位于每块板的四个边角,部分板在板两侧中部增设两个,用于支承道岔板精调爪,强度等级为 C55 素混凝土,垫块底面铺 2cm 厚的普通砂浆。精调爪垫块安装精度为水平面。

(4)调节螺杆垫块:根据设计要求,在较宽道岔板的中部设置了可进行高度调节的装置,对应在该装置下设置混凝土垫块,强度等级为 C55 素混凝土,垫块底面铺 2 cm 厚的普通砂浆。

(5)临时方木垫块安放:为便于道岔板粗铺,要在精调爪垫块侧面放置方木垫块用于临时支承道岔板,木垫块由两个高 9 cm,长 15 cm,宽 15 cm 叠放组成,待精调爪安装就位且顶起道岔板后可取出方木垫块。

3. 隔离墙混凝土

为实现每块道岔板单独灌注自密实混凝土,需要在道岔板板缝处施工一条强度等级为 C40 板带混凝土,填充宽度每侧比道岔板横缝宽 5 cm,填充高度高出找平层 16 cm 且低于道岔板底部 2 cm。横向为整个板缝长,并延伸到底座边缘。18 号道岔板共有 3 种宽度的板缝,分别为 100、340、380 mm,施工时应根据板缝的宽度来选择板带的宽度。

4. 道岔板粗铺

找平层上的各设标点已经复测。GRP 点已经测设完成。

首先将专用吊具上的带有吊链的螺栓与道岔板上预埋螺栓孔连接;然后用 50 t 吊车将道岔板缓慢吊放至临时方木块支墩上,初铺平面精度控制在±10 mm,高程精度控制在±5 mm;最后将精调爪(精调爪 3 个方向调到活动量的中间位置)安装在岔道板两侧的指定位置,旋紧高度调节螺栓使所有的支承点基本相同,保证其均匀受力。精调爪安装完后,取出道岔板下的方木块支墩,准备进行精调。

5. 道岔板精调和固定

道岔板在工厂定位螺栓孔的同时,就已在板的四角各做一个棱镜放置孔,棱镜放置孔按图定坐标设计,精调时通过测量安装在棱镜放置孔中的棱镜即可判定道岔板位置是否准确。

精调时,全站仪架设在道岔板之间的基准点(GRP 点)上,以上一块已经精调到位的道岔板直股上的一个棱镜点及对应的基准点两个点定向。道岔板上安置棱镜的点的理论坐标已经倒入精调系统,全站仪架设在轨道基准点上,通过快速测量系统,测量正在调整的道岔板上的 4 个(或 6 个)棱镜放置孔上棱镜的实际三维坐标,其结果及与理论数据的差值会实时显示在快速精调系统的屏幕上,再通过道岔板四周的多向精调器,对道岔板进行横向、竖向、纵向的调整,消除偏差量,直到道岔板达到要求。精调完成后的道岔板定位精度达到横向、纵向、高程±0.3 mm 以内。并借助辅助量尺、游标卡尺等,对相邻道岔板上的定位孔之间测距进行测量检查,可获得纵向补充控制。

道岔板精调完成后,在道岔板两侧及两道岔板之间预定位置安装扣压装置。扣压装置采用槽钢焊制,配套锚固螺栓。采用植筋方式,在找平层上钻孔 10 cm 深,用空压机清孔,在孔内注入 2/3 孔深的植筋胶(如喜得利植筋胶),插入锚固螺杆上下拔插搅拌均匀,固定螺杆,1 h

内不得动摇螺杆。植筋胶凝固后，再在锚固螺杆上安装 L 形扣压装置和∩形扣压装置，拧紧固定螺母，固定道岔板。

精调道岔板方法如下：

(1)利用徕卡 TCA2003 全站仪测量道岔板 4 个角点测量板上棱镜孔位置的棱镜三维坐标，经全站仪快速精调系统对比后，确定三维方向的调整量，再使用精调爪的三维调整器进行逐步调整，最终达到设计的理论位置及高程。

(2)全站仪建站及定向：全站仪架设在道岔板之间的 GRP 基准点上，利用基准点进行设站(设站位置应距离精调道岔板在 6～20 m)和对中，利用 1 块已精调到位的轨道板直股上的 1 个棱镜点及对应的基准点来实现定向。

(3)精调数据测量：全站仪架设在轨道基准点上，通过快速测量系统，测量正在调整的道岔板上的 4 个(或 6 个)定位孔上棱镜的实际三维坐标，电脑通过事先输入的置放棱镜点理论坐标与实测坐标对比后，其偏差值会实时显示在快速精调系统的屏幕上。

(4)道岔板精调：依据电脑屏幕显示的偏差值，按照先调整 4 个角点高程，再调整平面位置；短板精调时，尽量使用对角两点调整，在角点的高度及平面调整好后，再调整板中部高程的原则，通过道岔板四周的精调爪，对道岔板进行横向、竖向、纵向的调整，消除偏差量，直到道岔板达到高程±0.2 mm、横向±0.3 mm、纵向±0.4 mm 的偏差范围的要求。

(5)施工注意事项：①精调完成后，借助辅助量尺、游标卡尺等，对相邻道岔板上的定位孔之间测距进行测量检查，可获得纵向补充控制。②仪器三角架的尺寸，目标棱镜的高度，棱镜加常数等必须准确无误。③精调完成后，对道岔板要加以保护，严禁踩踏。

6. 底座模板安装

底座混凝土模板采用组合钢模板，分别为 40 cm 和 25 cm 高，灌注混凝土一侧安装 40 cm 高模板。根据事先测放出的底座边缘线，安装模板。模板安装前要进行试拼，并进行编号，现场支立模板时按试拼的编号进行组合，安装要稳固牢靠，外侧用斜撑支护，斜撑脚用膨胀螺栓固定在找平层上。

模板接缝严密，接缝采用双面泡沫胶带密封，确保不漏浆。模板下边缘内侧要紧贴底座墨线，内侧平面要垂直，模板与混凝土的接触面必须清理干净并涂有脱模剂，脱模剂涂刷均匀全面。

浇注混凝土前，底座内的积水和杂物应清理干净。待检验合格后方可浇注混凝土。模板安装时严禁碰撞道岔板，多向精调器和扣压装置。道岔板板缝两侧底座板上，需要用竹胶板隔开，保证每块道岔板下面自密实混凝土单独浇筑。模板安装时，模板与混凝土垫块外侧垫 2 cm 软纤维垫层，防止混凝土流动过程中冲击精调爪垫块，和模板移位影响精调成果。

7. 道岔板灌浆

依据计划浇筑的道岔板号，提前计算出所需的混凝土数量，根据计算数量及损耗确定混凝土每次的运输量。对道岔板的平面、高程进行一次复核测量。安装道岔板变形观测装置(百分表)。

道岔板下的底座混凝土采用 C40 高性能自密实混凝土浇筑。C40 高性能自密实混凝土按重力式灌注方式，按每块道岔板分别施工。混凝土拌制和灌注过程中，应按验标要求对混凝土拌和物的扩展度、进行测定，并进行同条件试件留置，且混凝土入模温度控制在 5～30 ℃之间。

灌注必须一次性完成，严禁二次灌注作业自密实混凝土必须一次从一个方向浇筑成形，不得分层、多次浇筑,也不得多浇,每块道岔板的混凝土要高出道岔板下边缘 15 mm。

混凝土强度>10 MPa 时可以拆除精调爪及模板,混凝土达到足够强度后两边做 2%的排水坡,之后,土工布覆盖、洒水养护 7 d。期间,用同强度等级混凝土完成道岔板横向接缝及转辙机平台的施工,在道岔板间接缝位置,伸缩缝用热沥青浇注。

8. 道岔板缝浇筑

灌注完底座混凝土后就可以浇筑道岔板板缝,在道岔板板缝两侧,安装模板,模板与道岔板侧面齐平顺直,高度与道岔板平,外侧支撑加固。

在板缝内浇筑 C30 混凝土,振捣密实,高度与道岔板齐平。初凝后,压实抹光。强度达到 2.5 MPa 后,即可拆除模板。

9. 道岔板复测及验收

根据 CPⅢ检查道岔板铺设质量,道岔板铺设精度要满足,横向±0.3 mm,纵向±0.3 mm,高程±0.3 mm,道岔板中部高程±0.5 mm。

10. 道岔部件安装

根据普通道岔安装要求进行道岔安装。

三、枕式道岔铺设

由于无砟道岔铺设定位具有一次成型特点,必须精确控制定位,道岔位置采用精密测控网精密测控,严格按设计图布设各种通信、信号、电力管线。无砟道岔设计多个专业,工序繁多,工务电务须紧密协作,各道工序严格按计划实施,下道工序开始时确认上道工序质量。道岔调整困难,其几何形位应先初调再精调。道岔区无砟轨道无缝线路施工作业应严格按无缝线路相关规程进行,并注意与跨区间无缝线路施工协调。

枕式无砟道岔的工艺工装至关重要,应采用牢固、稳定和有足够支撑强度的支撑系统,确保混凝土灌注时不引起道岔的变形和位置的变化。

为保证无缝道岔的铺装质量,应严格按道岔设计进行预铺装、严格对位、精细调整几何形位,应严格按设计焊接道岔内钢轨和锁定道岔。

枕式无砟高速道岔铺设顺序一般为铺设条件评估及接口施工验收,轨道控制桩测量,支撑层施工,道床板施工,钢轨焊接锁定,检查验收等顺序。

(一)CZ 枕式无砟道岔铺设

道岔铺设按照《技术引进客运专线道岔(无砟)铺设技术要求》标准进行现场组装和铺设。CZ 长枕埋入式无砟道岔的铺设流程如下:测量标出道岔的参照点,安装、调整原位组装平台,摆放岔枕,扣件系统试装,转辙器的定位、安装 ,辙叉的定位、安装 ,尖轨的定位,安装调节螺栓提升道岔,对轨距、轨向和水平进行精调,安装道床板钢筋,曲柄连杆系统预留凹槽,浇注混凝土,安装转换系统,线型的最终检查,转换系统的最终检验,焊接无缝道岔。其中,无砟道岔测量,安装组装平台,摆放岔枕基本相同。

1. 道岔组装

根据测设的道岔控制桩位置安装组装平台。其安装高度需要保证道岔组装完成后,低于设计标高 10 mm 以内,以减少后期道岔顶升作业。

(1)散布岔枕、安装扣件

按图纸编号摆放岔枕,转换系统岔枕间距间距误差小于 5 mm,其他岔枕间距误差小于 10 mm。扣件系统比较复杂,先安装按照图纸正确顺序进行试安装,放置调整片时,9 mm 的放在非工作边一侧,10 mm 的放在工作边一侧。工作边一侧的轨距块为蓝色。安装轨下垫层和弹性垫层,并按图纸进行检查。

(2)辙叉的定位

辙叉摇篮上的 2 个标记点是了辙叉实际尖端的位置,通过它们与线路上测设的参照点一起确定出辙叉的位置。

(3)基本轨、尖轨安装定位

测量基本轨上直径为 26 mm 孔中心与辙叉实际尖端的参照点的距离确定基本轨的位置,18 号道岔两点距离为 53 323 mm,41 号道岔为 106 671 mm。

直、曲尖轨的定位通过与基本轨的孔中心和现场实际测得的轨温通过计算得出距离。18 号道岔尖轨距离孔中心长度=35×(T− 30 ℃)×0.01+3,41 号道岔尖轨距离孔中心长度=57×(T−30 ℃)× 0.01+3,值为正尖轨在孔前面(岔前为前方),负在孔后面。

(4)调整道岔

连接钢轨间预留 5 mm 的缝隙,并用鱼尾板连接。将直、曲基本轨端头用方尺方正,并与道岔岔首控制桩位对齐。先将直基本轨扣件上紧,用弦线法校正直基本轨的直线度,以直基本轨为控制轨,通过轨距和支距来调整其他钢轨件的安装位置,几何尺寸满足要求后,用定扭距扳手将道岔扣件拧紧。

调整道岔的标高和中线。标高误差控制在 0～−5 mm ,中线误差控制在±2 mm 范围内。

2. 道岔支撑体系的安装

道岔竖向支撑采用岔枕调整螺栓,道岔初调作业完成后,在每根岔枕端头安装支撑螺杆,下面都垫设有压痕的小钢片以保持支撑的稳固。短于 3 m 的岔枕,需要 2 个调节螺栓。长于 3 m 的岔枕,需要 3 或 4 个调节螺栓。横向调整采用锚具或者横向调节杆。在组装平台拆除后每隔 2 根枕木将横向调整锚具丝杆与岔枕横向钢筋焊接。如果使用调节杆至少每 4 根岔枕要使用一根调节杆。

道岔精调后满足《高速铁路无砟轨道工程施工精调作业指南》道岔精调允许偏差。

3. 焊接无缝道岔

(1)道岔内焊头焊接(图 5-52)

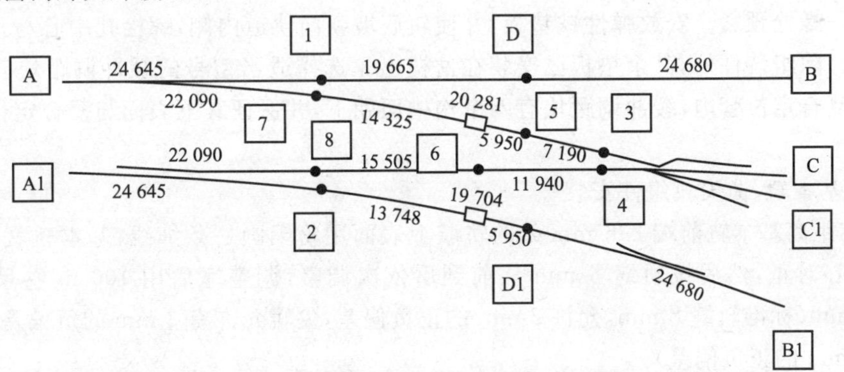

图 5-52 道岔内焊头焊接(单位:mm)

在 5～35 ℃温度范围内进行道岔内部所有焊接(接头 1 至 6),道岔内焊接顺序如下:焊接 1～6 号。

(2)单开道岔与两端无缝线路的焊接:焊接 A 和 A1;放散并锁定 A 和 A1 前 50 m 长线路。焊接 B 和 B1 接头;放散并锁定 B 和 B1 接头后 50 m 长线路;焊接 C 和 C1 接头;放散并锁定 B 和 B1 接头后 50 m 长线路。

(3)尖轨的焊接:放散并焊接 7 号和 8 号。

(4)道岔锁定焊接:焊接 D 号和 D1 号接头。

焊接要求:每对焊头焊接温差不得大于 2 ℃;各对焊头焊接温差不得大于 20 ℃。2 组道岔始端或跟端距离 $L<50$ m 时,焊接允许温度为 23～28 ℃;2 组道岔始端或跟端距离 50 m$<L<$150 m 时,焊接允许温度为 18～28 ℃。

(二)客专系列无砟道岔铺设

客专枕式无砟道岔铺设流程:测量定位—底座纵向钢筋摆放—道岔中心及方向确定—摆枕—安放弹性铁垫板、扣件及轨下垫板—安装直基本轨、曲尖轨组件—安装调整直股钢轨件—安装曲基本轨、直线尖轨组件—安装调整曲股钢轨件—安装调整辙叉组件—安装其他钢轨—竖向支撑螺杆安装及高程调整—侧向支撑安装及横向调整—绑扎钢筋、立模—转换设备预安装—工电联调—拆除转换设备—轨道状态全面检查—精细调整—焊联道岔—转换设备安装—工务联调—焊接无缝道岔。

1. 测量定位

分别测设岔首、岔尾及轨排接缝的中桩及外移桩(如岔心桩、岔首中桩、尖轨跟端中桩、辙叉前端中桩、辙叉跟端(直向和侧向)中桩、外移桩),画出各道岔枕的中心线。

2. 摆放岔枕

从前至后按顺序摆放岔枕;选好方向,确定第一根岔枕的位置和方向;弹画岔枕中心线;调整岔枕间隔,使用长尺测量,不得以岔枕间距累积测量,注意牵引点处岔枕间距,一般情况下不得小于设计尺寸,可动心轨第一牵引点岔枕间距可按+5 mm 摆设,且只允许后一根岔枕后移。方正岔枕,以第一根岔枕为基准方正岔枕,应与上一步一并进行。岔枕定位以直股外侧第一个岔枕螺栓孔为基准拉线确定,岔枕方正应采用两把长尺平行放置,按岔枕间距找正。粗调岔枕高低,对高低差明显(一般以 5 mm 高差区分)的岔枕进行粗调。检查核实岔枕摆放间隔、方正及全长。

3. 安装垫板

垫板摆放顺序:垫板就位—缓冲调距块就位—板上胶垫就位—盖板就位—岔枕螺栓就位(含弹垫)—螺栓预紧。安放弹性铁垫板,并使轨底坡朝向轨道内侧,螺栓孔中心与预埋绝缘套管孔对正。除组装件外,其余垫板已安装在岔枕上。选择适当型号的缓冲调距块安放到弹性铁垫板的复合定位套内,缓冲调距块有四个沟槽面朝下,并保证其下表面与复合定位套下表面齐平。

4. 直基本轨、曲尖轨组件安装

(1)在距离基本轨前端 296 mm 处的轨肢上表面用粉笔画一条细线,基本轨就位时,该线与垫板中心对正,然后按轨缝 8 mm 从前到后依次调整,调整完后用 100 m 卷尺复查全长(69±10)mm(标准轨缝 8 mm,允许 2 mm 的正负偏差,尖轨允许有 3 mm 的负偏差,其他轨件允许有 3 mm 的正负偏差)。

(2)确定基本轨前端位置,确定基本轨方向。

(3)按设计号数安装滑床垫板上的轨距块。

(4)外拨基本轨,使基本轨处于与轨距块密贴状态。

(5)安装施维格弹性夹到扣压位置,但不要抬起后端(使弹夹扣压上基本轨但不施加扣压力);安装外侧Ⅱ型弹条。

(6)施维格弹性夹扣压到位。

(7)确定基本轨的方向及岔枕方正,尽量不采用缓冲轨距块调整。

(8)紧定岔枕螺栓及弹条Ⅱ型扣件系统。

(9)重新确认直基本轨前端位置、方向、岔枕间距及方正。固定转辙器部分岔枕。

5. 安装曲基本轨、直线尖轨组件

注意前端与直基本轨端头的方正与位置。

6. 方正检查及调整方法

用支距尺以直股工作边为基础,用卷尺测量方正尺距钢轨端头的距离。然后看其差值,方正差不能超过 1 mm,若超差可窜动基本轨。按照图 5-53 调整两基本轨工作边的距离,基本轨后的钢轨可暂不调整。

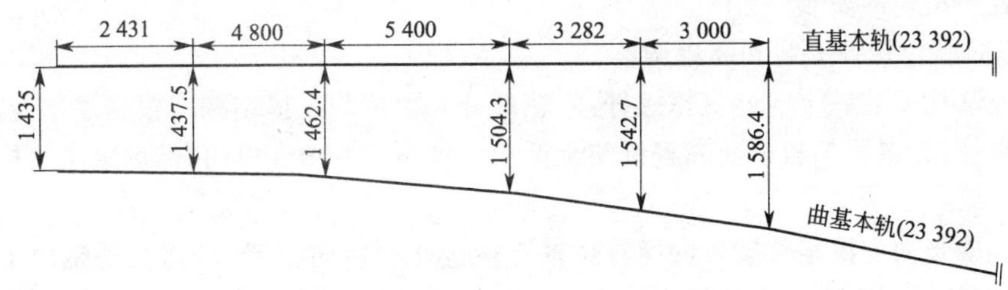

图 5-53　调整两基本轨工作边的距离(单位:mm5)

7. 安装调整辙叉组件

调整并确认可动心轨辙叉位置,并与岔枕连接。安装直股普通垫板上的轨距块及弹条,达到扣压作用。测量道岔全长,确定可动心辙叉纵向位置。

8. 其他钢轨组件安装

道岔全长范围检查岔枕间距及方正,要求岔枕间距偏差±5 mm,摆放钢轨件与铁垫板承轨面上的橡胶垫板上,按照轨距调整要求放置适当的轨距块,依次安装 T 形螺栓、平垫圈、螺母和Ⅱ型弹条,弹条的紧固以三点接触为准。此时扭矩为 120～150 N · m。

9. 安装调整直股钢轨件

从基本轨到道岔跟端,通过拨道的方式调整直上股直线度,直线度调整好以后,以直上股为基准检测直股轨距,此时轨距的调整以调整轨距块为主,缓冲调距块为辅。

调整可动心轨辙叉范围(85～115 号岔枕)轨距时,采用缓冲调距块改变垫板位置实现辙叉位置的调整,但仍要适当的拨道来确保辙叉直股的直线度。辙叉直股直线度调整好后,将心轨拨通到曲股,通过复检心轨曲股支距来验证辙叉摆放位置、方向的正确性,如不合适则重复调整。

10. 安装调整曲股钢轨件

后端的曲上股连接钢轨。以直基本轨跟端为起点检测各部支距(每 2 m 一个测点)进行曲上股钢轨支距的检测和调整。辙后支距垫板区域(40～58 号岔枕上垫板)可以通过轨距块调整支距,其他的垫板还可以通过缓冲调距块配合调整支距,合格后安装 T 形螺栓、弹条、平垫圈和螺母,并初步拧紧。在调整支距时,如果对直上股钢轨位置进行了调整,那么就必须进行直股轨距的复检,并按轨距调整直下股的钢轨,而后还要进行适当的拨道作业,以保证直股的方向和直线度。曲上股调整满足设计要求后,摆放曲下股钢轨并按轨距进行曲下股的调整。

11. 安装护轨

护轨为槽形护轨，安装前将护轨吊运到安装位置，并将非工作边侧面贴靠在护轨撑板立墙面，为防止钢轨翻倒，可先插入两个 T 形螺栓，安装其他钢轨。护轨轮缘槽尺寸调整：调整时用卡轨检查，当轮缘尺寸超差时，通过增加减少调整片来调整。

12. 临时连接钢轨方正辙叉跟端尺寸及方向初调道岔

做好直股方向，和道岔全长的确认工作，不能满足要求时应进行调换或磨修。

测量长心轨股道的道岔全长，确定可动心轨辙叉纵向位置。

依据直股方向确定可动心轨辙叉翼轨外侧轨距块的正确性(可作适当调整)。

临时连接道岔钢轨，调整道岔水平、高低、方向，各部几何尺寸、密贴、支距、轨距。

检查道岔前点里程，预留轨缝，道岔全长。所有钢轨件、垫板件安装好以后，进行转载器防跳限位装置和滚轮的安装。

13. 竖向支撑螺杆安装和高程调整

每两根岔枕安装一个竖向支撑螺杆，心轨部分采用特制支撑结构。根据道岔控制点，调整竖向支撑螺杆，将道岔钢轨顶面高程调整至低于设计高程 5 mm 以内，然后取出岔枕底部的支撑木楞。

通过调整竖向支撑限位装置的螺杆位置调整轨枕的竖向位置，进而实现钢轨上下位置的调整，使得钢轨高低和道岔水平符合要求。

14. 侧向调节地锚安装、横向调整

每两根岔枕，在岔枕直向一端，辙叉部分加密。地锚采用 ϕ36 钢筋，深度不小于 25 cm，横向调整采用 M16 螺杆并与桁架钢筋焊接。

通过调整地锚 M16 螺杆位置调整轨枕平面位置，进而实现钢轨左右位置的调整。横向调整精度控制在 2 mm 以内。

15. 绑扎钢筋、立模板

按照图纸要求绑扎钢筋，立模过程注意排水方向。

16. 检查与精调

通过调节横向和竖向支撑装置、调整或更换扣件零部件进行轨向、轨距、支距、高低、水平、密贴和间隙的调整，采用轨道几何状态测量仪对道岔几何状态、平面位置进行检查。道岔前、后至少 35 m 正线轨道与道岔一同进行检查、调整。渡线两组道岔一起进行检查、调整。

对滑床垫板位置进行顶调，一般情况下使垫板外调至极限位置；确定框架尺寸(尖轨尖端处轨距和直线尖轨轨头切削起点轨距或基本轨间距离)；确定直线尖轨固定端及跟端轨距，调整好转辙器方向；调整曲线尖轨与直基本轨密贴；调整直线尖轨直线度；调整曲线尖轨密贴段至尖轨跟端支距；结合轨距调整、尖轨直线度调整，调整直线尖轨与曲基本轨密贴；调整密贴段以后的直、侧股轨距；尖轨轨底与滑床台板密贴。

17. 总体水平、方向调整

扣件按标准扭力矩紧固。

18. 电务转换设备安装工电联调

检查外锁闭装置在转换过程中动作平稳，无别卡现象。转辙机拉入、伸出各一次保证两侧尖轨开口基本相同。通过增减锁闭铁盒锁闭框之间的调整片，使尖轨(心轨)与基本轨(翼轨)密贴满足要求。调整尖轨长、短表示杆无扣轴套和有扣轴套，使转辙机检测柱在定位、反位时落入表示杆缺口,并使缺口两侧间隙相等,用螺母将无扣轴套紧固。调整心轨动作连接杆,使两侧锁闭量偏差小于 2 mm。尖轨的密贴,表示调整完成后,调整密贴检查器两侧接头连杆,使密贴检查器在定位、反位的表示均符合要求。

19. 拆除转换设备

为防止转辙机基坑浇筑干扰施工,损坏设备,作好标记,拆除转辙设备。转换设备拆除后按要求存放,同时做好防护。

20. 检查、精调、固定

转辙设备拆除后,再次对道岔进行检查,对弹条螺栓、岔枕螺栓副、限位器螺栓、翼轨间间隔铁螺栓副、长短心轨间隔铁螺栓副按设计要求复紧。混凝土浇筑前必须进行道岔状态的最后精调并检查确认。满足《高速铁路无砟轨道工程施工精调作业指南》道岔精调允许偏差的要求。

21. 混凝土浇筑、养生,拆除支撑系统、拆模

与前述要求相同。

22. 检查、精调

采用轨道几何状态测量仪对道岔几何状态、平面位置进行检查确认,对不符合要求的项点进行调整。

轨向:根据轨距配置表调整或更换轨距块或缓冲调距块,实现钢轨左右位置的调整,使得轨向符合要求。

高低和水平:通过更换不同厚度的调高垫板,实现钢轨上下位置的调整,使得钢轨高低和道岔水平符合要求。

轨距、支距调整:轨距和支距如有不适,根据轨距配置表调整轨距块或缓冲调距块,确认后以 300～350 N·m 扭矩拧紧垫板螺栓,固定垫板。

工电结合调整密贴、框架尺寸、间隙、轮缘槽、动程等符合要求。

道岔满足道岔铺设验收的要求(《高速铁路无砟轨道工程施工精调作业指南》道岔精调允许偏差的要求)。

23. 钢轨焊接和无缝道岔

焊接顺序(图 5-54):1、2、3、4、5、6、7、8、A、A1、B、B1、C、C1。

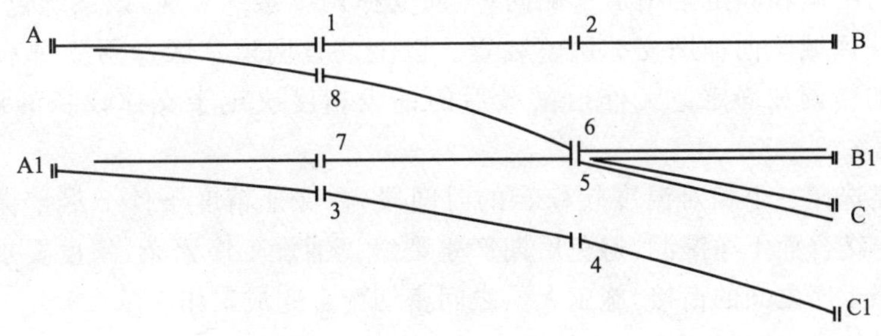

图 5-54　焊接顺序

(1)基本轨焊接,先直股,后曲股。

(2)辙叉组件与导轨连接部,先直股,后曲股。

(3)导轨与导轨之间,先直股,后曲股。

(4)导轨与尖轨跟部,先直尖轨,后曲尖轨。

(5)道岔前后钢轨焊接顺序:先岔前,再岔后;先直股,再曲股。

焊接时注意:配轨长度按 8 mm 轨缝配置,焊连前需要进行长度修正,特别注意的是胶结绝缘钢轨锯切时必须注意绝缘位置[避免与垫板弹条螺栓孔相干涉,绝缘位置距岔枕中心(300±3)mm]。辙跟结构采用限位器的道岔铺设应使尖轨方正、限位器子母块居中,两侧间隙允许偏差±0.5 mm。不应在道岔区进行温度放散,特殊条件下可仅对直、曲基本轨进行温度放散。

24. 安装转换设备、工电联调

检查、调整、维护、验收:按照规定的方法进行检查、调整。复检精调完毕对弹条螺栓、岔枕螺栓副、限位器螺栓、翼轨间间隔铁螺栓副、长短心轨间隔铁螺栓副按设计要求进行再次复紧。

四、高速无砟道岔铺设的关键

1. 保证测量及调整精度

一是控制好初调精度。初调精度控制在高精度范围以内,可以加快后期精调速度,有效保证道岔整体尺寸。站场内道岔的岔心控制基桩一次测设完成,复核道岔间相互位置。二是保证精调精度。一组道岔精调点位较多、测量工作量很大、需要占用的时间较长、要求测量的精度较高。因此,混凝土浇注前,一定要认真检查道岔前后连接段的整体测量成果。三是保证竣工测量精度。混凝土浇注完成后,钢轨扣件需要拆除。因此,在进行竣工测量前,需要将扣件清洗干净并按标准安装到位,才能进行竣工测量。否则,可能会因扣件安装质量而影响测量成果。

2. 做好道岔调整及整体加固

一是调整与加固功能分开。道岔调整采用竖向支撑架及横向锚具,主要调整道岔结构的轨向、轨距、高程、线形变化率等检测指标,并控制道岔整体结构尺寸满足设计要求。道岔加固则采用三角形支架进行整体固定。二是道岔整体加固。精调作业完成后,混凝土浇注前,必须在竖向支撑架位置,分别在道岔两侧对称安装三角形支架。要通过两侧三角形支架将整组道岔进行固定,保证其在混凝土浇注作业期间不发生变形及位移,确保道岔在混凝土浇注前后的平面位置及几何尺寸保持一致。

无砟道岔的精调和固定采用道岔侧向/竖向支撑调整系统实现,该系统包括侧向支撑调整装置和长岔枕区域竖向辅助支撑调整装置。以上装置同道岔区专用测量系统配合使用,完成无砟道岔的精调和固定。无砟道岔最后的铺设精度决定于支撑设备的调整能力和稳固性。

安装道岔要选择一个相对温度较稳定的时间段,在保证精度条件下尽量提高安装速度。保证新旧混凝土结合面干净湿润,避免后期产生裂缝。铺设工序繁杂,精度要求高,施工单位须合理指挥各个工序之间的衔接,施工人员之间密切配合完成工作。

道岔前后过渡段道床板混凝土浇筑应在道岔区施工完毕后与区间或站线无砟轨道一并施工。过渡段施工前加强已完工道岔与区间或站线无砟轨道复测、联测工作,消除偏差,在过渡段调整后轨道平顺。

五、大号码道岔的铺设注意事项

大号码的特点是工件较长,现场的运输、装卸不便,因此铺设精度难以保证。但其铺设方法和铺设工艺仍与 18 号道岔基本相同。

大号码铺设时，应采用多台大型设备进行起吊或移位，确保工件在此过程不会发生较大的塑性变形。有条件时，应在道岔铺设位置设置龙门吊进行道岔铺设，并采用专用的吊具多点起吊，吊点间距不得大于 4 m。

道岔精调允许偏差见表 5-1。

表 5-1　道岔精调允许偏差

序号	检 测 项 目	偏差要求(mm)	特性
1	道岔始端轨距	±1	B
2	尖轨尖端轨距	±1	A
3	直线尖轨轨头切削起点处轨距	±1	A
4	直尖轨第一牵引点前与曲基本轨密贴	缝隙≤0.2	A
5	直尖轨其余部分与基本轨密贴	缝隙≤0.8	B
6	直尖轨工作边直线度	密贴段 0.2，全长 1.5	A
7	直尖轨与曲基本轨间顶铁间隙	缝隙≤0.5	C
8	直尖轨各牵引点前后各一块滑床台板	缝隙≤0.5	B
9	直尖轨轨底与其余滑床台	缝隙≤1.0，不得连续出现缝隙	C
10	曲尖轨第一牵引点前与直基本轨密贴	缝隙≤0.2	A
11	曲尖轨其余部分与基本轨密贴	缝隙≤0.8	B
12	曲尖轨与直基本轨间顶铁间隙	缝隙≤0.5	C
13	曲尖轨各牵引点前后各一块台板	缝隙≤0.5	B
14	曲尖轨轨底与其余滑床台	缝隙≤1.0，不得连续出现缝隙	C
15	转辙器部分最小轮缘槽 65 mm	≥0	A
16	尖轨限位器两侧缝隙偏差	±0.5	B
17	直尖轨固定端支距	±1	B
18	曲尖轨固定端支距	±1	B
19	直尖轨跟端支距	±1	B
20	曲尖轨跟端支距	±1	B
21	尖轨跟端直股轨距	±1	B
22	尖轨跟端曲股轨距	±1	C
23	可动心轨辙叉趾端开口距	±1	C
24	可动心轨辙叉咽喉宽	±1	B
25	心轨尖端至第一牵引点处密贴(直)	缝隙≤0.2	A
26	心轨其余部位与翼轨密贴(直)	缝隙≤0.8	B
27	心轨尖端至第一牵引点处密贴(曲)	缝隙≤0.2	A
28	心轨其余部位与翼轨密贴(曲)	缝隙≤0.8	B
29	叉跟尖轨尖端(100 mm)与短心轨密贴	缝隙≤0.5	B
30	叉跟尖轨其余部位与短心轨密贴	缝隙≤1.0	C
31	心轨牵引点处轨底与台板缝隙	缝隙≤0.5	B
32	心轨轨底与其余台板缝隙	缝隙≤0.1，不得连续出现缝隙	C

续上表

序号	检 测 项 目	偏差要求(mm)	特性
33	心轨直股工作边直线度	0.3/(1 m),全长(心轨尖端前500至可弯中心后500) 2.0 mm	B
34	长心轨轨腰与顶铁的缝隙	≤0.5	C
35	短心轨轨腰与顶铁的缝隙	≤0.5	C
36	叉跟尖轨轨腰与顶铁的缝隙	≤0.5	C
37	心轨实际尖端至直股翼轨趾端的距离	+4,0	B
38	可动心轨尖端前 1 m 轨距	±1	C
39	可动心轨可弯中心后 500 mm 轨距	±1	C
40	护轨轮缘槽宽度	+1,-0.5	B
41	查照间隔 1 391 mm	≥0	A
42	可动心轨跟端开口距	±1	C
43	导曲线部分轨距(尖轨跟端至导曲线终点或辙叉趾端总长的 1/4、1/2、3/4 共 3 处)	±1	C
44	辙叉跟端轨距	±1	B
45	辙叉趾端轨距	±1	B
46	尖轨各牵引点处开口值	±2	B
47	可动心轨辙叉第一牵引点处开口值	±1	B
48	道岔全长	±10	C

注:项点分类判定规则为,A 类项点合格率 100%;B 类项点合格率 90%;C 类项点合格率 80%。

第五节　高速道岔养护维修

一、高速道岔的养护标准

1. 高速道岔几何尺寸

250、350 km/h 高速道岔静态几何尺寸偏差管理值如表 5-2、表 5-3 所示。

表 5-2　250 km/h 线路道岔静态几何尺寸容许偏差管理值

项　目		作业验收	临时补修	限速(160 km/h)
轨　距(mm)		+2 -2	+5 -2	+8 -6
水　平(mm)		3	7	10
高　低(mm)		3	7	11
轨　向(mm)	直　股	3	6	9
	支　距	2	4	—
扭曲[mm/(3 m)]		3	6	8
轨距变化率		1/1 500		

注:①支距偏差为实际支距与计算支距之差,导曲线支距测量应从尖轨跟端开始直至道岔导曲线结束;

②导曲线下股高于上股的限值:18 号及以上道岔作业验收为 0 mm,经常保养为 2 mm,临时补修为 3 mm;

③尖轨尖端处轨距作业验收容许偏差管理值为±1 mm。

表 5-3　350 km/h 线路道岔静态几何尺寸容许偏差管理值

项　目		作业验收	临时补修	限速(200 km/h)
轨　距(mm)	岔　区	+1 −1	+5 −2	+6 −4
	尖轨尖	+1 −1	+3 −2	
水　平(mm)		1	6	7
高　低(mm)		2	7	8
轨　向(mm)	直　股	2	5	6
	支　距	2	4	—
扭　曲[mm/(3 m)]		2	5	6
轨距变化率		1/1 500		

注:①支距偏差为实际支距与计算支距之差;

②导曲线下股高于上股的限值:18 号及以上道岔作业验收为 0 mm,经常保养为 2 mm,临时补修为 3 mm。

2. 高速道岔导曲线圆顺度

导曲线的圆顺度通过测量导曲线支距进行检查控制。导曲线外轨工作边上各点以直向基本轨作用边为横坐标轴的垂直距离。由于导曲线终点在辙叉后,检查时必须完整测量。

(1)客专 18 号道岔、导曲线及辙叉支距见图 5-55、表 5-4,42 号道岔、导曲线及辙叉支距见图 5-56、表 5-5。

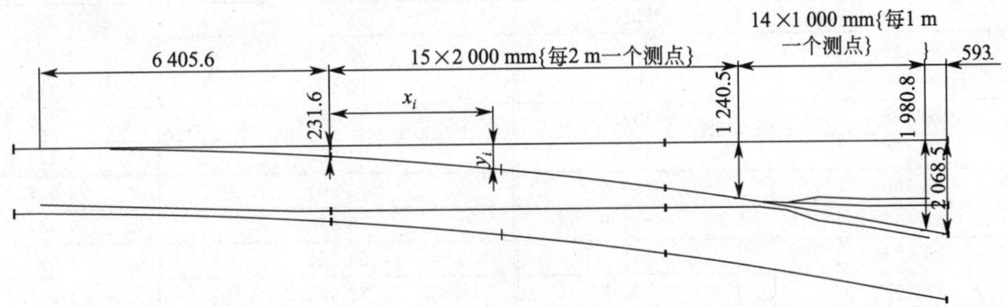

图 5-55　18 号道岔导曲线及辙叉支距示意图(单位:mm)

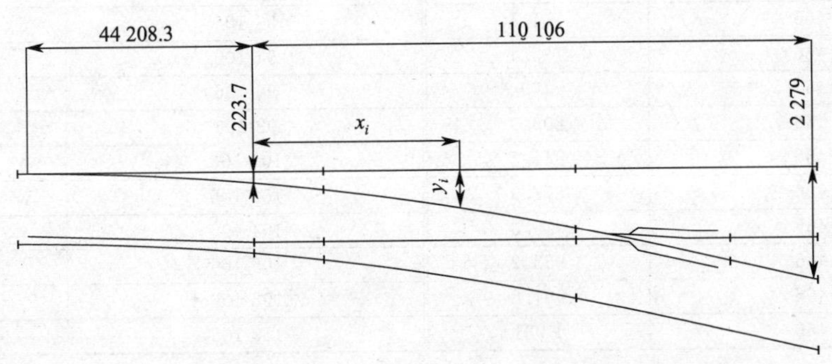

图 5-56　42 号道岔导曲线及辙叉支距

表 5-4 18 号道岔导曲线及辙叉支距(单位：mm)

距直基本轨跟端距离 x_i	导曲线支距 y_i	距直基本轨跟端距离 x_i	导曲线支距 y_i
0	231.6	31 000	1 288.3
2 000	273.5	32 000	1 336.9
4 000	318.9	33 000	1 386.5
6 000	367.9	34 000	1 437
8 000	420.6	35 000	1 488.4
10 000	477	36 000	1 540.7
12 000	536.9	37 000	1 593.9
14 000	600.6	38 000	1 648
16 000	667.8	39 000	1 703
18 000	738.7	40 000	1 758.6
20 000	813.2	41 000	1 814.1
22 000	891.4	42 000	1 869.7
24 000	973.2	43 000	1 925.3
26 000	1 058.7	44 000	1 980.8
28 000	1 147.8	45 000	2 036.4
30 000	1 240.5	45 593	2 068.5

表 5-5 42 号道岔导曲线及辙叉支距(单位：mm)

距直基本轨跟端距离 x_i	导曲线支距 y_i	距直基本轨跟端距离 x_i	导曲线支距 y_i
0	223.7	56 466	1 070.8
2 466	247.6	58 466	1 111.1
4 466	267.9	60 466	1 151.9
6 466	289	62 466	1 193.3
8 466	310.9	64 466	1 235.1
10 466	333.6	66 466	1 277.5
12 466	357.1	68 466	1 320.3
14 466	381.4	68 951	1 330.7
16 466	406.5	70 951	1 374.1
18 466	432.4	72 951	1 417.8
20 466	459.1	74 951	1 461.9
22 466	486.6	76 951	1 506.4
24 466	514.9	78 951	1 551.2
26 466	544	80 951	1 596.4
28 466	573.9	82 951	1 641.9
30 466	604.6	86 106	1 714.1
32 466	636.1	88 106	1 760.3
34 466	668.5	90 106	1 806.7
36 466	701.5	92 106	1 853.3
38 466	735.4	94 106	1 900.1
40 466	770	96 106	1 947.1
42 466	805.3	98 106	1 994.2
44 466	841.2	100 106	2 041.5
46 466	877.9	102 106	2 088.8
48 466	915.3	104 106	2 136.3
50 466	953.2	106 106	2 183.8
52 466	991.8	108 106	2 231.4
54 466	1 031	110 106	2 279

(2)CZ 道岔支距见图 5-57、表 5-6、图 5-58、表 5-7。

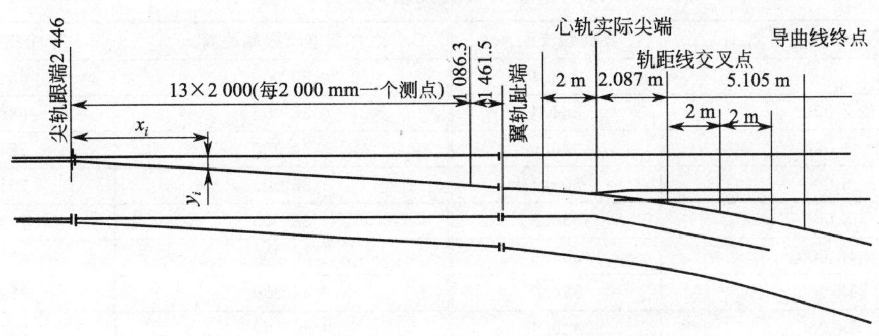

图 5-57　18 号道岔导曲线支距示意图

表 5-6　18 号道岔导曲线及辙叉支距(单位：mm)

与尖轨跟端距离 x_i	导曲线支距 y_i	辙叉部位测点位置	导曲线支距 y_i
0	244.6	辙叉趾端焊缝中心	1 152.8
2 000	287.6	心轨实际尖端前 2 m	1 234.6
4 000	334.2	心轨实际尖端	1 330.8
6 000	384.4	心轨实际尖端后 4 087 mm	1 538.6
8 000	438.3	心轨实际尖端后 6 087 mm	1645.9
10 000	495.8	心轨实际尖端后 7 192 mm(导曲线终点)	1 706.7
12 000	556.9		
14 000	621.7		
16 000	690.1		
18 000	762.1		
20 000	837.8		
22 000	917.2		
24 000	1 000.2		
26 000	1 086.8		

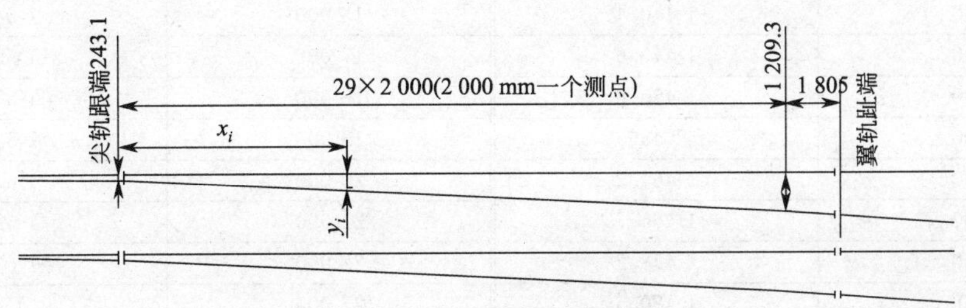

图 5-58　41 号道岔导曲线及辙叉支距示意图

表 5-7　41 号道岔导曲线及辙叉支距(单位：mm)

距直基本轨跟端距离 x_i	导曲线支距 y_i	距直基本轨跟端距离 x_i	导曲线支距 y_i
0	243.1	30 000	655.2
2 000	264.4	32 000	689.6
4 000	286.6	34 000	724.6
6 000	308.7	36 000	761.8
8 000	333.5	38 000	798.2
10 000	358.2	40 000	835.7
12 000	384.0	42 000	874.3
14 000	410.4	44 000	914.4
16 000	437.4	46 000	954.3
18 000	466.4	48 000	994.4
20 000	495.3	50 000	1 036.9
22 000	525.7	52 000	1 079.3
24 000	556.3	54 000	1 121.8
26 000	588.2	56 000	1 165.5
28 000	621.4	58 000	1 209.3

3. 转辙部分框架尺寸

由于框架尺寸不合格造成许多病害，运营过程中必须加强对框架尺寸的检查，作业后要控制在 1 mm 之内，平时保养不超过 2 mm。检查时间按照 3 种道岔不同号码数据进行检查。

(1)客专 18 号道岔框架尺寸(直曲基本轨内侧距)见图 5-59、表 5-8，42 号道岔框架尺寸(直曲基本轨内侧距)见图 5-60、表 5-9。

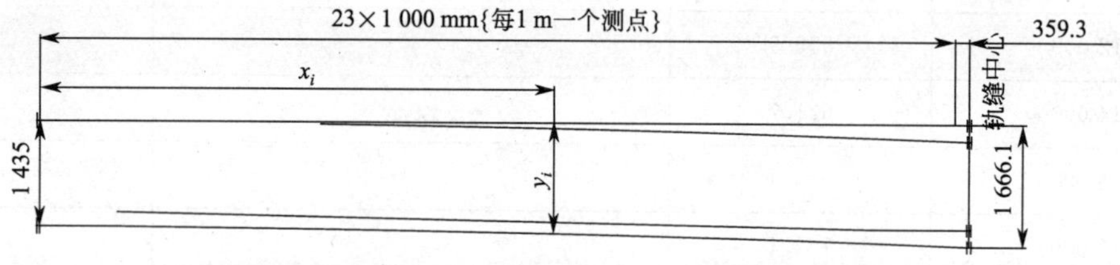

图 5-59　18 号道岔转辙器框架尺寸示意图(单位：mm)

表 5-8　18 号道岔转辙器框架尺寸(单位：mm)

距直基本轨始端距离 x_i	转辙器直曲基本轨内侧距 y_i	距直基本轨始端距离 x_i	转辙器直曲基本轨内侧距 y_i
0	1 435	13 000	1 508.1
1 000	1 435	14 000	1 519.1
2 000	1 435.2	15 000	1 531
3 000	1 440.4	16 000	1 543.8
4 000	1 445.6	17 000	1 557.5
5 000	1 450.8	18 000	1 572.1
6 000	1 456	19 000	1 587.7
7 000	1 461.2	20 000	1 604.1
8 000	1 466.7	21 000	1 621.5
9 000	1 473.2	22 000	1 639.8
10 000	1 480.5	23 000	1 659
11 000	1 488.8	23 359	1 666.1
12 000	1 498	—	—

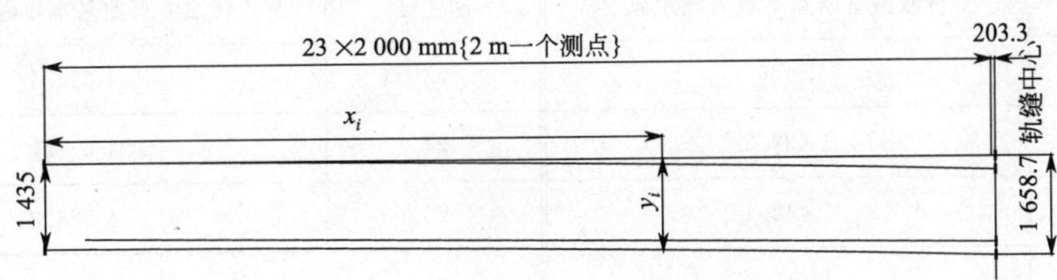

图 5-60　42 号道岔转辙器框架尺寸示意图

表 5-9　42 号道岔转辙器框架尺寸

距直基本轨始端距离 x_i	转辙器直曲基本轨内侧距 y_i	距直基本轨始端距离 x_i	转辙器直曲基本轨内侧距 y_i
0	1 435	26 000	1 508.4
2 000	1 435	28 000	1 519.6
4 000	1 437.5	30 000	1 531.6
6 000	1 440	32 000	1 544.5
8 000	1 443.3	34 000	1 558.2
10 000	1 447.3	36 000	1 572.6
12 000	1 452.1	38 000	1 587.8
14 000	1 457.8	40 000	1 603.9
16 000	1 464.2	42 000	1 620.6
18 000	1 471.4	44 000	1 638.3
20 000	1 479.5	46 000	1 656.8
22 000	1 488.3	46 188	1 658.7
24 000	1 498	—	—

(2)CZ18 号转辙器框架尺寸见图 5-61、表 5-10,41 号转辙器框架尺寸见图 5-62、表 5-11。

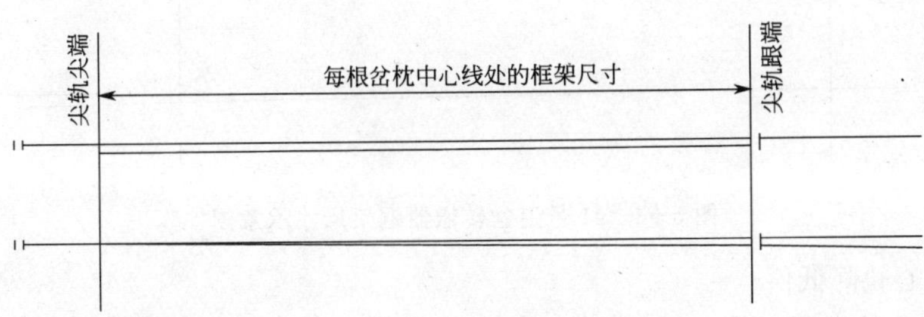

图 5-61　18 号道岔转辙器框架尺寸示意图

表 5-10　18 号道岔转辙器框架尺寸

岔枕号	转辙器直曲基本轨内侧距 y_i	岔枕号	转辙器直曲基本轨内侧距 y_i
4	1 436	23	1 514.4
5	1 439.3	24	1 521.2
6	1 442.4	25	1 528.3
7	1 445.6	26	1 535.8
8	1 448.7	27	1 543.6
9	1 451.8	28	1 551.7
10	1 454.9	29	1 560.2
11	1 458	30	1 568.9
12	1 461.1	31	1 578
13	1 464.3	32	1 587.5
14	1 467.9	33	1 597.2
15	1 471.7	34	1 607.3
16	1 475.9	35	1 617.7
17	1 480.4	36	1 628.4
18	1 485.3	37	1 639.5
19	1 490.4	38	1 650.9
20	1 495.9	39	1 662.6
21	1 501.8	40	1 674.7
22	1 507.9	—	—

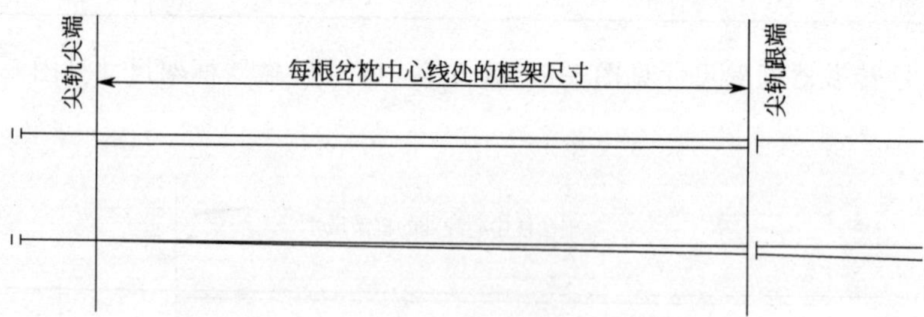

图 5-62　41 号道岔转辙器框架尺寸示意图

4. 尖轨、心轨降低值

由于尖轨各控制断面相对于基本轨降低值、心轨相对于翼轨降低值直接影响列车过岔的平稳性，作业调整后降低值偏差不超过 1 mm，平时保养检查也按照此项要求进行，如行车平稳性有影响，应进行调整。

表 5-11　41 号道岔转辙器框架尺寸(单位:mm)

岔枕号	转辙器直曲基本轨内侧距 y_i	岔枕号	转辙器直曲基本轨内侧距 y_i
4	1 436.7	40	1 507.3
5	1 437.3	41	1 510.7
6	1 437.9	42	1 514.2
7	1 438.6	43	1 517.8
8	1 439.4	44	1 521.5
9	1 440.3	45	1 525.3
10	1 441.3	46	1 529.1
11	1 442.3	47	1 533
12	1 443.4	48	1 537
13	1 444.6	49	1 541.1
14	1 445.9	50	1 545.3
15	1 447.3	51	1 549.5
16	1 448.7	52	1 533.8
17	1 450.2	53	1 558.2
18	1 451.8	54	1 562.7
19	1 453.5	55	1 567.3
20	1 455.3	56	1 571.9
21	1 457.1	57	1 576.6
22	1 459	58	1 581.4
23	1 461	59	1 586.3
24	1 463.1	60	1 591.3
25	1 465.3	61	1 596.3
26	1 467.5	62	1 601.4
27	1 469.8	63	1 606.6
28	1 472.2	64	1 611.9
29	1 474.7	65	1 617.3
30	1 477.3	66	1 622.7
31	1 479.9	67	1 628.2
32	1 482.6	68	1 633.8
33	1 485.4	69	1 639.5
34	1 488.3	70	1 645.3
35	1 491.3	71	1 651.1
36	1 494.3	72	1 657
37	1 497.4	73	1 663
38	1 500.6	74	1 669.1
39	1 503.9	75	1 675.3

测量高差时，使用专用于精确测量高速铁路道岔的高差测量仪（图 5-63）测量（精度为 0.2 mm）。

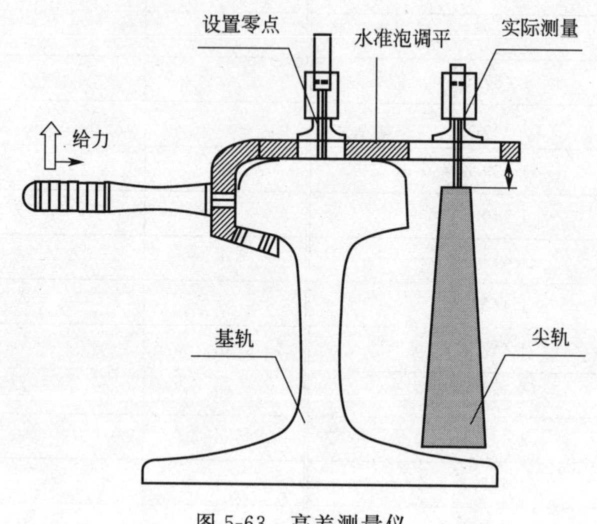

图 5-63 高差测量仪

5. 道岔爬行和位移

尖轨相对基本轨、心轨相对翼轨位移，基本轨相对观测桩位移，直曲尖轨相错量见表5-12。

表 5-12 尖轨相对于基本轨、可动心轨相对于翼轨允许伸缩位移（单位：mm）

道岔类型	尖轨容许伸缩位移	心轨容许伸缩位移	备注	
			锁闭机构	尖轨跟端结构
客专线系列	±40	±20	多机多点钩型外锁	限位器、间隔铁或无传力部件
CZ 系列	＋45	±30	第一牵引点拐肘外锁	无传力部件

6. 各部轮缘槽宽度、开口值

检查转辙器部分最小轮缘槽，用卡钳在基本轨、尖轨之间滑动（16 mm 工作边处）确认最窄处并量出数据。

可动心轨辙叉咽喉宽及、护轨平直段、缓冲段、开口段轮缘槽宽度见有关资料。

尖轨、心轨各牵引点处开口值根据以上技术资料。

7. 结构密贴情况

尖轨与基本轨、心轨与翼轨、短心轨和叉跟尖轨的间隙、尖轨与滑床台板、心轨与滑床台板的间隙，尖轨与顶铁、心轨与顶铁的间隙，尖轨轨底和辊轮间隙。

8. 扣件扭力矩

（1）客专线系列道岔螺栓标称扭矩，见表 5-13。

表 5-13 客专线系列道岔各部螺栓标称扭矩

螺 栓 种 类	标称扭矩（N · m）
T 形螺栓	弹条前部应与轨距块宏观接触（缝隙 0.1～1 mm），扭矩为 120～150
岔枕 M30 螺栓	300～350

续上表

螺 栓 种 类	标称扭矩(N·m)
长短心轨连接螺栓	540～660
限位器、转辙器跟端用间隔铁及翼轨间隔铁连接螺栓	900～1 100
防跳卡铁,顶铁螺栓、护轨螺栓、轨撑水平螺栓	以弹性垫圈齐平控制,不易采用过大扭矩,但不应小于120～150
扣板螺栓、轨撑竖向螺栓	300

(2)CZ道岔螺栓标称扭矩,见表5-14。

表5-14　宝桥—克吉富道岔各部螺栓标称扭矩

螺 栓 种 类	标称扭矩(N·m)
T形螺栓(Skl12、Skl24、Skl15弹条)	弹条前部与轨肢缝隙:0～0.5 mm
连接垫板和岔枕的M24螺栓	215～275
连接滑床板和岔枕的M24螺栓	130～160
滑床板端头月牙型挡块和岔枕的M24螺栓	215～275
护轨螺栓	270～330
轨撑横向螺栓	600±60
长短心轨连接螺栓	270～330(哈克螺栓除外)
翼轨和心轨间隔铁连接螺栓	540～660
翼轨间隔铁螺栓	540～660
顶铁螺栓	270～330

9. 连接零部件辊轮状态

道岔扣件、限位器、间隔铁、顶铁、轨撑、接头铁、连杆的连接螺栓松动、变形或损坏情况。AT弹条,垫板伤损情况。滑床台、板磨耗及脱焊情况,辊轮状态、防松设备状态。

10. 钢轨轮廓、光带、磨耗程度,焊缝平直度、绝缘接头状态

使用钢轨顶面轮廓测试仪测试钢轨件顶面轮廓、轨顶坡,1∶40。

检查道岔直股钢轨光带,特别是尖轨、心轨跟端过渡部位,15～25 mm,扭转过渡均匀。

使用数字平直尺检查焊缝平直度及磨损情况,无马鞍形磨耗,0.2 mm不超限。

胶结绝缘接头状态及磨损情况等,无破损,碰触,绝缘值合格。

11. 道岔钢轨探伤

使用探伤小车检查标准轨地段钢轨母材伤损情况,使用焊缝探伤仪检查焊缝伤损情况,使用手工检查手段对不能使用仪器检查的特殊断面钢轨件进行探伤检查。

12. 轨下基础状态

长枕埋入式无砟道岔的岔枕、道床板,支撑层或底座及伸缩缝伤损;板式道岔道床板、底座、找平层伤损情况进行检查。

13. 其他检查

检查道岔下拉装置。

二、高速道岔检查制度

1. 高速道岔运营初期检查

根据道岔运营特点，在道岔运用初期结构问题出现较多，须根据不同时期、不同道岔制定巡视、检查规定。

(1)运营初期3个月之内

加强对道岔巡视检查，每周利用维修天窗对道岔进行巡视不少于3遍，主要对道岔结构、连接零配件的情况进行查看，发现结构不密贴或零件松动、伤损等情况及时安排处理。

每半月对道岔各部几何尺寸及结构状态进行全面检查，对发现的问题及时进行调整处理。

每月工电联合对道岔进行检查。

如果道岔动态晃车或轨检车检查病害，应及时进行分析静态检查复核，如发现问题及时组织消灭。

根据运营条件及时安排道岔钢轨及焊缝进行探伤，并对道岔区光带、接头平直度、钢轨飞边情况进行检查，如遇冬季或夏季应进行道岔爬行观测。

(2)运营1年之内

每周对道岔进行巡视1遍，主要对道岔结构及连接零配件进行重点查看。

每月对道岔几何尺寸及结构状态、轨下基础状态进行全面检查。

必要时对道岔平纵断面利用绝对测量轨检小车进行测量。

每月利用钢轨探伤车对道岔直股钢轨进行探伤，辅助钢轨探伤仪及人工检查对探伤车不能检查的部位进行探伤检查，对大号码焊接尖轨焊缝部位及辙叉前后翼轨焊接部位重点进行检查。

2. 高速道岔静态检查

每月对道岔几何尺寸、结构进行全面检查一遍。重点各部密贴状态、扣件连接零件状态及扭力矩、轮缘槽、开口值。

每季度对转辙部位框架尺寸、尖轨心轨降低值、状态进行全面检查一遍。

每季度对无缝道岔位移及尖轨、心轨相对位移进行观测一遍。

每半年对道岔区钢轨轮廓、光带、焊缝平直度、绝缘接头状态及轨下基础状态进行检查。

根据线路探伤周期对道岔区钢轨进行探伤，对道岔区焊缝每半年进行一次全断面探伤。加强尖轨、心轨、翼轨的探伤检查，缩短探伤周期。根据情况每年安排对岔区平纵断面进行测量。

3. 高速道岔状态评定

道岔设备状态质量评定(表5-15)结合秋季设备检查每年进行一次。

表5-15 高速道岔状态评定

项目	编号	扣分条件	抽查数量	单位	扣分(分)	说明
轨道几何尺寸	1	轨距、水平、轨向、高低、支距、扭曲、轨距变化率超过经常保养标准容许偏差	轨距、水平、支距全面检测，轨向、高低、扭曲全面查看，重点检测	处	4	
	2	轨距、水平、轨向、高低、支距、扭曲超过临时补修标准容许偏差		处	41	
	3	查照间隔小于1 391 mm	全面检测	组	41	
	4	转辙器最小轮缘槽小于63 mm	全面检测	组	41	

续上表

项目	编号	扣分条件		抽查数量	单位	扣分(分)	说明
钢轨件密贴、伤损与打磨	5	尖轨、可动心轨尖端密贴	0.5 mm<间隙≤1 mm	全面检测	组	4	
	6		间隙>1 mm		组	41	
	7	尖轨、可动心轨其余部位密贴	1.0 mm<间隙≤2.0 mm	全面检测	组	4	
	8		间隙>2.0 mm	全面检测	组	16	
	9	叉跟尖轨与短心轨密贴	1.5 mm<间隙≤2.0 mm	全面检测	组	2	
	10		2.0 mm<间隙≤2.5 mm	全面检测	组	4	
	11		间隙>2.5 mm	全面检测	组	16	
	12	尖轨、可动心轨与顶铁密贴	1.5 mm<间隙≤2.0 mm	全面检测	个	2	
	13		2.0 mm<间隙≤2.5 mm	全面检测	个	4	
	14		间隙>2.5 mm	全面检测	个	16	
	15	尖轨、可动心轨与滑床台板密贴	1.5 mm<间隙≤2.0 mm	全面检测	块	2	
	16		2.0 mm<间隙≤2.5 mm	全面检测	块	4	
	17		间隙>2.5 mm	全面检测	块	16	
	18	尖轨、心轨、翼轨、基本轨、导轨重伤		全面检测、查看	处	41	
	19	尖轨、心轨、翼轨、基本轨、导轨轻伤		全面检测、查看	处	16	
	20	钢轨肥边>2 mm		全面检测	处	4	含胶接绝缘接头轨端肥边
联结零件	21	螺　栓	长、短心轨连接螺栓缺少/松动或扭矩不符合规定	全面查看	个	41/16	
	22		限位器、顶铁、间隔铁及护轨螺栓缺少/松动或扭矩不符合规定	全面查看，重点检测	个	16/4	
	23		其他各种螺栓缺少/扭矩不符合规定	全面查看，重点检测	个	16/4	
	24	辊　轮	辊轮缺少或失效	全面查看	处	16	
	25		辊轮调整不符合要求	全面查看	处	4	
	26	扣件系统	铁垫板缺少或折断	全面查看	块	16	
	27		轨下胶垫缺少、窜出或失效	全面查看	块	4	
	28		扣件失效、缺少/连续失效	全面查看	处	4/16	
	29		弹条中部前端间隙或扣件螺栓扭矩不符合规定	连续检测 50 个	个	2	

续上表

项目	编号	扣分条件		抽查数量	单位	扣分(分)	说明
无砟道床	30	岔枕、道床板、支承层(或底座)、道岔板	裂纹伤损达到Ⅱ级标准/达到Ⅲ级标准	全面查看,重点检测	处	1/4	
	31		缺损、掉块	全面查看	处	4	
	32		预埋套管失效/连续失效	全面查看	个	4/16	
	33	底座、找平层	裂纹伤损达到Ⅱ级标准/达到Ⅲ级标准	全面查看,重点检测	处	1/4	路基地段板式轨道
	34		掉块、缺损	全面查看	处	2	
	35		离缝达到Ⅱ级标准/掉块达到Ⅲ级标准	全面查看,重点检测	处	4/8	
	36	水泥乳化沥青砂浆层	裂缝伤损达到Ⅱ级标准/伤损达到Ⅲ级标准	全面查看,重点检测	处	1/4	桥梁地段板式轨道
	37		掉块、缺损或剥落	全面查看	处	4	
	38		离缝伤损达到Ⅱ级标准/伤损达到Ⅲ级标准	全面查看,重点检测	处	4/8	
	39	底座板、侧向挡块	裂缝伤损达到Ⅱ级标准/伤损达到Ⅲ级标准	全面查看,重点检测	处	1/4	
	40		掉块、缺损或剥落	全面查看	处	2	
	41		侧向挡块与底座板粘连	全面查看,重点检测	处	8	
	42	高强度挤塑板	高强度挤塑板损坏	全面查看	块	2	
	43		离缝伤损达到Ⅱ级标准/伤损达到Ⅲ级标准	全面查看,重点检测	块	4/8	
标志标记	44	警冲标	损坏或不清晰	全面查看	组	8	缺少或位置不对,扣41分
	45	标 记	缺少、错位、位置不对,字迹不清	全面查看	处	1	

三、高速道岔养护维修

高速铁路道岔养护维修应贯彻"预防为主、防治结合、重检慎修"的原则,坚持精确检测、精心分析、精细修理的过程控制,根据道岔和调节器的状态,合理安排养护与维修,有效地预防和整治病害。

1. 道岔维修工作分为周期检修、经常保养和临时补修

周期检修是指对道岔钢轨、连接零件、无砟道床、无缝道岔及轨道几何形位等按相应周期进行的全面检查和维修,重点是钢轨打磨、全面紧固扣件及连接零件(更换弹性垫板),刷新道岔标志,有砟道岔捣固等。

经常保养是指根据动静态检测结果及轨道状态变化情况,对道岔设备进行的经常性修理,重点是调整轨道几何尺寸、整修或更换伤损部件、修补无砟道床、有砟道岔重点捣固、修理、补充道岔标志等。

临时补修是指对轨道几何尺寸超过临时补修标准和轨道设备伤损状态影响其安全使用的处所进行的临时性修理,重点是调整轨道几何尺寸,更换或整修失效的轨道结构及部件等。

2. 钢轨件综合修理

为预防和整治钢轨病害，改善轮轨匹配关系，延长钢轨件使用寿命，应做好钢轨件修理工作。加强对焊接接头的检查及打磨。应加强胶接绝缘接头的养护，做好轨端肥边打磨工作。

3. 扣件及连接零件

在高速道岔养护维修过程中，应特别注意扣件系统弹性的保持，如果弹性垫板老化严重，将引起扣件系统刚度的较大变化，应及时更换老化的橡胶垫层；并注意扣件系统弹性的均匀性，避免涂油等措施对橡胶垫层的腐蚀，避免轨道刚度发生突变；注意扣件系统各弹性垫层刚度的匹配，避免造成动态轮轨关系的变化。

注意检查连接零件防松零件的状态效果，如开口销、防松垫圈等是否效果良好。尖轨防跳限位装置和心轨防跳铁是否因磨耗、损坏失去防跳限位作用。

第六节　高速道岔调整

高速无砟道岔的精调作业分为静态和动态两个阶段。静态精调一般是在跨区间无缝线路施工完毕后进行，是利用轨检小车、弦线等测量工具对道岔几何形态进行测量和评估，通过分析所采集的数据调整道岔形位。静态精调达到静态验收标准以后，即可转入联调联试阶段，联调联试阶段也是动态调整阶段，主要是利用轨检车和动检车对线路轨道状态进行检测，并通过分析检测报告对道岔几何状态进一步精调，以达到动车组高速运行的舒适性和安全性。

一、做好道岔结构病害整治

由于无砟道岔本身可调整的范围极小且道岔结构复杂、调整时相互影响，道岔精调相对难度较大。静态验收中道岔仍然存在诸如尖轨与基本轨、滑床板、顶铁不密贴，心轨与翼轨不密贴，顶铁不密贴等许多结构性问题施工单位无法解决。

针对存在的这些问题，为保证道岔设备满足联调联试需要，在道岔高低、轨向线形调整合格后，需要专门组织工务、电务联合对转辙部分存在的结构问题进行整治。

1. 转辙器部位密贴调整

(1)检查尖轨、基本轨质量

调整前保证直线尖轨的直线度满足质量要求(机加工直线段 0.5 mm，全长 1 mm)，曲线尖轨圆顺平滑无硬弯，如有问题要提前整治。

(2)检查调整框架尺寸

道岔基本轨框架尺寸，不仅仅在整组预制时是比较关键的尺寸，在维修工作中也是不可忽视的重要尺寸。由于铺设时没有按标准预制，给维修工作带来许多病害，这种病害有时不易被发现，主要病害有：一是转辙部轨距不合格；二是直尖轨方向不良；三是尖轨与基本轨不密贴，尖轨顶铁与基本轨有间隙，假轨距、动态尖轨横移导致晃车；四是侧向尖轨动程不合格。不仅如此，电务转辙机锁闭口也容易出现故障。设备检查、维修、整治线路晃车时都应对道岔基本轨框架尺寸，以便找出问题的原因所在，发现基本轨框架尺寸不合造成的病害。根据铺设图示意，沿岔枕(承轨台)中心线各点处测量直基本轨到曲基本轨工作边的框架尺寸。为准确定位测量点，先根据铺设图测量出每根岔枕(承轨台)中心线的设计位置(设计位置与现场实际岔枕中心位置可能存在偏差)。根据测量结果调整轨框架尺寸，偏差控制在±1 mm。调整过程中保证直基本轨方向顺直并检查基本轨轨底边缘轨距块离缝情况，对存在离缝的进行更换，以保证框架不发生变化。

(3)调整尖轨与基本轨密贴

首先通过增减顶铁调整片、打磨顶铁，调整尖轨顶铁间隙，并同时结合调整支距、轨距，打磨曲尖轨与基本轨密贴段接触面，调整曲线尖轨与直基本轨密贴；其次调整曲线尖轨密贴段后至尖轨跟端支距；第三结合轨距调整、尖轨直线度调整，打磨直尖轨与基本轨密贴段接触面，调整直线尖轨与曲基本轨密贴；第四步调整密贴段以后的直、侧股轨距；注意在此调整过程中应结合电务调整锁闭框和开口及动程值。

(4)调整尖轨与滑床板密贴

通过测量轨枕标高并结合道岔高低、水平的调整，调整基本轨轨下垫片(BWG 道岔可通过锟轮调整垫片调整)使尖轨轨底与滑床板间隙不超标。

2. 调整辙叉部位密贴

按照转辙部分调整方法调整辙叉部位，可动心轨在轨头切削范围内应分别与两翼轨密贴、开通侧股时，叉跟尖轨尖端与短心轨密贴。

通过测量轨枕标高并结合道岔高低、水平的调整，调整翼轨轨下垫片，心轨轨底与滑床板间隙不超标。

3. 调整尖轨与基本轨、心轨与翼轨高差

转辙器部分的结构不平顺是影响动车组过岔平稳性的主要因素，尖轨与基本轨合理的过渡范围能提高动车组的过岔平稳性。辙叉部分的结构不平顺是影响动车组过岔安全性的主要因素，减缓该处竖向和横向不平顺能确保动车组过岔安全性。

必须加强对辙叉及转辙部位轮轨过度的控制，根据不同类型道岔尖轨与基本轨、心轨与翼轨降低值通过专用的高差测量仪器进行测量，通过调整基本轨下调高垫片(BWG 道岔可调整滑床板下垫片)，调整高差到合适范围。

4. 检查调整轨撑的顶面应与翼轨轨头下颚密贴。

5. 辊轮安装与调整

辊轮的调试应在尖轨密贴状态进行。

(1)客专道岔

通过扳手转动辊轮轴，可调节辊轮最高点与滑床台板上面的高度差。一般情况下，靠近尖轨轨底的辊轮(里侧辊轮)应高出滑床台板表面 2～3 mm，外侧辊轮高出 3～4 mm。里侧辊轮与尖轨轨底应留 1 mm 的间隔，用 1 mm 厚的塞尺定位。

松动辊轮支架上的定位螺钉，可使辊轮系统沿滑床垫板方向移动，调整辊轮位置，当轨底与滑床台面存有 Δ(mm)间隙时，应考虑此 Δ(mm)间隙对辊轮与尖轨轨底间隔的影响，辊轮高度应高出滑床台面 3～4＋Δ(mm)；总的原则是使尖轨受力达到与台板接触时，辊轮不与尖轨接触。

进行转辙器部位的轨距、密贴、高低、方向等各项调整，均需对辊轮系统的各项指标进行核实或调整。

(2)宝桥—克吉富道岔

滚轮在安装到位时抬起高度为 4 mm，滚轮抬起高度允许偏差为±1 mm。

对于所有滚轮，在滑床板横向位置，尖轨轨底和滚轮之间的间隙为 2 mm，允许偏差为±0.5 mm。

二、道岔内部及外部几何尺寸的精调

1. 道岔外部几何尺寸的调整

外部几何尺寸指的是轨道在空间内的平面位置和高度，它直接影响到轨道截面形式的自由度。通过 CPⅢ桩利用天宝轨道检测小车检查道岔平曲线和竖曲线的绝对位置偏差。对大于 30 m 的道岔区区段整体不平顺进行全面测量，根据测量情况对轨道进行系统、全面调整。

(1)测量道岔

CPⅢ控制网坐标数据和线路设计数据收集，线路设计数据包括平曲线、竖曲线、超高、道岔关键点里程及坐标，收集道岔道岔类型、曲股线形等设计数据；注意道岔测量特殊点：尖轨尖端藏尖，心轨尖端藏尖，BWG 道岔翼轨加高。将 CPⅢ坐标数据导入全站仪，道岔相关线性要素输入轨检小车。

控制测量精度，正倒镜检查全站仪水平角和竖角偏差，控制在 1 s，x、y、z 控制在 0.7 mm；对轨检小车的超高进行校对；根据使用全站仪最佳的气象条件安排测量，测量前全站仪要适应环境；数据采集保证每个测站控制在 60 m 以内，不好时将距离缩短；使用至少 8 个控制点自由设站，其中前后至少各使用一个 60 m 以上的控制点；每个测站搭接长度不小于 10 个承轨台间距，搭接地段避开转辙及辙叉部位，如果偏差大于 2 mm，需重新设站；采用轨检小车对道岔进行逐个承轨台连续测量；为控制道岔整体平顺性，道岔直股应与两端各不少于 150 m 正线一并测量；保证测量工作的连续性。

(2)分析数据

轨检小车测量数据一般包含如下信息：

①轨枕号：道岔岔枕的编号，从岔前向岔尾编。报表由小里程向大里程生成。

②里程：测量对应线路里程。

③竖曲线(绝对精度)：高程基准轨线型数据。报表中的数值正数表示比设计高程低，负数表示比设计高程高。调整时与竖曲线不平顺值信息栏对应。

④平面曲线(绝对精度)：平面基准轨，就是方向轨。报表中的数值正数表示由小里程向大里程方向钢轨向左偏；负数表示由小里程向大里程方向看方向轨向右偏；调整时与平曲线不平顺值信息栏对应。

⑤超高：相对的高差，正数表示方向轨相对于高程轨在同根岔枕低；负数表示方向轨相对于高程轨在同根岔枕高。

⑥轨距：正数表示比设计轨距小，负数表示比设计轨距大。

⑦竖曲线(相对精度)：通过绝对精度竖曲线一栏中 30 m 弦 5 m 间距测点的计算差值，反映了高低是否超标。

⑧平面曲线(相对精度)：通过绝对精度平面线一栏中 30 m 弦 5 m 间距测点的计算差值，反映了方向是否超标。

根据测量数据，对道岔区线型和精度分区段进行综合分析评价，确定需要调整的区段。重点关注周期性的多波不平顺，特别是轨向的连续多波不平顺。

分析数据时，对采集的道岔前后线路部分数据一起分析。

数据分析要遵循先分析基准股、再分析非基准股，先整体后局部；保证直股，兼顾曲股；转辙区及辙叉少动，两端线路顺接的原则。

道岔结构特殊位置，轨距、方向优先直向兼顾曲向的原则。

直向曲向数据应对照评估，当直向数据良好，曲向有超限时，如果不在同一块垫板可判定曲向不合格，如果在同一个垫板上应按优先直股、兼顾曲股的原则，酌情判定合格与否。

(3)制定方案

对于状态较好，超限点较少的道岔，可根据现场经验直接确定调整量进行调整。

对问题较多的道岔，按照先整体后局部的原则进行调整方案制定。根据小车测量数据，优先控制好轨道平面和高程的线形，无周期性起伏，满足 30～300 m 中长波整体平顺性要求。再采用轨检小车配套软件计算调整量，将轨道几何尺寸调整到允许范围之内，必要时对轨道线型进一步优化，确保局部平顺性。

根据调整量表，对计划调整地段在现场进行标示，严格按照确定的原则和顺序对轨向、轨距、高低、水平进行调整。

遵循"重在检查、谨慎调整"的原则：重视轨道检查，保证测量精度，加强数据分析，制定合理方案。

2. 道岔内部几何尺寸的调整

(1)客专道岔

客专道岔采用Ⅱ型弹条分开式扣件系统，钢轨和弹性铁垫板的联结采用Ⅱ型弹条结构，铁垫板与岔枕的联结采用 ϕ30 岔枕螺栓及钢套、缓冲调距块的结构。轨下设 5 mm 橡胶垫板，板下 20 mm 橡胶垫层与铁垫板硫化在一起(弹性铁垫板)。调高垫板设在岔枕顶面和弹性铁垫板间，可实现－4～＋26 mm 的高低调整。铁座与轨底间设置轨距块，与缓冲调距块相结合，可实现－8～＋4 mm 的调距量，调距精度为 1 mm。

①轨距、支距调整

a. 扣件系统具有－8～＋4 mm 轨距调整量，通过调整轨距块可实现－2～＋4 mm 的轨距调整，附以缓冲调距块的掉边可实现－8～＋4 mm 的轨距调整，调整无需备件，表 5-16 为轨距调整的具体配置。

表 5-16 轨距配置表

单股钢轨位置	钢轨内侧			钢轨外侧		
	缓冲调距块		轨距块	轨距块	缓冲调距块	
	外 侧	内 侧			内 侧	外 侧
0	6	9	10	11	6	9
＋1	6	9	11	10	6	9
＋2	6	9	12	9	6	9
－1	6	9	9	12	6	9
－2	9	6	11	10	9	6
－3	9	6	10	11	9	6
－4	9	6	9	12	9	6

b. 滑床板和护轨垫板，由于钢轨一侧为滑床台，不能通过钢轨另一侧与铁垫板挡肩间的轨距块进行钢轨左右位置的调整，只能通过移动滑床板和护轨垫板来进行轨距调整。具体调整可通过更换不同号码的缓冲调距块实现。表 5-17 为滑床板和护轨垫板处轨距调整具体配置。

表 5-17 滑床板和护轨垫板处轨距配置表

单股钢轨位置	钢轨内侧		钢轨外侧	
	缓冲调距块		缓冲调距块	
	内 侧	外 侧	内 侧	外 侧
0	6	9	6	9
+1	5	10	5	10
+2	4	11	4	11
−1	7	8	7	8
−2	8	7	8	7
−3	9	6	9	6
−4	10	5	10	5

c. 缓冲调距块初始配置为 6-9 型、轨距块的初始配置为 9-11 型。

d. 垫板孔中心与螺栓中心不重合，偏离 1.5 mm。

e. 轨距块分为 9-11、10-12 两种型号，用于调整钢轨左右位置。

f. 缓冲调距块分为 4-11、5-10、6-9、7-8 四种型号，用于调整垫板位置。

g. 通过更换不同型号钢轨两侧轨距块来调整支距垫板处支距，对于其他部位支距，还可以辅助以缓冲调距块进行调整。

②高低和水平调整

a. 有砟道岔高低、水平的调整主要通过起道、捣固调整，人工起道、捣固时以十米弦测量或目测的方式控制轨道的高低，并通过道尺控制另一股钢轨的水平。大型养路机械起道时，高低、水平、轨向的调整一次智能完成。无砟道岔铁垫板下预设置了 4 mm 的绝缘垫层，调高通过在弹性铁垫板下更换、增减不同规格的调高垫板进行调整。

b. 需要调整个别扣件位置钢轨的高低时(如轨枕平直度不符合要求引起水平超限时)，可以采用更换调高垫板的方式。

c. 本扣件系统能够实现的道岔钢轨高低调整量为−4～+26 mm(表 5-18)，调高通过在弹性铁垫板下加入调高垫板进行调整。

d. 调高垫板分为 1、2、5、8 mm 四种厚度，用以调整钢轨高低位置。

e. 垫板螺栓分为 A、B 两种型号，正常安装时采用 A 型，调高量大于 15 mm 时采用 B 型。

表 5-18 道岔钢轨高低调整

调高范围(mm)	10 mm 调高垫板数量	5 mm 调高垫板数量	4 mm 调高垫板数量	2 mm 调高垫板数量	1 mm 调高垫板数量	岔枕螺栓型 号
−4	—	—	—	—	—	A 型
−3	—	—	—	—	1	A 型
−2	—	—	—	1	—	A 型
−1	—	—	—	1	1	A 型
0	—	—	1	—	—	A 型
+1	—	—	1	—	1	A 型
+2	—	—	1	1	—	A 型
+3	—	1	—	1	—	A 型

续上表

调高范围(mm)	10 mm 调高垫板数量	5 mm 调高垫板数量	4 mm 调高垫板数量	2 mm 调高垫板数量	1 mm 调高垫板数量	岔枕螺栓型　号
+4	—	1	—	1	1	A 型
+5	—	1	1	—	—	A 型
+6	1	—	—	—	—	A 型
+7	1	—	—	—	1	A 型
+8	1	—	—	1	—	A 型
+9	1	—	—	1	1	A 型
+10	1	—	1	—	—	A 型
+11	1	1	—	—	—	A 型
+12	1	1	—	—	1	A 型
+13	1	1	—	1	—	A 型
+14	1	1	—	1	1	A 型
+15	1	1	1	—	—	A 型
+16	2	—	—	—	—	B 型
+17	2	—	—	—	1	B 型
+18	2	—	—	1	—	B 型
+19	2	—	—	1	1	B 型
+20	2	—	1	—	—	B 型
+21	2	1	—	—	—	B 型
+22	2	1	—	—	1	B 型
+23	2	1	—	1	—	B 型
+24	2	—	2	—	—	B 型
+25	2	1	1	—	—	B 型
+26	3	—	—	—	—	B 型

③轨向调整

a. 有砟道岔直上股轨向的调整以拨道为主。

b. 直下股钢轨的轨向通过调换轨距块控制轨距实现。

c. 曲上股钢轨轨向通过调换轨距块控制支距实现。

d. 曲下股钢轨轨向通过调换轨距块控制轨距实现。

(2)克吉富道岔

采用 300 W 扣件系统，使用 Skl15 弹条，轨下设 6 mm 橡胶垫层，铁垫板下设 12 mm 弹性垫层及调高垫板。

①轨距调整

绝缘轨距块与调整垫片相配合实现轨距调整，调距量为－4～＋8 mm。通过采用不同厚度规格的调整片实现－4～＋4 mm 调距，参见表 5-19。

表 5-19 轨距调整片配置

单股钢轨位置(mm)	非工作边调整片	工作边调整片
−4	GS−4	GS−3
−3	GS−3	GS−2
−2	GS−2	GS−1
−1	GS−1	GS0
0	GS0	GS+1
+1	GS1	GS+2
+2	GS2	GS+3
+3	GS3	GS+4
+4	GS4	GS+5

②高低调整

在弹性垫层下设置了 4 mm 的绝缘垫层,通过取消绝缘垫层或增加绝缘垫层实现−4～+26 mm调高,当调节到一定高度时,需要更换不同高度的岔枕螺栓(表 5-20)。

表 5-20 调高垫板及螺栓配置

调高范围(mm)	中间垫层 Zwp386/210/4	10 mm 调高垫板数量	6 mm 调高垫板数量	3 mm 调高垫板数量	2 mm 调高垫板数量	岔枕螺栓
−4	—	—	—	—	—	Ss36-230
−2	—	—	—	—	1	Ss36-230
−1	—	—	—	1	—	Ss36-230
0	1	—	—	—	—	Ss36-230
+1	—	—	—	1	1	Ss36-230
+2	1	—	—	—	1	Ss36-230
+3	1	—	—	1	—	Ss36-230
+4	1	—	—	—	2	Ss36-230
+5	1	—	—	1	1	Ss36-240
+6	1	—	1	—	—	Ss36-240
+7	1	—	—	1	2	Ss36-240
+8	1	—	1	—	1	Ss36-240
+9	1	—	1	1	—	Ss36-240
+10	1	1	—	—	—	Ss36-240
+11	1	—	1	1	1	Ss36-250
+12	1	—	2	—	—	Ss36-250
+13	1	1	—	1	—	Ss36-250
+14	1	1	—	—	2	Ss36-250
+15	1	1	—	1	1	Ss36-250
+16	1	1	1	—	—	Ss36-250

续上表

调高范围（mm）	中间垫层 Zwp386/210/4	10 mm 调高垫板数量	6 mm 调高垫板数量	3 mm 调高垫板数量	2 mm 调高垫板数量	岔枕螺栓
+17	1	—	2	1	1	Ss36-250
+18	1	—	3	—	—	Ss36-250
+19	1	1	1	1	—	Ss36-250
+20	1	2	—	—	—	Ss36-250
+21	1	1	1	1	1	Ss36-250
+22	1	2	—	—	1	Ss36-250
+23	1	2	—	1	—	Ss36-260
+24	1	—	4	—	—	Ss36-260
+25	1	2	—	1	1	Ss36-260
+26	1	2	1	—	—	Ss36-260

3. 道岔调整注意事项

由于道岔结构的复杂性，调整时应注意以下几点：

(1)调整前，全面检查各项密贴状况、钢轨接头平顺性。

(2)坚持以直股为主的原则。

(3)道岔内部轨距、水平采用0级电子道尺全面检查，与轨道小车测量数据进行对比分析，确定整治方案。

(4)调整后，道岔及其前后150 m范围几何尺寸、平顺性满足要求。

(5)对调整后对道岔几何尺寸和平顺性变化情况进行检查，积累资料进行对比，通过反复调整最终达到平顺性要求。道岔前后过渡段应重点精调，以提高轨道平顺性。

(6)严格控制作业轨温范围。成段更换调整件时，扣件不宜松超过10个承轨台。

(7)利用动态监测波形图结合静态测量的数据，指导道岔的动态检测局部的缺陷调整。

(8)对一组道岔精调前要有明确的调整思路，特别对调整量较大的部位不要盲目进行调整，应先使用轨检小车、弦线或道尺等复查，确认后再进行更换。

(9)道岔调整时工务、电务设备一起调整，对受影响的电务转换设备也应同步调整。在每次作业结束后宜进行电操，以验证电务转换设备功能正常。一方面可以保证作业期间工程列车行车安全，另一方面也减少了由于两者调整不同步而造成的重复作业。

三、做好道岔打磨

在道岔精调后，联调联试动车运行一段时间后安排对道岔钢轨进行预打磨。打磨后消除钢轨表面初始不平顺，消除钢轨顶面脱碳层及焊头缺陷，能保证钢轨表面状态和良好的轮廓外形，改善轮轨关系，打磨后行车平稳性提高明显。

1. 利用道岔打磨车进行道岔打磨

打磨前重点对道岔几何状态进行检查，确保轨道状态绝对稳定可靠；对道岔区钢轨平顺性进行调查，检查焊接接头平顺性，当超过标准时，应采用仿形打磨设备对焊接接头进行局部打磨。检查钢轨轮廓，轨顶面 R 300 弧度是否饱满，R 80、R 13 弧度是否为标准廓面。检查轨底坡是否合格，如存在问题进行整治。检查轨面光带位置、宽度、均匀性。打磨技术人员研究确定打磨方案，制定打磨标准。

利用道岔打磨车对道岔钢轨内侧、外侧及顶面进行打磨。以 RGH20C 型 20 头道岔打磨车为例，根据打磨后钢轨轮廓和光带情况，打磨遍数控制在 10～15 遍，速度 4～8 km/h，功率 75%；打磨角度在内侧 35°至外侧 15°之间。打磨从两侧到顶面，磨削 0.2～0.3 mm。抛光打磨遍数 2 遍，速度 8～10 km/h，功率 50%，同时要根据施工现场情况确定具体的打磨模式和遍数。

为了保证打磨安全，防止对尖轨、心轨、基本轨和翼轨产生不良切削。在尖轨区域内侧打磨时开口值小于 100 mm 范围内不打磨。辙叉趾和辙叉跟焊缝各 1 m 范围内顶面不打磨。将道岔前后约 20～30 m 的钢轨纳入道岔打磨的范围实现道岔前、后线路同时打磨。

打磨质量：打磨后接触光带应居中，且宽度为 20～30 mm。钢轨打磨面应无连续发蓝带。便携式粗糙度检测仪检测粗糙度，在 10 mm 范围内同一个钢轨打磨面上，沿与钢轨打磨痕迹垂直方向进行表面粗糙度测量，至少连续测量 6 个点，打磨面粗糙度不大于 8μm。用波磨尺检查其纵向平顺度，矢度不大于 0.2 mm，钢轨横断面的轮廓，应与标准轨断面大致吻合。

2. 利用道岔打磨机打磨道岔

对打磨车在转辙、辙叉部位部分遗留的未打磨区段，使用道岔打磨机进行针对性打磨。打磨过程中，控制调整砂轮好角度和高度，确定最佳位置，并严格控制打磨量，打磨时用力要均匀、平顺；经常用 2 m 平钢尺检验平整度；密贴部位测量尖轨和基本轨的实际高度，尖轨与基本轨高差部分，对尖轨进行修整到指定尺寸；打磨后对在钢轨顶面喷涂油漆根据过车后钢轨光带情况，确定下一次打磨方案，直到获得合理光带。

对岔区焊接接头进行打磨，达到验收标准。注意对尖轨跟端变截面焊缝两侧光带不平顺

3. 道岔打磨注意事项

绝缘接头需喷水冲洗，清除周围金属磨屑。

整个打磨区域以及信号设备处遗留的磨屑堆渣全部予以清除。

移动道岔尖轨前，仔细清洗滑床板。

打磨以后再仔细清洗。

四、做好有砟道岔捣固

由于高速有砟道岔长度长，质量大，结构精密复杂，运行初期必须采用大型养路机械加强道岔捣固，消除初始不平顺，使到床尽快稳定。

1. 前期准备

提前对道岔区扣件及其他连接零件状态进行检查与扭矩复拧；检查尖轨、心轨、顶铁等部位的密贴，对不达标处进行调整。

通过轨道控制网 CPⅢ，用全站仪精确测量定位线路中线平面及高程偏差，根据设计位置，合理确定拨、起道量。用油漆标在顺作业方向在每隔 5 根轨枕面上根据测量资料标识起、拨道量，并在线路旁设置定位观测桩为控制点检验起、拨道量是否到位。

根据调查情况预卸、补充道砟。

如果是拆除电务锁闭装置进行脱杆捣固，电务要进行调查工作量及工电联合进行工作量调查。

2. 捣固施工

道岔捣固作业时，将整个岔区及其前后 100 m 线路作为一个维修单元进行捣固，作业范

围包括前后线路，一次起道量控制在 15～30 mm，严格按照测量后标注的起、拨道量进行；大机捣固时采用精细作业，严格控制大机的走行步距，避免移动岔枕从而使得岔枕间距改变；接头、辙叉，尖轨曲向可弯部位增加捣固次数；辙叉由心轨尖端至跟端部位，钢轨件排列过密，道岔捣固机不能作业，采用小型捣固机捣固；现场做好捣固质量检查验收。

如果脱杆捣固，应控制好施工作业时间，封锁点开始电务进行道岔杆件、锁框、锁勾等配件的拆卸，工务将道岔的两根尖轨用勾锁器分别勾锁固定（如正线联动道岔，对临线道岔转辙部位进行钩锁），配合人员将备砟倒入转辙机部分枕木盒内，配合大机捣固。捣固转辙机部位时操作人员注意电务设备，增加捣固次数。封锁点结束前留足时间，大机撤出尖轨部分，同时工务配合将转辙机枕木盒道砟清理距连接杆底部 20 mm 位置，电务设备安装调整后，对道岔连锁试验。

3. 注意事项

捣固作业完成后，及时组织检查道岔中线的平纵断面是否达到预定标准。完成作业后及时整理到床，检查道岔几何尺寸及联接部件状态，对发现的问题要及时进行处理。

如果是脱杆捣固，由于施工复杂牵扯专业较多，要做好施工联合调查，施工计划，施工配合，组织方案技术交底，指挥现场等工作，确保施工顺利、安全。

第六章　桥　　涵

第一节　基本技术要求

一、荷　　载

列车竖向活载采用 ZK 活载(图 6-1、图 6-2)，桥涵结构的检算荷载应按《高速铁路设计规范(试行)》办理。

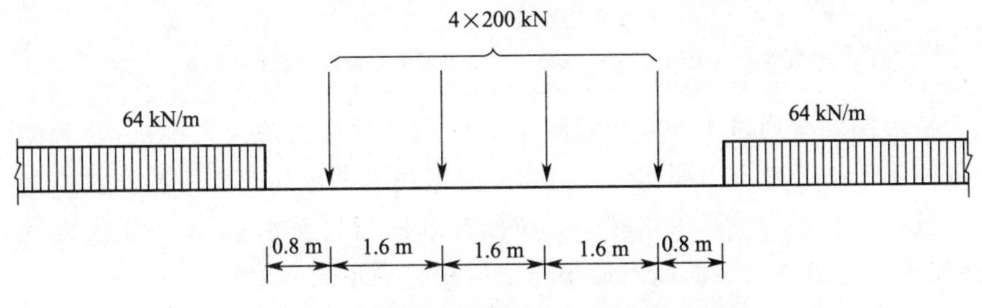

图 6-1　我国高速铁路采用的 ZK 标准活载图式

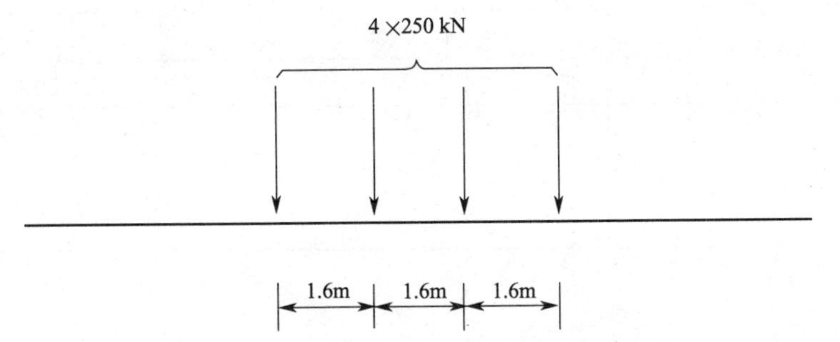

图 6-2　我国高速铁路采用的 ZK 特种活载图式

桥梁承载能力按《铁路桥梁检定规范》进行检算，以检定承载系数“K”表示。K 为结构所能承受的活载相当于 ZK 活载的倍数，桥涵结构应满足 $K \geqslant 1$。

运营中若发现承载能力不足($K<1$)的桥梁，应根据《铁路桥梁检定规范》进行检算，根据检算结果，确定采取加固、更换或改建措施。

二、限　　界

桥隧建筑限界应满足《铁路技术管理规程》的规定，高速铁路铁路建筑限界的基本尺寸及轮廓线如图 6-3 所示。曲线地段限界应考虑因超高产生车体倾斜对曲线内侧的限界加宽。

三、孔径与净空

运营中的行洪桥涵孔径应能正常通过 1/100 频率的检算洪水。技术复杂、修复困难或重

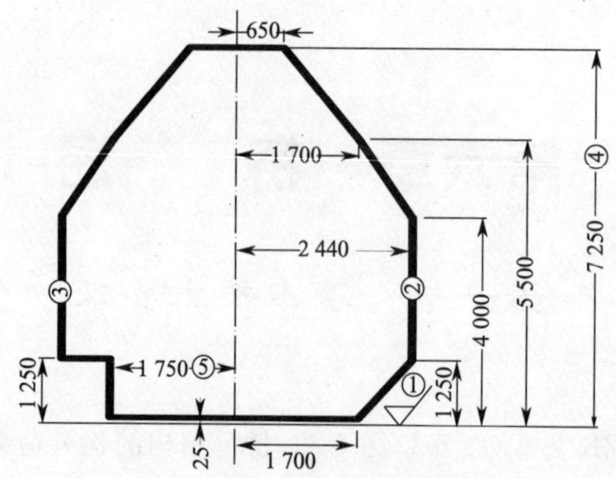

图 6-3　高速铁路建筑限界图(单位：mm)

①轨面高程；②区间及站内正线(无站台)建筑限界；③有站台时建筑限界；

④轨面以上最大高度；⑤站内侧线股道中心至站台边缘的宽度

要的特大、大桥应能安全通过 1/300 校验频率的洪水。对特大桥及大中桥，若观测洪水(包括调查洪水)频率小于 1/100，但不小于 1/300 时，应将观测洪水频率作为检算洪水频率；频率小于 1/300 时，按 1/300 作为检算洪水频率。桥涵排水应与自然水系、地方排灌系统、市政排水系统等衔接完善。隧道内轨顶面以上最小净空面积应满足表 6-1 要求。

表 6-1　隧道内轨顶面以上最小净空面积

速度(km/h)	最小净空面积(m^2)	
	单　线	双　线
200	52	80
250	58	90
300	70	100
350		

四、刚　　度

桥涵设备应具有足够的刚度、良好的动力性能及耐久性，满足轨道稳定性、平顺性和高速列车运行安全性、旅客乘坐舒适性的要求。

梁体竖向挠度的限值应符合下列规定：

1. 在 ZK 竖向静活载作用下，梁体的竖向挠度不应大于表 6-2 所列数值。

表 6-2　梁体的竖向挠度限值

速度(km/h)	跨度(m)		
	$L\leqslant 40$ m	40 m$<L\leqslant 80$ m	80 m$<L\leqslant 96$ m
200	L/1 300	L/1 200	L/1 000
250	L/1 400	L/1 400	L/1 000
300	L/1 500	L/1 600	L/1 100
350	L/1 600	L/1 900	L/1 500

2. 在 ZK 竖向静活载作用下，有砟轨道和无砟轨道桥梁梁端竖向转角限值应符合表 6-3。梁端竖向转角如图 6-4 所示。

表 6-3　梁端竖向转角限值

桥上轨道类型	位　置	限值(rad)	备　注
有砟轨道	桥台与梁跨间	$\theta \leqslant 2.0‰$	
	相邻梁跨间	$\theta_1+\theta_2 \leqslant 4.0‰$	
无砟轨道	桥台与梁跨间	$\theta \leqslant 1.5‰$	梁端悬出长度≤0.55 m
		$\theta \leqslant 1.0‰$	0.55 m<梁端悬出长度≤0.75 m
	相邻梁跨间	$\theta_1+\theta_2 \leqslant 3.0‰$	梁端悬出长度≤0.55 m
		$\theta_1+\theta_2 \leqslant 2.0‰$	0.55 m<梁端悬出长度≤0.75 m

注：θ 为梁体的梁端竖向转角，θ_1、θ_2 分别为相邻梁跨梁体各自的梁端竖向转角。

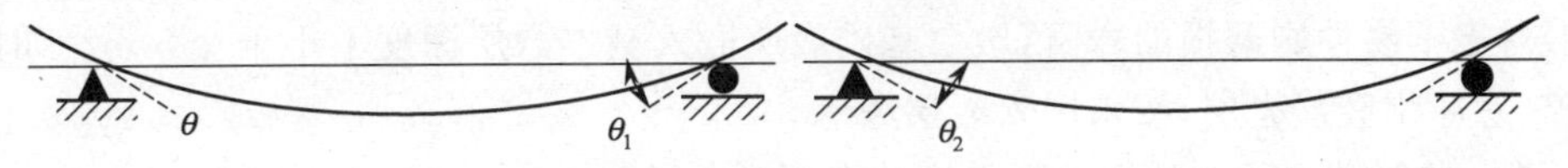

图 6-4　梁端转角示意图

3. 拱桥和刚架桥的竖向挠度，除考虑列车竖向静活载作用外，尚应计入温度变形的影响。

桥梁梁缝两侧钢轨支承点间的相对竖向位移(设有纵向坡度的桥梁，包含活动支座水平温度位移引起的梁缝两侧钢轨支承点间的相对竖向位移)不宜大于 1 mm；相邻梁梁端两侧的钢轨支点横向相对位移不应大于 1 mm。

安装无砟轨道后，收缩及徐变引起的梁体垂直变形不得大于下列值：

跨度 $L \leqslant 50$ m，10 mm；

跨度 $L > 50$ m，$L/5\,000$，也不大于 20 mm。

运营桥梁梁跨实测竖向挠度(换算到 ZK 活载时)应满足有关限值的规定。如超过限值，则应检查分析桥梁的技术状态，采取限速或加固、改造措施。

在 ZK 活载、横向摇摆力、离心力、风力和温度力的作用下，墩顶横向水平位移引起的桥面处梁端水平折角应不大于 1.0‰弧度。梁端水平折角如图 6-5 所示。

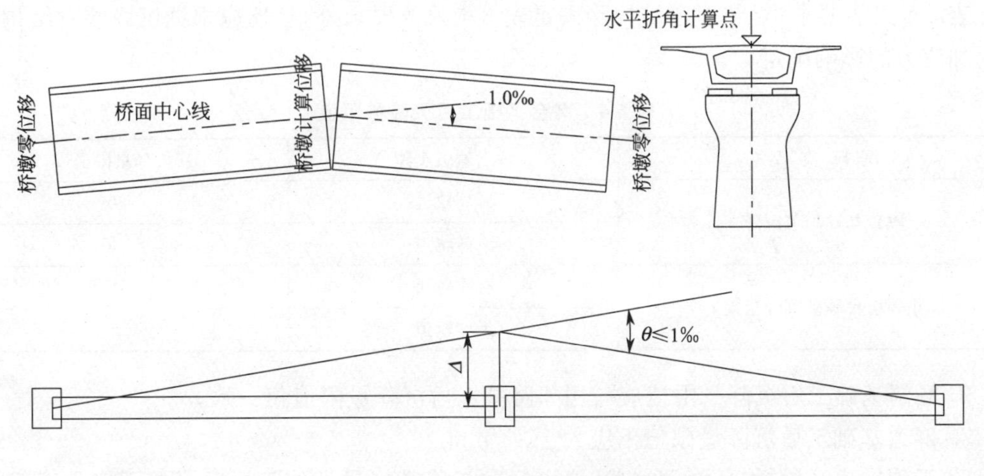

图 6-5　水平折角示意图

Δ—墩台横向水平位移差；θ—水平折角

五、基础埋置深度与沉降

1. 墩台明挖基础和沉井基础基底埋置深度应符合下列条件：

(1)位于河道非岩石地基上的桥跨不应采用明挖基础。

(2)冻胀、强冻胀土，在冻结线以下不小于 0.25 m，同时满足冻胀力计算的要求；弱冻胀土，不小于冻结深度。

(3)无冲刷处，在地面下不小于 2.0 m。

(4)有冲刷处，在墩台附近最大冲刷线以下应不小于下列安全值：对一般桥梁，在检算洪水频率流量下，安全值为 2 m 加冲刷总深度(自河床面算起的一般冲刷深度与局部冲刷深度之和)的 10%；在校验洪水频率流量下，安全值为 1.0 m 加冲刷总深度的 5%。

对技术复杂、修复困难或重要的特大桥、大桥，在检算洪水频率流量下，安全值为 3 m 加冲刷总深度的 10%；在校验洪水频率流量下，安全值为 1.5 m 加冲刷总深度的 5%。

(5)对于不易冲刷磨损的岩石，墩台基础底应嵌入基本岩层深度不小于 0.5 m。如嵌入风化、破碎、易冲刷磨损岩层，按未嵌入岩层考虑。

2. 墩台桩基础和承台的埋置深度应符合下列条件：

(1)承台底面在土中时，承台板底面应在冻结线以下不小于 0.25 m 或在最大冲刷线下不小于 2 m(桩入土中深度不明时)。

(2)承台底面在水中时，应位于最低冰层底面以下不小于 0.25 m。

(3)钻(挖)孔灌注桩为柱桩时，桩底嵌入基本岩层深度不应小于 0.5 m。

(4)桩基在最大冲刷线下的埋置深度必须保证墩台稳定，满足承载力、刚度和沉降控制要求。

3. 基础埋置深度不符合前两款规定条件之一的墩台即为浅基墩台，应进行防护、加固。

4. 涵洞基础除设置在非冻胀地基土上者外，出入口和自两端洞口向内各 2 m 范围内的涵身基底埋深：对于冻胀、强冻胀土应在冻结线以下 0.25 m；对于弱冻胀土，应不小于冻结深度。严寒地区，当涵洞中间部分的埋深与洞口埋深相差较大时，其连接处应设有过渡段。对出现基础冻胀病害的涵洞，应有计划进行整治。

5. 墩台基础的沉降量应按恒载计算。墩台基础工后均匀沉降量和相邻墩台沉降量差应满足表 6-4 限值要求；对超静定结构除满足表 6-4 限值要求外，且还应根据沉降差对结构产生的附加应力的影响确定。

表 6-4　墩台基础工后沉降量限值

沉降类型	桥上轨道类型	工后沉降量限值(mm)
墩台基础均匀沉降	有砟轨道	30
	无砟轨道	20
相邻墩台基础沉降量差	有砟轨道	15
	无砟轨道	5

6. 涵洞基础工后沉降量限值应与相邻路基工后沉降量限值相一致。

7. 隧道基础工后沉降量限值不应大于 15 mm。

8. 无砟轨道区段桥台、涵洞边墙、隧道洞口与路基交界处的工后沉降差不应大于 5 mm，工后沉降差造成的折角不应大于 1/1 000。

9. 工后沉降量超过限值时，应有计划进行整治、加固。

六、耐 久 性

1. 桥隧涵主体结构和构件应具有足够的耐久性。桥隧结构、栏杆、盖板等混凝土构件应达到设计使用年限的要求。

2. 对处于严重腐蚀环境(D4、L3、H4 环境)中的混凝土结构，还应有可靠的防腐蚀强化措施。

3. 钢梁、钢拱肋、吊杆、钢栏杆、钢支架、支座钢件等应按规定进行保护涂装，防止锈蚀。

4. 混凝土墩身、托盘应设有护面钢筋。

5. 桥隧建筑物应有完善的防、排水系统，并便于清理。

6. 客运专线、高速铁路对桥梁结构要求具有很好的耐久性和动力性能，采用高性能混凝土可以提供结构的强度、延长使用寿命、便于施工且具有抗侵蚀的能力，在桥梁主体工程上应用具有十分重要的意义。

7. 高性能混凝土配制技术要点：

(1)选用优质的水泥和砂石料；

(2)掺加优质化学外加剂——减水剂，引气剂；

(3)掺加矿物掺合料——粉煤灰，矿渣粉；

(4)低水胶比(<0.40，0.45)；

(5)限制胶凝材料总量和水泥用量。

七、抗震与防灾设施

1. 位于抗震设防烈度 6 度及以上地区的桥梁、隧道和明洞，均需按《铁路工程抗震设计规范》进行检算。在多遇地震、设计地震、罕遇地震下应分别满足抗震性能Ⅰ、Ⅱ、Ⅲ的设防目标。对抗震能力不足者应采取抗震措施。

2. 抗震设防烈度 6 度及以上地区的桥梁，均应设置防落梁设施，如图 6-6 所示。

图 6-6　防落梁挡块构造

3. 抗震设防烈度 7 度及以上地区的隧道、明洞等应按《铁路工程抗震设计规范》进行抗震设计。隧道洞口设防段长度不应小于隧道开挖宽度的 2.5 倍；棚洞式明洞应设置防落梁设施；8 度以上地区不应采用悬臂式棚洞。

4. 跨越铁路的跨线桥、天桥、渡槽等，应按该处桥梁的抗震设防要求设防。

5. 在铁路线路下通行机动车辆的立交桥涵，其桥涵下净空高度不足 5 m 时，应设置限高防护架。限高防护架的形式按部颁标准执行。

6. 桥长超过 3 km 时，应结合地面道路情况，在桥梁两侧每隔 3 km(单侧 6 km)左右交错设置可上下桥的救援疏散通道。救援疏散通道结构满足抗震设防要求。

7. 长度在 3～10 km 的隧道，结合辅助坑道设置有紧急出口；长度在 10～20 km 的隧道，设置有避难所；长度超过 20 km 的隧道，设置有紧急救援站。

8. 隧道内紧急救援站设置防灾通风和消防设施，避难所和有紧急出口的隧道应设置应急通风设施。

9. 隧道内紧急救援站、避难所设置应急照明、应急通信、疏散引导标识；救援通道、紧急出口、横通道也设置应急照明和疏散引导标识。

第二节　桥　　面

桥面(图 6-7)由轨道、作业通道、遮板、防护墙、梁缝伸缩装置、桥面防水层和泄水管等组成；有砟桥面还设有梁缝挡砟板和伸缩缝钢盖板等。

线路中心距作业通道栏杆内侧之间的距离宜为 4.1 m，对 250 km/h 区段无砟桥面不应小于 3.45 m，有砟桥面不应小于 3.75 m。通道宽度不小于 0.8 m。

图 6-7　桥面

桥面上不设护轮轨，采用防护墙的形式作为预防列车脱轨后的安全措施。线路中心至防护墙内侧净距，有砟轨道不应小于 2.2 m，无砟轨道不应小于 1.9 m。防护墙顶宽不应小于 0.2 m，顶面高程不低于相邻轨面，且不侵入限界。

直、曲线上桥面采用相同的布置(图 6-8)。桥面两侧应设置维修作业通道，宽度应不小于 0.8 m。通道外侧必须设置栏杆(图 6-9)或声屏障。栏杆的高度不小于 1.0 m。作业通道或栏杆在梁的活动端处不得影响梁的伸缩。

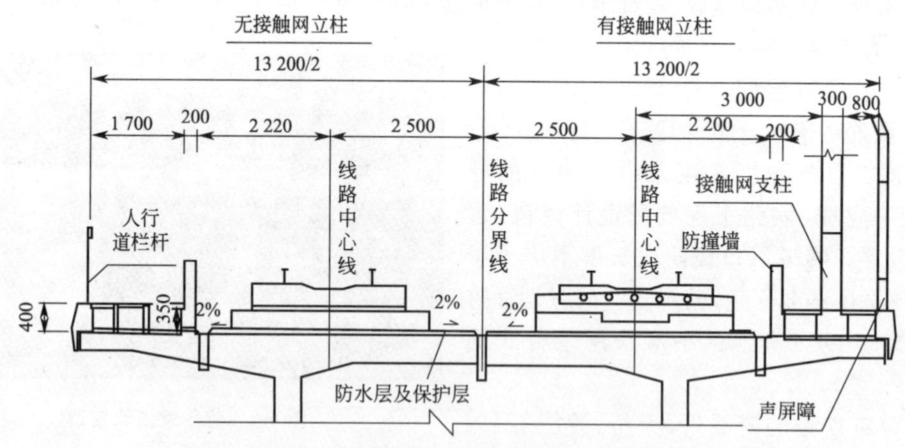

图 6-8　桥面布置图(设置维修作业通道)(单位：mm)

主梁翼缘悬臂板端部应设钢筋混凝土遮板(图 6-10)，防止雨水等流经梁体，遮板受损后可以局部更换。

桥面必须设置性能良好的防、排水设施。

桥面上梁端处应设置伸缩装置，伸缩量应满足结构伸缩要求。伸缩装置安装平直，防水橡胶带应全部嵌固于异型耐候钢或异型铝合金型材凹槽内，不得积水，且沿梁缝全长设置，防水

图 6-9　栏杆

图 6-10　遮板

橡胶带不得有接缝。橡胶止水带(图 6-11、图 6-12),其作用是防止雨水从梁缝漫流到梁体,特别是防止雨水漫流到梁端,引起封端混凝土的病害。

图 6-11　橡胶止水带

桥面横向应设置排水坡,坡度不得小于 2%。排水管道(图 6-13、图 6-14)宜设于防护墙的内侧或桥梁中心处,管道内径应根据实际排水量要求确定,一般不宜小于 150 mm,排水管出水端须伸出梁体,长度要保证排水不污染梁体、墩台。穿越居民区和道路的桥梁,应设横向排

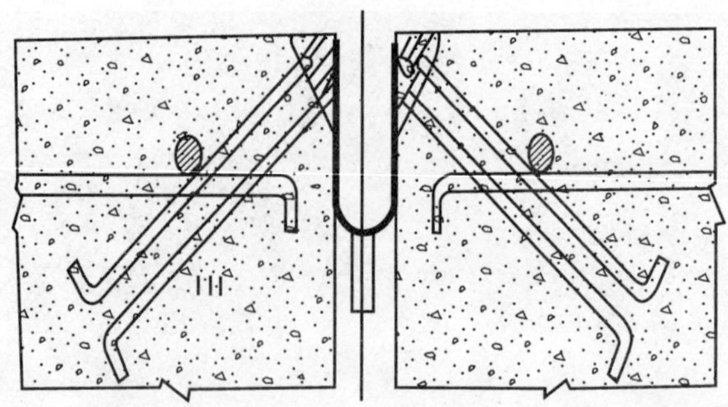

图 6-12　橡胶止水带构造

水管,将桥面排水集中排放到桥下排水沟(图 6-15)。

图 6-13　桥面泄水孔

图 6-14　桥面散排水设施

框构桥顶面应做成向线路两侧的排水坡,不得将框构桥顶面的水排向路基以内。

防护墙每 2 m 设 10 mm 断缝,并以橡胶或弹性嵌缝胶填塞,防护墙下端设过水孔,并做防水处理。

电缆槽内不得有易堵塞排水孔的杂物,以利排水畅通。

桥上设置的声屏障应有足够的高度,其底部与桥面结构之间不应留有缝隙,其纵向亦应连

图 6-15　桥梁集中排水设施

续设置不留缝隙。梁缝处的声屏障结构应能适应梁的伸缩变化。

第三节　梁跨结构

新建高速铁路梁体多采用箱形截面梁,该形式梁具有整体性好、抗扭刚度大等优点。郑西高铁 32 m 跨度的双线箱形截面梁设计自重达 819 t。

1. 箱形梁(图 6-16、图 6-17、图 6-18)应符合下列要求:

图 6-16　箱形梁

图 6-17　箱形梁细部构造

(1)应根据需要设置进人孔,进人孔宜设置在两孔梁梁缝处或梁端附近的底板上。

(2)梁内净空高度不宜小于 1.6 m。

(3)底板应设排水孔,在排水孔周围应配置补强钢筋。梁室内不得积水。

(4)预应力混凝土梁的封锚及接缝处,应在构造上采取防水措施,防止雨水渗入。

(5)墩台上相邻钢筋混凝土梁间、梁端与墩台挡砟墙(胸墙、异型墩帽)间的间距,应能保证梁体自由伸缩。

图 6-18　连续梁

2. 钢—混凝土结合结构应符合下列规定:

(1)钢结构部分,按结构物类型应符合现行《铁路桥梁钢结构设计规范》的有关规定。

(2)结合梁应预设上拱度,但当静活载产生的总挠度不超过跨度的 1/16 000 或 3 mm 时可不设上拱度。

3. 系杆拱(图 6-19)应符合下列规定:

(1)吊杆及锚具防水措施良好,不得锈蚀。

(2)吊杆在梁上的锚固部位混凝土裂纹大于 0.2 mm 时应及时处理。

(3)梁端封锚混凝土裂纹大于 0.3 mm 时应及时处理,避免锚具锈蚀。

(4)拱脚与拱肋、拱脚与梁体连接部位混凝土裂纹不得大于 0.25 mm。

图 6-19　郑西高铁跨环城高速特大桥 112 m 提篮拱结构

4. 钢结构(图 6-20)应符合下列规定:

(1)钢结构应具有要求的刚度、强度和稳定性。运营中应根据钢结构形式,加强对各部连接节点、杆件、螺栓、焊缝的检查养护，使其经常处于良好状态。对承载力或刚度不足、结构不良的钢梁，应进行加固或更换，确保行车安全。

(2)钢结构应保持清洁，要经常清扫污垢、尘土。钢梁上的存水处所应设直径不小于50 mm的泄水孔，钻孔前须对杆件强度进行检算。

(3)当钢梁杆件伤损容许限度超过规定值时，应及时进行整修、加固或更换(经检定不影响钢梁正常使用者除外)。

图 6-20 京沪高速铁路—南京大胜关长江大桥

第四节 支座和防落梁挡块

高速铁路桥梁多采用盆式橡胶支座。支座的构造和布置应符合下列规定：

1. 采用可调高盆式橡胶支座，简支梁采用 TGPZ 或 KTPZ 调高盆式橡胶支座，连续梁采用 CKPZ 调高盆式橡胶支座。支座设计反力小于 5 000 kN 时采用 TGPZ-A 支座(即有砟轨道24、32 m 组合简支箱梁和单线箱梁采用 TGPZ-A)；支座设计反力为 5 000～6 000 kN 时采用 KTPZ 支座(即正线无砟轨道 24、32 m 简支箱梁采用 KTPZ)；支座设计反力大于6 000 kN 时采用 CKPZ 支座(即连续梁，包括边跨)。

2. 盆式橡胶支座按其使用性能分为：多向活动支座、单向活动支座、固定支座、抗震型固定支座。其质量应满足《铁路桥梁盆式橡胶支座》(TB/T 2331)的要求。

3. 横向宽度较大的梁，其支座部分必须能横向移动及转动。

图 6-21 盆式橡胶支座的构造图 1

4. 支座应满足检查、维修和更换的要求。

5. 盆式橡胶支座(图 6-21、图 6-22)表示方法:如 PZ—6000—ZX,其中“PZ”表示盆式橡胶支座;“6000”表示设计竖向承载力为 6 000 kN;“ZX” 表示纵向活动支座。

每片简支箱梁的支座分布情况如图 6-23、图 6-24、图 6-25、图 6-26、图 6-27 所示。

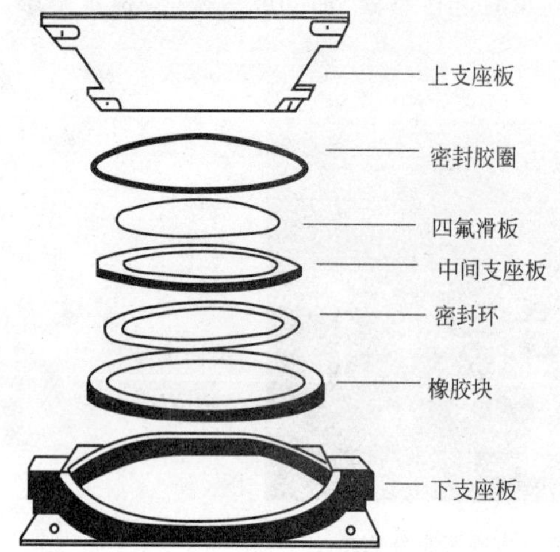

图 6-22 盆式橡胶支座支座的构造图 2

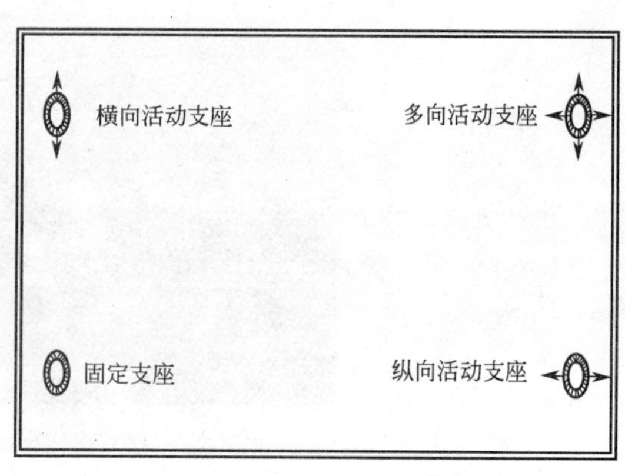

图 6-23 每片简支箱梁的支座分布情况图

图 6-24 固定支座

6. 支座位置安装应符合下列规定:

(1)同一座桥上固定支座的设置,应避免梁缝处相邻梁端横向反方向温度位移。

(2)在坡道上,固定支座宜设在较低一端;在车站附近,应设在靠车站一端。

(3)对斜交梁,支座纵向位移方向应与梁轴线或切线一致。

(4)双线整孔简支箱梁,每孔梁一端应安装一个固定支座(GD)和一个横向活动支座(HX),另一端安装一个纵向活动支座(ZX)和一个多向活动支座(DX)。固定支座和纵向活动支座应在梁的同一侧,横向活动支座与多向活动支座应在梁的另一侧。

(5)双线并置简支箱梁,每孔梁一端应安装两个固定支座和两个横向活动支座,另一端安装两个纵向活动支座和两个多向活动支座。固定支座、纵向活动支座应安装在内侧,横向活动

图 6-25　横向活动支座

图 6-26　纵向活动支座

图 6-27　多向活动支座

支座和多向活动支座应安装在外侧。

(6)单线简支箱梁(支座中心距<4.0 m)和简支 T 形梁，每孔梁一端应安装两个固定支座，另一端应安装两个纵向活动支座。

(7)多片简支 T 形梁，中梁一端应安装固定支座，另一端安装纵向活动支座，边梁在中梁固定支座端应全部安装横向活动支座，另一端应全部安装多向活动支座。

(8)双线连续梁，每联梁应在一个墩顶(一般为中间墩)安装固定支座和横向活动支座，其余墩顶安装纵向活动支座和多向活动支座。固定支座和纵向活动支座在梁的同一侧，横向活动支座与多向活动支座在梁的另一侧。

(9)单线连续梁，每联梁应在一个墩顶(一般为中间墩)安装两个固定支座，其余墩顶全部安装纵向活动支座。

(10)同一座桥梁中，当各桥跨固定支座安装条件相互抵触时，应首先满足线路一侧的支座横向位移约束条件相同的要求，即同桥同侧的要求。其次再按水平力作用影响较大的情况设置。

盘式橡胶支座安装、使用允许偏差应满足表 6-5 的规定。

表 6-5　安装、使用允许偏差

<table>
<tr><th>序号</th><th colspan="2">项　　目</th><th>允许偏差(mm)</th></tr>
<tr><td rowspan="2">1</td><td rowspan="2">支座下座板中心与墩台上支座设计中心纵向错动量</td><td>墩台高度<30 m</td><td>20</td></tr>
<tr><td>墩台高度≥30 m</td><td>15</td></tr>
<tr><td rowspan="2">2</td><td rowspan="2">支座下座板中心与墩台上支座设计中心横向错动量</td><td>墩台高度<30 m</td><td>15</td></tr>
<tr><td>墩台高度≥30 m</td><td>10</td></tr>
<tr><td rowspan="2">3</td><td rowspan="2">同端支座中心横向距离</td><td>偏差与桥梁设计中心对称时</td><td>+30
−10</td></tr>
<tr><td>偏差与桥梁设计中心不对称时</td><td>+15
−10</td></tr>
<tr><td>4</td><td colspan="2">支座板四角高差</td><td>1</td></tr>
<tr><td>5</td><td colspan="2">上下座板中心十字线扭转</td><td>1</td></tr>
<tr><td>6</td><td colspan="2">同一梁端两支座高差</td><td>1</td></tr>
<tr><td>7</td><td colspan="2">一孔箱梁四个支座中，一个支座不平整限值</td><td>3</td></tr>
<tr><td>8</td><td colspan="2">固定支座上下座板及中线的纵、横向错动量</td><td>1</td></tr>
<tr><td>9</td><td colspan="2">活动支座中线的纵、横向错动量(按设计气温定位后)</td><td>3</td></tr>
<tr><td>10</td><td colspan="2">聚四氟乙烯板四个角点的外露高度</td><td>+0.6
0</td></tr>
</table>

7. 支承垫石顶面与下支座板之间应采用 20～30 mm 厚的无收缩灌浆料重力灌浆填实；四个支点的反力与平均值相差不应超过±5%。

8. 防落梁挡块连接螺栓应采用 40Cr，螺栓螺纹与梁底预埋套筒有效接合长度应大于 1.2 倍的螺栓直径。挡块与支承垫石之间的空隙宜在 20～40 mm 之间；横向活动支座(HX)和多向活动支座(DX)处，挡块严禁与墩台顶面、支承垫石侧面接触。

第五节　桥梁墩台及基础

桥梁下部结构一般采用混凝土或钢筋混凝土墩台，不得采用柔性结构。选用的墩台类型应能保证桥梁和轨道结构的安全、舒适、耐久和良好的动力性能。桥台一般采用矩形空心台；桥墩(图 6-28、图 6-29)一般采用空心墩、实体墩、柱式墩等形式，全桥一般宜采用同一种类型桥墩，当桥墩墩高超过 20 m 时，可采用矩形空心墩与圆端形空心墩两种墩型；连续结合梁、预应力混凝土中等大跨度连续梁(跨度大于 40 m)等桥梁结构的桥墩一般采用实体墩。跨越道路和既有铁路线两侧的桥墩宜采用实体墩。结合桥梁所处的地域、地形、水文、立交等条件，桥墩类型宜成段统一，桥梁上、下部结构整体应适应景观协调要求。

图 6-28　圆端实体桥墩

图 6-29　双柱桥墩

桥墩台顶面尺寸应满足架设、养护和支座更换及顶梁的要求，并应设排水坡。

桥梁墩台在列车动活载作用下应具有足够的刚度，实测墩顶横向最大振幅和最低频率应满足《铁路桥梁检定规范》限值的规定。如超过限值规定，应查明桥墩的技术状态，必要时进行加固或采取保安措施。

桥梁墩台（表 6-6）严重裂损，可采用修补、灌浆、表面封闭、加固等办法处理。墩台倾斜、下沉、冻害等病害，可采用地基加固、加深或扩大基础等办法处理。

表 6-6　桥梁墩台恒载裂缝宽度限值

设备形式	裂缝部位		最大裂缝限值(mm)
墩　台	顶　帽		≤0.3
		经常受侵蚀性环境水影响	有筋 0.2，无筋 0.30
		常年有水但无侵蚀性	有筋 0.25，无筋 0.35
		干沟或季节性有水河流	≤0.4
	有冻结作用部分		≤0.2

易积水的混凝土表面，均应设不小于3%的排水坡。

桥墩结构加固混凝土强度等级不低于原设计的标准。

图 6-30 郑西高铁偃师特大桥 48＋80＋48(m)V 形墩刚构

高速铁路墩台桩基础一般采用钢筋混凝土钻孔桩，桩径分别为 ϕ1.0 m、ϕ1.25 m、ϕ1.5 m、ϕ2.0 m 几种。为减小基坑开挖深度，以承台(图 6-31)底一般不露出地面为主；必要时，可以夯填一部分，设置高桩承台；露出地面的承台四周需要夯填，夯填平台边坡按 1∶1.25，坡顶距承台边不小于 4.0 m。

图 6-31 承台

第六节 涵 洞

涵洞(图 6-32)宜采用钢筋混凝土框架箱涵。涵洞顶至轨底的填料厚度不宜小于 1.20 m。

排洪涵洞的最小孔径不应小于 1.25 m，且全长不超过 25 m。当全长超过 25 m 时，为便于养护，孔径应相应加大。无淤积的灌溉涵孔径应不小于 1.0 m，长度不宜超过 15 m；当长度大于 15 m 时，孔径相应加大。

涵身应铺设新型防水层，并做好沉降缝、伸缩缝的防水工作，确保不漏水。

涵洞如有满流情况时，可采用在入口处抬高管节及增砌漏斗形进口的办法处理，必要时应进行改建或扩孔。涵管裂损严重或管节离缝过大，如孔径容许，可在洞内加筑衬环或套环。

交通涵不应积水。排洪涵应与路基排水沟、外部的自然水系及地方排灌系统顺接，确保排水畅通。

图 6-32 涵洞

第七节 防护、安全检查设备及疏散通道

一、河道及防护设备

为了保证洪水和流冰的正常通过，必须清除桥涵附近河道的淤土等杂物。

有流冰的河流，在墩台前应设有破冰棱和其他防冰设施。

对经常遭受车船碰撞，或有碰撞可能的桥墩台和梁跨应采取防护措施。

遇有下列情况时，应修建或加固防护设备和调节河流建筑物，也可根据具体情况，对河道作适当的截弯取直。

1. 水流威胁桥台、桥头路基及淘刷桥头路基的堤脚。
2. 河道变迁，水流流向不顺，造成集中冲刷，影响局部墩台的稳定。
3. 防护设备或调节河流建筑物位置不当，数量不够，强度不足，可能造成冲毁或损坏。

二、安全检查设备及疏散通道

为便于桥涵的检查及养护，应根据桥涵结构特点，设置必要的安全检查设备(图 6-33)。

图 6-33 墩顶围栏

为便于对涵洞、护锥、桥下进行检查，当路堤及路堑边坡高度大于 3 m 时，应设置检查台阶。

旱桥、高架桥下应有便道可到达各桥孔，高度低于 15 m 的桥梁，可采用移动升降式桥梁检修车进行检修作业；旱桥、高架桥无便道到达各桥孔的桥梁、高度高于 15 m 的桥梁以及桥下长期有水无法到达的桥梁，可采用走行在桥面上的桥梁检修车进行检修作业。

高铁高速运行中的列车可能会遭遇各类突发事件，如：部分旅客违反规定在车厢内吸烟，导致车厢内的烟气探测器报警；突发的火灾、烟气，列车突发的机器故障；线路、电力故障；山洪、暴雨等不可抵御的自然灾害等，这些不稳定因素将会导致高速运行的列车紧急制动停车，若列车停车位置刚好在大于 3 km 的特大桥上，则乘客无法安全快速的撤离行车道，由于高铁行车密度大，速度快，有效刹车距离长，势必危及乘客的人生安全。

针对这一类可能发生的突发事件，采取的措施是在桥长大于 3km 的特大桥处设置救援疏散通道(图 6-34)，按照桥长每 3 km 一处，上、下行线交替设置。疏散通道包括休息平台、梯板、栏杆、梯梁、立柱、基础，附属设施包括安全防护罩、顶部休息平台安全门、桥上疏散指示标识等。

修建救援疏散通道后，在列车突发紧急事件的时候，乘客可以以最快的速度撤离行车道，有效保障了旅客的人身安全。

图 6-34　桥梁疏散通道

三、其　　他

桥涵建筑物上安装高压电缆、电线、各种管路等设备，应有可靠的安全措施，并经公司和铁路局批准。任何情况下，上述设备的安装，必须限于桥涵承载力容许范围内，并不得侵入限界及妨碍桥涵的检查修理工作。

原则上，路基下不得增设立交桥涵，特殊情况应进行综合研究论证，并应与工务段协商，报公司和铁路局批准后，按有关规定实施。

桥涵建筑物上安装的各种设施，穿越铁路修建桥涵设备，应按有关规定明确产权归属，并与工务段签订养护管理协议，明确安全责任。

第七章 隧 道

第一节 空气动力学效应

高速铁路的隧道设计主要由限界、构造尺寸、使用空间和缓解及消减高速列车进入隧道诱发的空气动力学效应两方面的要求确定的。研究表明，当列车以 200 km 以上时速通过铁路隧道时，空气动力学效应对行车、旅客乘车舒适度、洞口环境的不利影响已十分明显且起控制作用，因此，隧道的设计除须遵照现行《铁路隧道设计规范》(TB 10003)规定及提高防灾救援要求外，还应考虑空气动力学效应的影响。

高速列车进入隧道后将隧道内原有的部分空气排开，由于空气黏性和隧道内壁、列车外表面摩阻力的存在，被排开的空气不能像在隧道外那样及时、顺畅地沿列车周侧形成绕流，列车前方的空气受到压缩，而列车尾部进入隧道后会形成一定的负压，因此产生了压力波动过程。这种压力波动以声速传播至隧道口，大部分发生反射，产生瞬变压力；而另一部分则形成向隧道外的脉冲状压力波辐射，即微气压波。这些都会对高速列车运营、人员舒适度和环境造成一系列影响。

一、空气动力学效应

高速铁路隧道空气动力学效应如表 7-1 所示。

表 7-1 高速铁路隧道空气动力学效应

空气动力学效应		对隧道设计和运营的意义
瞬变压力	车内瞬变压力	旅客舒适度
	车上压力波动最大幅度	旅客和乘务员的健康
	隧道内压力峰值	衬砌和设施的气动荷载
	车内外压差	车辆结构的气动荷载
微气压波		隧道口环境
列车空气阻力	平均阻力	牵引计算
	阻力过程	限坡
空气流动	列车风	隧道中设备的安全
	空气动压	

(一)空气动力学效应对高速铁路运营的影响

1. 由于瞬变压力造成乘员耳朵不适，乘车舒适度降低，并对车辆产生危害；
2. 当高速列车进入隧道时，会在隧道出口产生微压波，引起爆破噪声并危及洞口建筑物；
3. 行车阻力加大，引起对列车动力和总能量消耗的特殊要求；
4. 空气动力学噪声。

(二)空气动力学效应的影响因素

1. 机车车辆方面:行车速度,车头和车尾形状,列车横断面,列车长度,列车外表面形状和粗糙度,车辆的密封性等。

2. 隧道方面:隧道净空断面面积,双线单洞还是单线双洞,隧道壁面的粗糙度,洞口及辅助结构物形式,竖井、斜井和横洞,道床类型(整体、板式还是碎石道床)等。

3. 其他方面: 列车在隧道中的交会等。

二、瞬变压力

(一)瞬变压力的组成

列车进入隧道引起的压力变化即瞬变压力是以下两部分的叠加:

1. 列车移动时从挤压、排开空气到留下真空整个过程引起的压力变化;

2. 列车车头进入隧道产生的压缩波以及车尾进入隧道产生的膨胀波在隧道两洞口之间来回反射产生的压力变化。

当双线隧道中同时有不同方向列车相向行驶时,叠加所产生的情况则更为复杂。

(二)瞬变压力影响因素

1. 隧道长度的影响

(1)压力波以声速传播,对于长隧道,来回反射的周期相应较长。同时,在反射的过程中能量有所衰减。

(2)对于短隧道,压力波反射的周期大为缩短。同时,在反射过程中能量损失也较少,致使压力波动程度加剧。试验表明,压力波动绝对值,并不随隧道长度的减小而减小。

因此,对高速铁路中的隧道,有的虽然不长(例如长度在 1 km 左右),其可能引起的行车时的压力波动仍然不能忽视。但是,当隧道长度短到使列车首尾不能同时在其中时,则压力波的叠加不可能发生,压力波动程度当然随之缓解。

2. 列车速度的影响

研究表明压力波动同列车速度平方成正比。

3. 隧道净空断面面积的影响

对于压力波动,诸因素中隧道横截面积的影响是最大的。研究结果表明,隧道净空断面面积是最主要的因素。

4. 辅助坑道的影响

竖井(斜井、横洞)的存在会缓解压力波动的程度。竖井位置对减压效果的影响很大,并不是处于任何位置的竖井都能有较好的效果。竖井断面积 5～10 m^2 即可,加大竖井的横断面积,并不能收到好的效果。

5. 列车交会的影响

双线隧道列车在隧道中交会引起压力波动的叠加,情况十分复杂。研究结果表明,列车交会时,压力波动最大值是单一列车运行情况的 2.8 倍。

当列车交会时所产生的压力波动同列车长度、隧道长度、会车位置、车速等多种因素有关。

6. 列车密封条件对车内压力波动的影响

车辆的密封对车内压力波动的影响可以归结为“缓解”和“滞后”两种效应。值得指出的是,在考虑到列车交会的情况下,就车外压力而言,洞口会车有时会成为最不利情况,然而在列车密封的条件下,洞口会车并非为最不利情况。由于“滞后”效应,车内压力来不及“响应”列车

就出洞了

三、微 压 波

微压波是隧道出口微气压波的简称，是高速铁路隧道运营过程中产生的空气动力学问题之一。微压波使得列车高速进入隧道时，在另一侧出口产生突然爆炸声响，对隧道出口附近的环境构成危害，如图 7-1 所示。

研究认为，隧道出口的爆炸声响是由列车高速进入隧道产生的压缩波在隧道内传播到达出口时，由出口向外部放射脉冲状压力波而引起的。

微压波的大小与列车进洞速度、隧道长度、道床类型及隧道入口形式等有关。

降低隧道微压波的工程措施有以下几种：

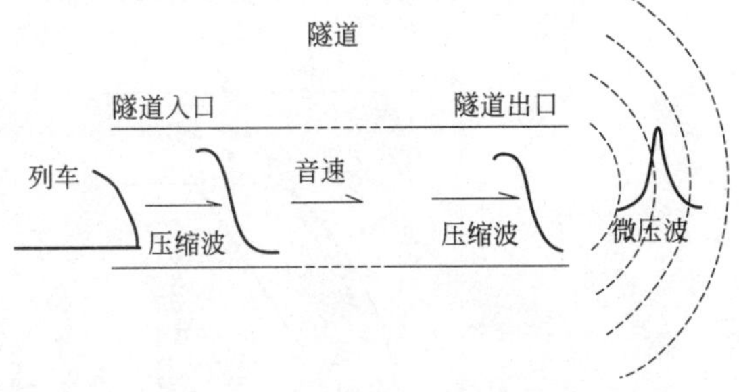

图 7-1 列车进入隧道引起的微压波

1. 采用特殊隧道入口形式(称为洞口缓冲结构)；
2. 采用道砟道床或具有相同效果的贴附有吸音材料的洞壁；
3. 连接相邻隧道并在连接部分适当开口，对单一隧道可在埋深浅的地方设窗孔；
4. 利用斜井、竖井、平行导坑等辅助坑道。

四、降低隧道空气动力效应的结构工程措施

增大隧道有效净空面积其效果显著。但因增加工程数量，从而提高了造价；在洞口增设缓冲结构、将隧道出入口作成喇叭形、增设混凝土明洞或钢结构的棚洞等，并且在其洞壁上开设通气孔洞或窗口，既可降低洞内瞬变压力，又可减弱微压波产生洞口附近的“爆炸”声。隧道洞口缓冲结构实例，如图 7-2 所示。

图 7-2 郑西高铁秦东隧道进口缓冲结构

隧道洞口缓冲结构并不能解决列车在隧道内高速行走产生的压力变化给乘员带来的不适和压力过大而带来的耳鸣问题。但却可以通过降低列车进洞后第一阶段压缩波的波前梯度而有效地降低出口微压波的大小，消除洞口的爆炸声响，减少微压波给洞口带来的环

境危害。

第二节 隧道断面尺寸

1. 300～350 km/h 高速铁路隧道单线隧道轨顶面以上净空横断面面积不应小于 70 m^2，双线隧道(图 7-3)轨顶面以上净空横断面面积不应小于 100 m^2。

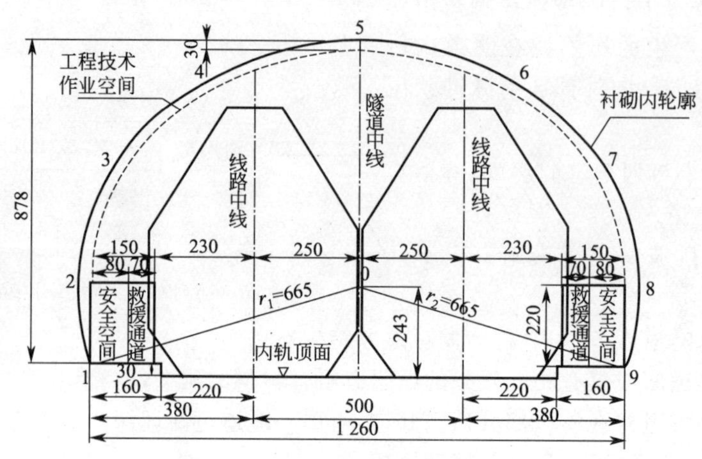

图 7-3 双线隧道断面(单位:cm)

2. 隧道内应设置安全空间、救援通道和工程技术作业空间，并应符合下列规定：

(1)安全空间

①隧道内安全空间应设在距线路中线 3.0 m 以外，单线隧道在救援通道一侧设置，双线隧道在双侧设置。

②安全空间的高度不应小于 2.2 m，宽度不应小于 0.8 m。

③ 安全空间的地面高程不应低于轨面规定高度，地面与接触网设备带电部件之间的距离不应小于 3.95 m。

④ 安全空间的地面应平整，地面可设置 3‰的横向排水坡。

(2)救援通道

①隧道内应设置贯通的救援通道。

②救援通道应设在安全空间一侧，距线路中线不应小于 2.3 m。

③救援通道走行面不应低于轨面，地表必须平整。

④救援通道的宽度不宜小于 1.5 m，在装设专业设施处，宽度可适当减少；高度不应小于 2.2 m。

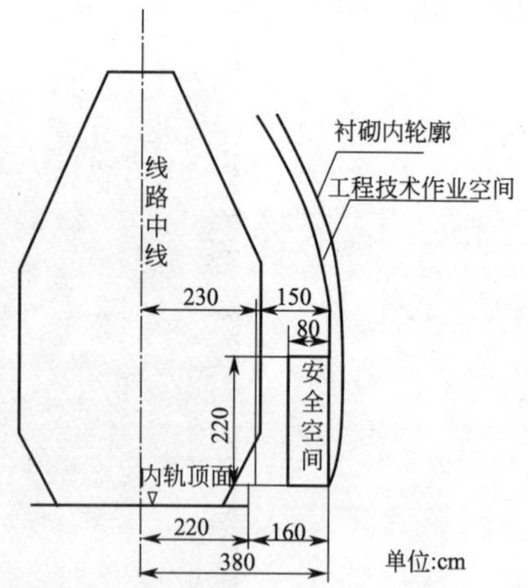

图 7-4 工程技术作业空间

(3)工程技术作业空间(图 7-4)

应沿隧道衬砌内轮廓环向设置，其宽度宜为 0.3 m。隧道的施工误差不应占用工程技术作业空间。

第三节　隧道衬砌

隧道衬砌(图 7-5)类型选择应符合下列规定：

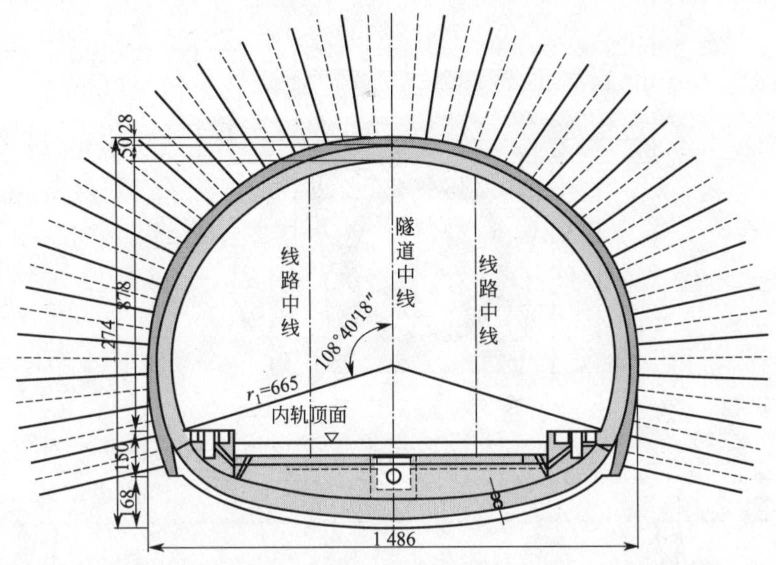

图 7-5　时速 350 km 双线铁路隧道代表性衬砌结构断面(Ⅴ级围岩)(单位:cm)

(1)暗挖隧道应采用复合式衬砌。

(2)明挖隧道宜采用整体式衬砌。

隧道衬砌混凝土强度等级不应低于 C25,钢筋混凝土强度等级不应低于 C30。Ⅰ、Ⅱ级围岩隧道衬砌底板厚度不应小于 30 cm,混凝土强度等级不应低于 C30,并应配置双层钢筋。仰拱填充混凝土强度等级不应低于 C20,仰拱与仰拱填充混凝土应分开施工。湿陷性黄土隧道底部应进行加固处理。

第四节　隧道防排水

高速铁路的隧道内防排水设施应于洞外的防排水设施相连接,成为一个完整的防排水体系,具体要求如下：

1. 一般隧道采取“防、排、截、堵结合,因地制宜,综合治理”的原则(“防”:防止地下水渗入,“排”:排水设施要通畅,“截”:防止地表水渗入、防止岩溶水涌入,“堵”:封堵较大的地下水、围岩裂隙水和衬砌局部漏水)。隧道衬砌和设备洞室衬砌的防水等级应达到《地下工程防水技术规范》(GB 50108—2001)规定的一级防水标准,即隧道内不允许渗水,衬砌结构表面无湿渍。

2. 新建铁路双线隧道,一般应设置双侧水沟和中心水沟,中心水沟应与双侧排水沟相连通。干燥无水或排放量很小,地下水环境不会发生变化的短隧道,可只设双侧水沟。中心排水沟如图 7-6 所示。

3. 水沟断面(图 7-7)应根据水量大小确定。排水沟的设置应考虑清理和检查要求;中心排水沟应设检查井。检查井间距应根据水沟断面情况确定,检查人员不能进入水沟内部时,检查井间距宜为 30～50 m；检查人员能够进入水沟内部时，检查井间距宜为 80～100 m。

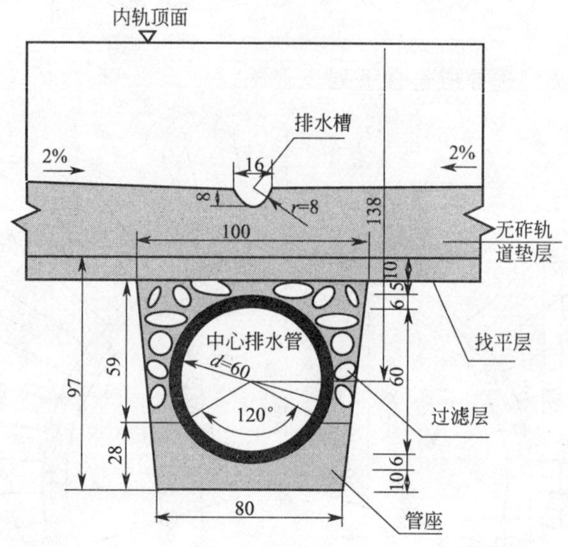

图 7-6　中心排水管(沟)布置(单位：cm)

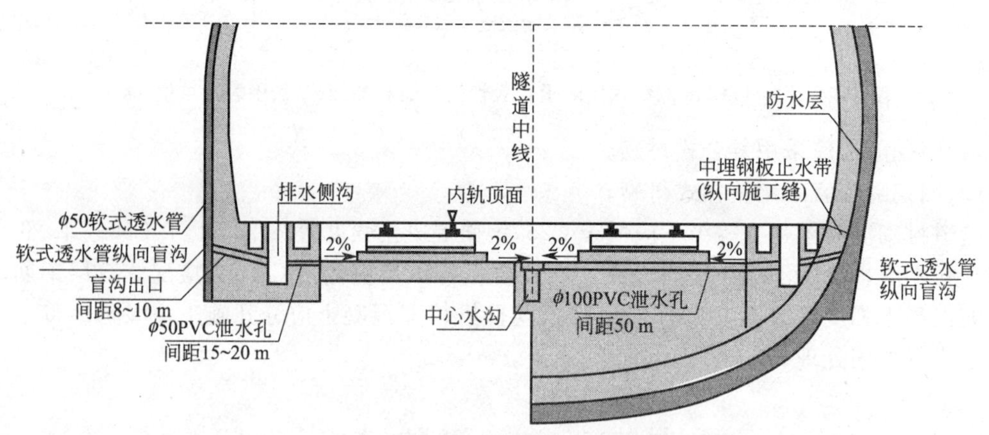

图 7-7　高速铁路隧道横向排水系统断面

4. 侧沟在边墙衬砌侧应预留进水孔，间距宜为 4 m。侧沟在中心水沟一侧应设置出水孔，间距宜为 30 m。环向盲管底部位置应设进水孔与排水沟连通。

5. 采用复合式衬砌的隧道，应根据隧道的工程地质、水文地质和环境条件等综合因素研究在初期支护与二次衬砌之间铺设分离式防水板，防水板厚度不得小于 1.5 mm。不得使用塑料再生料加工的塑料防水板，其技术性能应符合铁路相关防水材料技术条件要求。后期施作的隧道内埋设件，其埋设深度不应穿透二次衬砌。

6. 隧道衬砌背后应设置与排水沟配套的纵、环向排水盲管。纵向排水盲管设在两侧边墙下部，环向排水盲管应与纵向排水盲管连通(图 7-7)。

7. 隧道衬砌结构的施工缝(图 7-8)、变形缝(图 7-9)应采取可靠的防水措施。要尽量采用可维护的防排水系统，即采用耐久、可靠的防排水材料，关键部位发生损坏或防排水功能不能满足使用要求时，可以进行维护、检修或更换，满足隧道设计使用年限内的防排水要求。主要防水措施如表 7-2 所示。

表 7-2 隧道衬砌防水措施

工程部位	防 水 措 施
主体结构	混凝土自防水、防水板
截排水系统	排水盲沟、泄水洞、地表截水系统
施工缝变形缝	中埋式橡胶止水带、背贴式橡胶止水带、遇水膨胀橡胶止水条、外贴式橡胶止水带、可维护注浆管、可卸式排水槽等
堵水系统	围岩注浆、防水板背后注浆、局部漏水

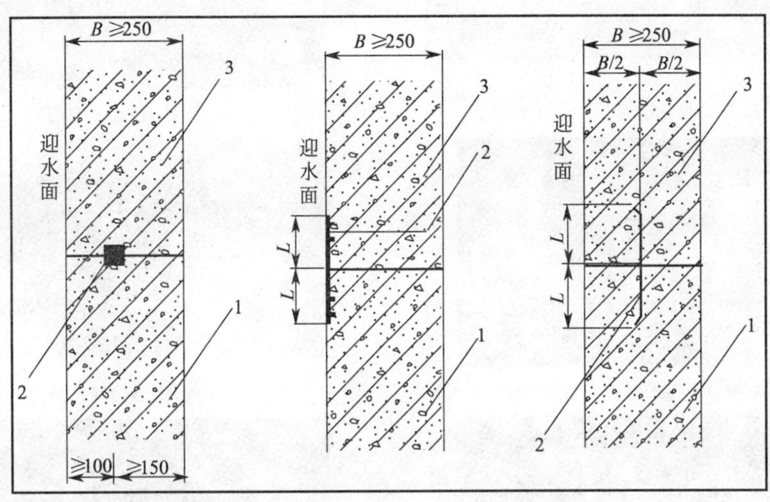

图 7-8 常用施工缝防水示意图(单位:mm)

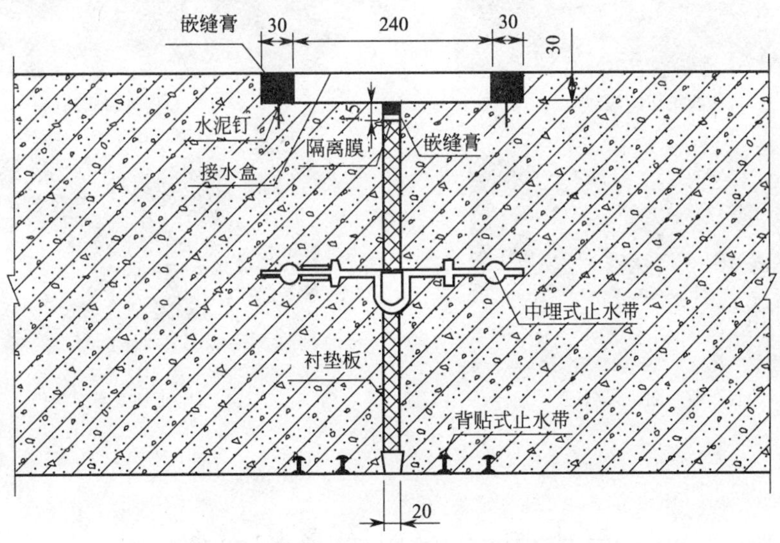

图 7-9 边墙变形缝防水示意图(单位:mm)

第五节 洞 门

隧道洞门宜结合地形、地貌和环境条件进行设计,在确保隧道洞门结构安全的前提下,尽量减少洞口边仰坡开挖。

高速铁路隧道洞门设置除应考虑结构安全，满足周围地形地质条件要求外，还应考虑列车进入隧道产生的空气动力学效应对洞口周围环境的影响，斜切式洞口结构就成为主导的洞口形式。各类洞门形式如图 7-10 所示。

(a)直切式洞门

(b)压切式洞门

(c)侧切式洞门

(d)弧形挡墙式洞门

(e)曲线正切式洞门

(f)喇叭口式洞门

(g)直线渐变侧切式洞门

(h)正切变异型洞门

图 7-10　洞门形式

第六节　洞内附属构筑物

一、隧道内的综合洞室、电缆槽等的设置

1. 隧道内可不设置供维修人员使用的避车洞，但应考虑设置存放维修工具和其他业务部门需要的综合洞室(图 7-11)。综合洞室沿隧道两侧交错布置，每侧间距应为 500 m 左右。

2. 隧道内应设置双侧电缆槽，电缆槽可设在救援通道下，但盖板必须坚固、平整，与救援通道地面齐平。电缆槽结构外缘至同侧轨道中线的距离，不宜小于 2.20 m，临近道床一侧的沟(槽)身必要时应增设构造钢筋。

图 7-11 隧道内综合洞室

二、通风及照明

特长、长隧道宜考虑设置防灾通风，并与运营通风相结合。隧道采用的通风方式，应根据技术、经济条件，考虑安全、通风效果等因素，综合比选确定。

隧道内照明设置(图 7-12)应考虑维修养护、紧急情况下的人员疏散及救援人员的通行要求，也应考虑列车进入隧道后的亮度变化对旅客舒适度的影响，同时应满足下列规定：

图 7-12 隧道照明设备

1. 长度大于 100 m 的隧道内应设置固定的电力照明；

2. 长度大于 500 m 的隧道内应设置应急照明设备，应急照明灯具安装间隔不大于 50 m，该设备必须在供电中断时能自动接通并能连续工作 2 h 以上；

3. 疏散出口及其通道内均应设置应急照明灯具。

三、防灾与救援

隧道防灾救援疏散应贯彻“以人为本，应急有备，方便自救，安全疏散”的工作方针。健全防灾救援疏散系统，预防灾害发生，将灾害所产生的影响减少到最低程度。

高速铁路条件下的隧道灾害，主要表现为火灾、水灾、空气动力学问题、隧道内掉块、侵限和结构失稳。其中隧道内掉块、侵限和结构失稳问题是铁路隧道的共有问题，即隧道病害问题，在非特大灾害条件下(如爆炸、地震、山体滑坡等)一般来说发展较为缓慢，有一定的时间发现和整治，且可通过提高设计标准和施工工程质量来相应提高其抗灾能力，有关隧道病害的监测、检测、状态评估和整治能够独立进行操作；空气动力学问题可以通过对隧道断面和隧道洞口形式等采取一系列构造技术措施来解决；水灾问题在水底隧道中最为突出，危害也大；火灾具有突发性，常常造成灾难性后果。

高速铁路隧道内防灾救援方案的原则：可能的情况下列车应开出洞外，洞内采取“以引导旅客疏散为主”的设计原则。

具体措施如下：

1. 洞内设置救援通道——疏散、救援；
2. 长隧道可利用辅助坑道设置疏散出口(图 7-13)；
3. 特长隧道设置专用疏散出口；
4. 大于 20 km 的隧道设置定点疏散点。

图 7-13　隧道疏散通道出口

第八章　路基及防灾

第一节　路　　基

铁路路基是经开挖或填筑而形成的土工构筑物，与桥涵、隧道连接组成贯通坚实的轨道基础。路基工程包括轨道下方的路基基床、路基基床下的路基本体、边坡防护和支挡工程等。高速铁路对路基的总体要求是地基的工后沉降小、基床的强度高、路基的刚度沿线路变化平缓，防排水系统完善，支挡、防护体稳定可靠。

一、高速铁路路基技术要求

1. 路基是一种土工结构物，路基设备应满足轨道稳定性、平顺性要求。

2. 有砟轨道路堤、路堑的两侧路肩宽度，双线不应小于 1.4 m，单线不应小于 1.5 m。

3. 有砟轨道正线曲线地段路基面加宽值应在曲线外侧加宽，曲线加宽值应在缓和曲线内渐变，无砟轨道时一般不加宽。

4. 无砟轨道直线地段，路基面形状设计为梯形路拱，两侧设不小于 4％的向外横向排水坡，底宽为路基面宽度。路基面以下基床表层与底层、底层与基床下部路堤接触面自中心向两侧设 4％排水坡。曲线地段，路基面形状为折线形。

有砟轨道地段，路基面形状设计为三角形。曲线加宽时，路基面仍保持三角形形状。

5. 路基基床由表层及底层组成，有砟轨道基床表层厚度为 0.7 m，底层厚度为 2.3 m，总厚度为 3.0 m；无砟轨道基床表层与混凝土支承层的总厚度不小于 0.7 m，底层厚度为 2.3 m。基床表层为级配碎石，底层及以下填筑 A、B 组填料或改良土，并按照要求进行分层压实。压实标准采用地基系数 K_{30}、动态变形模量 E_{vd}、压实系数 K 或空隙率 n 三项控制指标，采用无砟轨道时，还应增加对变形模量 E_{v2} 的控制，具体技术要求见表 8-1、表 8-2、表 8-3、表 8-4。

表 8-1　基床表层级配碎石粒径级配

方孔筛孔边长(mm)	0.1	0.5	1.7	7.1	22.4	31.5	45
过筛质量百分率(％)	0～11	7～32	13～46	41～75	67～91	82～100	100

表 8-2　基床表层压实标准

轨道类型	填料	厚度(m)	压实标准			
			地基系数 K_{30}(MPa/m)	动态变形模量 E_{vd}(MPa)	变形模量 E_{v2}(MPa)	孔隙率 n
有砟轨道	级配碎石	0.6～0.65	≥190	≥55		＜18％
无砟轨道	级配碎石	0.40	≥190	≥50	≥120	＜18％

表 8-3 基床底层压实标准

轨道类型	填料	厚度(m)	压实标准	改良	砂类土	碎石类
有砟轨道	A、B 组填料及改良土	2.3	地基系数 K_{30}(MPa/m)	≥110	≥130	≥150
			动态变形模量 E_{vd}(MPa)	≥40		
			压实系数 K	≥0.95	—	—
			孔隙率 n	—	<28%	<8%
无砟轨道	A、B 组填料及改良土	2.3	地基系数 K_{30}(MPa/m)	≥110	≥130	≥150
			动态变形模量 E_{vd}(MPa)	≥35		
			变形模量 E_{v2}(MPa)	≥60		
			压实系数 K	≥0.95	—	—
			孔隙率 n	—	<28%	<28%

表 8-4 基床以下路堤填料及压实标准

填料	压实标准	改良细粒土		砂类土及细砾土		碎石类及粗砾土	
		无砟轨道	有砟轨道	无砟轨道	有砟轨道	无砟轨道	有砟轨道
A、B、C 组(不含细粒土、粉砂及易风化软质岩块石土)填料及改良土	地基系数 K_{30}(MPa/m)	≥90		≥110		≥130	
	压实系数 K	≥0.92	≥0.9	—	—	—	—
	变形模量 E_{v2}(MPa)	≥45	—	≥45	—	≥45	—
	孔隙率 n	—	—	≤31%			

6. 路基工后沉降量应符合下列规定:

(1)有砟轨道路基工后沉降量不应大于 5 cm,沉降速率应小于 2 cm/年。桥台台尾过渡段路基工后沉降量不应大于 3 cm。

(2)无砟轨道地段路基在无砟轨道铺设完成后的工后沉降应满足扣件调整和线路竖曲线圆顺的要求。工后沉降一般不应超过扣件允许的沉降调高量 15 mm;有足够资料证明、沉降比较均匀、长度大于 20 m 的路基,允许的最大工后沉降量为 30 mm,并且调整轨面高程后的竖曲线半径应能满足下列要求:

$$R_{sh} \geqslant 0.4V_{sj}^2$$

式中 R_{sh}——轨面圆顺的竖曲线半径(m);

V_{sj}——设计最高速度(km/h)。

路桥或路隧交界处的差异沉降不应大于 5 mm,过渡段沉降造成的路基与桥梁或隧道的折角不应大于 1/1 000。

二、路基地基处理

根据地形和地质条件、路堤高度、填料,对湿陷性黄土、黏质黄土、软土及松软土地基可分别选用换填灰土封闭层、强夯、灰土挤密桩、水泥土挤密桩、CFG 桩、管桩、钻孔桩等方法加固处理地基。

三、过 渡 段

路基与桥台及路基与横向结构物、地层变化较大处和不同地基处理措施连接处应采取逐渐过渡的方法,以减少不均匀沉降,过渡段长度不小于 20 m。

四、排水及防护

应完善路基排水系统，水沟应与桥、涵、车站排水系统及其他排灌系统衔接，保证排水设施状态完好，排水通畅。为避免地表水对路基的侵蚀，路堤两侧坡脚需要设置排水沟，路堑地段设置侧沟、天沟、边坡平台截水沟、吊沟等。在湿陷性黄土地段上述各项排水设施下部均设置0.3～0.5 m厚的二八灰土垫层。排水沟应有足够的过水能力，满足设计频率1/50的降水量或设计洪水流量要求。

路堤边坡坡率根据路基填料、路堤高度、基底地质条件、水文气候条件等因素一般为1∶1.5，路堑边坡坡率一般采用1∶1.25。一般路堑两侧均设置侧沟平台。当黄土路堑边坡高$8<H\leqslant 20$ m，边坡设小平台，每8 m高设一级，边坡平台宽2.0～3.0 m；当边坡高大于20 m时，宜在边坡中部设4～6 m大平台。

为保证边坡稳定及满足环保要求，边坡可采用土工立体网固土结合内喷播植草、植灌木防护，混凝土截水骨架内喷播植草、植灌木护坡，护墙、锚杆框架梁等防护方式。

五、检查维修重点内容

1. 路基的连续及完好，路肩及两线间封闭层是否有裂纹、破损，路堤及路堑边坡是否有垦荒及破坏行为。

2. 路基边坡上的防护设施是否存在破损、变形、开裂等情况，支挡结构是否存在外倾、开裂或不均匀沉降等情况，路基边坡有无被冲刷影响稳定。

3. 易滑坡、崩坍落石、发生泥石流等重点处所。

4. 山区半堤半堑易滑坡地段，过渡段等易发生沉降地段。

5. 路肩上电缆沟槽和PVC排水管排水是否畅通。

6. 路基排水设备是否畅通、开裂、渗漏等。

7. 在影响路基稳定的范围内是否有挖沟、引水、储水、抽取地下水、耕种、取土、修路、开矿和开采砂石等各种活动。

8. 路基安全检查设备是否状态完好。

第二节　防　　洪

高速铁路防洪工作以“全员防洪，全年防洪，科学防洪”为指导思想和“安全第一、预防为主”的原则，坚持“强化基础，狠抓管理，科技领先，确保安全”的方针，遵循团结协作和局部利益服从全局利益的原则，努力实现防洪工作目标。工程措施与非工程措施相结合，构筑防洪安全保障体系，确保列车安全和运输秩序。原则上高速铁路不能存在直接影响行车安全的隐患地点，一经发现应立即采取有限的监控措施，必要时限速运行，并迅速进行整治。

一、防洪重点

防洪重点主要包括下列地段：隧道口、长大路堑、高陡斜坡、过渡段等。

1. 桥头

(1)检查护锥有无下沉、开裂、变形、内部空洞。

(2)通向桥头的天沟、侧沟、吊沟是否有下沉、断裂、变形、冲空。

(3)排水出口有无冲刷护锥、桥台、桥墩现象。

(4)护锥及墩台基础、护锥砌体及墩台护砌、河调建筑、桥涵河床的淤积、冲刷、加固铺砌情况以及河道沟床变迁冲淤情况影响安全的其他问题。

2. 隧道进出口

(1)检查边墙及仰坡护砌有无变形、开裂、外倾、空洞。

(2)填土有无下沉。

(3)墙后有无空洞，洞顶填土有无下沉、开裂、塌坑；洞顶及两侧水沟有无断裂、冲空；洞顶及洞口有无危岩、危土、危树。

(4)隧道口仰坡以上边坡防护设施有无变形、开裂、损坏。

(5)沿洞口排水设备、明洞基础及洞顶排水设施是否良好。

3. 涵洞口

(1)检查出入口边墙防护有无基础冲刷、冲空，有无变形、开裂和倒塌可能。

(2)涵洞是否积水、下游出水是否顺畅。

(3)引道边墙后部有无汇水集中冲刷、塌坑、钻孔，土体是否稳定。

(4)上下游有无不当弃土冲刷、倒塌后可能堵塞水路，积水是否浸泡路基本体。

4. 上跨桥桥头

(1)检查桥头土体有无下沉，防护有无变形、开裂、倒塌可能。

(2)桥头天沟及截水沟是否被截断；穿越桥头的暗沟有无堵塞、断面是否满足要求。

(3)桥头前后堑坡是否稳定，有无冲刷。

5. 各种排水设备

天沟、排水沟、侧沟、吊沟、截水沟、集水井、暗管等有无被冲刷、断裂、堵塞、淤积、缺少等现象，其断面、长度是否满足排洪需要，对两线间集水井等地下水排导设备逐一检查。

6. 路堑边坡及自然山坡

有无溜坍、裂纹、外鼓、沉陷现象，其防护加固建筑物(挡墙、护墙、护坡等)有无断裂或位移。

桥路、隧路、涵路过渡地段路基，两线间封闭层(端刺)、两侧路肩有无变化。

7. 外部环境影响情况检查

(1)人为破坏路基稳定的现象[如开荒种植、修路、采石(砂)、挖矿、乱耕滥伐、开矿弃砟等行为]。

(2)因修建建筑物改变地形、地貌导致设备的汇水、排水及防护设备受力情况发生变化。

二、防洪制度

1. 检查制度

(1)每年汛期前，各有关部门应按照铁路局统一部署，按照逐级负责、部门负责的原则，进行防洪大检查。

工务部门应对线路排水设备、路基、桥涵处所及其防护、导流设备等进行检查。对查出的问题及时提出方案并进行整改；对可能发生水害的地点进行分析。对铁路沿线因修建建筑物改变地形、地貌导致设备的汇水、排水及防护设备受力情况发生变化的问题，要作为防洪检查的重中之重；对崩塌、滑坡、黄土和软土路基等不良地质地段和桥梁附属设备、桥路过渡段路基、深堑等易发水害处所要进行全面检查。对情况不明的隐蔽工程和难以判定的病害，必须核查竣工资料，必要时报请相关部门组织勘察鉴定，达到确认的目的。

水电、电务、供电、房建等部门，要按照有关规定对本部门的行车设备进行全面仔细检查，突出对电务设备薄弱地段、避雷设施、接触网杆基础等关键处所，进行重点检查，发现问题及时处理。

特殊检查：对高堤深堑路基防护加固设备质量欠佳、水文地质条件复杂存在地质灾害隐患、病害程度严重且技术复杂规模较大等地段的路基，可进行特殊检查。对规模较大的路基病害，应建立观测制度，设置观测网进行观测，做好观测记录，根据观测结果，分析病害发展趋势，制定安全措施。

（2）雨中及雨后检查实行人工检查、添乘检查、开行轨道车检查等办法相结合。

①在预报有中雨及以上的天气时，工务等单位要按照排好的添乘计划，进行雨中、雨后添乘检查。限速以后添乘每趟动车组，及时发现、处置水害，确保行车安全。

②根据降雨量情况，各行车设备管理单位的车间、工区值班人员要立即做好出巡的一切准备；降雨达到出巡值时，安排人员添乘动车组进行检查，有条件的地段和重点地段，安排人员在封闭网外对路堤和路堑边坡、隧道口、桥路结合部等重点地段进行检查、监控。

（3）开行轨道车检查制度

冒雨开行轨道车检查适用于动车组列车因强降雨限速后的检查。相关站段将线路划分轨道车检查范围和人员巡查责任公里，明确责任公里人员，制订冒雨检查巡回图，按责任公里及巡回图进行冒雨检查。

线路限速后，巡查人员按划分的责任公里进行巡检。线路恢复常速后，雨未停、地面汇流未退，安排人员添乘检查，雨停后要根据设备状况延长添乘检查时间，及时发现雨后发生的水害。巡查发现可能影响行车的水害，及时报告工长和车间主任；发现直接危及行车安全的水害，或一时不能判断是否能够放行列车时，要果断采取防护措施（如拦停列车，通知车站、行调或驻站人员封锁线路等），严禁盲目放行列车。

巡查人员必须上道时，要通过驻调度所（或驻站）人员进行登记，本线封锁、邻线设置慢行后方可上道。

2. 雨量警戒值制度

（1）当降雨量达到出巡警戒值时：在工务段防灾系统终端各对应点有报警提示，提醒工务段调度人员注意，通知相关人员出巡。达到限速警戒值时，监控终端将自动报警，列车调度员立即按报警信息通知机车乘务员限速运行。对来不及发布调度命令的列车，列车调度员立即通知司机限速运行。对禁止运行的报警信息，列车调度员应及时关闭相关信号并通知司机停车。

（2）轨道车在相应区间上下行，根据情况限速往返巡视，发现水害立即处置。

（3）在小时降雨强度低于限速警戒值或日降雨量虽然达到限速值，但经检查，无影响行车的水害发生时，可根据现场情况，解除限速警戒。

（4）当巡视人员或机车乘务人员因降雨确认需要封锁区间时，巡视人员要立即通知驻调度所（或驻站）人员办理封锁相应区间的手续，机车乘务人员要立即报告列车调度员。列车调度员应根据驻调度所（或驻站）人员的登记或机车乘务人员的报告，立即扣停在站待发动车组，通知在区间运行的动车组按目视行车模式运行至前方车站。

(5)各设备管理单位巡查人员、列车乘务人员、公安护路人员等发现险情危及行车安全时，除果断采取防护措施外，要立即将具体地点、行车条件、水害概况向列车调度员报告，同时向段调度报告，段调度及时向现场传达相关确保安全的指令。

(6)在站待发列车因暴雨不能辨认信号，要等暴雨过后，能辨认信号时再发车。

(7)动车组司机要充分发挥确保行车安全最直接的作用，加强了望，发现异常情况(如供电杆、树木倾斜倒塌侵限，坍塌土石侵限，水淹桥梁底部，水漫钢轨，路堤塌方，线路明显状态不良等危急行车安全的情况)，或接到危及行车安全的信息时，要立即停车。一时难以判断时，宁可错停，不可盲行。停车后，遇可以排除的障碍，应尽快排除并确认安全无误后，继续运行。并将现场情况及时向列车调度员报告。列车调度员根据掌握的情况，立即通知就近设备管理单位迅速赶赴现场处置，并报告调度所值班主任。

(8)各车站要预防雨中雨后旅客地下通道积水，确保地道畅通。发生地道积水时，要有应急措施，要采取地道抽水、调整列车停靠站台等措施，保证旅客安全、有序的上下车、进出站。

(9)采取限速或封锁措施时，时间要尽量短，在保证安全的前提下，减少对行车的干扰。

三、水害处置

1. 冲空道床(有砟轨道部分)：道床道砟被水冲失，轨道几何尺寸偏差达限速值或轨枕端外漏、底部悬空严重缺砟，要封锁线路，匀砟整修线路达到开通条件后开通线路。

2. 水漫路肩、轨枕板：工务部门要立即检查、疏通排水设施，特别是排水系统的出水口，要保持畅通，尽可能增加临时出水口，尽快降低水位。积水淹没轨枕板面时，要封锁线路。

3. 路堤边坡溜塌：根据轨道几何尺寸、路堤的状况确定行车条件。路堤边坡溜塌较严重的，要在路堤坡脚打钢轨桩加固，堆片石反压坡脚，再回填片石或河砂恢复路堤断面。

4. 路堑边坡溜坍及山体滑坡：路堑边坡坍塌或滑坡土石侵限时，要立即封锁线路，宜使用机械清除侵限物，提高清除效率；路堑坡脚挡土墙开裂、倾斜时，为防止其倒塌侵限，要立即用木枕对倾斜挡土墙进行支撑，必要时在挡土墙靠边坡的位置打钢轨桩加固边坡，避免挡土墙垮塌侵限影响行车。

5. 桥梁护锥垮塌：注意桥路结合部线路几何尺寸是否发生变化，采取相应的防护措施，确保行车安全。护锥基础若不稳，在基础处打钢轨桩加固，堆片石反压护锥坡脚，回填片石或河砂恢复护锥断面。

6. 路堑或隧道仰坡土体崩塌：巡视人员发现塌方、倒树等物侵限时，应及时排除，不能排除的，要果断封锁线路，报告上级部门组织人员尽快清理，并更换受损设备，达到放行条件时再放行列车。

7. 接触网电杆发生歪倒侵限：发现接触网电杆歪倒侵限或一时不能判断是否侵限时，要立即封锁区间，进行紧急处置。

8. 各行车设备管理单位，在设备发生水害时要立即就近派人赶赴水害现场组织抢修，影响到行车时，段主要领导要立即赶赴现场组织抢险。

四、应急处置

1. 防洪应急响应处理的分级

根据降雨及水害影响行车程度，将防洪应急响应分为Ⅰ、Ⅱ、Ⅲ三级。

(1)达到下列条件之一,由铁道部启动Ⅰ级应急响应:

①水害塌方、泥石流、山体滑坡等造成中断行车 2 h 以上。

②铁道部决定需要启动Ⅰ级应急响应的其他铁路水害或地质灾害。

(2)达到下列条件之一,由铁路局启动Ⅱ级应急响应:

①水害造成中断行车 2 h 以内或限速 45 km/h 以下。

②铁路局决定需要启动Ⅱ级应急响应的其他情况。

(3)达到下列条件之一,由站段启动Ⅲ级应急响应:

①水害造成限速。

②站段决定需要启动Ⅲ级应急响应的其他情况。

2. Ⅱ级应急响应的启动程序

(1)巡查人员、机车乘务员或添乘人员等,一旦发现水害险情,必须采取果断有效措施,保证行车安全。并及时通知路局列车调度员,调度所报告路局总值班室、防洪办。

(2)路局总值班室、防洪办接到危及行车的报告后,要立即向路局防洪指挥部领导报告,根据水害影响程度,启动应急措施,并电话通知相关部门、单位人员,立即赶赴灾害现场,成立现场应急指挥部,组织抢险。

3. Ⅱ级应急响应的要求

(1)路局分管副局长、总调度长、运输处分管运输副处长、调度所主任及有关处室人员到调度所组织指挥。

(2)各有关站段主要领导要带领相关部门的人员以最快速度赶赴现场积极进行紧急处置。要做到组织指挥到位、技术方案到位、抢险人员到位、材料机具到位、通信保障到位、安全措施到位。组织、调运足够的抢险队伍、机械、物资,积极进行工程抢修。在路局领导未到达前,现场由就近车站站长(车务段段长)牵头、组织抢险工作。

(3)工务、运输、机务、车辆、供电、电务、通信、客运、劳卫、安监、公安等各专业部门分管领导以最快速度赶赴现场,参加抢险的组织指挥,调查评估灾情,研究抢修方案,组织抢修。

(4)动车组列车在区间被迫停车,列车长要向距动车组最近的车站和列车调度员报告灾情及列车需要支持的事项,车站要积极支援。停车时间较长时,列车调度员应将动车组停放到安全地带,客运、劳卫处及郑州铁路公安局值班室迅速派人赶赴现场,为动车组进行饮食、治安、卫生等方面的应急处置。

(5)现场指挥部组织有关单位保护好旅客人身安全,尽快疏散滞留旅客,尽量减少财产损失;调整列车运行图,协调抢修物资和抢险队伍的调运。

(6)全力组织人力、物力抢险、抢修,尽快开通线路。对于抢修技术复杂、施工困难、工期较长的,要组织有关工程单位、设计院、相关专业专家联合抢修。

(7)现场临时指挥部可根据需要,请当地政府或厂矿企业支援防洪应急抢险。必要时,动用铁路战备器材、请求当地驻军参加抢险。

(8)发生水害事故时,调度所、路局总值班室及防洪办要立即通知安监、公安、客运、卫生等部门领导赶赴现场,妥善处置受伤人员和滞留旅客,减少人员、财产伤亡损失,稳定旅客情绪,维护好现场秩序。

五、Ⅱ级应急响应结束

铁路水害应急结束遵循“谁启动,谁结束”的原则,Ⅱ级应急响应由路局依据现场抢险情况，由路局防洪指挥部领导决定响应结束时间，路局总值班室、防洪办公室具体电话通知相关部门和单位。

发生水害后，各部门按照应急预案要求进行快速响应，有力、有序进行处置，最大限度地减少灾害损失，做好滞留旅客的安抚、疏导，维护治安工作，加强信息沟通，及时发布灾情、救灾信息，做好舆论引导。

第三节　常见地质灾害

一、滑　　坡

斜坡岩土体由于边界条件的改变及地下水活动、河流冲刷、人工切坡、地震活动等因素的影响，在重力作用下，沿着一定的软弱面(带)，缓慢整体向下滑动的坡面现象称为滑坡。

1. 特点

滑体在向下滑动时始终与下伏滑床保持接触，其水平移动分量一般大于垂直移动分量。

2. 分类

对滑坡分类，宜以组成滑体的物质为主，以滑体厚度为次，然后结合各种滑坡性质和特点进行分类。

(1)按滑坡物质组成：黏性土滑坡、膨胀土滑坡、黄土滑坡、堆积层滑坡、堆填土滑坡、破碎岩滑坡、岩层滑坡。

(2)按滑动体厚度：浅层滑坡、中层滑坡、后层滑坡、巨厚层滑坡。

(3)按形成原因：工程滑坡、自然滑坡。

(4)按发生后的活动性：活滑坡、死滑坡。

(5)按滑体体积：小型滑坡、中型滑坡、大型滑坡、巨型滑坡。

3. 形成原因

(1)地形、地貌条件。

(2)地层条件。

(3)地质构造条件。

(4)自然因素。

(5)人为因素。

4. 野外判识滑坡的标志

(1)地貌地物标志

①斜坡坡面呈圈椅状和马蹄状环谷。

②后壁有陡壁及顺坡擦痕，上部有弧形拉张裂缝，中部坑洼起伏，常有高程和特征与外围地形不连续的鼻状凸丘及顺坡擦痕。前缘有鼓丘，常呈舌状向外突出，侵占河、沟床。

③滑坡体上有积水洼地、醉汉林和房屋倾斜、开裂等现象。

(2)地层构造标志

地层的整体性因滑动而被破坏，有扰动现象；岩层层位、产状或构造与外围不连续，有时岩层层序倒置或重叠；常见有泥土、碎屑充填或未被充填的裂缝。

(3)水文地质标志

斜坡含水层的原有状况被破坏，使滑体成为单独的含水体；水文地质条件变得特别复杂，如潜水位不规则，流向紊乱；在滑动带前缘常有成排泉水溢出。

5. 滑坡的整治

(1)消除和减轻水对滑坡的危害:①截、排地表水;②截、排地下水;③平整滑坡地表。

(2)改善滑坡体力学平衡条件,减小下滑力,增大抗滑力:①支与挡,抗滑挡墙、抗滑明洞、抗滑桩;②减载与反压;③改变滑带土的工程性质。

二、泥 石 流

1. 定义与特征

由于降水而发生在山区的一种带大量泥砂、石块等松散固体物质的特殊洪流,主要特征是:

(1)主要活跃于山区与山前地区;

(2)暴发突然,历时短暂,来势凶猛;

(3)密度变化范围大;

(4)固相物质粒度变化范围大;

(5)惯性力大,具有直进性和爬高能力;

(6)冲淤能力大,具有巨大的破坏作用。

2. 形成条件

泥石流的形成与地形、地质、水文、气象、植被、地震、人类活动等因素有关,可概括为缺一不可的 3 个基本条件:

(1)流域内有丰富的松散物质的补给;

(2)有陡峭的地形和较大的沟床纵坡;

(3)有强大的迳流动力,短时间可形成大量水流。

3. 对铁路的危害方式

(1)侵蚀作用造成的危害

一是泥石流体直冲建筑物,损坏、推覆或剪断铁路建筑物,甚至将桥梁梁体“悬浮”在泥石流流体表层而被冲走。二是泥石流的冲刷作用,有的是底蚀沟床,掏空桥梁墩台与护坡基础。

(2)堆积作用造成的危害

在地形开阔、沟坡平缓的泥石流堆积区,泥石流往往形成散流,流速不断减小直至停止运动,形成淤积或淤埋线路的灾害。

4. 泥石流的判识

对泥石流的判识一般分三步进行:

(1)分区判识:从泥石流发育的地形、地质、水动力等宏观条件,做好泥石流发育程度的分区。

(2)沟谷类型判识:逐一确定线路通过的沟谷是属一般洪水沟,还是泥石流沟。

(3)属性判识:即分别从流域形态、固体物质成分、流体性质、规模大小、发育阶段、危害程度等做好泥石流沟谷的属性判识。

5. 泥石流的防治

(1)预防措施

①选线时要认真做好泥石流的判识工作。

②线路位置确定后根据既定线路位置,采用恰当的工程措施通过泥石流沟。

③采用封山、育林与合理耕牧相结合的方法，通过控制地表迳流，防止坡面侵蚀，达到根除泥石流灾害的目的。

6. 治理措施

治理措施应因地制宜，选用固稳、拦储、排导、蓄水、分水等工程，上、中、下游相结合，在短期内减小泥石流及暴发频率。

(1)拦挡措施

拦挡措施的作用是护岸、固坡、拦截固体物质和降低河床坡度，以削弱泥石流的强度和规模，包括拦挡坝、停淤场、支挡工程与截洪工程。

(2)排导工程

主要作用是改善流速和流向，包括导流堤、急流槽和束流堤三种类型，其中急流槽是其中的主要类型。

(3)桥涵工程

桥涵工程是铁路跨越泥石流的主要方式，根据实践经验，为避免与减少泥石流灾害，做好泥石流地区桥位的选择十分重要。

(4)隧道、明洞及渡槽工程

当线路穿过泥石流沟的高程低于沟底甚多，或当线路穿过规模很大，淤涨漫流危害严重的泥石流或泥石流沟群，并宜于暗进施工时，宜采用深埋隧道；当受对岸特大型泥石流严重威胁时，宜将线路内移，以隧道通过；当线路在泥石流扇底部穿过，高程略低于洞顶，不具备暗进施工条件，且泥石流淤涨漫流不太严重时，可用浅埋明洞；当深长路堑截断单个山坡型稀性泥石流沟，或半路堑截断稳定的古扇缘上的小型稀性泥石流沟，下游地形凌空、便于宣泄，无淤涨漫流之患，且槽下净高足够时，常采用渡槽。

三、崩　　塌

崩塌系指岩石、土体在重力和其他外力作用下脱离母体，突然从陡峻斜坡上向下倾倒、崩落和翻滚以及因此而引起的斜坡变形现象。

1. 特点

发生急剧、突然，运动快速、猛烈，脱离母体的岩土体的运动不沿固定的面或带，其垂直位移显著大于水平位移。

2. 形成条件

(1)地形、地貌条件：崩塌多发生在岩石峡谷或山区河曲凹岸陡峭的斜坡地段，一般坡度大于 55°，高度大于 30 m 以上，坡面多凹凸不平整，上陡下缓。

(2)岩性条件：①由坚硬、性脆的岩石构成的较陡的斜坡。②软硬岩互层构成的陡峻斜坡。③黄土垂直节理发育形成的陡坡。④陡坡上部为坚硬岩石，下部为易溶盐或软岩时，或受河水冲蚀破坏，或受人为活动的变形影响，当形成连续贯通的分离面时，易形成大崩塌。

(3)构造条件：①线路走向与区域性构造线平行贴近，且采用深挖方时，崩塌落石常十分严重。②几组构造线的交会处，往往是崩塌的多发处。③当岩体中各种软弱结构面的组合位置处于不利的情况时易发生崩塌。

(4)其他因素：①水是引起崩塌最活跃的因素，绝大多数崩塌都发生在雨季或暴雨之后。②强烈的地震、大爆破、列车的反复振动，可促使或诱发崩塌落石的产生。③昼夜的温差、季节的温度变化，促进了岩石的强烈风化；植物根系的锲入、裂隙水的冻胀，冰劈作用，均在为崩塌的产生创造条件。④人类活动开挖破坏了山体平衡，也会促使崩塌的发生。

3. 崩塌落石的防治

崩塌落石常突然发生，危害性大，性质复杂，常采用遮挡、拦截、支挡、护面、镶补勾缝、刷坡、排水等措施，保证运营安全。

第四节　高速铁路防灾监控系统

防灾安全监控系统主要是对危及高速铁路运行安全的自然灾害(风、雨)、异物侵限进行监测报警，为列车调度员进行列车运行计划调整，发布行车限速、停运、抢险救援等命令提供依据，保证列车运行安全，属重要的行车设备，按一类设备进行管理。

防灾安全监控系统由风监测子系统、雨量监测子系统及异物侵限监控子系统组成。由风、雨现场监测设备、异物侵限现场监控设备、GSM-R 基站(含车站)监控单元、监控数据处理设备、调度所设备、监控终端以及传输网络等组成。

监控终端设在调度所行车调度台、工务调度以及工务段调度，工务段监控终端具备网络管理功能。

监控数据处理设备由交换机、数据库服务器、应用服务器、磁盘阵列、协议转换器、UPS 等设备组成。

基站防灾安全监控单元由系统主机、UPS 电源、电源模块、继电器组合模块(异物监测点)、防雷单元、机柜等设备组成。机柜安装于现场探测设备附近的 GSM-R 基站或车站内，与其他通信机柜并行放置。风速监测、雨量监测、异物侵限监控装置接入离监测点最近的基站或车站监控单元内。

一、风速监测

1. 防灾安全监控系统的风监测子系统具备大风监测报警功能。

2. 动车组列车遇大风行车限速的规定如下：在环境风风速不大于 15 m/s 时，可以正常速度运行；风速不大于 20 m/s 时，运行速度不大于 300 km/h；风速不大于 25 m/s 时，运行速度不大于 200 km/h；风速不大于 30 m/s 时，运行速度不大于 120 km/h；风速大于 30 m/s 时，严禁动车组列车进入风区。

动车组列车通过站台，当风速不大于 15 m/s 时，速度不得超过 80 km/h；当风速超过 15 m/s时，动车组运行速度不得超过 45 km/h，并注意运行。

3. 工务调度接到气象台发送的气象灾害预警信号传真后，应立即报送高铁调度台和调度所值班主任。遇 7 级及以上大风天气，应在局交班会上进行通报。

4. 列车调度员 24 h 监控防灾安全监控系统的监控终端，当防灾安全监控系统发出限速报警信息后，列车调度员应根据报警信息立即向动车组列车发布限速调度命令。对来不及发布调度命令的列车，列车调度员应立即通知司机限速运行。对禁止运行的报警信息，列车调度员应及时关闭相关信号并通知司机停车。司机接到调度命令或通知后，应立即采取措施。

5. 环境风继续加大或逐步减弱达到一个限速等级时，防灾安全监控系统自动发出相对应的报警信息。列车调度员应根据不同的报警信息，及时向动车组列车发布调度命令。

6. 防灾安全监控系统工作异常以及监控终端接收不到风速监测点的数据时，调度所工务调度及段调度监控终端会出现相应的报警信息，段调度与调度所工务调度进行信息确认后，段调度应立即报告调度所列车调度员，列车调度员通知工务和电务调度。工务、电务调度应立即通知相关人员赶赴现场进行检查、修复。当风监测系统故障尚未解除前，如遇天气预报 7 级及以上大风天气时，列车调度员按照天气预报的最大风级向相关列车司机发布调度命令。相关限速规定如下：7 级限速 300 km/h，8～9 级限速 200 km/h，10 级限速 120 km/h，10 级以上禁止列车进入风区。风监测子系统故障解除后，恢复风监测子系统运行。

7. 列车运行途中司机感觉晃车时，应立即减速运行并报告列车调度员，同时报告晃车时的列车运行速度。

8. 凡接到 10 级及以上大风天气预报时，调度所工务调度员应立即报告路局应急管理办公室，由应急管理办公室报告路局应急指挥小组确定旅客列车停运、限速运行方案。

9. 做好大风天气应急工作。当列车因大风被迫减速运行或停止运行时，有关部门应及时启动应急预案，调度所应做好后续列车的调整工作，客运部门要及时向旅客说明情况，做好旅客的稳定、安抚工作。

二、雨量监测

1. 雨量监测子系统具备降雨量监测报警功能。

2. 雨量监测报警方式及警戒值应结合管内客运专线水害类型、设备抗洪能力等设定报警警戒值。

3. 当降雨量达到警戒值时，防灾安全监控系统监控终端自动报警，列车调度员应根据报警信息立即向相关列车发布限速调度命令。

4. 对来不及发布调度命令的列车，列车调度员应立即通知司机限速运行。对禁止运行的报警信息，列车调度员应及时关闭相关信号并通知司机停车。司机接到调度命令或通知后，应立即采取措施停车，停车位置应尽可能避开隧道口、深路堑地段及风口。

5. 工务、电务、供电等设备管理单位要根据降雨量报警信息，应及时进行雨中、雨后检查，特别要加强对重点区段和设备的检查，检查人员在天窗时间外不得进入路肩和桥面范围内，必要时应封锁或限速，并设好防护后再检查。发现影响行车安全时，根据现场情况及时采取降速、封锁措施，并将检查情况报告相关部门。

6. 封锁线路后，列车调度员得到工务、电务、供电部门检查无异常并在运统 46 销记后，方可开通线路。需限速运行时，应及时发布限速运行的调度命令。

三、异物侵限监控

异物侵限监控子系统监测侵入铁路限界的异物，触发列控系统使列车自动停车。

四、应急预案

防灾系统应急响应分为三级：

1. Ⅰ级应急响应(符合下列情况之一)

(1)监控数据处理设备故障，终端无数据显示。

(2)站监控设备电源中断，数据无法传输。

(3)通向调度所终端及工务段终端网络通道同时发生故障。

(4)由其他原因造成的防灾系统瘫痪,出现红光带或无数据显示。

(5)异物侵限监控双层电网故障。

2. Ⅱ级应急响应(符合下列条件之一者)

(1)GSM-R 基站内电源故障。

(2)GSM-R 基站内监控单元传输端口主备同时中断。

(3)GSM-R 基站内监控单元设备主备同时故障。

(4)调度所监控终端故障。

(5)工务段监控终端故障。

3. Ⅲ级应急响应(符合下列条件之一者)

(1)GSM-R 基站内监控单元传输端口主备中断一侧。

(2)GSM-R 基站内监控单元设备主备故障一侧。

(3)异物侵限监控电网 1 处单网故障。

五、应急响应行动

1. Ⅰ级响应行动

启动Ⅰ级应急响应行动时,高速铁路风、雨、异物侵限防灾系统已无法正常运行。局有关处室负责人立即到高铁调度台,掌握本部门现场抢险情况。工务段立即组织通信、电务、供电段进行抢修,并通知设备厂商技术服务人员,尽快恢复设备正常运行。

(1)Ⅰ级应急响应中发生(1)至(5)项中的任一情况,造成终端无数据显示时,工务按照规定进行设备故障登记。列车调度员应根据工务调度提供的天气预报或气象台发布的预警信息,按规定发布限速命令并设置列控限速或扣停列车。动车组列车运行中晃车时,应按铁路局有关规定执行。风监测子系统故障解除后,恢复风监测子系统运行。

如遇暴风雨等不良天气时,列车司机可视瞭望情况和风雨大小,依照相关规定,采取降速、停车措施,确保行车安全;工务段做好冒雨检查及汛期防洪地点看守工作,认真执行高铁添乘、开行轨道车、列车限速后检查等制度,列车调度员应根据现场报告向动车组列车发布限速(取消限速)调度命令或采取扣停列车的措施。

(2)Ⅰ级应急响应中发生异物侵限监控双层电网故障(有落物时),调度所、工务段调度监控终端自动发出灾害报警信息。防灾安全监控系统同时向列控系统发送灾害报警信息,使进入相关闭塞分区内的列车自动停车。列车调度员接到防灾监控终端异物侵限灾害报警信息后,应立即呼叫有关动车组列车停车,同时通过视频监视系统进行查看,并向值班主任汇报,值班主任应立即通知工务人员赶赴现场检查处理。其他人员接到落物等报警信息后,应立即采取措施拦停列车,并报告列车调度员。

当视频监视系统不能显示或显示不清时,列车调度员确认前方闭塞分区无车占用后通知司机,司机将列控车载设备转入目视行车模式,以遇到阻碍能随时停车的速度继续运行(最高速度不超过 40 km/h),查清线路情况,并向列车调度员汇报。如确认前方闭塞分区内有列车时,不得进入。列车调度员还应立即通知工务、电务等相关人员检查处理。

列车调度员接到列车司机、工务检查人员或公安局联防队员确认的线路无异常的报告后,应将防灾安全监控系统中该线路临时行车按钮解锁,通知进入区间的列车恢复正常行车。在故障排除前,工务段应派人进行看守。

2. Ⅱ级响应行动

因基站设备故障，导致某一整区段防灾系统无数据显示时，应执行Ⅰ级应急响应中的相关规定。

调度所监控终端故障导致数据无法显示时，工务段应立即将终端数据上报列车调度员。

工务段监控终端故障时，立即通知通信、电务、供电段人员，工务、通信、电务、供电段按照分工对设备检查，及时修复故障。

3. Ⅲ级响应行动

启动Ⅲ级响应行动时，尚未对高铁防灾安全监控系统的正常运行构成影响。工务、通信、信号、供电段人员配合对故障设备及时进行修复。

第九章　高速铁路控制网及轨道测量技术

第一节　概　　述

当前，我国正在大规模建设高速铁路和客运专线，对铁路的设计和施工及其他各个方面提出了更高的要求。高速铁路将广泛采用当代铁路建设的新技术和新成果，无砟轨道结构是当代高速铁路修建技术中的一个重要标志，目前世界上只有少数几个国家拥有广泛使用这方面技术的经验。我国正处在研究探索和积累经验阶段。

无砟轨道突出的特点之一就是轨道的高平顺性，它直接限制着列车的运行速度，并且混凝土轨道道床一旦浇铸，可调整的范围将极其微小。为满足轨道的高平顺性和强固定性，线路必须具备非常准确的几何线形参数，误差必须保持在毫米级的范围内，对轨道安装测量精度要求很高。这就要求在无砟轨道基础施工、轨道安装及后期维修过程中，都要有高精度的控制网。用高精度控制网高精度坐标来定位线路或恢复线路到设计位置，线路高精度坐标的确定就需要进行控制测量作业。

高速铁路维修养护期间测量工作主要包括控制测量、变形测量和既有线复测。控制测量主要是监测各等级控制点的变化，变形测量主要是监测构筑物的变形情况，既有线复测主要是监测线路设备变化。

控制测量主要包括平面控制测量和高程控制测量。

变形测量主要包括水平位移观测和垂直位移观测。

既有线复测主要包括线路里程丈量、设备调查、平面曲线测量、纵断面测量、带状地形测量、站场平面测量。

第二节　平面控制测量

依据《客运专线无砟轨道铁路工程测量暂行规定》客运专线无砟轨道铁路工程测量平面控制网宜按分级布网的原则分三级布设，第一级为基础平面控制网（CPⅠ），第二级为线路控制网（CPⅡ），第三级为基桩控制网（CPⅢ）。各级平面控制网的作用为：

（1）CPⅠ主要为勘测、施工、运营维护提供坐标基准；

（2）CPⅡ主要为勘测和施工提供控制基准；

（3）CPⅢ主要为铺设无砟轨道和运营维护提供控制基准。

CPⅠ平面控制网应与国家大地控制网联测确定控制网基准。

CPⅠ、CPⅡ平面控制网宜用全球定位系统（GPS）接收仪进行测量，依据《全球定位系统（GPS）铁路测量规程》（TB 10054）要求进行观测。

CPⅡ、CPⅢ平面控制网也可用全站仪或电子经纬仪采用导线测量方法进行。导线必须符合到CPⅠ平面控制网进行固定平差。

CPⅢ平面控制网目前较多用的是测量机器人型全站仪后方交汇的方法进行测量。

CPⅠ、CPⅡ平面控制网在无砟轨道勘测设计阶段应建立。CPⅢ平面控制网是在施工期间加密的基桩基准点，是铺设轨道的控制点，它的精确测设是保证轨道铺设施工质量的关键，布设 CPⅢ 平面控制网的目的就在于准确地测设铺轨控制桩，确保无砟轨道施工满足线路平顺性要求。

第三节　GPS 测量技术

全球定位系统(GPS)是一种可以定时和测距的空间交会定点导航系统，它可以向全球用户提供连续、实时、高精度的三维位置、三维速度和时间信息。

全球定位系统也是卫星定位技术，是利用人造地球卫星进行点位测量的技术，以卫星为空间基准点，通过测站接受设备测定至卫星的距离或多普勒频移等测量来确定测站的位置等，满足人们军事、民用(工程)等部门的需求。GPS 从根本上解决了人类在地球及其周围空间的导航及定位问题。

目前，卫星定位技术主要有：美国 GPS 技术，前苏联(俄罗斯)GLONASS 全球导航卫星系统，欧洲的伽利略(Galileo)导航定位技术，中国的双星导航技术("北斗一号"系统)。

全球定位系统(GPS 技术)特点如下：

(1)自动化程度高执行操作简单，随着 GPS 接收机的不断改进，有的 GPS 接收机达到"傻瓜化"的程度；接收机的体积越来越小，质量越来越小，极大减轻测量工作人员的劳动强度，使得野外工作变得轻松愉快。

(2)定位精度高：GPS 可以向全球用户提供连续、实时、高精度的三维位置、三维速度和时间信息。在 300～1 500 m 工程精密定位中，1 h 以上的观测定位精度其平面位置误差达到小于 1 mm。

(3)观测时间短：目前的 GPS 接收机 20 km 以内静态定位只需观测 15～20 min 就能满足有关精度要求。

(4)测站间无需通视：GPS 测量不要求测站点之间互相通视，只需要测站点上空开阔，点位可以根据需要灵活选择，可省经典大地网中的过渡点的测量工作。

(5)全球、全天候作业：由于 GPS 卫星数目较多且分布合理，在全球任何位置可连续同步观测到 4 颗以上卫星，GPS 接收机观测不受雨雪等气候干扰，从而保障了全球、全天候连续实时导航定位的需要。

GPS 系统主要由空间卫星、控制设备和用户设备(接收机)三部分组成。

全球定位系统中，空间卫星的主要功能是：接受、储存和处理地面监控系统发射来的导航电文及其他有关信息；向用户连续不断的发送导航与定位信息，并提供时间标准、卫星本身的空间实时位置及其他卫星的概略位置；接受并执行地面监控系统发送的控制指令等。

地面控制设备主要功能是：观测气象资料和连续接受所有卫星发出的信号，并根据观测资料推算编制各 GPS 卫星的星历、卫星钟差和大气层修正参数等，并发送相关数据及导航电文，调整全球定位系统的时间基准，调整卫星状态等。

用户设备主要功能有：跟踪接受 GPS 卫星发射的信号并进行变换、放大、处理，以便测量出 GPS 信号从卫星到接收机天线的传播时间；解译导航电文，实时地计算出测站的三维位置，甚至三维速度和时间。

GPS 坐标系统(图 9-1)它是通过国际协议确定的，目前测量中采用协议地球坐标系统的是 WGS-84 世界大地坐标系。WGS-84 世界大地坐标系的几何定义是：原点是地球质心，z 轴指向的是 BIH1984.0 定义的协议地球极(CTP)方向，x 轴指向 BIH1984.0 的零子午面和 CTP 赤道的交点，y 轴与 z 轴、x 轴构成右手坐标系。

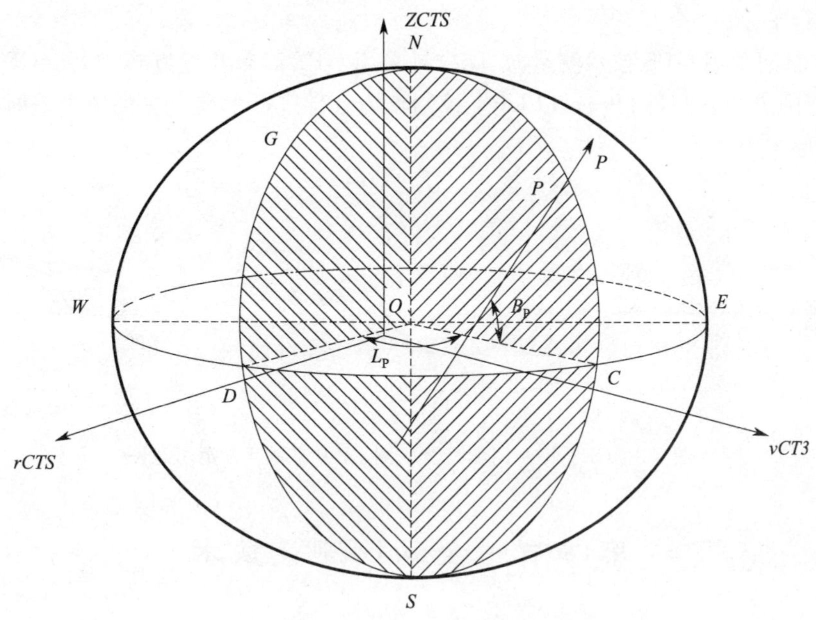

图 9-1　WGS-84 大地坐标系椭球示意图

GPS 技术的基本原理是采用测距交会确定点的方法,GPS 卫星不断发送导航电文,在地面上任何位置只需根据接收机接收到的 4 颗不同卫星发送的电文,就可以解算出接收机当时当地的三维位置。根据 GPS 定位状态可分为:静态定位和动态定位。根据定位参考也可分为绝对定位和相对定位。目前最常用的测量方式是定位精度高的相对静态定位和相对动态定位。

测量实施:主要有静态测量和动态测量(RTK 状态)。

进行 GPS 测量前要进行技术设计,它包括 GPS 网技术设计,测点布设,测量作业程序编制等。然后进行测量,它包括数据采集、数据传输、预处理、基线解算、GPS 网平差、坐标变换等工作。

在进行动态测量时,要先架设一参考站,然后才能进行动态测量(RTK 状态),一般一参考站的作业范围是 10～25 km。

对于高速铁路 CPⅠ及 CPⅡ平面控制测量主要是采用 GPS 静态测量方式进行。CPⅠ控制网测量应与国家平面基准联测(图 9-2)同时进行。CPⅠ控制网平差时全线应使用统一平面

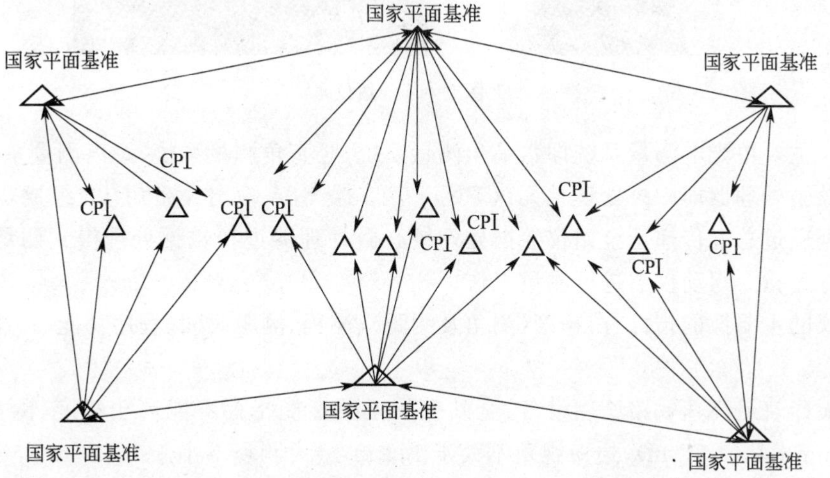

图 9-2　CPⅠ控制网测量方案与国家平面控制基准联测方案

基准一次进行平差。

CPⅡ控制网采用GPS技术测量时，同样是采用GPS静态测量方式进行。CPⅡ控制网应与CPⅠ控制网进行联测(图9-3)，以CPⅠ控制点为基础进行平差。在整体平差时要严格控制边长投影变形。

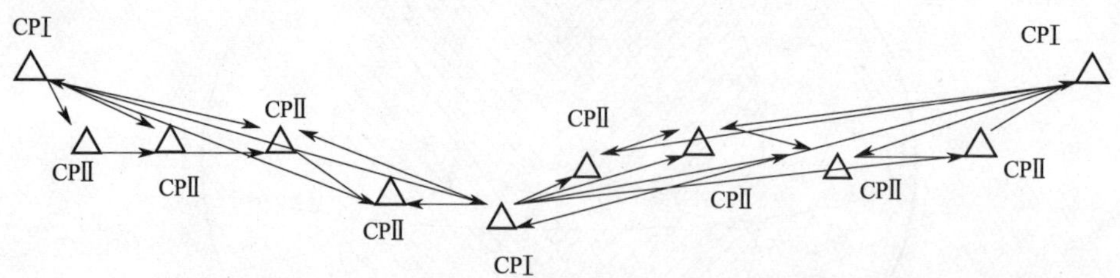

图9-3　CPⅡ控制网测量及联测CPⅠ控制点方案示意图

第四节　全站仪测量技术

全站仪(图9-4)是全站型电子测距经纬仪的简称，由光电测距仪、电子经纬仪和数据处理系统组成。他通过测量斜距、竖直角度、水平角度，通过数据处理自动计算平距、高差、高程及坐标值，还可以进行距离、角度、坐标放样等，还可以实现悬高、偏心测量、面积测量、线路中线测量等。

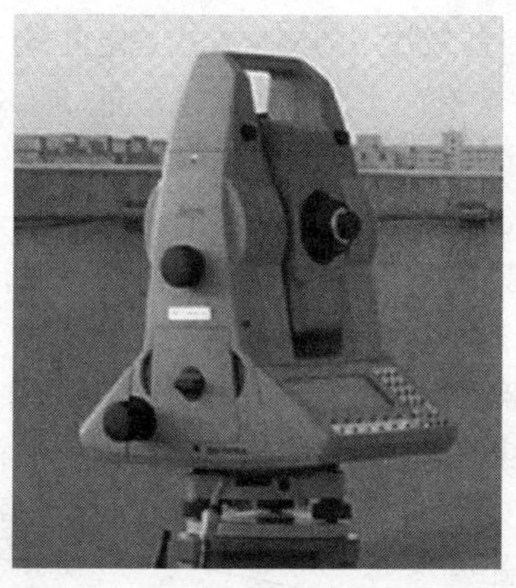

图9-4　全站仪

全站仪主要由光电测量系统即水平角测量系统、竖直角测量系统、距离测量系统和水平补偿系统以及微处理器即中央处理单元(CPU)、存储器、输入输出设备(I/O)组成，光电测量系统测量数据通过总线传递至全站仪数据处理核心微处理器进行数据处理得到测量输出结果，同样通过键盘指令起动仪器进行测量工作。

全站仪的主要性能指标有：精度(测角及测距)、测程、测距时间、程序功能、补偿范围、数据存储能力等。

对于无砟轨道高速铁路所用设备：全站仪的主要性能指标不能高于精度(测角不大于1″及测距1 mm+1×10^{-6} m)，最短视距不大于1.3 m，最大测程不小于1 200 mm，测距时间(精测大于2 s)，双轴补偿不大于2 min。

全站仪的测距基本原理是测量红外光波在全站仪与反射设备(棱镜)之间的传播时间(t_{2d})与电磁波在空气中的传播速度(光速 c)乘积为所测量的距离(D),即

$$D=t_{2d}\times c/2$$

为使得全站仪测距精度提高,现行的全站仪测距采用的是相位法测距原理。

全站仪的测角基本原理则是采用光电扫描度盘,从度盘上去的电信号,根据电信号再转换成角度。全站仪常用的有增量式光栅测角、编码度盘测角、区格式动态测角。

全站仪的操作应用:不同型号的全站仪的操作使用步骤是不尽相同的,但是全站仪测量的基本原理及方法与光学仪器基本一致。

1. 全站仪的特点

采用同轴双速制、微动机构,使照准更加快捷、准确。

控制面板具有人机对话功能。控制面板由健盘和显示窗组成。除照准以外的各项测量功能和参数均可通过健盘来实现。操作也十分简便。

多数全站仪设有双向倾斜补偿器,可以自动对水平和竖直方向进行修正,以消除竖轴倾斜误差的影响。

机内设有测量应用软件,在进行边、角、距离测量的同时,可以方便地进行三维坐标测量、导线测量、对边测量、悬高测量、偏心测量、后方交会、放样测量等工作。

全站仪有存储功能,可以将测量数据存储在全站仪上,方便测量作业。

具有双路通信功能,可将测量数据传输给电子记录手簿或外部计算机、掌上电脑掌等,也可以接受电子记录手簿或外部计算机、掌上电脑掌的指令和数据。这种双向传输系统性能有助于开发各专业的专用程序系统,减少测量中人为粗差偶然性的发生,提高测量数据的可靠性与存储安全性。

2. 全站仪的辅助设备

(1)反射设备(反射棱镜)

一般情况下购置全站仪时,反射棱镜都是配套的专用辅助设备,除角度测量之外,全站仪进行的所有测量工作,反射棱镜是必备不可少的辅助工具。根据测量精度的要求和用途,可以选用三脚架或采用测杆、各工程专业中的特制对中辅助设备安置棱镜,棱镜的高度也可以根据本专业特点进行调整,视线高度应满足相关测量规范的要求。不同型号的全站仪对棱镜常数要求不同,我们在配置反射棱镜时要求考虑全站仪的型号,如徕卡系列全站仪一般要求其反射棱镜的常数为 0,而捷创力系列全站仪一般要求其反射棱镜的常数为 35,我们国内不同型号的全站仪对反射棱镜要求也不尽相同,其棱镜常数不同。在实际工作中仪器操作人员要注意所使用仪器,选用与全站仪相配套的反射棱镜。

(2)温度计、压力计

不同型号的全站仪选用的气象参考点也不尽相同。

索佳系列型号全站仪选用的气象参考点是:当温度 $T=+15$ ℃,气压 $P=1.013\times10^5$ Pa 时,气象影响改正值为 0。当输入观测时的温度 T 和气压 P 时,该仪器百万分之一改正值计算经验公式为

$$改正值=278.96-0.290\,4\times0.01P/[1+0.003\,661\times T(℃)](mm)$$

徕卡系列全站仪是给出的气象改正值(仪器百万分之一改正值)经验公式为

$$改正值=281.8-0.290\,65\times0.01P/[1+0.003\,66\times T(℃)](mm)$$

徕卡系列全站仪一般是在仪器上输入温度 T 值和气压 P 值，由仪器自己计算气象改正数(仪器百万分之一改正值)；也可以要通过温度 T 值和气压 P 值，在仪器使用说明书所附仪器百万分之一改正值图表中查得数据，再输入仪器内。

在实际工作中仪器操作人员要注意所使用仪器对环境要求和仪器本身测距所采用光波波长 λ 及仪器制造时选用的气象参考点的不同，选择合适的气象改正值计算的经验公式。

(3)全站仪测量前的准备工作

①电池及电池安装和检查

一般全站仪都配有两块电池，保证作业不间断，常配有内装电池和外接电池，目前较多的是内装锂电池，现在一块内装锂电池工作时间一般在 3～5 h，锂电池也有工作长达 6～7 h 的，目前还有老式的镉镍电池，镉镍电池工作时间一般在 2.5 h 左右，每次外业前首先应检查电池是否充足电，如电力不足既会影响工作也可能在测量时出现粗差，对于徕卡系列全站仪当仪器显示电池电量小于 1 时，就易出现粗差，当电池显示“Battery is low”并有鸣响，则表示电压过低，应关机更换电池，对电力不足的电池一定要即时充电，充电时间一般需要 12～15 h，若需急用时，也可采用 80 min 快速充电器充电。

在充电时一定要用仪器配置的充电器进行充电，不要随便使用不配套的充电设备对电池进行充电，以避免对电池的损害，充电电压时应尽可能选用 220～240 V 电压电源，不要轻易选用其他电压电源充电，以避免对充电设备的损害，有保险管的电池和充电设备，要经常对保险管的状况进行检查。

对外接电池，除要检查其电池的性能外，还要检查其外接电源电缆情况，保障测量工作的正常进行。

测量时安装、连接电池要仔细，安装牢固、连接正确，测量结束后对卸下的电池要保管好。

②电缆线检查

外接电池连接线，与外接记录设备连接线都要仔细检查，看是否完好。

③仪器安置

首先，将三脚架置于测站上，高度适宜，架顶大致水平，其中心大致在测站点的铅锤线上，然后将三脚步架的三个脚踏实。

打开仪器箱时要仔细观察仪器装箱方式，以便测量结束后快速、正确地将仪器装入仪器箱内。

其次，将全站仪安装在三脚架上，拧紧连接螺旋，打开电源及激光对中器(欧洲徕卡系列全站仪有激光对中器，我们国产全站仪多数是用光学对中器对中)；或调整光学对中器的目镜，使对中器的十字丝清晰可见，转动调焦环看清测站中心点。

再次，调整基座上的脚螺旋，使激光对中器、或光学对中器的十字丝交点对准测站点。调整三脚架架脚伸缩螺旋，使全站仪圆水泡居中。

最后，严格调整全站仪照准部水准管使仪器整平，一般全站仪都有自动整平功能对仪器进行精平(电子水泡)，再检查激光对中器、或光学对中器的十字丝交点是否对准测站中心点，若没有偏离，则安置结束。

若有少许偏离，松开连接螺旋，用手轻微移动仪器调整其位置，使激光对中器或光学对中器的十字丝交点对准测站中心点，再检查整平情况，如此反复，直到严格整平仪器后，激光对中器或光学对中器的十字丝交点对准测站中心点为止。其实全站仪的安置与经纬仪相差不多。

④仪器状态检查

仪器安置好后，检查主要显示窗内容是否正常；不同的全站仪其主要显示窗显示的内容不尽相同，有些型号全站仪，要求操作人员打开电源后，松开全站仪的水平制动、竖直制动，将照准部旋转，显示水平角，同样将望远镜旋转，显示竖直角。

⑤仪器参数据的设置

根据测量的具体内容要求，通过键盘操作选择和设置仪器参数，设置好的参数储存在仪器的储存器中，只有在重新选择和设置了新的参数之后才能改变原来仪器内存的参数。不同的仪器参数设置有不同的方式，其内容也相差较多，但对于棱镜常数、测量单位、通信参数和形式、坐标格式，测量数据显示方式，气象改正、测站坐标、起始方位角，指标改正、仪器高度、信号高度等参数的设置应该是必需有的。

(4)仪器的操作与使用

不同种型号的全站仪其测量过程操作方式也有所不同，一般性能良好的全站仪，在测距方面都有标准测量方式和快速测量方式两种，我们一般的工程测量多用标准测量方式，只有在一些简单的测量项目上用快速测量方式，如精度不高的数据收集，采集地形点，简单的施工放样测量用跟踪测量方式等。

放样测量：最常用的方法是将放样点（待定点）坐标和高程输入，以极坐标法进行放样。放样前应按坐标测量中最基本顺序完成准备工作：设置已知方向的坐标方位角。输入测站点的已知坐标（E_0、N_0、H_0）。输入仪器高（h_i）和目标高（h_t）。输入气象改正和棱镜常数。

以上只是简单介绍了全站仪几种测量方式和功能只是限于键盘操作，与实际情况还有一定区别，我们在实际工作中还要仔细阅读仪器使用手册。

(5)导线测量法

基本思想：在大地上布设的相邻控制点（导线点）连成折线链状，即为导线（图 9-5、图 9-6）；测量各点之间的边长和角度，计算处理求得各控制点的平面坐标。

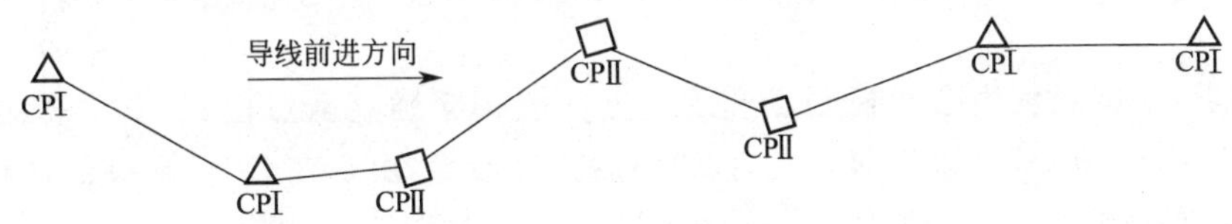

图 9-5　带状导线示意图

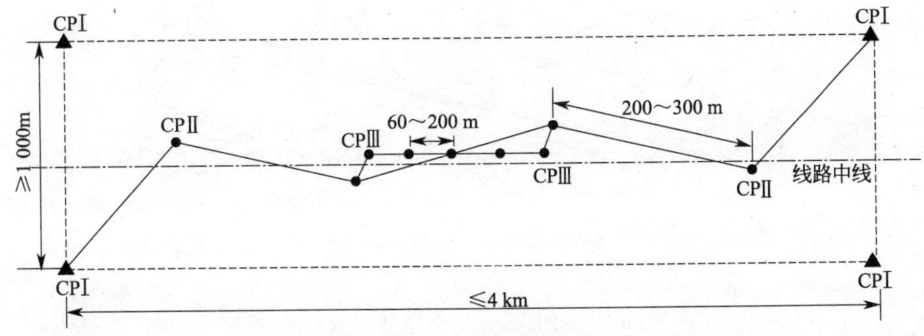

图 9-6　无砟轨道二、三、四级平面控制网示意图

导线测量是一种以测角量边逐点传递确定地面点平面位置的控制测量，由此布设的折线

状导线形式比较适用于地带狭窄、地面四周通视比较困难的区域，也比较适合于线形工程建设的需求。工程上应用的导线形式有：闭合导线、符合导线、支导线等。

客运专线采用导线测量法时应采用精密符合导线，适合用于 CPⅡ及 CPⅢ控制网测量。

导线观测前要进行仪器工具的检查，掌握仪器的性能，了解现场实际情况，做好观测组织安排，落实技术措施，收集和保管好外业观测数据。

精密符合导线观测时应采用边角同时观测，角度采用方向法或全圆观测法进行，测回数按导线等级及项目工程精度要求确定。

(6)精密符合导线平差计算

建立条件方程，主要包括方位角条件方程和坐标条件(x,y)方程。

方位角条件方程：利用符合导线起始已知方位角和可靠的测量角度推算符合导线符合方向的方向值必须等于符合导线符合方向已知方向值，即

$$A_{起}+\sum b_i=A_{附}$$

坐标条件方程：利用符合导线起始点坐标值和测量导线各点坐标增量推算符合导线符合点的坐标值必须等于符合导线符合方向已知点坐标值，即

$$x_{起}+\sum \Delta x_i=x_{附}$$

$$y_{起}+\sum \Delta y_i=y_{附}$$

根据同等条件下角度观测值的权和距离观测值的权，即

$$P_{\mathrm{b}}=u_{\beta}/m_{\beta i}$$

$$P_{\mathrm{D}i}=u_{\mathrm{D}}/m_{\mathrm{D}i}$$

确定导线平差方程，解算导线各点坐标：组成法方程、解算联系数、求解最或然改正数、坐标平差值得解算。

(7)交会定点测量

客运专线无砟轨道 CPⅢ平面控制网测量实际上是以工程小三角测量中交会定点的方式进行的。

交会定点，也就是利用已知控制点和观测方向线相交确定新点位置，方法有测角前方交会、测角后方交会(图 9-7)、边角前方交会、边角后方交会等，由于在 CPⅢ控制点上不易假设测量仪器，CPⅢ平面控制网测量实际上是边角后方交会的原理进行测量。

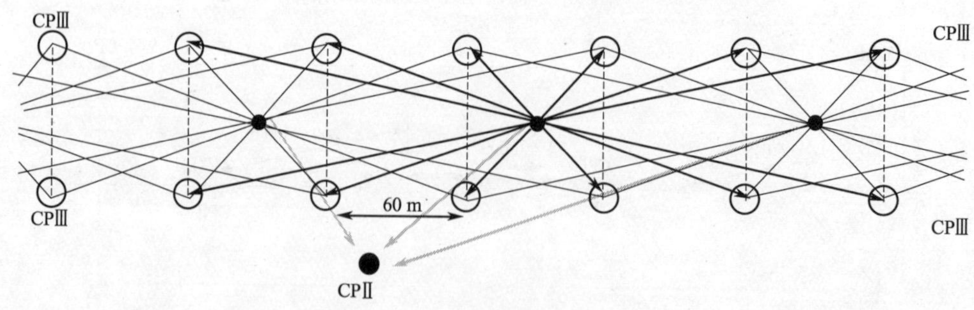

图 9-7　CPⅢ后方交会控制网示意图

在 CPⅡ控制测量中，由于要保证 CPⅢ控制网在 CPⅡ或 CPⅠ控制网中置平精度，要对其控制点进行加密，目前我国 CPⅡ控制网加密(图 9-8)是增加 CPⅡ对数(如郑西高铁每百公里

有 CPⅡ点 110 对,有 CPⅠ点 60 对)。

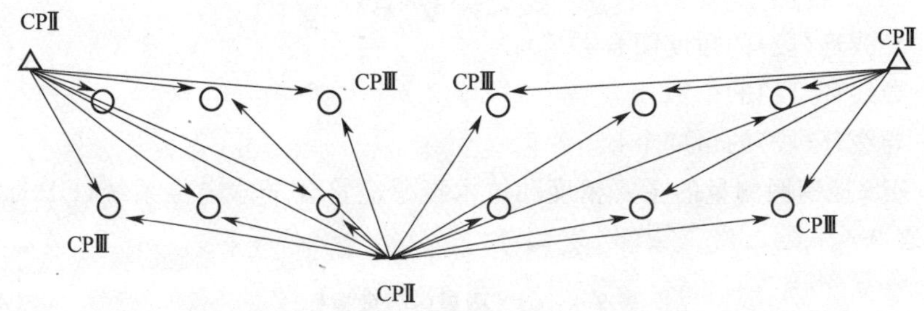

图 9-8　CPⅢ控制网测量和联测及加密 CPⅡ控制点方案示意图

第五节　无砟轨道平面控制测量的基本规定

《客运专线无砟轨道铁路工程测量暂行规定》对平面控制测量要求如下:

一、一般规定

1. 客运专线无砟轨道铁路工程测量各级平面控制网布网要求应按表 9-1 执行。

表 9-1　各级平面控制网布网要求

控制网级别	测量方法	测量等级	点间距	备注
CPⅠ	GPS	B 级	≥1 000 m	≤4 km 一对点
CPⅡ	GPS	C 级	800～1 000 m	
	导线	四等		
CPⅢ	导线	五等	150～200 m	10～20 m 一对点
	后方交会		50～60 m	

2. 各级平面控制网的主要技术要求应符合下列规定:

(1)GPS 测量的精度指标应符合表 9-2 的规定。

表 9-2　GPS 测量的精度指标

控制网级别	基线边方向中误差	最弱边相对中误差
CPⅠ	≤1.3″	1/170 000
CPⅡ	≤1.7″	1/100 000

(2)导线测量的主要技术要求应符合表 9-3 的规定。

表 9-3　导线测量主要技术要求

控制网级别	附合长度(km)	边长(m)	测距中误差(mm)	测角中误差(″)	相邻点位坐标中误差(mm)	导线全长相对闭合差限差	方位角闭合差限差(″)	对应导线等级
CPⅡ	≤4	800～1 000	5	2.5	10	1/40 000	$\pm 5\sqrt{n}$	四等
CPⅢ	≤1	150～200	3	4	5	1/20 000	$\pm 8\sqrt{n}$	五等

导线环(段)的测角中误差应按下式计算:

$$m_\beta=\sqrt{\frac{1}{N}\left[\frac{f_\beta^2}{n}\right]}$$

式中　f_β——导线环(段)的角度闭合差(″)；

N——导线环(段)的个数；

n——导线环(段)的角度个数。

3. 各级 GPS 控制网测量的主要精度和技术指标应符合全球定位系统(GPS)铁路测量规程的规定，见表 9-4。

表 9-4　GPS 测量的精度指标

级　别	B	C	D	E
a(mm)	≤8	≤10	≤10	≤10
b(mm/km)	≤1	≤5	≤10	≤20

注：a—固定误差(mm)；b—比例误差系数。

各级 GPS 网相邻点间弦长精度用下式表示：

$$\sigma=\sqrt{a^2+(b\times d)^2}$$

式中　σ——中误差(mm)；

d——相邻点间距离(km)。

4. GPS 测量作业应满足表 9-5 中的基本技术要求。

表 9-5　各级 GPS 测量作业的基本技术要求

项目＼级别		B	C	D	E
静态测量	卫星高度角(°)	≥15	≥15	≥15	≥15
	有效卫星总数	≥5	≥4	≥4	≥4
	时段中任一卫星有效观测时间(min)	≥30	≥20	≥15	≥15
	时段长度(min)	≥90	≥60	≥45	≥45
	观测时段数	≥2	1～2	1～2	1～2
	数据采样间隔(s)	15～60	15～60	15～60	15～60
	PDOP 或 GDOP	≤6	≤8	≤10	≤10

二、平面控制网设计

1. 客运专线无砟轨道铁路平面控制测量工作开展前，应根据测区地形、地貌及线路工程情况进行平面控制网设计。

2. 平面控制网设计应包括控制网基准、网形和精度设计。需要增补控制点时，须进行控制网改造设计。

3. 平面控制网设计前，应收集线路设计的有关资料和沿线的国家大地点资料，在充分研究线路平、纵断面图的基础上进行控制网设计。收集的资料应包括：

(1)线路平、纵断面图及测区 1∶10 000 和 1∶50 000 地形图。

(2)线路沿线的国家或地方控制点资料，包括平面控制网图、水准路线图、点之记、成果表、技术总结等。

4. 控制网设计应遵循以下准则：

(1)各级控制点的可重复性测量精度和相邻点位的相对精度应符合表 9-6 的规定。

表 9-6 控制点的定位精度要求(mm)

控制点		可重复性测量精度	相对点位精度
CPⅠ		10	$8+D\times10^{-6}$
CPⅡ		15	10
CPⅢ	导线测量	6	5
	后方交会测量	5	1

注：① 可重复性测量精度：控制点两次定位坐标差的中误差或补设、增设控制点时，由现有已知控制点发展的新控制点相对于已知点的坐标中误差；

② 表中数据为 x、y 坐标方向的中误差；

③ D 为基线边长，单位为 mm。

(2)任意 3 个相邻 CPⅢ控制点的角度中误差应不大于 8″。

(3)各级控制网的多余观测分量平均值 $\bar{r}$ 宜满足：

$$\bar{r}=\frac{r}{n}>25$$

式中 r——控制网的多余观测数；

n——控制网的总观测数。

5. 控制网基准设计应符合以下规定：

(1)CPⅠ应在 WGS-84 坐标系中进行三维无约束平差，然后把 WGS-84 的三维坐标转换为工程独立平面坐标。转换模型的投影长度变形值不应大于 10 mm/km。工程独立平面坐标系应以轨面设计高程为投影面，同时引入 1954 年北京坐标系或 1980 年西安坐标系。

(2)CPⅡ控制网应附合到 CPⅠ上，并采用固定数据平差。

(3)当采用导线测量时，CPⅢ控制网应附合到 CPⅠ或 CPⅡ上，并采用固定数据平差；当采用后方交会法测量时，CPⅢ控制网应采用独立自由网平差，然后在 CPⅠ或 CPⅡ中置平。分段附合或置平时相邻段应有足够的重叠，重叠长度应不小于 1km。

6. 各级控制网的网形和精度应以第 4 条的精度和多余观测分量平均值设计准则及经济性原则进行优化设计，并应采用考虑原始数据误差影响的精度计算方法。

7. 增设或补设控制点的点位精度应符合表 9-6 的规定。

8. 根据测区的情况和优化设计的结果，编写平面控制网设计书并拟定作业计划。

三、基础平面控制网(CPⅠ)测量

1. CPⅠ应沿线路走向布设，并在勘测阶段完成。

2. CPⅠ宜按 B 级 GPS 测量要求，全线(段)一次布网，统一测量，整体平差。

3. CPⅠ控制点布设应符合表 9-1 的要求，点位宜选在离线路中线 100～200 m、不易被破坏的范围内，并按规定埋石且作点之记。

4. CPⅠ采用边联结方式构网，形成由三角形或大地四边形组成的带状网；在线路勘测设计起点、终点或与其他铁路平面控制网衔接地段，必须有 2 个以上的 CPⅠ控制点相重合，并在测量成果中反映出相互关系。

5. CPⅠ应与沿线不低于国家二等三角点或 GPS 点联测，宜每 50 km 联测一个国家三角点。全线(段)联测国家三角点的总数不得少于 3 个,特殊情况下不得少于 2 个。当联测点数为 2 个时,应尽量分布在网的两端;当联测点数为 3 个及其以上时,宜在网中均匀分布。

6. GPS 控制测量外业观测和基线解算应执行现行全球定位系统(GPS)铁路测量规程的相关规定。

7. GPS 平面网宜采用一个已知点和一个已知方向的方法进行坐标转换,并引入 1954 年北京坐标系/1980 西安坐标系统/2000 国家大地坐标系。

四、线路控制网(CPⅡ)测量

1. CPⅡ测量应在 CPⅠ的基础上采用 GPS 测量或导线测量方法施测,主要技术指标应符合一般规定中第 2 条的要求。

2. CPⅡ控制点的布设应符合表 9-1 的要求,一般选在离线路中线 50～100 m,且不易破坏的范围内,并按规定埋石且作点之记。

3. 在线路勘测设计起、终点及不同单位测量衔接地段,应联测 2 个以上 CPⅡ控制点作为共用点,并在测量成果中反映出相互关系。

4. 采用 GPS 测量时应满足下列要求:

(1)CPⅡ控制点应有良好的对空通视条件,点间距应为 800～1 000 m,相邻点之间应通视,特别困难地区至少有一个通视点,以满足定测放线或施工测量的需要。

(2)CPⅡ控制点分段起闭于 CPⅠ控制点,测量等级及精度要求应符合表 9-4 和表 9-5 的 C 级的规定。

(3)CPⅡ网采用边联结方式构网,形成由三角形或大地四边形组成的带状网,并与 CPⅠ联测构成附合网。

5. 采用导线测量时应满足下列要求:

(1)导线测量应起闭于 CPⅠ控制点,并按表 9-3 CPⅡ的主要技术要求,采用标称精度不低于 2″、2 mm＋2×10^{-6} m 的全站仪施测。

(2)导线测量水平角观测应符合 9-7 表的规定。

表 9-7　导线测量水平角观测技术要求

控制网等级	仪器等级	测回数	半测回归零差	2C 较差	同一方向各测回间较差
CPⅡ	DJ1	4	6″	9″	6″
	DJ2	6	8″	13″	9″
CPⅢ	DJ1	2	6″	9″	6″
	DJ2	4	8″	13″	9″

(3)导线边长测量,读数至毫米。距离和竖直角往返各观测 2 测回。各项限差应满足表 9-8 的要求。

表 9-8　距离和竖直角观测限差

仪器精度等级	测距中误差(mm)	同一测回各次读数互差(mm)	测回间读数较差(mm)	往返测平距较差
Ⅰ	＜5	5	7	$2m_D$
Ⅱ	5～10	10	15	

表 9-8 中,m_D 为仪器标称精度,其值为

$$m_D=(a+b\times D)$$

式中　a——仪器标称精度中的固定误差(mm)；

b——比例误差系数(mm/km)；

D——测距边长度(km)。

电磁波测距仪的测距精度划分标准为:测距长度为 1 km 时,有

$$\text{Ⅰ级}:|m_D|\leqslant 5\text{ mm}$$

$$\text{Ⅱ级}:5\text{ mm}<|m_D|\leqslant 10\text{ mm}$$

(4)全站仪测距作业应符合铁道部现行《新建铁路工程测量规范》TB 10101 的规定。

6. CPⅡ导线应在方位角闭合差及导线全长相对闭合差满足要求后,采用严密平差计算。

五、基桩控制网(CPⅢ)测量

1. CPⅢ测量应按导线测量或后方交会法施测,测量的主要技术要求应符合表 9-1、表 9-3 和平面控制网设计中第 4 条的规定,并按第 5 条的规定进行平差。

2. CPⅢ控制点的布设应兼顾施工及运营维护,埋点应满足以下要求:

(1)CPⅢ控制点宜设于线路外侧,距线路中线的距离一般为 3～4 m,控制点的间距以 150～200 m 为宜。对线路特殊地段、曲线控制点、线路变坡点、竖曲线起终点及道岔区均应增设加密控制点,曲线地段加密控制点间距以 50～60 m 为宜,它们相对于两端 CPⅢ控制点的纵、横向中误差应小于 1.5 mm。

(2)CPⅢ控制点应设置在稳固、可靠、不易破坏和便于测量的地方,并应防冻、防沉降和抗移动,控制点标识要清晰、齐全、便于准确识别和使用。

(3)CPⅢ控制点有条件时宜埋设混凝土强制对中标,其标志规格和埋设深度应符合有关的规定。

(4)CPⅢ控制点采用导线法测量时,直线部分宜设于线路一侧,曲线部分宜设于线路外侧;采用后方交会法测量时,应设于线路两侧。在一条线路上控制点的外移距离宜相等,如遇障碍物,外移距离可适当减少,但增减值应相等。

3. CPⅢ控制点埋设完成后,应对其进行检测,检测的内容、方法与各项限差应满足下列要求:

(1)检测控制点间夹角时,方向观测应不少于两测回,距离往返观测各两测回。

(2)控制点间的距离允许偏差为 1/20 000;直线段控制点间夹角与 180°较差应小于 8″,曲线段控制点间夹角与设计值较差计算出的线路横向偏差应小于 1.5 mm;弦长测量值与设计值较差应小于 2 mm。

4. CPⅢ控制点满足各项限差要求后应永久固定。控制点标识要清晰、齐全、便于使用,并绘制布设平面示意图和控制点表,做好点之记描述其位置、里程、外移距。

5. CPⅢ导线测量水平角及导线边长测量按线路控制网测量中第 5 条有关 CPⅢ控制点测量的要求执行。

6. CPⅢ导线应在方位角闭合差及导线全长相对闭合差满足要求后,采用严密平差计算。

第六节　高程控制测量

在工程勘测设计与施工中,都要进行地面点的高程测量,这种测量地面点高程工作称之为

高程测量。

高程测量主要有几何水准测量、三角高程、液体静力水准测量以及GPS高程测量等方法。

根据无砟轨道技术条件的要求，无砟轨道高程控制网同样按三级布设，高程基本控制网、水准基点、CPⅢ高程控制网。目前我国高速铁路水准测量以CPⅡ或CPⅠ控制点为水准基点。

高程基本控制网应按不低于国家二等水准基准标准施测，是高速铁路高程基准，全线必须统一高程基准，可采用56黄海高程系统，也可采用1985国家高程系统。水准基点施测精度不低于二等水准，必要时要进行重力测量。CPⅢ高程控制点按精密工程水准测量要求施测。

高程控制网也可采用三角高程测量方式测量，三角高程测量过程要求作业程序、仪器检查、作业环境等影响测量精度因素都必须详细制定考虑，三角高程测量方式主要用于勘测设计阶段，施工及维修阶段高程测量主要采用水准测量方式。高速铁路高程控制测量应采用几何水准测量的方式进行测量。

一、水准测量

几何水准测量是经典高差测量方法，使用的仪器是水准仪，其原理是借助于水平视线（由水准器得到）获取竖立在两点上的标尺读数，从而测定两立尺点间的高差。长期以来光学水准仪一直是水准测量的主要仪器，其结构较为简单，配合水准标尺测量两点间的高差；有可靠的精度保证；目前使用的光学水准仪有微倾式水准仪、自动安平式水准仪等，带有测微器的高精度光学水准仪配合因瓦尺能测量精度能够达到目1 mm，甚至高于0.5 mm。

在工程勘测设计与施工中，都要进行地面点的高程测量，这种测量地面点高程工作称之为高程测量（图9-9）。

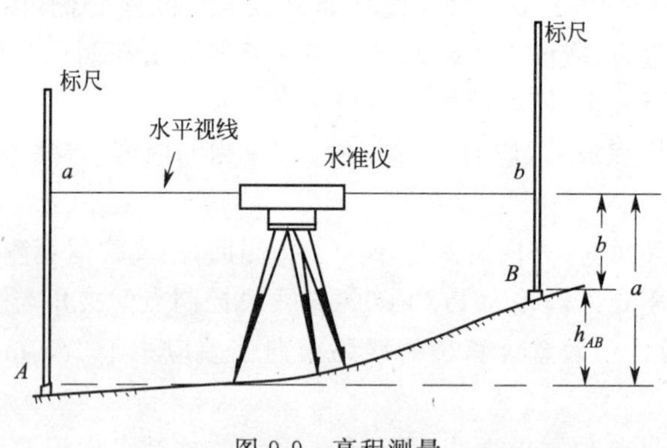

图9-9 高程测量

影响水准测量精度因素主要有：仪器误差（水准仪结构、水准器）、角误差、标尺误差、操作误差（水准器整平居中、标尺瞄准视差），外界环境影响（地球曲率、大气折光差）等。

1. 水准仪

水准仪（图9-10）有光学微倾式、自动安平式水准仪及电子水准仪等，分为DS_{05}、DS_1、DS_3、DS_{10}等几个级别。DS_{05}、DS_1为精密水准仪主要用于高等级水准测量，DS_3、DS_{10}用于一般工程测量和地形测量。

目前常规DS_3、DS_{10}光学水准仪基本结构主要有瞄准部和基座，瞄准部是水准仪的主要组成部分，主要有望远镜、水准器、托架、竖轴以及水平制动、微动旋钮、微倾旋钮等操作部件。

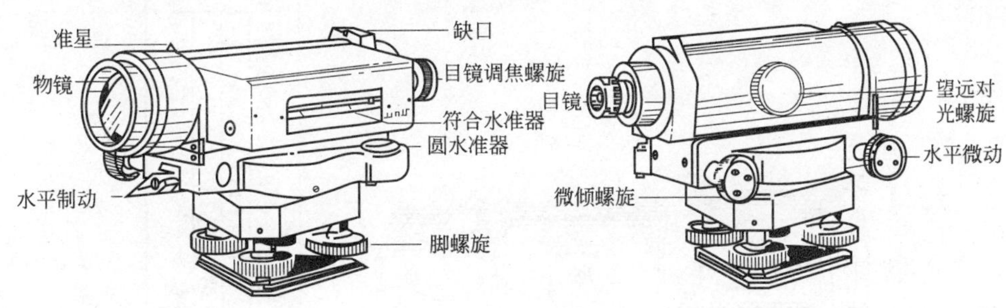

图 9-10　水准仪

自动安平水准仪(图 9-11)最大的构造特点是没有水准管和微倾螺旋,而只有一个圆水准器进行粗略整平;当圆水准气泡居中后,尽管仪器视线仍有微小倾斜,但借助仪器内部补偿器的调整作用,视准轴在数秒钟内自动成水平状态,从而读出视线水平时的读数。自动安平水准仪不仅能缩短观测时间、简化操作,而且对于施工工地现场的微小振动、松软土地下沉以及大风吹刮时视线的微小倾斜等不利状况,能迅速自动安平仪器有效的减弱外界的影响,有利提高观测精度。

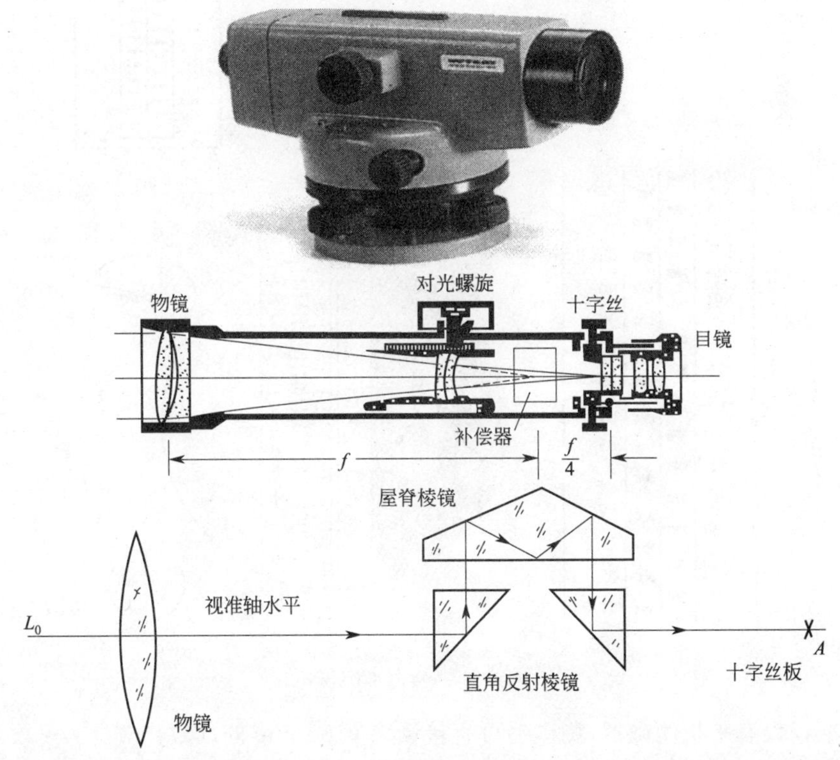

图 9-11　自动安平水准仪

DS_{05}、DS_1 精密水准仪(图 9-12):进行高等级水准测量,或进行精密工程安装控制测量时都会用到精密水准仪。

精密水准仪特点:仪器装有精密可靠的测微器;精确整平的灵敏度高,抗干扰能力强。加上与之配套的标尺,精密水准仪精确读数可达到 0.01 mm。实现这一精密读数精密水准仪必须具备的条件是:

(1)标尺稳定性好,刻画精密;与精密水准仪配套的是因瓦水准尺。

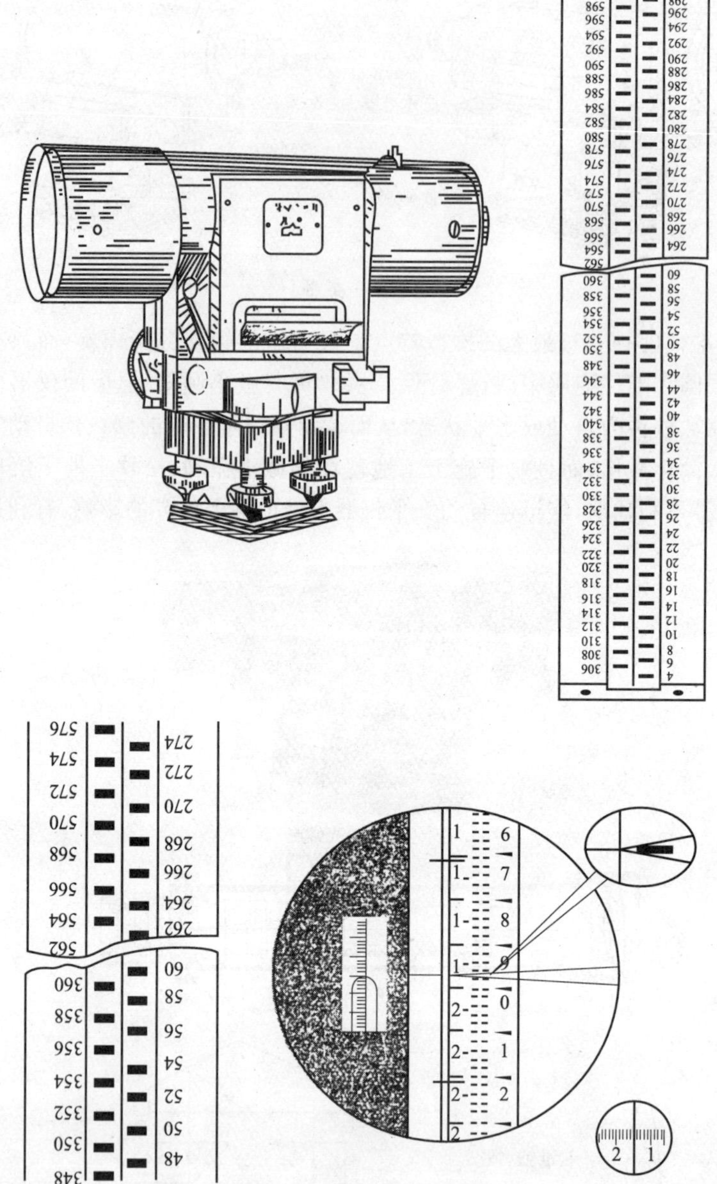

图 9-12　精密水准仪

(2)水准仪设有平板测微器,测微器可直接读出 0.05 mm 的读数。

(3)望远镜十字丝板采用楔形十字丝分画,在放大倍率比较大的望远镜市场中,用楔形十字丝分画更能准确平分标尺画线,提高瞄准精确度。

2. 数字电子水准仪(图 9-13)

随着测量技术的发展,电子水准仪测量精度已达到了一、二等水准测量的要求。欧洲的徕卡、蔡氏公司,日本的拓普康、索佳公司,我国苏光、北光等公司制造的电子水准仪其性能都能满足要求现在水准测量要求。

电子水准仪是在自动安平水准仪的基础上发展起来的,虽然由于知识产权、专利权等因素的制约各厂家电子水准仪不能按统一标准的生产,各厂家标尺的编码方式和电子读数求值过程不同，但其基本结构原理是一致的，其基本构造由光学机械部分、自动安平补偿装置和电子设备组成。其中电子部分主要有：调焦编码器、光电传感器（CCD 器件）、读数电子元件、单片微处理机、接口（外部电源、外部存储记录器）、显示器件、键盘以及影像数据处理软件、标尺采用的条形码标尺等。

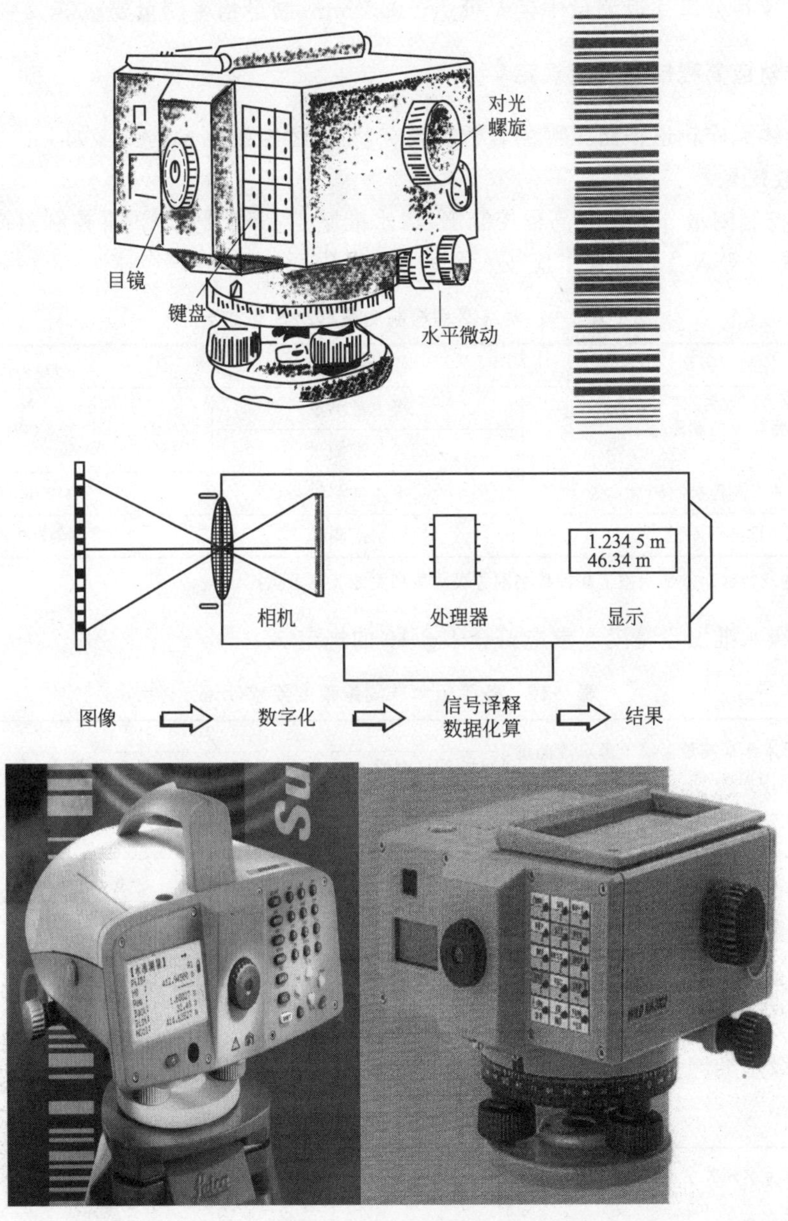

图 9-13　数字电子水准仪

电子水准仪也称数字水准仪，是一种自动化水准测量仪器，这种仪器在测量原理上与光学水准仪相同，电子水准仪新的观测系统改变了测站观测的全统，实行新的观测过程。

摒弃常规等分画区格式标尺的长度注记方式，采用条纹编码的标尺长度注记方式。

采用 CCD 摄像技术（电荷耦合器件技术），测量时对标尺进行摄像观测。

自动实现图像的数字化处理以及观测数据的测站显示、检核、运算等。

不同的厂家采用了不同的信号处理技术和识别技术，较为典型的方法有相位法、相关法和几何法。

电子水准仪的特点：采用电荷耦合器件技术，实现光、机、电、测一体化和水准测量自动化，同时实现了数据读取、记录、计算、存储、通信等功能完全自动化，避免人为错误；提高测量精度，电子水准仪每公里往返测量中误差可达±0.3 mm，满足精密测量要求等。

二、无砟轨道高程控制测量规定

《客运专线无砟轨道铁路工程测量暂行规定》对高程控制测量的要求如下：

（一）一般规定

1. 高程控制测量分为勘测高程控制测量、水准基点高程测量、CPⅢ控制点高程测量。各级高程控制测量等级及布点要求应按表 9-9 的要求执行。

表 9-9 各级高程控制测量等级及布点要求

控制网级别	测量等级	点间距
勘测高程控制测量	二等水准测量	≤2 000 m
	四等水准测量	
水准基点高程控制测量	二等水准测量	≤2 000 m
CPⅢ高程测量	精密水准测量	≤200 m

注：长大桥隧及特殊路基结构施工高程控制网等级应按相关专业要求执行。

2. 各等级水准测量精度要求应符合表 9-10 的规定。

表 9-10 各等级水准测量精度要求(mm)

水准测量等级	每千米水准测量偶然中误差 M_{Δ}	每千米水准测量全中误差 M_W	限差			
			检测已测段高差之差	往返测不符值	附合路线或环线闭合差	左右路线高差不符值
二等水准	≤1.0	≤2.0	$6\sqrt{L}$	$4\sqrt{L}$	$4\sqrt{L}$	—
精密水准	≤2.0	≤4.0	$12\sqrt{L}$	$8\sqrt{L}$	$8\sqrt{L}$	$4\sqrt{L}$
三等水准	≤3.0	≤6.0	$20\sqrt{L}$	$12\sqrt{L}$	$12\sqrt{L}$	$8\sqrt{L}$
四等水准	≤5.0	≤10.0	$30\sqrt{L}$	$20\sqrt{L}$	$20\sqrt{L}$	$14\sqrt{L}$

注：表中 L 为往返测段、附合或环线的水准路线长度，单位：km。

3. 各等级水准测量的主要技术标准应符合表 9-11 的规定。

表 9-11 水准测量的主要技术标准

等级	每千米高差全中误差(mm)	路线长度(km)	水准仪等级	水准尺	观测次数		往返较差或闭合差(mm)
					与已知点联测	附合或环线	
二等	2	≤400	DS_1	因瓦	往返	往返	$4\sqrt{L}$
精密水准	4	2	DS_1	因瓦	往返	往返	$8\sqrt{L}$
三等	6	≤150	DS_1	因瓦	往返	往测	$12\sqrt{L}$
			DS_3	双面		往返	
四等	10	≤30	DS_3	双面	往返	往返	$20\sqrt{L}$

注：①结点之间或结点与高级点之间，其路线的长度，不应大于表中规定的 0.7 倍。

②L 为往返测段、附合或环线的水准路线长度，单位：km。

4. 各等级水准观测应符合表 9-12 的规定。

表 9-12　各等级水准观测主要技术要求

等级	水准尺类型	水准仪等级	视距(m)	前后视距差(m)	测段的前后视距累积差(m)	视线高度(m)
二等	因瓦	DS_1	≤50	≤1.0	≤3.0	下丝读数≥0.3
		DS_{05}	≤60			
精密水准	因瓦	DS_1	≤60	≤2.0	≤4.0	下丝读数≥0.3
		DS_{05}	≤65			
三等	双面	DS_3	≤65	≤3.0	≤6.0	三丝能读数
	因瓦	DS_1/DS_{05}	≤80			
四等	双面	DS_3	≤80	≤5.0	≤10.0	三丝能读数
	因瓦	DS_1	≤100			

5. 线路跨越江河、深沟时，应用相应等级的跨河水准测量方法和精度施测，主要技术要求应符合以下规定：

(1)一、二等水准测量在视线长度为 100 m 以内时，可按 2～4 条规定施测，但在测站上应变换仪器高度观测两次，两次高差之差不得超过 1.5 mm，取用两次结果的中数。当视线长度超过 100 m 时，应按跨河水准测量要求进行测量，其时间段数、测回数及组数应按表 9-13 的规定执行。

表 9-13　一、二等跨河水准测量的技术要求

跨河视线长度(m)	一等			二等		
	最少时间段数	双测回数	半测回中的组数	最少时间段数	双测回数	半测回中的组数
100～300	2	4	2	2	2	2
301～500	4	6	4	2	2	4
501～1 000	6	12	6	4	8	6
1 001～1 500	8	18	8	6	12	8
1 501～2 000	12	24	8	8	16	8
2 000 以上	6 *s*	12 *s*	8 *s*	4 *s*	8 *s*	8

注：①表中 *s* 为跨河视线长度公里数，尾数凑整到 0.5 或 1。

②各双测回的互差 dH，应不大于按式下式计算的限值：

$$dH_{限}=4\cdot M_{\Delta}\sqrt{N\cdot S}$$

式中　M_{Δ}——每公里水准测量的偶然中误差限值(mm)；

N——双测回的测回数；

S——跨河视线长度(km)。

(2)三、四等水准测量在视线长度为 200 m 以内时，可按 2～4 条规定施测；但在测站上应变换仪器高度观测两次，两次高差之差不得超过 7 mm，取用两次结果的中数。当视线长度超过 200 m 时，应用跨河水准测量方法施测，其测量方法、适用范围和观测测回数、限差按表 9-14 的规定执行。

表 9-14　跨河水准测量的技术要求

序号	方法	等级	最大视线长度 S(km)	单测回数	半测回数观测组数	测回高差互差不大于(mm)
1	直接读尺法	三	0.3	2	—	8
		四	0.3	2	—	16
2	微动觇板法	三	0.5	4	—	$30S$
		四	1.0	4	—	$50S$
3	经纬仪倾角法或电磁波测距三角高程法	三	2.0	8	3	$24\sqrt{S}$
		四	2.0	8	3	$40\sqrt{S}$

6. 水准测量所使用的仪器及水准尺，应符合下列规定：

(1)水准仪视准轴与水准管轴的夹角，DS_1 级不应超过 15″；DS_3 级不应超过 20″。

(2)水准尺上的米间隔平均长与名义长之差，对于因瓦水准尺，不应超过 0.15 mm，对于双面水准尺，不应超过 0.5 mm。

(3)二等水准测量采用补偿式自动安平水准仪时，其补偿误差 Δa 不应超过 0.2″。

7. 观测读数和记录的数字取位：使用 DS_{05} 或 DS_1 级仪器，应读记至 0.05 mm 或 0.1 mm；使用数字水准仪应读记至 0.01 mm；使用区格式木尺应读记至 1 mm。

8. 水准测量计算取位应符合表 9-15 的规定：

表 9-15　水准测量计算取位

等　级	往(返)测距离总和(km)	往(返)测距离中数(km)	各测站高差(mm)	往(返)测高差总和(mm)	往(返)测高差中数(mm)	高程(mm)
二等、精密水准	0.01	0.1	0.01	0.01	0.1	0.1
三、四等	0.01	0.1	0.1	0.1	0.1	1

9. 水准测量作业结束后，每条水准路线应按测段往返测高差不符值计算偶然中误差 M_Δ；当水准网的环数超过 20 个时，还应按环线闭合差计算 M_W。M_Δ 和 M_W 应符合表 9-10 的规定，否则应对较大闭合差的路线进行重测。M_Δ 和 M_W 应按下列公式计算：

$$M_\Delta=\sqrt{\frac{1}{4n}\left[\frac{\Delta\Delta}{L}\right]} \tag{9-1}$$

$$M_W=\sqrt{\frac{1}{N}\left[\frac{WW}{L}\right]} \tag{9-2}$$

式中　Δ——测段往返高差不符值(mm)；

L——测段长(km)；

n——测段数；

W——经过各项修正后的水准环线闭合差(mm)；

N——水准环数。

(二)高程控制网设计

1. 客运专线无砟轨道铁路高程控制测量工作开展前，应根据测区地形、地貌及线路工程情况进行高程控制测量设计。

2. 高程控制网设计应包括控制网基准、网形和精度设计。需要增补高程控制点时，须进行控制网改造设计。

3. 高程控制网设计应在充分收集线路设计的有关资料和沿线的国家水准点资料的基础

上进行，收集的资料应包括：

(1)线路平、纵断面图及测区 1：10 000 和 1：50 000 地形图；

(2)线路沿线城市规划、地质、地震、气象、地下水位及冻土深度等资料；

(3)线路沿线的国家或地方水准点资料，包括水准路线图、点之记、成果表、技术总结等。

4. 高程控制网精度设计应符合表 9-16 的规定。

表 9-16　高程控制点限差要求(mm)

控制点类型	可重复性测量的高差限差	相邻点高差限差	水准测量等级
勘测高程控制点	$4\sqrt{L}$	$4\sqrt{L}$	二等
	$20\sqrt{L}$	$20\sqrt{L}$	四等
水准基点	$4\sqrt{L}$	$4\sqrt{L}$	二等
CPⅢ控制点	$8\sqrt{L}$	$8\sqrt{L}$	精密

5. 高程控制网基准设计应符合以下规定：

(1)勘测高程控制网应附合于高一级的国家水准点上并以国家水准点为起算数据，采用固定数据平差和 1985 国家高程基准；

(2)水准基点控制网应以国家一等水准点为起算数据，采用固定数据平差和 1985 国家高程基准；

(3)CPⅢ控制点应附合于水准基点控制网上，采用固定数据平差。

6. 高程控制网网形和精度设计应满足规定的要求。

7. 高程控制网改造设计时，增设、补设控制点的高差限差应符合可重复性测量的规定。

8. 各级控制网的网形和精度应以规定的精度设计准则及经济性原则进行优化设计，根据测区情况和优化设计的结果，编写技术设计书并拟定作业计划。

(三)勘测高程控制测量

1. 勘测高程控制测量应与高一级的国家水准点联测。四等水准测量一般 30 km 联测一次，困难条件下不应大于 80 km；二等水准测量一般 150 km 联测一次，困难条件下不应大于 400 km 并形成附合水准路线。

客运专线铁路与另一铁路连接时，应确定两铁路高程系统的关系。

2. 水准路线应沿线路敷设，水准点埋设应满足下列要求：

(1)水准点应每 2 km 设置一个。重点工程(大桥、长隧及特殊路基结构)地段应根据实际情况增设。水准点可与平面控制点共用，也可单独设置，单独设置的水准点距线路中线距离宜在 50～150 m 之间；

(2)水准点应选在土质坚实、安全僻静、观测方便和利于长期保存的地方；

(3)水准点应按规定埋石并作点之记。

3. 水准点高程测量应符合规定。采用四等水准测量时，在平原地区可采用水准测量方法；在山岳、丘陵地区可采用光电测距三角高程测量方法。

4. 四等水准测量应采用中丝读数法，可采用 1 组往返或 2 组单程进行。往返测(或 2 组单程)高差不符值在限差以内采用平均值。

5. 线路跨越江河、深沟，视线长度大于 200 m 时，应按四等跨河水准测量方法和精度施测，或采用光电测距三角高程测量方法施测。

6. 在山岳、丘陵地区采用光电测距三角高程测量应符合下列规定：

(1)光电测距三角高程测量,可与平面导线测量合并进行。水准点的设置要求、闭合差限差及检测限差应符合规定。

(2)导线点应作为高程转点。高程转点间的距离和竖直角必须往返观测,并宜在同一气象条件下完成。计算时应加入气象改正和地球曲率改正。两水准点间高差采用往返观测平均值。

①测距时应采用不低于Ⅱ级精度的测距仪,必须进行往返各 2 个测回,距离取位至毫米。

②在山区和水域地段测距时,应在测程的两端同时测定气温,读至 0.5 ℃,并在斜距中加入气象改正;平坦地区测程两端可不测定气温,但必须测定在一个作业时间(上午或下午)内的平均气温。

③竖直角测量可采用中丝法,往返必须各 3 个测回,并应符合表 9-17 的规定。

表 9-17 水准点光电测距三角高程测量技术要求

距离测回数	竖直角				往返测高差较差 (mm)	边长范围 (m)
	测回数(中丝法)	最大角值(°)	测回间较差(″)	指标差互差(″)		
往返各 2 测回	往返各 3 测回	15	5	5	$40\sqrt{D}$	200～700

注:D 为测距边长,以 km 计。

(3)前后视的棱镜应安置在支架上。仪器高、棱镜高应在测距前和测角后分别量测 1 次,取位至毫米。2 次量测的较差不大于 2 mm 时,取用平均值。当两次量测的较差大于 2 mm 时,应重新观测该测站成果。

(4)高程测量视线离地面或障碍物的距离不宜小于 1.5 m。

(5)当往返测高差较差大于 $40\sqrt{D}$时,必须往返重测 1 组,重测与原测 2 组高差之差小于 $20\sqrt{D}$时,其结果取用 2 组高差的中数。

(四)水准基点测量

1. 水准基点应按二等水准测量要求施测。二等水准路线一般 150 km 与国家一等水准点联测一次,最长不应超过 400 km 联测一次。水准基点控制网应全线(段)一次布网测量。

2. 水准路线应沿线路敷设,水准点埋设应符合(三)中第 2 条的规定。

3. 水准基点测量应采用水准测量方法,宜使用电子水准仪测量。其主要技术要求应符合表 9-10、表 9-11 及表 9-12 中二等水准测量的规定。

4. 二等水准测量应进行往返观测,观测顺序如下:

1 往测:奇数站为后—前—前—后

偶数站为前—后—后—前

2 返测:奇数站为前—后—后—前

偶数站为后—前—前—后

5. 水准基点测量应在全线测量贯通后进行严密平差,平差计算取位按二等水准测量的规定执行。

(五)CPⅢ控制点高程测量

1. CPⅢ控制点高程测量工作应在 CPⅢ平面测量完成后进行,并起闭于二等水准基点。

2. CPⅢ控制点水准测量应按有关精密水准测量的要求施测。

3. CPⅢ控制点高程测量应严密平差,平差计算取位按表 9-15 中精密水准测量的规定执行。

第七节　轨 道 测 量

无砟轨道客运专线轨道测量，由于高速铁路和无砟轨道客运专线在我国正是大规模建设，具体的高速铁路轨道测量方法我国还在积极的探索，还没有特别成熟的东西，目前我国是引进德国有关无砟轨道测量相关方法。

在德国双块式无砟轨道几何尺寸静态验收标准中，各项参数与我国相应的规定有所不同，最大的区别在于高低和轨向的检测和验收中。高低和轨向的验收是采用弦测法检测，要满足如下两个标准：(1)短波不平顺检测法——弦长 30(28.8) m、2 mm/(5 m)[2 mm/(4.8 m)]；(2)长波不平顺检测法——弦长 300(288) m、10 mm/(150 m)[10 mm/(144 m)]。下面分别对这两种检测和验收方法进行介绍。

1. 短波高低和轨向不平顺检测法

本法采用 30 m(28.8 m) 的弦长，弦线可以利用水准仪或全站仪的检测数据采用计算方法设置，或在现场直接拉线。

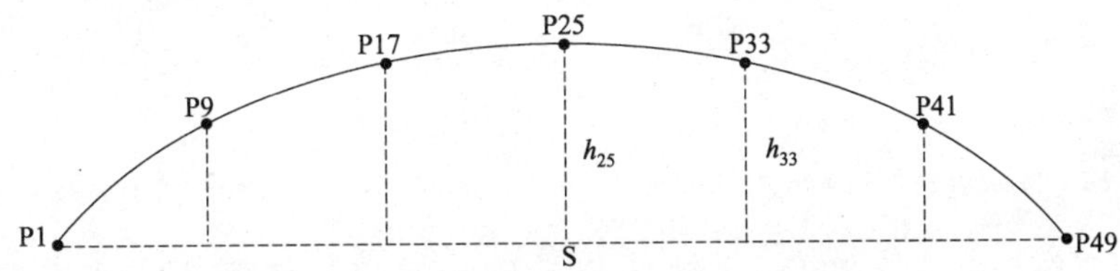

注：本图放大了垂直方向的比例，与实际图形有差异。

图 9-14　30(28.8) m、2 mm/(5 m)[2 mm/(4.8 m)]短波不平顺测定法

如图 9-14 所示，假定轨枕间距为 0.625 m(在郑西客专为 0.654 m)，5 m (在郑西客专为 5.232 m) 长度范围内恰为 8 个轨枕间距，在第一个 5 m 范围内的轨枕编号为 P1～P9，30 m (我国为 31.392 m)长度范围内恰为 48 个轨枕间距，其轨枕编号为 P1～P49。

h_{25}、h_{33}为 30 m 弦长上轨枕的矢高。在 30 m 弦上可测出 P2～P48 轨枕各点的矢高(图 9-14 中只标出了 P9、P17、P25、P33、P41 等间距为 5 m 整数倍轨枕）。与 P25 间距为 5 m 的对应核算点轨枕为 P33。必须满足的极限值条件可由设计矢高差 $\Delta_{设计}$ 和实测矢高差 $\Delta_{实测}$ 按下式计算：

$$\Delta h=|(h_{25设计}-h_{33设计})-(h_{25实测}-h_{33实测})|=|\Delta_{设计}-\Delta_{实测}|\leqslant 2\ \text{mm}$$

式中　$h_{25设计}$、$h_{33设计}$——轨枕的设计矢高；

$h_{25实测}$、$h_{33实测}$——轨枕的实测矢高；

$\Delta_{设计}$——设计矢高差；

$\Delta_{实测}$——实测矢高差；

Δh——差值。

用 30 m 的弦线可以检验的轨枕是从 P2(核算点 P10)至 P40(核算点 P48)。不能对 P40 以后的轨枕进行检验，需用新的弦线来检验轨枕 P41、P42 等各点(见图 9-15）。新的弦线要从最后一个已经检验的轨枕 P40 开始，而新弦线的最后一根轨枕是 P88，可确定轨枕 P41 至 P87 等各轨枕处的矢高，并检验轨枕 P41(核算点 P49)至 P79(核算点 P87)。再下一根新弦线是从

轨枕 P79 开始。

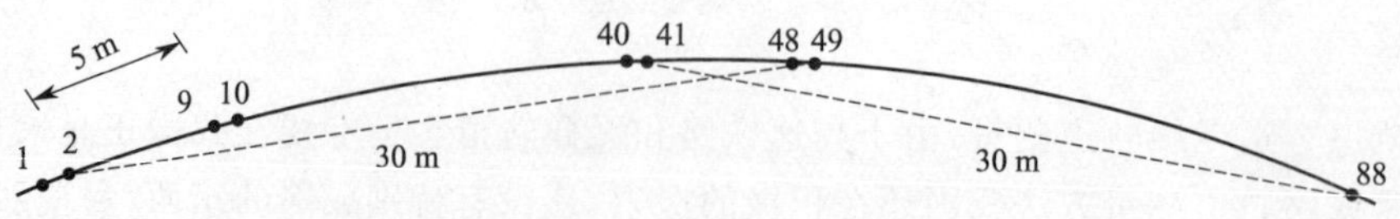

图 9-15 按 30(31.392) m、2 mm/(5 m)[2 mm/(5.232 m)]检测时弦线的搭接

2. 长波高低和轨向不平顺检测法

采用 300(313.92) m 的弦长，弦线只能根据水准仪或全站仪的实测数据采用计算方法设置。

假定轨枕间距为 0.625 m(郑西客专为 0.654 m) ，300 m(我国为 313.92 m) 长度范围恰为 480 个轨枕间距，其轨枕编号为 P1～P481，150 m(我国为 156.96 m)长度范围恰为 240 个轨枕间距，在该范围内的轨枕编号为 P1～P241(见图 9-16) 。

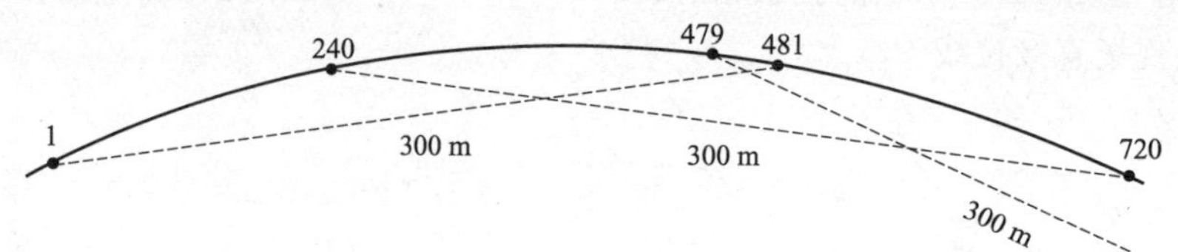

图 9-16 按 300(313.92) m、10 mm/(150 m)[10 mm/(156.96 m)]检测时弦线的布置

根据检测资料算出弦长 300 m 上轨枕 P2～P480 各点的矢高，检验点和相应核算点的距离是 150 m，故在这根弦上可进行检验的轨枕是 P2(对应的核算点为 P242)至 P240(对应的核算点为 P480)。下一根弦线应从最后的检验点轨枕 P240 开始至轨枕 P720 结束，仍为 480 个轨枕间距，可检验的轨枕为 P241(对应的核算点为 481)至 P479(对应的核算点为 719) 。

与轨枕 P25 相距 150 m 的相应核算点是 P265，先算出轨枕 P25 和 P265 的设计矢高差 $\Delta_{设计}$，然后再用测出的数据算出 P25 和 P265 的实测矢高差 $\Delta_{实测}$。两个矢高差差值的绝对值就应满足允许偏差极限值要求：

$$\Delta h=|(h_{25设计}-h_{265设计})-(h_{25实测}-h_{265实测})|=|\Delta_{设计}-\Delta_{实测}|\leqslant 10\ \text{mm}$$

在对轨道进行测量时，我们建议采用全站仪结合水准仪长波高低和轨向不平顺。

第八节 构筑物的变形测量

为满足对客运专线无砟轨道铁路线下构筑物变形的需要，确定无砟轨道的铺设时机，以及为运营养护、维修提供依据，应建立线下构筑物变形监测网，对线下构筑物进行变形观测。

变形测量的主要内容是建立变形监测网、设置变形监测点以及变形观测。变形监测网包括水平位移监测网、垂直位移监测网。变形测量一般分四个等级，各等级测量中误差都有明确规定。

水平位移监测网可以利用 CPⅠ和 CPⅡ控制点建立平面监测网，采用独立坐标系统时应按三等平面监测网建立，并以此布网完成，同时至少应与两个 CPⅠ或 CPⅡ控制点联测。以便引入客运专线无砟轨道铁道工程测量平面坐标系统，实现水平位移监测网坐标与施工平面控制网坐标的相互转换。垂直位移监测网可根据需要独立建网，按二等水准测量精度施测，并于施工水准基点进行联测，高程系统应与施工高程控制网系统保持一致。变形测量点分为基准点、工作点和变形监测点。

每一个独立的垂直位移监测网影射应设置不少三个稳固可靠的基准点，基准点硬应设在变形影响范围以外并且便于长期保存。工作基点同样要选择在比较稳定且便于观测的位置。变形监测点应设立在变形体上且能够反映监测物体变形特征的位置。

变形观测所用仪器和设备在观测前都应进行检验校正。每一次观测的工序、观测网图形、观测路线、观测方法、使用的仪器、设备都应相同，并且观测人员要相对固定，观测环境、观测条件也要基本相同。

无砟轨道线下构筑物变形是无砟轨道铁路的重要参数，一直贯穿于设计、施工、运营养护、维修各阶段，为使这一重要参数所获取的数据科学、可靠并连续，因此在工程设计阶段，应对变形测量进行规划、设计，施工时建立线下构筑物变形监测网，对线下构筑物进行变形观测。

变形测量是以单纯测定变形体的变形量为目的，因此只需采用独立坐标系统，即可满足要求。高程系统，根据实践经验，单纯为了测定变形体的变形，高程起算点可根据经验自定。测区若已有高程起算点，宜采用原有高程系统。当测区已有施工控制网时，监测网应尽量利用已埋设的CPⅠ、CPⅡ和水准基点，困难时也应与之联测，以便进行联算、换算，达到一网多用的目的。

变形测量点的分类。根据变形测量精度要求高的特点，以及标志的作用和要求不同，将它们分为三类：

(1)基准点。要求建立在变形区以外的稳定地区，同大地测量点的比较，要求具有更高的稳定性，其平面控制点一般应设有强制归心装载。

(2)工作基点。要求这些点在观测期间稳定不变，测定变形观测点时作为高程和坐标的传递点，同基准点一样，其平面控制点应设有强制归心装置。

(3)变形观测点。直接埋设在要测定的变形体上。点位应设立在能反映变形体变形的特征部位，不但要求设置牢固，便于观测，还要求形式美观，结构合理，且不破坏变形体的外观和使用。

变形测量的等级划分及精度要求。根据我国的经验，参考国外规范有关变形的资料，以变形观测点水平位移的点位中误差及垂直位移的高程中误差和相邻点高差中误差的大小来划分等级。

等级划分共分为四等。一等属于高精度观测，二、三等为一般常用变形观测的精度指标(采用常规仪器和作业方法即可达到)，四等为低精度的变形观测。

相邻点高程中误差，是为了只要求相对沉降量的观测项目而规定的。

变形测量的精度指标，采用设计和其他规范已确定了的允许变形量的1/20作为测量精度要求，以使用在允许范围之内，能确保建筑物、构筑物的安全使用。这样，每个周期的观测一般均可反映变形体的变形情况。根据国内外经验，归纳出变形测量的等级划分及要求。

根据无砟轨道对线下构筑物变形的要求，水平位移精度按三等控制，垂直位移精度按二等控制。

对于监测网的检测，根据国内变形测量的实践经验，监测网由于自然条件的变化，人为破坏等原因，不可避免的有个别点位会发生变化。为了验证监测网点的稳定性，应对其进行定期检测。检测时间间隔的长短，应根据点位稳定程度来确定。

每次观测规定。根据变形观测的经验，由于测量面积小，精度要求高，要求每次采用相同的图形和观测方法，以及同一仪器和设备等基本条件相同，这是为了将观测中的系统误差减到最小，达到提高精度的目的。

根据经验和理论验证，由于变形测量区域面积一般较小，采用独立坐标系一次布网，基准点和工作基点同时布设，当基准点不能直接测定变形观测点时，可采用工作基点来测定，这样有利于提高和保证监测网的精度。

水平位移监测网的主要技术要求。根据实践经验是从实用目的出发，水平位移监测网的主要技术要求，按三角网的形式，遵循以下技术设计原则制定：

(1)监测网的等级、测角中误差以及各等级最弱边相对中误差的规定，与平面控制测量相适应。其中，一等监测网参照了国家一等三角测量的技术要求。

(2)相邻基准点的点位中误差的规定与《规范》规定的变形观测点的点位中误差相当。这是为了点位移动或丢失时，恢复控制点的需要。如大量提高监测网的精度，无疑会给观测带来困难，经济上也会造成浪费。

当某一基准点点位移动时，用等精度来恢复该点，若恢复的点又是网中最弱点，根据有关规定设 $m_{基}=m_{观}$，点位恢复后，相对于原点精度为$\sqrt{2}m_{基}$。恢复后测得变形量的精度为

$$m_{变}=\sqrt{2m_{基}^{2}+m_{观1}^{2}+m_{观2}^{2}}$$

式中

$$m_{基}=m_{观1}=m_{观2}=\frac{1}{20}\Delta_{允}$$

故得 $m_{变}=\frac{1}{10}\Delta_{允}$，取极限误差，即为 $m_{变限}=\frac{1}{5}\Delta_{允}$，即分别在 5 个观测周期内达到允许变形量，这时每周期的变形量为 $\Delta_{变}=\frac{1}{5}\Delta_{允}$，这时一般变形观测项目是完全适用的。等精度恢复点位后，测得变形量的误差 $m_{变限}=\Delta_{变}$，恰好能反映某一周期的变形，因此本条的规定是可行的。

(3)平均边长是以相邻基准点的点位中误差为准，按各等级最弱边相对中误差的要求估算出来的。如二等点位误差为 3 mm，当平均边长为 300 m 时，其相对中误差仅为$\frac{3}{300\ 000}\sim\frac{1}{100\ 000}$，规范规定为 1/120 000。故平均边长应小于 300 m 才能达到相邻基准点的点位中误差 3 mm 的要求。

埋设水准基点。根据变形测量垂直位移的需要，水准基点必须保证其稳定性，并应有一定数量稳固可靠的点以资校核。对于单体建筑物的沉降观测，有时埋设深层金属管水准基点，其稳定性虽然很好，但埋设费用很大。因此对埋设数量未作具体规定。

垂直位移监测网的主要技术要求。根据实践经验和实用目的，以及精度估算，并参阅有关国内为资料，按以下水准测量技术设计，确定出垂直位移监测网的主要技术要求。

(1)相邻基准点高差中误差中，二、三、四等分别采用国家一、二、三等每千米高差的偶然中误差值。这一要求限制基准点间的距离，保证基准点有一定的密度，点位变动时可保证其恢复的精度。

(2)每站高差偶然中误差的规定保证了各级监测网的观测精度。

(3)每站高差中误差为±0.07 mm，则往返差、附合或环线闭和差为$\pm2\times0.07\ \text{mm}\sqrt{n}=\pm0.15\ \text{mm}\sqrt{n}$(式中 n 为站数)。

(4)对使用仪器、观测方法及要求，垂直位移监测网的二、三、四等分别采用国家一、二、三等水准使用的仪器方法和要求。由于监测网中的一等精度要求特别高，即使采用国家一等水

准观测也无法达到,因此规定采用DS_{05}型仪器,视线长度≤1.5 m,前后视距差≤0.3 m,视距累计≤1.5 m,水准尺必须经过严格检校。这样,在每站进行转点观测时,经过严格估算结果,其高差中误差可以达到±0.07 mm的精度。估算式如下:

$$m_{站}=\sqrt{2m_{照}^2+2m_{中}^2+2m_{读}^2+2m_{焦}^2+2m_i^2+2m_{尺}^2+2m_{底}^2+m_{直}^2+m_{其他}^2}$$

式中 $m_{照}$——照准误差,取0.05 mm;

$m_{中}$——气泡居中误差,取0.02 mm;

$m_{读}$——读数误差,取0.02 mm;

$m_{焦}$——调焦误差,取0;

m_i——视准轴不水平i角误差,取0.022 mm;

$m_{尺}$——水准尺每米分划误差,取0.02 mm;

$m_{底}$——尺底面不垂直轴线的误差,取0.02 mm;

$m_{直}$——尺子不垂直的误差,取0.01 mm;

$m_{其他}$——其他外界影响的误差,取0.02 mm。

把以上数据代入上式,得

$m_{站}=(2\times0.05^2+2\times0.02^2+2\times0.01^2+0^2+0.02^2+2\times0.02^2+2\times0.02^2+0.01^2+0.02^2)^{1/2}=\pm0.093$

双转点时 $m_{站}=\pm0.093\div\sqrt{2}=\pm0.07$(mm)

垂直位移观测点的精度要求和观测方法。根据垂直位移观测的特点,没有对各类垂直位移观测的精度指标作出规定,只提及一般的等级划分的精度,以及相应精度要求的观测方法,考虑如下:

(1)按等级影响原则,各等级变形点高程中误差与垂直位移监测网中相应等级精度相当,即一等为±0.3 mm,二等为±0.5 mm,三等为±1.0 mm,四等为±2.0 mm。

(2)观测方法着重规定使用几何水准测量,这在我国使用比较普遍,在高精度沉降观测中液体静力水准测量也被广泛采用。

(3)用短视线三角高程测量来测定直接水准不能达到的两点间的高差是十分方便的,从理论上分析和国内外有关资料的介绍,已达到很高的精度,由于我国使用经验较少,只在四等精度的观测方法中作规定。

垂直位移观测点的精度和观测方法,系根据无砟轨道对线下构筑物变形的要求,按二等精度要求来控制垂直位移观测点的精度和观测方法。

高速铁路对路基、桥涵、隧道等线下工程的工后沉降、差异沉降提出了严格要求。高速铁路设计为无砟轨道,必须保证轨道具有持久、稳定的高平顺性以保证旅客行车的安全性、平稳性、舒适性。虽然设计时对土质路基、隧道、桥梁墩台基础及预应力混凝土梁等均进行了沉降变形计算,采取了相应的加固处理措施。而影响沉降计算的因素较多,沉降计算的精度不足以控制无砟轨道工后沉降。施工期间必须按设计要求进行系统的沉降变形动态观测。通过对沉降变形观测数据进行系统综合分析、预测、评估,验证或调整设计措施,以保证设计预测沉降与实际沉降更为接近,使路基、桥涵、隧道工程达到规定的变形控制要求,分析、推算出最终沉降量、工后沉降及差异沉降,合理确定无砟轨道开始铺设时间,确保客运专线无砟轨道结构的铺设质量。

根据不同的路基高度及不同的地基条件,主要内容有:

(1)路基面的沉降变形观测；

(2)路基基底沉降观测；

(3)路堤本体的沉降观测。

路基面的沉降变形观测布设的基本形式：

(1)Ⅰ类观测横断面形式(图 9-17)：路堤基底线路中心处埋设沉降板进行地基沉降监测；于路基面两侧路肩设置沉降观测桩进行路基面沉降监测。适用于一般路堤地段的变形监测，主要设置在路堤填筑高度不大、地基可压缩性土层较薄的地段。监测断面的设置间距为 100 m，过渡段范围或地形地质条件变化大时宜加密。

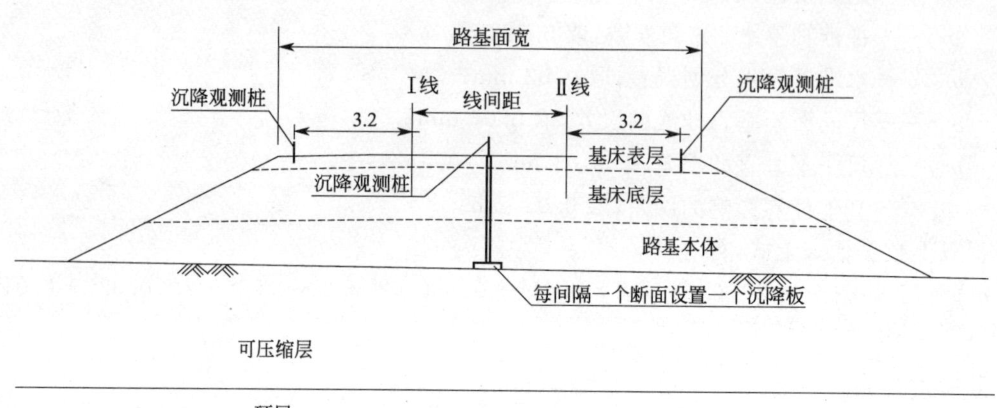

图 9-17　Ⅰ类观测横断面设计示意图(单位：m)

(2)Ⅱ类观测横断面形式(图 9-18)：路堤基底线路中心处埋设沉降板进行地基沉降监测；贯穿于路堤基底设置剖面沉降管对地基不均匀沉降、差异沉降进行监测；在路基面两侧路肩设置沉降观测桩进行路基面沉降监测。适用于一般路堤、斜坡路基、地基可压缩性土厚度不均、过渡段等路基的沉降变形监测。监测断面的设置间距一般为 50～100 m，过渡段范围或地形地质条件变化大时宜加密。

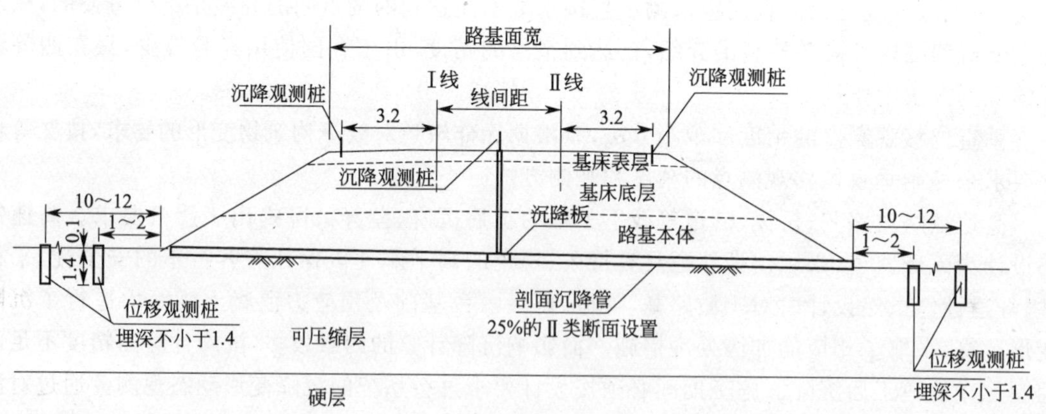

图 9-18　Ⅱ类观测横断面设计示意图(单位：m)

桥涵：桥梁墩台基础的沉降和预应力混凝土梁的徐变变形的观测，涵洞洞身及洞顶填土路基的沉降观测。

过渡段：路桥、路涵过渡段不均匀沉降观测。

隧道：隧道口仰拱、隧道一般地段和不良、复杂地质区段沉降观测。

第九节　无砟轨道变形测量规定

《客运专线无砟轨道铁路工程测量暂行规定》变形测量基本要求如下：

1. 一般规定

(1)为满足对客运专线无砟轨道铁路线下构筑物变形评估的需要，并确定无砟轨道的铺设时机，以及为运营养护、维修提供依据，应建立线下构筑物变形监测网，对线下构筑物进行变形观测。

(2)在工程设计阶段，应对变形测量进行规划、设计，并及时进行变形观测。

(3)变形监测网(水平位移监测网、垂直位移监测网)应按如下原则建立：

①水平位移监测网可采用独立坐标系统按三等精度要求建立，并一次布网完成。不能利用CPⅠ和CPⅡ控制点的监测网，至少应与一个CPⅠ或CPⅡ控制点联测，以便引入客运专线无砟轨道铁路工程测量平面坐标系统，实现水平位移监测网坐标与施工平面控制网坐标的相互转换。

②垂直位移监测网可根据需要独立建网，精度按二等水准测量精度控制，高程应采用施工高程控制网系统。不能利用水准基点的监测网，在施工阶段至少应与一个施工高程控制点联测，使垂直位移监测网与施工高程控制网高程基准一致；全线二等水准贯通后，应将垂直位移监测网与二等水准基点联测，将垂直位移监测网高程基准归化到二等水准基点上。

(4)变形测量点分为基准点、工作基点和变形观测点。其布设应符合下列规定：

①每个独立的监测网应设置不少于 3 个稳固可靠的基准点，且基准点的间距不大于 1 km。

②工作基点应选在比较稳定的位置。对观测条件较好或观测项目较少的工程，可不设立工作基点，在基准点上直接测量变形观测点。

③变形观测点应设立在变形体上能反映变形特征的位置。

(5)变形观测等级及精度应符合表 9-18 规定。

表 9-18　变形测量等级及精度要求

变形测量等级	垂直位移测量		水平位移观测
	变形观测点的高程中误差(mm)	相邻变形观测点的高差中误差(mm)	变形观测点的点位中误差(mm)
一等	±0.3	±0.1	±1.5
二等	±0.5	±0.3	±3.0
三等	±1.0	±0.5	±6.0
四等	±2.0	±1.0	±12.0

(6)基准点应选设在变形影响范围以外便于长期保存的稳定位置。使用时应作稳定性检查与检验，并应以稳定或相对稳定的点作为测定变形的参考点。

(7)每次观测前，对所使用的仪器和设备，应进行检验校正，并保留检验记录。

(8)每次变形观测时，宜符合下列规定：

①采用相同的图形或观测路线和观测方法；

②使用同一仪器和设备；

③固定观测人员；

④在基本相同的环境和观测条件下工作。

(9)客运专线无砟轨道构筑物变形测量的观测范围、观测点的建立、观测阶段及频次等按《客运专线铁路无砟轨道铺设条件评估技术指南》执行。

2. 变形监测网

(1)水平位移监测网的建立应符合下列规定：

①水平位移监测网可采用独立坐标系统一次布设；控制点宜采用有强制归心装置的观测墩；照准标志采用强制对中装置的觇牌或红外测距反射片。

②水平位移监测网的主要技术要求应符合表 9-19 的规定。

表 9-19　水平位移监测网的主要技术要求

等级	相邻基准点的点位中误差(mm)	平均边长(m)	测角中误差(″)	最弱边相对中误差	作业要求
一等	±1.5	<300	±0.7	≤1/250 000	宜按国家一等平面控制测量要求观测
		<150	±1.0	≤1/120 000	宜按国家二等平面控制测量要求观测
二等	±3.0	<300	±1.0	≤1/120 000	宜按国家二等平面控制测量要求观测
		<150	±1.8	≤1/70 000	宜按国家三等平面控制测量要求观测
三等	±6.0	<350	±1.8	≤1/70 000	宜按国家三等平面控制测量要求观测
		<200	±2.5	≤1/40 000	宜按国家四等平面控制测量要求观测
四等	±12.0	<400	±2.5	≤1/40 000	宜按国家四等平面控制测量要求观测

③在设计水平位移监测网时，应进行精度预估，选用最优方案。

(2)垂直位移监测网的建立应符合下列规定：

①垂直位移监测网应布设成闭合环状、结点或附合水准路线等形式。

②水准基点应埋设在变形区以外的基岩或原状土层上，亦可利用稳固的建筑物、构筑物设立墙上水准点。

③垂直位移监测网的主要技术要求应符合表 9-20 的规定。

表 9-20　垂直位移监测网的主要技术要求

等级	相邻基准点高差中误差(mm)	每站高差中误差(mm)	往返较差、附合或环线闭合差(mm)	监测已测高差较差(mm)	使用仪器、观测方法及要求
一等	0.3	0.07	$0.15\sqrt{n}$	$0.2\sqrt{n}$	DS_{05}型仪器，视线长度≤15 m，前后视距差≤0.3 m，视距累积差≤1.5 m。宜按国家一等水准测量的技术要求施测
二等	0.5	0.13	$0.3\sqrt{n}$	$0.5\sqrt{n}$	DS_{05}型仪器，宜按国家一等水准测量的技术要求施测
三等	1.0	0.3	$0.6\sqrt{n}$	$0.8\sqrt{n}$	DS_{05}或DS_1型仪器，宜按本暂行规定二等水准测量的技术要求施测
四等	2.0	0.7	$1.40\sqrt{n}$	$2.0\sqrt{n}$	DS_1或DS_3型仪器，宜按本暂行规定三等水准测量的技术要求施测

3. 变形测量

(1)水平位移测量应符合下列规定：

①采用前方交会法时，交会角应在60°～120°之间，并宜采用三点交会；

②采用经纬仪投点法和小角法时，对经纬仪的垂直轴倾斜误差，应进行检验，当垂直角超出±3°范围时，应进行垂直轴倾斜改正；

③采用极坐标法时，其边长应采用全站仪测定，当采用钢尺丈量时，不宜超过一尺段，并应进行尺长、拉力、温度和高差等项改正；

④采用视准线法时，其测点埋设偏离基准线的距离，不应大于2 cm；对活动觇标的零位差，应进行测定；

⑤水平位移观测点的施测精度按一般规定中的第5条要求执行。

(2)垂直位移测量应符合下列规定：

①垂直位移观测点的精度和观测方法应符合表9-21的规定。

表9-21 垂直位移观测点的精度要求和观测方法

等级	高程中误差(mm)	相邻点高差中误差(mm)	观测方法	往返较差、附合或环线闭合差(mm)
一等	±0.3	±0.15	除宜按国家一等精密水准测量外，尚需设双转点，视线≤15 m，前后视视距差≤0.3 m，视距累积差≤1.5 m	$\leqslant 0.15\sqrt{n}$
二等	±0.5	±0.3	宜按国家一等精密水准测量	$\leqslant 0.30\sqrt{n}$
三等	±1.0	±0.5	宜按本暂行规定二等水准测量	$\leqslant 0.60\sqrt{n}$
四等	±2.0	±1.00	宜按本暂行规定三等水准测量	$\leqslant 1.40\sqrt{n}$

②垂直位移观测的各项记录，必须注明观测时的气象和荷载变化情况。

4. 测量成果整理

(1)构筑物变形测量的相关资料应在竣工交验时一并移交接收单位。

(2)每一项目的工程变形测量任务完成以后，应提交下列综合成果资料：

①施测方案与技术设计书；

②控制点与观测点平面布置图；

③标石、标志规格及埋设图；

④仪器检验与校正资料；

⑤观测记录手簿；

⑥平差计算、成果质量评定资料及测量成果表；

⑦变形过程和变形分布图表；

⑧变形分析成果资料；

⑨变形测量技术报告。

第十章　安全防护设施

全封闭、全立交是高速铁路运营的基本保障，防护设施的完整和有效才能确保高速列车的安全和运行。

第一节　主要类型和功能

1. 防护栅栏

路基地段和平原微丘地区及城镇附近旱桥地段应设置贯通的防护栅栏。栅栏一般设置在铁路用地界以内 0.5 m 处，隧道口防护栅栏应设置于出口堑顶以外至少 2 m 处，桥头栅栏从桥台下包围锥体，涵洞处栅栏从涵顶通过，跨越排水沟的栅栏下部设篦子。旱桥地段桥下两侧防护也可用金属网片防护栅栏。工区、车站、区间等处根据需要设置出口通道，进出口处及每隔 200 m 处左右设“禁止入内”警示标志，进出口设防水门锁。

2. 限高防护架

下穿铁路的桥梁、涵洞且通行机动车辆的道路，当桥梁、涵洞净高小于 5.0 m 时，须设置限高防护架和车辆通过限高标志，架身喷涂黑黄相间条纹。

3. 公跨铁立交桥护栏及护网(图 10-1、图 10-2)

图 10-1　立交桥整体图

为防止车辆越出桥外坠落侵入铁路限界，上跨高速铁路的公路、道路立交桥外侧设置钢筋混凝土墙式护栏。为防止异物散落到铁路线，上跨高速铁路的道路、公路立交桥和人行桥，还应在桥梁两侧设置护网。

4. 公铁并行路段护栏

公路与铁路并行相距在 12 m 以内，且公路路面标高高于铁路或低于铁路 1.5 m 以内时，应在邻近铁路的公路路侧设置波形梁护栏或钢筋混凝土护栏。

图 10-2　立交桥桥面

5. 声屏障(图 10-3、图 10-4)

图 10-3　金属式声屏障

图 10-4　混凝土式声屏障

铁路沿线噪降主要有设置声屏障、绿化林带等治理措施,距铁路外轨中心线 60 m 以内集中噪声敏感点原则上采用声屏障降噪。

第二节 主要技术管理标准

1. 防护栅栏

(1)高速铁路防护栅栏总高度 2.7 m，由高度 2.2 m 的钢筋混凝土栅栏主体和顶部为 0.5 m高的金属网片组成。

(2)钢筋混凝土栅栏的立柱、上槛、下槛、栏片、柱帽均应按《钢筋混凝土防护栅栏》[通线(2008)8001]标准设计图要求预制。混凝土立柱制作截面尺寸为 180 mm×180 mm，高度 2 400 mm，两侧设置 100 mm 长牛腿支撑，以便搭接上下槛。在台阶过渡处可采用两侧牛腿支撑有 300 mm 高差的立柱形式；在设置防护栅栏的起点、终点或与其他建筑物连接时，采用端部单侧有牛腿支撑的立柱形式。

(3)预制立柱时，柱顶部截面中间预埋 ϕ20 螺杆，长度 300 mm，埋入立柱深度 70 mm，外露 230 mm，以备与上槛及柱帽连接。

(4)上槛分端部及中部两种形式，分别使用防护栅栏起始点位置及中间位置，其下部有向下开口的卡槽，卡槽深度 10 mm，下槛上部有向上的卡槽，深度 10 mm，预制钢筋混凝土栏片通过卡槽固定。

(5)埋设立柱时，立柱埋入地面以下 700 mm，现场基坑开挖放入立柱，用 C15 混凝土 400 mm×400 mm(底端截面积)×700 mm(高)、四周坡度为 1∶0.2 现场浇筑。

(6)钢筋混凝土栅栏下槛底部与地面空隙不大于 5 cm、栏杆立杆之间空隙不大于 10.5 cm。金属网片内部钢丝采用 HPB235 ϕ6.5 高线钢丝冷拔成 4.0 mm，网格尺寸为 75 mm×150 mm；上部向外折角 30°，折角垂直高度为 20 cm。金属网片与钢筋混凝土栅栏立柱之间采用边长为 50 mm×30 mm 的矩形钢管连接。金属网片边框采用厚度为 2 mm、宽度为50 mm钢片加筋。金属网片整体镀锌，并进行热浸塑(或喷塑)处理。

(7)高速铁路防护栅栏设置时遇到建筑物、铁路设备等情况时，应采用直角拐弯形式封闭，对建筑物、设备等应根据实际情况选择放入封闭设施以内或以外，安装要做到“严、直、齐、美”，整体效果美观；线路封闭要严实，不留有间隙；立柱竖向要垂直，横向不移位；顶端与下端纵向过渡平滑整齐。

(8)防护栅栏钢筋混凝土构件设计使用寿命为 30 年，金属网片设计使用寿命为 15 年。

2. 限高防护架

限高防护架不能影响其他相邻道路的正常通行；设置宽度不得小于道路路面的实际宽度，设置位置应在铁路安全保护区范围内；防护架横梁底至路面净高在任何情况下都应低于桥下净高 20～100 mm，并与警示标志“限高”一致。防护架的设备管理部门是工务部门。

3. 公跨铁立交桥护栏及护网

公路跨越高速铁路立交桥护栏防撞等级不宜低于 SS 级，护栏双道设置内侧为三波波形梁护栏，外侧为加高加强型钢筋混凝土墙式桥梁护栏。护网沿桥梁纵向延伸长度距最外股钢轨至少 6 m，高度不应小于 2.2 m。护网网眼大小不大于 0.25 cm^2。有铁路部门设置的公跨铁立交桥护栏应移交地方交通部门管理和维护，移交前暂由铁路部门代为维修。

4. 公铁并行路段护栏

高速铁路与公路并行地段护栏防撞等级不得低于 SB 级。由铁路部门设置的公铁并行护栏应移交地方交通部门管理和维护，移交前暂由铁路部门代为维修。

5. 声屏障

(1)桥梁声屏障的高度一般为轨面以上 2 550 mm，声屏障高度超过轨面以上 2 050 mm 部分采用透明材料。

路基声屏障的高度一般为路肩以上 3 000 mm。

(2)声屏障一般采用吸声式复合结构，由吸声层＋轻质隔声板构成，声屏障车窗以下高度按吸声设计。

第十一章　大型养路机械

高速铁路的线路维护主要采用双枕连续式捣固车、道岔捣固车、钢轨打磨列车、道岔打磨车、钢轨探伤车等进行。

捣固车适用于有砟线路的正线或道岔区域的捣固作业，打磨(列)车适用于高速铁路有砟、无砟线路的正线或道岔区域钢轨的打磨作业，探伤车适用于高速铁路正线和侧线区域的伤损检测。这几种机型具有作业精度好、作业效率高、技术性能先进的特点。

第一节　双枕连续式捣固车

双枕连续式捣固车应用机型为DCL-32型捣固车(图11-1)，“DC”表示捣固车，“L”表示连续式，“32”表示捣固镐头数量。该车由作业车和材料小车两部分组成，采用32把捣固镐头，可同时捣固两根轨枕。

图11-1　DCL-32型捣固车

DCL-32型连续式捣固车用在铁道线路的新线建设、旧线大修清筛和运营线路维修作业中，对轨道进行拨道、起道抄平、石砟捣固及道床肩部石砟的夯实作业，使轨道方向、左右水平和前后高低均达到线路设计标准或线路维修规则的要求，提高道床石砟的密实度，增加轨道的稳定性，保证列车安全运行。

捣固车与配砟整形车、动力稳定车配套作业，组成机械化维修机组。对线路进行线路维修作业，可以较大地提高线路质量。

DCL-32型连续式捣固车必须封闭线路进行作业。捣固车进入封闭区间，到达作业地点后，捣固车由运行状态转换为作业状态后开始工作，作业中捣固车需要操纵及辅助人员共5～7人。

DCL-32型连续式捣固车的核心技术是采用主机与工作小车分离的新结构，捣固装置、起拨道装置和夯实器等工作装置安装在车体下部的工作小车上，作业时主机始终连续、匀速地向前运行，工作小车在主机下部以钢轨导向步进作业，从一根枕木到下一根枕木循环移动，一次捣固循环周期为：工作小车运行→工作小车制动→捣镐振动下插→捣镐枕下夹实→捣镐提升→工作小车运行，即主机不参与工作循环。

由于工作小车与主车架是分离的，实现了与主机的差速运动。与传统机型相比，因为步进时加速和制动部分，只限于工作小车，其部件质量仅占整机质量的20%，运动惯量减小，降低动力消耗，工作效率比DC-32型捣固车提高约30%。主机没有作业时频繁起动与制动带来的颠簸震动，给操作人员创造了舒适的工作环境。

第二节　道岔捣固车

道岔捣固车应用机型为CDC-16型，“C”表示道岔，“DC”表示捣固车，“16”表示捣固镐头数量。该车由作业车和材料小车两部分组成，采用16把捣固镐头，通过捣固装置的横移、偏转和捣镐的独立调节，可实现道岔复杂区域的双镐捣固或单镐捣固。

CDC-16型道岔捣固车是一种结构先进的自行式、多功能线路维修机械，集机、电、液、气于一体，采用了电液伺服控制、自动检测、微机控制和激光准直等先进技术，能够实现对道岔和线路的自动抄平起拨道捣固作业，具有结构复杂、操作简便、性能良好、作业高效的特点。CDC-16型道岔捣固车的外形如图11-2所示。

图11-2　CDC-16型道岔捣固车

在封锁线路条件下，CDC-16型道岔捣固车能够对单线、复线、多线及复线转辙、道岔和交叉区间进行轨道拨道、起道抄平、钢轨两侧枕下道砟捣固和枕端道砟夯实作业。利用车上的检测系统，可以对作业前、作业后的线路或道岔的几何形位参数进行测量及记录，并可通过控制系统，实现按设定的线路或道岔的几何形位参数值进行作业。

CDC-16型道岔捣固车共有16把捣固镐，在捣固道岔时，通过电气、液压、机械、气动等系统的控制，既可实现整组道岔的自动起道、拨道与抄平，也可实现捣镐的任意调节，捣固框架的旋转及分合移动，达到单镐捣固、双镐捣固的功能，使整组道岔岔枕能得到有效的捣固和振动夹实，消灭岔枕下的暗坑、空吊板等病害，增大枕底石砟的密实度。但是由于受目前道岔结构的限制，道岔捣固车也不是万能的，道岔中的某些特殊岔枕因无插镐位置而不能捣固，需由工务段采用其他配合方法才能完成。

道岔捣固车主要用于道岔维修作业，也可在一般碎石道床线路进行正线维修作业。当用于正线作业时，作业效率相对较低，作业效率只有DC-32型捣固车的40%左右。

CDC-16型道岔捣固车结构组成如图11-3所示。其主要由转向架、车钩缓冲装置、前司机室、后司机室、作业司机室、主车架、材料车、捣固装置、起拨道装置、枕端夯实装置、辅助起道装置、检测系统、液压系统、电气系统、气动系统、动力传动系统及制动系统等部分组成。

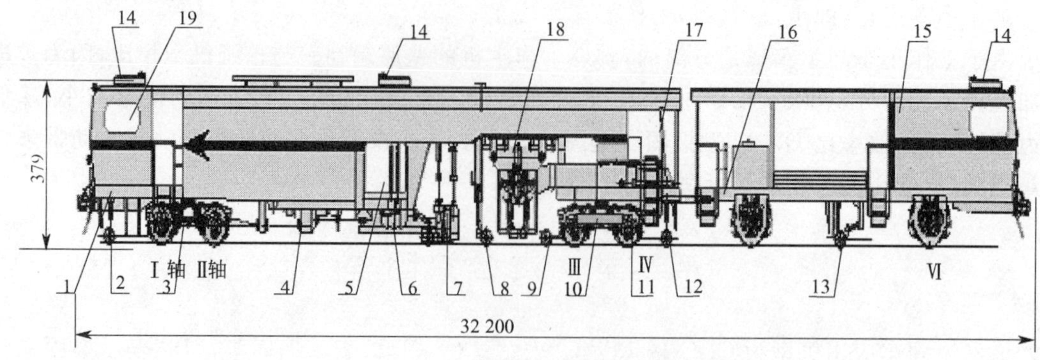

图 11-3 CDC-16 型道岔捣固车道岔捣固车结构

1—主车架；2—前张紧小车；3—前转向架；4—动力传动系统；5—工作司机室；6—辅助起道装置；7—起拨道装置；8—拨道小车；9—记录弦张紧小车；10—夯拍装置；11—后转向架；12—测量小车；13—后张紧小车；14—空调；15—后走行司机室；16—材料车；17—抄平系统；18—捣固装置；19—控制司机室

CDC-16 型道岔捣固车车架为铰接式，其前段座落在一前一后的两台 2 轴转向架上；其后段与前段相连接，座落在自由转向轴上。作业装置的机架处于两转向架之间。此机架通过其前端的纵向导向滚轮与主车架相连接并通过其后端的转向轴座落于轨道上。前后转向架之间有两根上弦梁。车架两端装有缓冲梁、缓冲器以及牵引车钩。它有两台 2 轴转向架。在行走和作业时，前转向架驱动，后转向架从动（在 4 轴上带一辅助作业驱动装置）。材料车的车轴是从动轴。车轮为整体辗钢轮，压装在轴上。车轮直径为 920 mm。车轴和转向架构架之间装有金属一橡胶弹簧，转向架和车架之间有两个垂直螺旋弹簧，此悬挂机构足以吸收振动，保证车辆平稳运行。在轴承箱和构架之间安装油压减震器。其有前后两个独立的驾驶室都配备有无限列调和运行监控装置可分别控制整车的启动、机械运行。作业司机室位于机器中部，在作业装置前面。该室配备有作业所需的所有控制机构、作业控制和作业观察所需的电器箱。整车的电力供应由 3 台交流发电机，并联提供。输出功率约 6 400 W，其中：一台 55 A/28 V；一台120 A/28 V；一台 55 A/28 V。该车配备有先进的计算机控制系统 ALC——自动导向计算机（由工业计算机、彩色监控器、工业键盘组成，用于引导捣固机以恢复轨道的目标几何形状）。

第三节　线路打磨车

线路打磨列车应用机型为 PGM-48 型，线路打磨列车主要用于既有线和客运专线线路的打磨施工，消除钢轨肥边、波磨、剥离、掉块等表面缺陷，同时修复轨头廓形，达到最优钢轨廓形，以改善轮轨关系，提高列车运行的平顺性和稳定性。

PGM-48 型线路打磨列车如图 11-4 所示。

PGM-48 型线路打磨列车，具有发电机、发动机、作业装置、计算机操作系统、应急系统，波磨和轨廓检测系统，边打磨作业边检测，能够实现完全独立作业，具有自轮运行能力。

PGM-48 型线路打磨列车由三节车组成，三节车从一端规定为：1 号车（又称控制车或 A 端车）、2 号车（又称生活车）和 3 号车（又称末端车或 B 端车），三节车采用内通道贯通方式相互连接。其中 1 号车和 3 号车为动力车，设在整车的两端，为打磨作业和运行提供动力，同时在车下还安装有打磨

图 11-4　PGM-48 线路打磨列车

作业装置，其中 1 号车内部除安装有动力和传动装置外，还安装波磨和轨廓检测系统设备。2 号车为从动车，车下也安装有打磨作业装置，车上安装有辅助发电机组，提供打磨作业辅助动力，同时提供生活、设备检修场所和电能，2 号车上空间可以根据使用需要安装住宿、娱乐、会议、检修等设施，满足生产生活需求。车辆方向规定为：车辆前端、尾部和左侧、右侧均以操作者在 1 号车操作位时的方向决定：打磨列车的右边即为操作者的右手边，左边即为操作者的左手边。

1 号车是控制车，部件组成如图 11-5 所示。

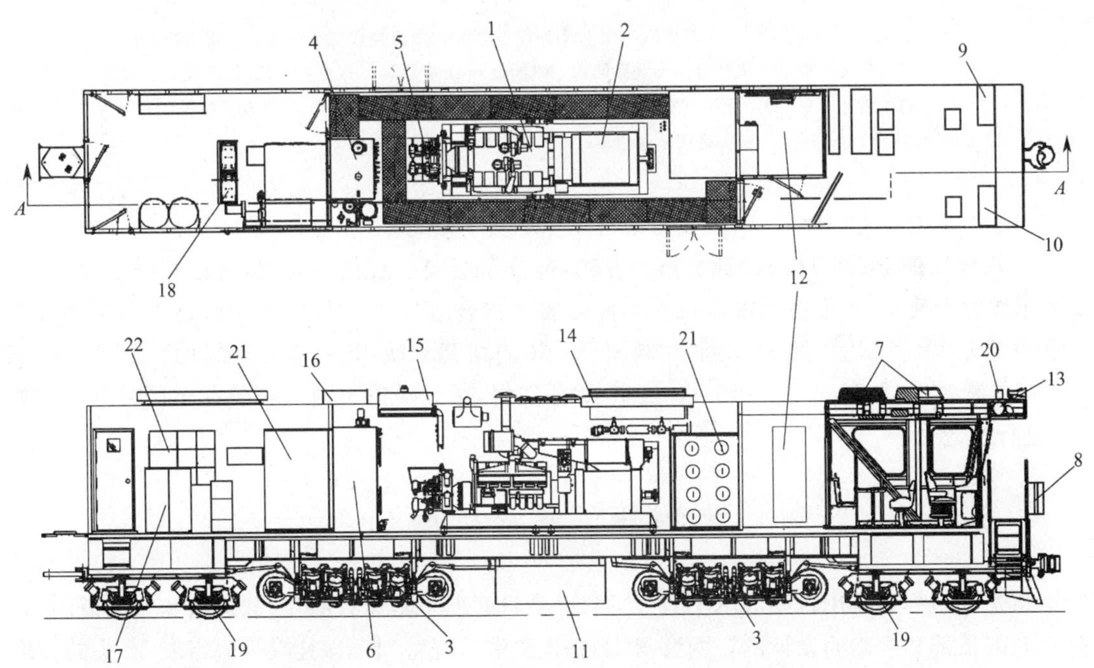

图 11-5　1 号车部件组成图

1—1007 kW 康明斯 KTA38 Turbo Charged V12 柴油机；2—680 kW Kato 8P6-1500 发电机-600 V/120 Hz；3—16 个磨头，分别安装在两个打磨小车上；4—液压油箱——走行系统；5—走行和冷却系统液压泵；6—打磨系统液压油箱；7—空调；8—消防软管盘；9—司机控制部分；10—打磨控制计算机系统；11—燃油箱；12—电气控制间；13—司机室增压装置；14—发动机水冷却器；15—走行系统液压油冷却器；16—打磨系统液压油冷却器；17—油料油桶；18—蓄电池——康明斯 KTA38 柴油机；19—走行转向架；20—汽笛及灯系；21—集尘装置；22—检修操作台和储藏柜

2 号车是生活车，由下列部件组成，如图 11-6 所示。

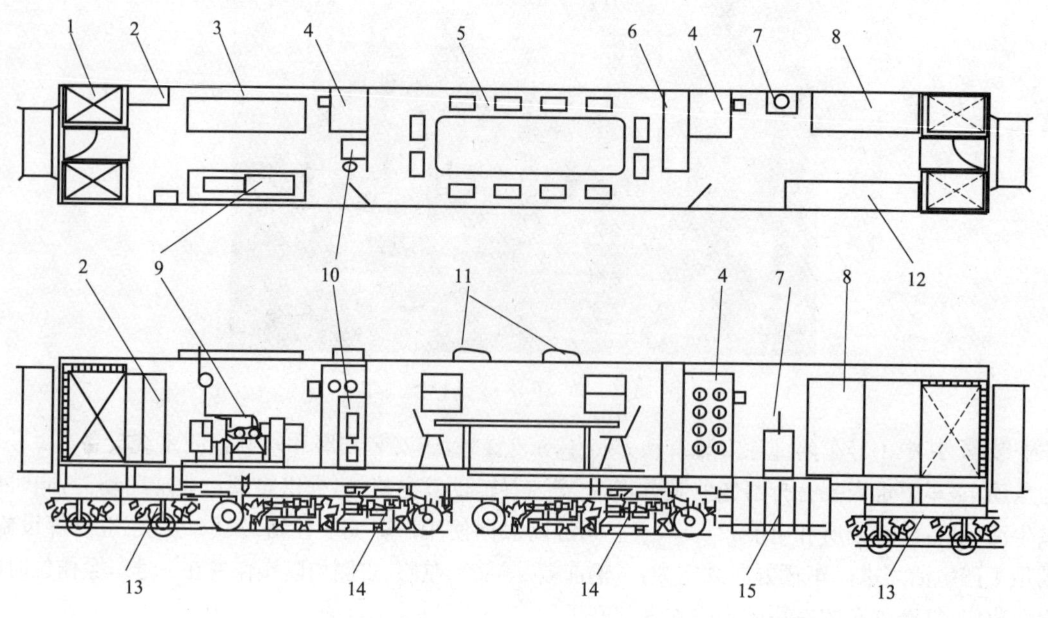

图 11-6　2 号车部件组成图

1—车上水箱(两端各两个，共四个)；2—2 号车控制电气间；3—集尘系统空压机；4—集尘装置；5—会议室；6—文件柜；7—洗漱池；8—洗澡间；9—康明斯 85 kW DGDB 作业发电机(辅助发电机组)；10—打磨液压泵站；11—会议室空调；12—检修操作台和储藏柜；13—转向架(非动力转向架)；14—打磨作业小车；15—车下水箱(安装有水泵)

3 号车是末端车，其构造和组成布局与 1 号车基本相同。

国内使用的 PGM-48 型线路打磨列车中，部分车型安装有集尘装置，可以根据需要加装。2 号车作为生活车，车上空间可以根据不同需要进行合理规划，例如：国内部分车型将 2 号车改为休息室、厨房、卫生间、洗澡间、材料间于一体的宿营车使用；将 2 号车辅助发电机组移到 1 号车位置，将 2 号车改为宿营车、会议室、娱乐室等，可以根据不同的需要在出厂时合理化要求，进行改造。

第四节　道岔打磨车

道岔打磨列车应用机型为 RGH20C 型，道岔打磨列车是为打磨正线、道岔和交叉道的内、外钢轨的顶部和两侧而设计的。两台 RGH10C 型道岔打磨列车连挂在一起组成 20 头的打磨列车，通过结构和控制设计成为一个整体，形成了 RGH20C 型道岔打磨列车。

RGH20C 型道岔打磨列车，主要是用于对目前在用的 1/12 型号以上的固定心轨道岔和可动心轨道岔进行预防性和修复性打磨，消除道岔直股钢轨产生的病害，恢复轨顶轮廓，改善轮轨关系，减少和消除列车通过道岔时的震动和晃车现象。

RGH20C 型道岔打磨列车由两节机械、电气、液压、气动装置等完全相同的单车组成，通过网络系统实现集中控制，并在电气控制方面实现了两端的互控，是集动力、牵引(驱动)、打磨和检测于一体的较为先进的道岔打磨设备。两节车都为动力车，其外形结构如图 11-7 和图 11-8 所示。

图 11-7　RGH20C 型道岔打磨列车

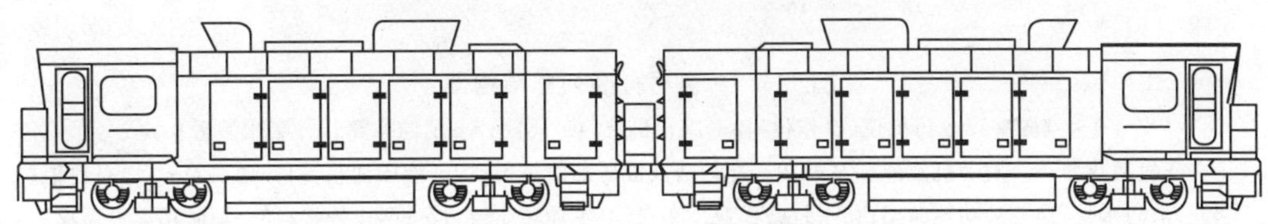

图 11-8　RGH20C 型道岔打磨列车侧面简图

RGH20C 型道岔打磨列车，其 1 号车和 2 号车的划分，只是安装计算机操作软件时来确定，因为两节车从结构设计到操作控制完全相同，因此，1 号车和 2 号车的划分可以根据在安装的软件来区分，即安装 1 号车操作软件的为 1 号车，安装 2 号车操作软件的为 2 号车。

整车结构布置图如图 11-9 所示。

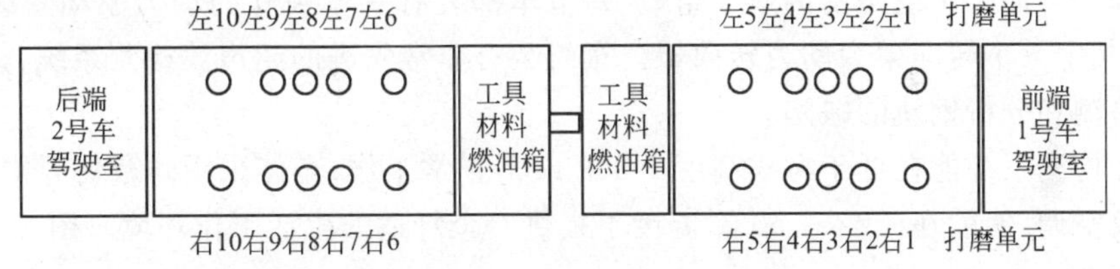

图 11-9　RGH20C 型道岔打磨列车结构布置简图

RGH20C 型道岔打磨列车的前/后和左/右确定 1 号车即为前端，2 号车即为后端，左/右侧是根据操作员坐在 1 号车驾驶室操作位而定的：操作员的右手边是车的右侧，操作员的左手边是车的左侧。打磨单元分布及顺序如图 15-9 中所示。两车之间通过连接销尾部相连，在任意一端都可以实现对两台车的控制，两台车的前后运行正好相反：向前端运行时，1 号车前行，2 号车后退；向后端运行时，1 号车后退，2 号车前行。

下面以单节车为例介绍 RGH20C 型道岔打磨列车的构成，构成图如图 11-10 所示。

RGH20C 型道岔打磨列车采用全液压驱动，包括走行、打磨马达、散热风扇、集尘装置、消防水泵等都通过液压泵驱动，单节车共有 19 台液压泵，以提供动力。液压泵通过一台 John Deere（强鹿）12.5 L 涡轮增压柴油 Tier Ⅲ RG6125H 系列 6 缸水冷电喷发动机（部分车型采用了 13.5 L 涡轮增压柴油机 Tier Ⅲ RG6135H 系列 6 缸水冷电喷发动机）驱动，发动机功率 317 kW 1 800 r/min 作业转速，怠速转速为 900 r/min，为车辆运行和作业提供足够动力。操作位设在驾驶室的中间，操作台在操作位的左侧和右侧，方便了操作人员操作。

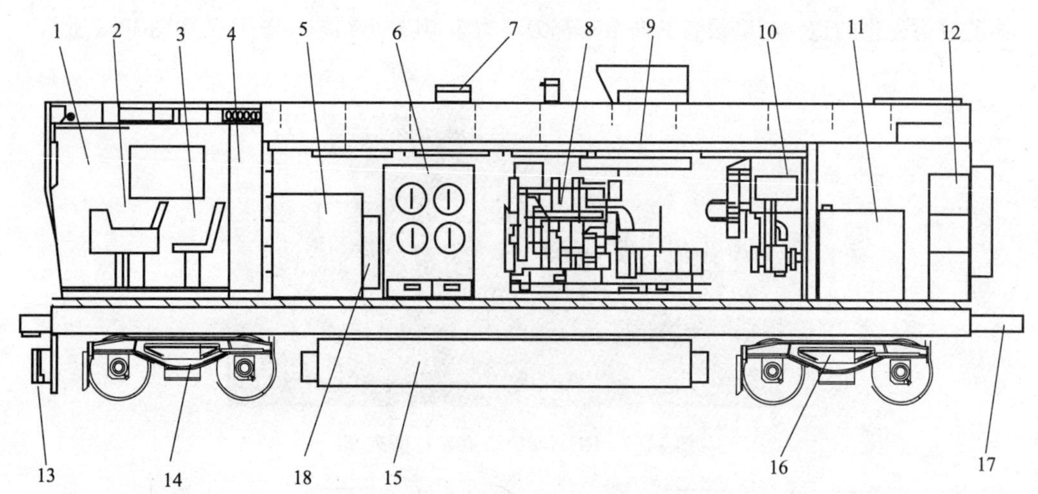

图 11-10　道岔打磨列车结构图

1—驾驶室；2—司机位(操作位)；3—副司机位；4—隔间；5—消防水箱；6—集尘装置；
7—空压机散热器；8—发动机及液压泵站；9—冷却液及液压油散热器；10—液压油箱；11—燃油箱；12—材料柜；
13—消防水带；14—从动转向架；15—打磨作业小车；16—主动转向架；17—两车连接；18—消防用灭火器罐

第五节　钢轨探伤车

钢轨探伤车应用机型为 GTC-1000 型，钢轨探伤车属自带动力，能同时对两股钢轨进行探测，并能分析、处理和记录探测结果的大型探伤设备，其结构复杂，功能齐全，集超声、电子、微机信息处理于一体。车组是由两节车组成，每节车都装有一套独立的动力驱动系统和两个两轴转向架，其中一个转向架为动力转向架。车组装有非常先进的超声波检测系统，该检测系统能够自动检测和分析钢轨的缺陷。

车辆和检测系统能在低于海拔高度 1 500 m 下正常工作；车体采用防寒保温措施，车内装有电暖气及空调，使能在－25～ 50 ℃温度下提供一个舒适的生活工作环境。图 11-11 为钢轨探伤车外形图。

图 11-11　钢轨探伤车

1. 车体组成

探伤车外形类似于重型轨道车，通常由两节车组成，车内有四个功能区，一是机车动力和驾驶区；二是探伤作业区；三是维修作业区，内有检修设备；四是生活区，内有炊事用具和卧室。

探伤车内有成套的超声波探伤设备；车底部有探伤小车(图 11-12)，它由起吊装置、垂直锁紧装置、牵引装置、加压装置、走行轮、车轮架、轮探头和气动、液压、供水系统等组成，后走行轮上装有测速的发电机组，测定速度、计算里程和作采样依据；探伤小车的起落及轮探头位置调整均由操作者按动操作台上的"按钮"来实现；车下装有摄像头，操作台上装有专用监视屏幕，监视探伤小车的工作状态。

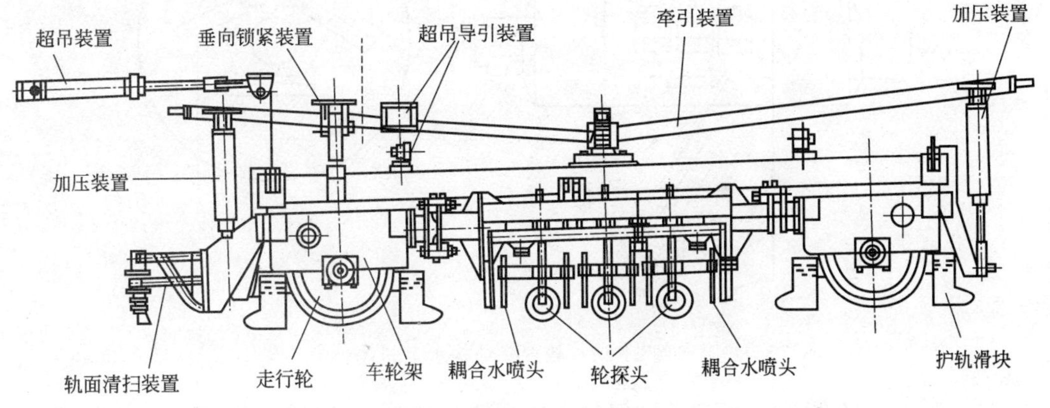

图 11-12　探伤小车结构

2. 探伤系统主要设备名称(见图 11-13)

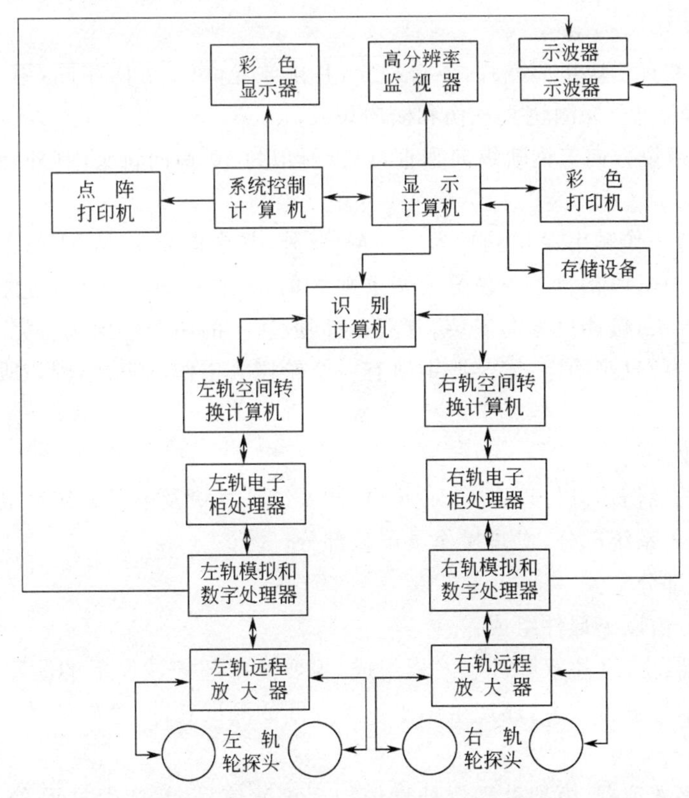

图 11-13　探伤系统主要设备名称示意图

3. 轮探头

轮探头外面是透声树脂材料制成的轮胎状柔性探测包，包内充满水和乙二醇混合的透声液，轮轴上装有固定探头芯，探伤时外轮胎随探伤车的运动而转动，但晶片固定，保持声波的发射和接收。轮探头实际上是个组合探头，内含四种不同角度的六组晶片，如图 11-14 所示。

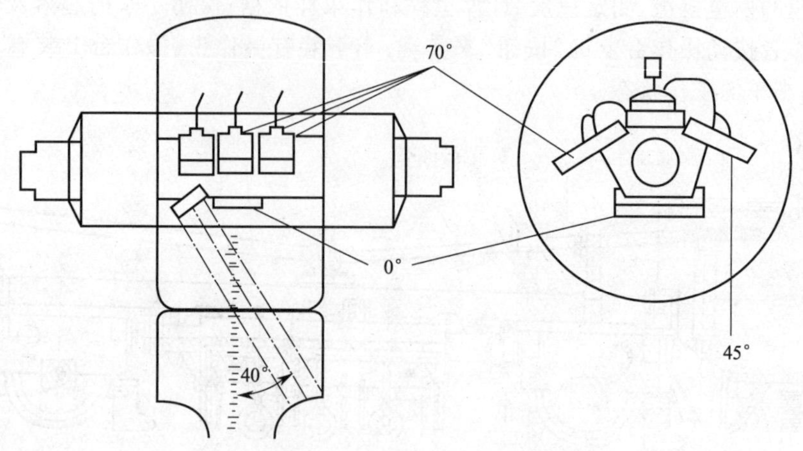

图 11-14　轮探头结构示意图

(1)0°晶片：主要探测轨头至轨腰间的水平裂纹，同时，以底波作为轮探头对中的信息，用以控制探头位置的依据。

(2)45°晶片：用于对螺栓孔裂纹、焊接接头和轨腰条状夹杂以及特殊取向的横向裂纹检测。

(3)70°晶片：共有三块矩形晶片，各自独立，并排放置，声束方向相同，用一次波探测，声束覆盖整个轨头截面，主要探测轨头核伤和横向裂纹。

(4)40°晶片：声束方向与钢轨纵向垂直，以折射角为 40°指向轨头内(外)侧，主要检测轨头纵向劈裂。

上述四种晶片工作频率除 0°晶片为 3.5 MHz 外，其余均为 2.25 MHz。探伤车下的四个轮探头结构完全一样，以钢轨为单位分成两个独立单元，左右两股轨上的轮探头无任何联系。每股钢轨两个轮探头，按相反方向安装。探伤时同股轨上的两个轮探头不完全独立，判伤需要借助两个轮探头的信息来确定，若某股钢轨有一个轮探头工作不正常，则该股钢轨就不能进行探伤。

4. 探伤信息处理

钢轨探伤车的探伤信息处理由 Frontier 检测系统计算机及电子系统完成。这个系统包括两大部分，一是嵌入系统部分，二是操作员屏显部分。

(1)嵌入系统部分

嵌入系统部分由以下部件组成：

①远程放大器：由 12 块双脉冲收发板组成，主要产生超声波发射的激励脉冲和对接收轮探头晶片的回波信号进行放大，还产生用于系统诊断的测试脉冲，输出信号送入模拟和数字处理器。

②模拟和数字处理器：模拟处理器处理模拟超声波信号，并产生显示在示波器上的 A 型显示波形；数字处理器将得到的模拟信号转换成计算机可识别的信息格式。

③电子柜处理器：主要采集来自各个通道的已数字化的超声波信息，并将其传送给空间转换计算机，同时还完成钢轨高度测量、进行诸如模拟测试和嵌入系统测试等的系统诊断工作。

④空间转换计算机：将各通道超声波信息以钢轨里程位置为参照进行空间转换。

⑤识别计算机：主要分析超声波信息并为操作员提供识别信息。

(2)操作员屏显部分

操作员屏显部分由一台系统控制计算机和一台显示控制计算机组成。系统控制计算机主要完成超声探测系统控制、显示计算机控制、系统诊断、探伤参数的编辑及打印等工作。显示控制计算机主要完成实时显示超声信息、实时显示检测区域的识别信息、显示缺陷及特征的准确位置、回放检测数据、打印超声波检测彩色B扫描图形、显示操作员输入信息(曲线、道岔和平交道口等)工作。

掌握钢轨探伤车显示图形的识别，对探伤结果的复核和伤损钢轨的监视工作很有帮助。在识读探伤图形前要了解探伤车显示图中各种图形和符号的意义，掌握正常伤损图形，分析非缺陷图形类型。在复核中根据探伤车的显示信息，有针对性的检查对应部位，及时处理有危害的伤损钢轨。

第十二章　基本规章制度

第一节　作业安全标准及故障处理

一、作业安全控制标准

1. 严格遵守“行车不施工、施工不行车”的天窗修制度。高铁上所有施工(含作业),必须在天窗时间内进行。

2. 严格遵守驻行调施工联络员及运统46登销记制度。凡进入高铁封闭范围内的施工、检查,都必须在高铁调度台由施工联络员进行运统46登、销记;施工联络员负责办理本单位各作业点的登、销记手续和驻台防护工作,并负责向配合单位作业负责人传达有关的调度命令。

3. 天窗点前后登销记制度。各单位在高铁上进行施工或维修作业时,驻调度所或驻站联络员(以下简称驻所联络员)应于天窗点前1 h在高铁调度台运统46内登记完毕。高铁调度员签认后,由驻所联络员向现场负责人传达调度命令,现场作业负责人应确认已做好一切施工准备后发布开始施工命令。

4. 严格遵守安全教育和技术交底制度。凡上道施工都必须提前做好安全教育、完善施工组织设计方案并进行技术交底,不进行安全教育、施工组织设计方案不完善、技术交底不清禁止进网作业。

5. 人员、机具确认制度。进网前或施工完毕线路开通前,必须由施工负责人对人员、机具实行逐一清点确认,无误后,方可进入网内或撤离现场。

6. 恶劣天气非正常情况安全制度。遇降雾、暴风雨(雪)、扬沙等恶劣天气瞭望距离不足2 000 m时,禁止进网上道检查、作业。如因应急抢修及消灭危及行车的设备故障等必须上道时,必须经列车调度员同意后,按调度命令要求组织抢修,并按规定采取相应的特别安全防护措施。

7. 确认车添乘制度。每日天窗结束后、开行动车组前,工务设备管理单位必须安排专人添乘确认车。

8. 施工邻线限速制度。在线间距不足6.5 m地段进行清筛、成段更换钢轨及轨枕、成组更换道岔、成锚段更换接触网线索作业时,邻线列车应限速160 km/h及以下,并按规定设置防护。

9. 设备故障邻线限速制度。当发生故障,需在双线区间的一条线上处理设备故障时,列车调度员根据工务站段的申请按规定对本线封锁并对邻线限速不超过160 km/h。

10. 轨料堆放制度。线路备用轨料应在车站范围内码放整齐,线路两侧散落的旧轨料、废土废渣应及时清理。因施工等原因线路临时摆放的轨料,要码放整齐,并置于两侧的封闭栅栏内。因施工临时拆除的封闭栅栏处,由施工单位负责设置临时防护设施并昼夜派人看守。

二、高速铁路施工(作业)人员和工、机具材料进出网制度

1. 所有进入高速铁路封闭网内的施工(作业)、检查、检测、测量、巡查人员,及携带的工(机)具材料必须经作业门进入,严禁翻越防护栅栏进入网内。

2. 所有进入高速铁路封闭网内施工(作业),检查、检测、测量、巡查人员必须设专职防护员,负责人应在进网前向驻站联络员通报作业项目、地点、人数及联络通信方式。驻站联络员对上述内容和人员逐项登记在《施工维修作业防护登记簿》内,并详细记录进出网时间及联络通信方式。

3. 所有进入高速铁路网施工(作业)、检查、检测、测量、巡查人员必须在天窗时间内进行。严禁天窗时间外进入封闭网内。

4. 天窗点外需进入封闭网内进行设备抢修、检查时,必须严格执行有关规定,派驻驻所联络员,办理封锁手续,设专职防护员,应详细填写《进出网作业人员及工机具材料数量确认表》并签认。抢修、检查负责人确认封锁命令起止时间、命令号无误后,准许进入网内抢修、检查。严禁盲目进入封闭网内进行设备抢修、检查。

5. 施工(作业)人员应提前到达施工作业地点就近的进出网作业门,按照分工,责任到人。材料管理员负责清点需进网的各种材料、名称及数量,安全监督员负责清点核对需进网的工(机)具、信号备品种类、数量,分别详细填写在当天《进出网作业人员及工机具材料数量确认表》内,分别签名后向施工(作业)负责人汇报。负责人进行人员点名和确认无误后在《进出网作业人员及工机具材料数量确认表》上签名。施工(作业)负责人确认天窗封锁命令起止时间、命令号无误后,准许进网施工(作业)。未接到调度命令、未进行人员、工机具材料数量确认的严禁进入封闭网内。

在同一个作业门进出,分多班并且不在同一个作业地点的应分别填写《进出网作业人员及工机具材料数量确认表》确认。

6. 所有带入封闭网内的工机具、信号备品、检查检测的量具都必须有反光标志和编号。无反光标志和编号的严禁进入封闭网内。

7. 严禁封闭网以内及桥面存放工机具材料等物品。

8. 施工(作业)工地需转移到其他施工(作业)工地作业时,材料管理员、安全监督员应对工机具材料详细清点,确认无误向负责人汇报并在《进出网作业人员及工机具材料数量确认表》中签名,负责人确认后签名,允许转移。未进行工机具材料数量确认的严禁转移。

9. 各项施工(作业)、检查检测作业结束完毕后,负责人应及时安排人员回收工机具材料,材料管理员、安全监督员应对工机具材料(名称、型号、数量、编号)详细清点分别填写在当天《进出网作业人员及工机具材料数量确认表》内,确认无误,材料管理员、安全监督员签名,负责人确认后签名。并组织作业人员携带工(机)具材料全部及时撤出封闭网外。同时通知驻站联络员工地作业全部结束,在运统46销记。严禁未进行工机具、材料数量确认就撤离作业地点或封闭网外。

三、工务设备故障处理程序

1. 当工务人员接到工务设备发生故障的通知后,按以下登记、检查、签认程序办理:

(1)段调度接到故障通知后要立即通知故障地点所在车间,车间要迅速启动故障应急预案,按调度通知的故障地点,确定上线所由作业门或安全通道的具体位置和赶赴现场路线,并组织人员迅速赶赴现场。同时,工务段调度要及时报告段值班领导和路局工务调度;路局工务调度报告工务处值班处领导。

(2)所在地车间根据调度通知确定的上线所由作业门或安全通道，提前通知相关派出所做好相关应急准备，应急施工人员到达后按照路局相关规定进行入网施工。

(3)抢修人员预计到达上线位置前 10 min，现场负责人通知驻调度所或驻站联络员（以下简称驻所联络员）请求本线封锁、邻线限速 160 km/h 及以下并登记。待接到列车调度员本线封锁、邻线限速命令后，立即组织人员上线进行检查、处理。

故障发生后，如公路交通不便，为缩短应急处置时间，应急抢修人员可以乘坐后续动车组沿另一行到达故障发生地点进行检查、处理。抢修人员携带无损加固设备和必要的应急处理工机具到达车站后，现场负责人通知驻台（站）联络员（以下同）请求本线封锁、邻线限速 160 km/h及以下并登记。待接到列车调度员本线封锁、邻线限速命令后，立即组织人员搭乘临线动车组前往故障地点进行检查、处理。

(4)经现场检查，确认故障现场基本情况后，现场负责人要迅速确定故障抢修方案并及时向驻所联络员通报情况，同时报告段调度，工务段调度向路局工务调度和段值班领导报告，工务调度向工务处值班领导汇报。主要内容包括：

① 现场负责人姓名、职务。

② 故障地点的里程：×× km×× m，如是道岔时还应汇报车站道岔号。

③ 故障的主要情况，对行车的主要影响及范围。

④ 故障处理方案。

⑤ 需本线封锁的起止里程，邻线需限速的起止里程、慢行速度等。

⑥ 处理故障需要的机具材料。

(5)驻所联络员根据现场负责人的申请进行登记签认。需电务或供电部门配合的，由驻所联络员通知相关单位配合处理。

(6)处理故障完毕，经现场负责人确认具备开通条件，且所有人员、机具、材料全部撤出栅栏后，通知驻所联络员销点，并向段调度汇报，由段调度向路局工务调度汇报。

(7)需轨道车出动时，由使用单位提出申请，调度所负责安排。

2. 当工务人员作业或检查时发现设备故障后，按下列程序办理：

(1)对行车安全有影响的故障要立即采取封锁或限速措施。通知驻所联络员，由驻所联络员立即登记进行封锁或限速，并逐级汇报(汇报程序同上)。

(2)现场人员做好故障抢修准备后，现场负责人通知驻所联络员申请本线封锁及邻线限速，并由驻所联络员登记、签认，本线封锁及邻线限速的命令下达后，由现场负责人统一指挥进行故障抢修作业。

(3)故障处理完毕，现场负责人检查确认现场设备具备开通条件，且所有人员、机具、材料全部撤出栅栏后，通知驻所联络员销点，并向工务段调度汇报，由段调度向路局工务调度汇报。

(4)对不需要当即处理的设备故障，要确定天窗内的整修方案，报工务段批准后方可实施。

四、工务常见设备故障处理办法

1. 轨道电路红光带

(1)检查人员根据出现红光带的轨道电路区段，分两班对左右股钢轨进行一米不漏仔细巡查，直至发现断轨点或查明故障原因为止。如确认工务设备无故障，可通知登记“工务设备正常、不影响行车”。但故障原因不明、红光带未消失，检查人员必须继续查找，不得返回工区，直至确认出故障原因，检查人员方可撤回。如遇交通不便时，可申请乘用轨道车前往故障地点。

如为跨越管界区段，在本管界内未发现故障时，必须将查找范围扩大到相邻单位管界范围，直至找出故障地点。

(2)检查发现钢轨折断、绝缘故障，应立即根据现场进行抢险处理。

2. 钢轨折断

(1)线路焊缝或母材折断

钢轨折断处理分紧急、临时和永久处理。处理前先测量断缝值，对现场情况做好翔实记录，以备分析折断原因所用。

① 紧急处理。当断缝为垂直断裂且断缝拉开不大于 30 mm、上下左右无严重错牙时，正线采用无损加固，其他线路使用夹板或臌包夹板处理，用急救器加固，并将短路铜线或回流线连接在断轨处两端，沟通轨道电路，随即复紧断缝前后 50 m 扣件，根据现场实际情况，限速 25 km/h开通线路；当断缝小于 10 mm 时，限速 45 km/h 开通线路；邻线限速不超过160 km/h。

② 临时处理。当钢轨揭顶、斜裂或粉碎性断裂、断缝超过 30 mm 等无法进行紧急处理或紧急处理后不能及时进行永久处理时，应切除伤损部分，在两锯口间插入长度不短于 6 m 的同型钢轨，轨端钻孔，安装接头夹板，用 10.9 级螺栓拧紧，拧紧短轨前后各 50 m 范围内的扣件，按不大于 160 km/h 速度放行列车。

临时处理前，应在断缝两侧轨头非工作边做出标记(标记间距一般为 26m)，并准确丈量两标记间距离和轨头非工作边一侧断缝值，作好记录。

③ 永久处理。经临时处理或紧急处理后，应根据情况尽快在维修天窗时间进行永久处理。永久处理采用插入长度不小于 20 m 的同种型号无孔钢轨进行焊复，如果焊接时温度小于 0 ℃需采取保温措施，放行列车前，焊缝温度不高于 300 ℃，开通线路后首列限速不超过 160 km/h。

永久处理后线路的锁定轨温如果不在设计锁定轨温要求范围之内，应在合适的时间进行应力放散或调整。

(2)道岔尖轨、基本轨、可动心轨、翼轨折断

发现道岔尖轨、基本轨、可动心轨、翼轨折断时应立即停止道岔使用，封锁线路进行临时或永久处理。

① 当直尖轨折断时，如果不影响开通曲股时可加锁锁闭曲股，以 25 km/h 开通曲股使用。当曲尖轨折断时，如果不影响开通直股可加锁锁闭直股，以 25 km/h 开通直股使用，现场需由专人看守检查，每趟列车通过后检查轨道几何状态及结构状态，邻线限速不超过 160 km/h。安排在维修天窗时间组织更换尖轨，恢复道岔正常使用。

当尖轨折断并影响另一股使用时应登记停用道岔并组织进行更换。

② 道岔基本轨发生折断。当断缝位于易于加固处所时，应立即用无损夹板进行加固，拧紧前后 50 m 扣件后，申请本线限速 45 km/h、邻线限速不超过 160 km/h 开通线路，现场派专人看守，每趟列车通过后检查轨道几何状态及结构状态，发现异常及时处理，并尽快安排利用维修天窗时间组织更换；当断缝位于不易使用无损夹板进行加固的情况下，若能使用其他临时加固方式进行处理，可根据情况进行临时加固，并拧紧前后 50 m 扣件，以限速 25 km/h 速度放行列车，现场需由专人看守，每趟列车通过后检查轨道几何状态及结构状态，邻线限速不超过 160 km/h，并尽快安排组织更换；如断缝位于曲基本轨弯折点附近(或直尖轨宽 55 mm 及以下断面范围)无法加固处理时应停用设备尽快组织更换。

③ 长短心轨结合部位心轨或咽喉部位至弯折部位翼轨折断时应停用设备尽快组织更换。

心轨后端或翼轨其他部位折断，可进行紧急加固处理时应根据情况进行加固，并拧紧前后

50 m 扣件，以限速 25 km/h 速度放行列车，现场需由专人看守，每趟列车通过后检查轨道几何状态及结构状态，邻线限速不超过 160 km/h，并安排组织更换。

④ 道岔其他部位钢轨折断，按钢轨折断处理办法进行紧急处理或临时处理后，放行列车。

(3)内钢轨折断经紧急处理或临时开通线路后，应在维修天窗内组织进行永久处理，切除折断尖轨、基本轨或辙叉，进行更换重新焊接恢复无缝道岔。

3. 绝缘接头故障

(1)检查现场绝缘是否联电，如联电应立即处理影响绝缘的导电介质，恢复线路，确认销记。

(2)查现场绝缘是否挤死，如果挤死，需要更换新绝缘片。拆除螺栓，敲掉绝缘夹板，利用拉轨器拉开钢轨，更换新的绝缘片，恢复为普通绝缘，限速 160 km/h 开通线路。

(3)接绝缘接头拉开时，应立即复紧两端各 50 m 线路的扣件，如果绝缘失效不能当时进行永久处理，可更换为普通绝缘进行临时处理并限速 160 km/h 开通线路。

(4)处理的绝缘接头应在维修天窗内重新胶接进行永久处理。永久处理时，应严格掌握轨温和预留焊缝，保证修复后无缝线路锁定轨温不变。

4. 胀轨

(1)检查发现线路胀轨迹象时，立即采取封锁或限速措施，并安排抢险人员对钢轨进行降温，如胀轨迹象消失，可登记本线限速 45 km/h，邻线限速 160 km/h 及以下放行列车，并派专人进行检查巡视，根据气温状况阶梯提速至 160 km/h。利用维修天窗切断钢轨对前后各 300 m范围进行应力放散，达到设计锁定轨温范围，焊接恢复无缝线路。

(2)如果已发生胀轨故障或降温措施无效时应使用气割切断线路，松开胀轨地段前后不少于 150 m 范围线路扣件进行应力放散，插入不短于 6 m 带孔短轨，限速 160 km/h 开通线路。利用维修天窗对前后各 300 m 范围进行应力放散到设计锁定轨温范围，插入不短于 20 m 同型号钢轨焊接恢复无缝线路。

5. 道岔故障

(1)收到道岔故障信息后，组织人员对故障道岔进行检查，重点检查转辙器、辙叉转换部位是否存在异物；滑床板是否断裂；尖轨、基本轨，心轨、翼轨密贴是否超限；转换部位螺栓是否松动；直曲尖轨、心轨是否不正常爬行等情况导致转换卡阻等。如工务设备正常，登记"工务设备正常、不影响行车"，人员撤出防护栅栏外，待故障查清处理后撤回。

(2)确认因工务故障导致道岔不能正常使用，针对故障情况组织抢修，尽快恢复道岔正常使用。

6. 线路晃车

(1)如果接到司机汇报线路晃车信息，晃车地点所在单位必须准备上线检查，若后续列车不再汇报晃车并阶梯提速恢复常速后，可不用处理。如后续列车仍晃车，应申请临时要点(邻线限速不大于 160 km/h)安排人员上线检查，发现设备故障，应根据情况登记封锁线路进行处理，处理完毕后限速开通线路，然后阶梯提速，恢复设备正常使用。

(2)如果添乘人员发现严重晃车(或添乘仪Ⅳ级超限)、动检车(轨检车)出现Ⅳ超限、车载添乘仪出现Ⅳ级超限，应立即通知本务司机转报列车调度员(或通知高铁驻调度所联络人员)登记该地段限速(不大于 160 km/h)或封锁线路。

晃车地点管辖单位应申请临时要点(邻线限速不大于 160 km/h)检查人员上线对晃车地点前后不少于 200 m 范围进行检查，发现设备故障，应根据情况登记封锁线路进行处理，处理完毕后限速开通线路，然后阶梯提速，恢复设备正常使用。

7. 桥梁限高防护架被撞的处理

(1)发生桥梁限高防护架被撞，工务段应及时通知铁路派出所。工务抢修人员应迅速赶赴现场，及时清理撞坏的限高架构件。如影响公路交通，应通知地方交警部门，设置警示标志，限速或封锁道路。原则上当天损坏当天修复，防止桥梁主体被撞。如被撞的限高防护架无法再用，当天不能恢复的，必须 24 h 派人看守，等修复后方可撤除看守。

(2)如梁体被撞影响结构安全，要视被撞情况立即采取封锁或限速措施，同时安排桥梁抢修。抢修后，视现场情况确定放行列车条件。

第二节 作业分级审批制度

1. 分级审批原则

凡线路、道岔设备整修调整量在 1～3 mm 的，报工务(桥工)段审批，调整量在 3 mm 以上的报工务处审批。对整治难度大、技术含量高、作业复杂的需报主管局长审批(如点前后限速的作业等)。

2. 分级审批程序

车间、工区根据动态分析资料，人工对现场进行复核，并制定整改措施。凡调整量超过1 mm 的，填写《××高铁施工作业方案审核表》，并及时报工务(桥工)段审核，工务(桥工)段审核后，当调整量不大于 2 mm 时，及时反馈审核意见到相关车间。车间根据段审核意见组织实施。

工务(桥工)段接到车间上报的《××高铁施工作业方案审核表》调整量超过 3 mm 时，应立即审核，填写审核意见，于当日上报工务处审核。工务处将审核意见反馈到工务(桥工)段，工务(桥工)段随后立即通知车间按工务处审核意见组织实施。

对整治难度大、技术含量高、作业复杂的，由工务(桥工)段填写《××高铁施工作业方案审核表》，报工务处及相关配合业务处审核同意后，报主管局长审批后实施。

3. 信息反馈

作业后必须对照整修方案，现场确认作业后是否达到整修方案要求，并对作业后的检查值进行记录。并将调整量达到或超过 2 mm 的作业情况分别报工务(桥工)段、工务处。

4. 建立管理台账

车间接到工务(桥工)段转发的工务处审核意见后，应积极组织实施，并建立管理台账，将每天上报的××高铁施工作业方案审核表(见表 12-1)进行整理归档。

表 12-1 ××高铁施工作业方案审核表

作业单位	
配合单位	
作业地点	
作业项目及内容	
整修技术方案及组织措施	
现场施工负责人(姓名)	
现场技术负责人(姓名)	
段意见	签字： 年 月 日
配合单位意见	签字： 年 月 日

第十三章　线路检查及主要作业项目

第一节　动 态 检 查

高铁动态线路设备质量检查含确认车添乘检查、动检车检查、车载式添乘仪检查、便携式添乘仪及人工添乘检查等检查方式。

1. 确认车添乘检查

(1)工务(桥工)段安排专职人员组成确认车添乘小组。确认车添乘人员职责:掌握每日确认车开行的时间、交路,按时添乘确认车;掌握管内设备的技术条件和设备状况;确认天窗后线路运行质量是否满足动车组正常运行;确认路材路料是否按要求堆码整齐并清出限界;确认施工机具是否全部清理完毕;确认封闭网等防护设施是否完好无损;确认限速处所是否按规定设置慢行标志;确认防洪、路基附属工程是否有危及行车安全现象等;确认是否存在危及安全和影响行车的其他事项;确认封闭网内是否有闲杂人员。

(2)确认信息反馈:确认信息实行"零报告"制度。确认车添乘小组人员按规定的时间、确认事项和内容报告确认情况,运行途中发现异常情况时,应立即报告客专台列车调度员、工务(桥工)段。

(3)确认车添乘人员要携带便携式线路检查仪检查线路,除了全面检查线路外,还要对当天的作业地段进行认真的检查。当确认车检查发现晃车及其他影响动车组运行安全时,确认车添乘人员除要立即向客专台列车调度员报告外,还要及时向工务处、工务(桥工)段,启动《郑州铁路局××客运专线路晃车应急预案(暂行)》,工务驻客专行车台施工联络员登记临时检查天窗,封锁本线,临线限速不得大于 160 km/h,进行检查整修,经工务检查整修后通知行车调度恢复正常速度。

2. 动检车检查

(1)动检车检查时间以工务处下发通知为准,工务(桥工)段人员随车添乘并将检查资料第一时间传至高铁技术科。如遇有Ⅲ级及以上超限病害、动力学超限病害及其他危及行车安全情况,在第一时间汇报主管段长和高铁技术科,主管段长要在第一时间组织相关人员,利用当日天窗赶赴现场进行处理。

(2)动检车动态检查标准。动检车检查每公里扣分在 0～50 分(含 50 分)间的为优良,扣分在 51～300 分(含 300 分)间的为合格,扣分在 301 分及以上的为失格。

(3)Ⅲ级超限处所现场检查内容。应检查线路设备状态,包括几何尺寸、连接零件状况、道床板状况、轨枕状况等。同时对比近期动检车检查资料、动态添乘检查资料,做出病害判断。

(4)Ⅲ级超限现场检查方式。使用道尺、弦绳等检查工具对线路进行检查。设置精测网的地段应使用轨检小车对轨道进行全面检测,查找病害原因。

(5)Ⅲ级超限分析及处理。对Ⅲ级超限处所检查出的病害,工务(桥工)段技术科应依据现场静态检查结合动态检查情况,分析病害产生原因,制定病害整治措施,并按规定上报审批,组织相关人员及时对病害进行处理。处理完毕后,要对病害处所利用道尺、轨检小车等工具进行回检，确保病害整治达到理想效果。

(6)Ⅲ级超限处理结果的上报：工务（桥工）段技术科要形成病害检查分析书面报告。报告中应具有病害发生时间、地点、产生原因、整治人员、整治措施、回检效果等内容，并及时上报工务处。

(7)对Ⅲ级超限处所要建立台账，认真分析、摸索郑西高铁线路设备变化规律，提高高铁养护水平。

(8)当动检车检查发现Ⅳ级病害及严重晃车时，随车添乘人员要根据实际情况立即向客专调度员、段领导、高铁技术科报告，客专调度员向后续动车组下达限速 160 km/h 的调度命令。登记临时检查天窗，封锁本线，临线限速不得大于 160 km/h，进行检查整修，经检查整修后通知行车调度恢复正常速度。

3. 动车组车载式线路检查仪检查

(1)动车组车载式线路检查仪超限标准：

Ⅰ级晃车，水平加速度 0.06 g、垂直加速度为 0.10 g；

Ⅱ级晃车，水平加速度 0.10 g、垂直加速度为 0.15 g；

Ⅲ级晃车，水平加速度 0.15 g、垂直加速度为 0.20 g；

Ⅳ级晃车，水平加速度 0.20 g、垂直加速度为 0.25 g。

(2)对于动态检测的Ⅱ级及以上晃车处所，工务（桥工）段技术科要及时对比分析，和车间、班组人员利用天窗进行现场复核，查找病害形成原因，通过测量、分析、调查标识等病害处理程序进行处理。

(3)对Ⅲ级及以上晃车处所，处理病害程序比照动检车检查Ⅲ级及以上超限病害处理。

(4)工务（桥工）段高铁技术科每天将Ⅲ、Ⅳ级晃车整修情况报局工务处。

(5)要认真落实“现场核查、设备整修、数据分析、信息反馈”四个环节，严格执行注销制度，段通知的超限处所，车间、班组要有检查、整修、注销记录，并及时向工务（桥工）段调度反馈信息。

(6)工务（桥工）段技术科每月要对Ⅲ级及以上晃车信息进行一次全面分析，形成书面分析报告，对病害项目进行统计汇总，包括Ⅲ、Ⅳ级晃车所处线路平面位置，现场是否存在超过保养标准的轨道几何不平顺及是否存在超过临时补修的轨道几何不平顺。

4. 人工添乘检查

(1)线、桥设备动态质量。

(2)防护栅栏、防护桩、桥梁防撞架、路基等设备状态。

(3)线路标志、路料、外观及其他情况。

第二节　静态检查

1. 静态检查的原则

高铁线路设备静态检查要认真贯彻“严检慎修，检重于修”的检修管理理念，严格检查标准。线路设备静态检查坚持轨道几何尺寸、轨道结构、线路外观检查并重的原则。高铁线路设备静态检查采取定期检查与重点检查结合、人工检查与仪器精密检查结合的检查方法，综合分析各项检查数据，为制定正确的设备病害整治方案提供准确的科学分析依据。严格落实段、车间、班组三级设备检查制度，结合现场实际，不断更新检查工具和检查方法，提高高铁线路设备的静态检查精度和工作效率。

2. 线路设备静态检查内容及要求

线路设备静态检查包括轨道几何状态的检查、轨道结构的检查、无缝线路位移观测、外观检查及设备巡视检查等。

(1)轨道几何状态的检查:正线轨道几何状态检查以对动检车、车载添乘仪、便携式添乘仪、人工添乘等动态检查的数据复核检查为主。主要使用电子道尺、弦线、天宝轨道检查小车等检查工具,对动态检查分析出的重点地段轨道几何尺寸进行检查复核,检查范围要求在病害地点(或道岔)前后不少于100 m。对晃车重点地段使用天宝轨道检查小车进行测量,通过检测数据和现场复查综合分析,制定精调整治方案指导现场晃车病害整治作业。站线线路及道岔以人工定期检查为主。

(2)轨道结构的检查:轨道结构检查主要包括站台限界、钢轨、焊缝、胶结绝缘、扣件、双块式轨枕、道床板、支承层(路基)或底座(桥梁地段)等状态检查。

(3)无缝线路(道岔)位移观测:重点对无缝道岔、桥上小阻力扣件地段钢轨位移进行观测。

(4)线路外观检查:线路外观检查包括线路标志标记、排水设施及封闭网等。

(5)检查作业要求:查作业必须在天窗点内完成,严格执行天窗点作业制度和人员、工机具进出网确认制度;检查数据要准确,误差控制在±0.2 mm以内;用电子道尺检查时,正线线路、道岔1根枕检查1处,其他线路每25 m轨检查8道尺,道岔按规定标准进行检查;采用CPⅢ精确定位测量时,要严格按照操作规程要求进行作业;在焊缝平直度等项目检查中,应积极应用先进的检查检测设备;检查数据要按工务(桥工)段技术科进行综合分析处理。

第三节　线路主要作业项目

一、巡视、检查作业

1. 道岔

每月对管内道岔轨道几何尺寸及轨道结构全面检查一遍;每月对站台限界会同房建部门联合检查一次,并记录站台限界检查台账;每月对管内站线线路全面检查一遍;每2天对站场所有道岔记名巡查一遍;每月对管内绝缘接头检查检测一遍,并做好记录。

2. 区间

每月对管内线路安全巡视一遍;每月对桥上小阻力扣件地段无缝线路位移观测一遍;每季对管内线路轨道结构全面检查一遍;对严重病害地段和薄弱处所,应经常检查、观测。

3. 设备定期安全巡视检查

设备安全巡视检查主要对扣件系统(松动、缺少)、道床板及轨枕(严重裂纹、掉快)、声屏障和线路标志螺栓紧固情况、线路安全范围内异物、封闭网等影响行车安全的设备及安全隐患进行定期检查。站区道岔每2天巡视一遍,区间线路每月巡视一遍。

二、几何尺寸静态调整

1. 作业目的

消灭线路设备的几何尺寸超限病害,提高列车在线路上运行时的稳定性和舒适度。

2. 材料及工、机具准备

电子道尺,塞尺,弦绳,1 m平直尺、钢板尺,毛刷,螺丝刀(平口),扭力扳手,起道器,松紧螺栓的工具等。同时应准备足够的晚上照明灯具。

3. 作业程序

(1)线路:调整轨距和轨向时,应通过更换不同型号的轨距挡板实施;调整高低、水平时,应通过更换不同型号的轨垫调整高度。扣件松动(扣件松动范围为病害两侧每侧加 3 根轨枕):利用扭力扳手从一头向另一头逐根松动,严禁跳着松动。更换轨距块、轨下水平垫时,用螺丝刀取出轨距块后,用毛刷、平口小铲、镊子等工具进行清理,然后用毛刷清理轨槽内杂物,确认更换的轨距块、水平垫型号是否对应。扣件复紧时,待轨距块水平垫安装完毕后,用手动扳手将螺栓紧固到不松动、不倾斜即可,后用电动扳手紧固,紧固时先紧加号侧扣件,再紧减号侧扣件,从一头逐根紧固到另一头,严禁跳着紧固。质量回检要检查作业精度是否达标,扭力必须达到要求标准,轨距块与挡肩、轨底外侧缝隙不得大于 0.3、0.5 mm,弹条中部与挡肩缝隙不得大于 0.5 mm。然后进行旧料回收、清点机具材料。

(2)道岔:调整前检查钢轨表面状态,观察光带有无突变、检查钢轨焊缝平顺度是否超标;检查扣件弹条与轨距挡板离缝、轨下垫板是否存在空吊;检查尖轨、辙叉部分顶铁是否密贴紧固;检查其他结构性缺陷,进行综合分析;根据轨检小车分析出的数据对道岔进行现场标识核实,对道岔的几何尺寸根据其标准进行复核,确认调整量。

道岔精调要坚持“先直股后曲股,先水平后方向”原则。根据调整量表标示摆放需更换的调高垫片,松开里外口固定螺栓,将轨距块及螺栓取下,用起道压机将钢轨抬起,撤出原有的垫片,调整提前计算好的垫片,使水平和高低发生变化,达到预期目的。调整滑床板离缝:通过调整滑床板下调高垫板和基本轨下垫片进行调整。轨底与轨距挡块之间的空隙:通过调整里外口轨距调整片解决或利用特制的大号轨距垫片解决离缝超限问题。整修后对道岔病害处所进行回检,达到规定要求,做好详细纪录存档。

4. 静态调整标准

静态调整标准见表 13-1。

表 13-1　轨道静态调整标准

序号	指　标	允许偏差	检测方法	备　注
1	轨距	±1 mm	道尺,轨检小车	
2	轨距变化率	0.7‰		
3	水平	±1 mm	道尺,轨检小车	
4	水平变化率	2 mm/(2.5 m)		三角坑
5	轨向(短波)	2 mm/(30 m)弦	轨检小车	
		1 mm/(10 m)弦	弦线	
6	轨向(长波)	10 mm/(300 m)弦	轨检小车	
7	高低(短波)	2 mm/(30 m)弦	轨检小车	
8	高低(长波)	1 mm/(10 m)弦	弦线	
		10 mm/(300 m)弦	轨检小车	
9	轨底外侧与轨距块(绝缘块)缝隙	0.5 mm	塞尺	
10	轨枕挡肩与轨距块缝隙	0.3 mm	塞尺	
11	扣件扭力矩	福斯罗,250 N·m	扭力扳手	WJ-8,160N·m
12	弹条中部与挡座间缝隙	0.5 mm	塞尺	

三、扣件离缝整治

1. 作业目的

消灭轨距块与钢轨之间的离缝、减少在高温季节下因离缝造成的线路几何尺寸变化，提高列车在线路上运行时的稳定性。

2. 材料及工、机具准备

各种类型扣件常用的扣板、改道块、塞尺、锤、毛刷、扁铲、黄油、丁字拐、内燃扳手及运输所用的单轨小车，防护备品。

3. 作业程序

标示，在轨枕头用石笔标记出需要更换上道的扣板型号；摆料，对应所做的标示将需更换上道的扣板放置在对应轨枕头；松卸、更换扣件，按标记的位置将原有扣件卸下，用扁铲、毛刷将承轨台杂物清理干净，把放置在轨枕头的扣板换上，更换时要核对所做标记与所更换扣板是否一致，如不一致应立即检查原因，确保每处离缝都能正确消灭，更换连续离缝处所扣件时每次连续松卸扣件不得超过 7 块，将这些松卸处所的扣件更换到位扣件复紧后再向前延伸。紧锁、检查、记录，每一处作业完毕后，必须对调整区段的扣件进行全面检查，确认安装正确，扣压力达到设计标准。对连续超过 3 块板离缝处所更换扣件前、后要使用电子道尺复核几何尺寸是否达到作业验收标准，并对作业后的检查情况进行记录，对未达到标准或要求的处所返工，同时要清点机具材料有无遗漏，清理作业现场，保证作业现场整洁。

4. 作业技术标准

现场离缝小于 1 mm 时可不调整，现场离缝大于 1 mm 小于 2 mm 时，现场按 1 mm 调整量进行调整。现场离缝大于 2 mm 小于 3 mm 时，现场按 2 mm 调整量进行调整，以此类推；对现场存在的“假缝”，要用小手锤将其轻轻敲击到位，并对其螺栓进行复紧到标准。现场离缝单股连续 3 块及以上处所，离缝消灭前、后要用道尺进行几何尺寸检查，并做好记录。现场作业应按照“标示—松卸—更换—锁紧—检查—记录”的程序和“先轨向，后轨距”的调整原则进行，调整完毕后，全面拧紧扣件螺栓，扭力矩检测应达到设计标准。作业时每处连续松卸扣件不得超过 7 块，安装螺栓前有条件是应对螺栓进行涂油。作业前、中、后测量轨温并做好记录。

四、扣件系统断钉、滑丝、堵孔整治

1. 作业目的

消灭现场存在的断钉、滑丝、堵孔，恢复扣件作用、扣压力及结构，消灭因扣件失效可能引起的几何尺寸变化，确保行车安全。

2. 材料及工、机具准备

丁字拐、黄油、发电机、冲击钻(电锤)、抽风机、毛刷、锤、专用电烙铁、拔锚器、拔锚丁字拐、拔套管螺栓、水钻、胶枪及运输所需的单轨小车，防护备品。

3. 作业程序

前期调查，前期调查时调查人员要带上丁字拐、螺栓、弹条、绝缘块和扣板各一套，对检查出的扣件缺失处所要做扣件安装试验，确认现场是“断钉、滑丝或堵孔”。检查能否在该处将扣件上紧，如能上紧应将对口扣板型号记录清楚；对现场存在的扣件浮起处所应用丁字拐将其复紧到位并在记录；对现场存在的断钉、滑丝或堵孔处所记录清楚南、北股，里、外口，并在“备注”栏内注明“断钉、滑丝或堵孔”，同时用记号笔对现场检查出来的堵孔情况在所对照的枕木头上标记"断、滑、堵"字样，并记录清楚 CPⅢ桩号、轨枕编号、对口扣件型号等内容，以便整修人员要根据前面调查的资料，有针对性的准备机具、材料进行补扣件或整治堵孔。标示，在轨枕头用记号笔在检查出来的堵孔处所轨枕头内、外侧道床板上标示"断钉、滑丝、堵孔"字样。松卸扣件，整治堵孔人员根据前期调查人员的记录，并在现场对照所做的标记，找到堵孔、断钉或滑丝的具体位置，使用丁字拐将堵孔处所原有扣件卸下，清理承轨台杂物。

(1)整治断钉：使用专用水钻(水钻直径 37 mm)，沿套管壁钻入深度 150 mm 将断钉取出后(含套管全部钻出)，用专用电烙铁将钻出的孔径烤干，再用抽风机将遗留在孔径底的杂物吸除干净，用胶枪将专用胶沿孔壁灌至一半(不超过 75 mm)，再将新套管轻轻拧入孔径内，拧入时应尽量排除套管与胶体之间的空气，清除溢出的胶水，停放 24 h 后可将此处扣件按前期调查的情况补齐。

(2)整治滑丝：使用拔锚器将失效套管取出，如现场不能将原失效套管完全取出时，使用专用电烙铁将残余部分软化(或用电钻将残余部分打碎)用专用拔套管螺栓将残余部分取出，待全部残余套管取出后用抽风机将该预置孔内杂物抽吸干净，将新套管按套在拔套管螺栓工具上，最后安装进该混凝土预置螺栓孔内，安装扣件时应对螺纹钉涂抹黄油。

(3)清理堵孔：电钻安装直径 16 mm，长 250 mm 至 300 mm 的钻头，将套管内所堵杂物轻轻钻松(原堵孔处所没有扣件时应直接用电钻将套管内所堵杂物钻松)，然后使用抽风机将松动后的杂物抽出，此次作业程序重复 2 至 3 遍，待钻头钻深至 140 mm，套管内杂物清除干净后，可将扣件补上。并将使其达到规定扭力矩，电钻清除套管内杂物时应保持好电钻钻入套管深度，不可用蛮力将套管底面钻破，安装扣件时应对轨枕螺栓涂抹黄油。

每一处"断钉、滑丝、堵孔"整治完毕后，必须确认扣件安装正确，扣压力达到设计标准。对连续超过 2 处堵孔处所，在整治前、后要使用电子道尺复核几何尺寸是否达到作业验收标准，并对作业后的检查情况进行记录对未达到标准或要求的处所，必须返工，同时要清点机具材料有无遗漏，清理作业现场，保证作业现场整洁。

4. 作业技术标准

现场作业应按照"标记—松卸—整治—补齐—检查—记录"的程序和"先轨向，后轨距"的调整原则进行，整治堵孔完毕后，全面拧紧扣件螺栓，扭力矩检测应达到设计标准。对现场检查出来的堵孔处所，特别是单侧连续 2 处及以上的堵孔处所，在整治前、后要将该处的轨距、水平记录清楚，作业完后对比前后轨距、水平等几何尺寸变化，如变化较大应及时查找原因，进行调整处理，现场将几何尺寸必须恢复达标。一处扣件问题整治完毕，上齐扣件并保证扣压力达标后方可转移至下一处；安装螺栓前应对螺栓进行涂油。

五、道床板与轨枕头分离整治作业

1. 作业目的

消灭道床板与双块式轨枕头存在的离缝、空吊，保持无砟轨道整体结构的稳定性。

2. 材料及工、机具准备

高压注浆机、注浆嘴、发电机、电钻、喷灯、电源线、道尺、起道机、丁字拐、量杯、塑料桶、搅拌器、环氧树脂、固化剂、稀释剂。

3. 作业程序

用道尺对出现离缝、空吊轨枕及先后十根轨枕轨距、水平进行检查，并标示在钢轨底部，同时做好书面记录。用丁字拐松开出现空吊轨枕及前后三根轨枕的扣件，取出因空吊增垫的水平垫片,然后复紧扣件。从道床板侧面打孔,打孔高度与轨枕块底面平齐,将轨枕块底面及周围存水引出,再用电动吹风机对着孔吹风,将轨枕底部“潮气”吹干,注浆前再利用喷灯烘烤,以保证注浆效果。布置注浆孔:对于原始裂缝,视裂缝连通情况每 100～300 mm 布置一个注浆嘴,每个轨枕块四周先各布置 1 个注浆孔,注浆过程中根据注浆效果再增加。注浆孔钻孔、清孔:利用电钻钻孔,钻孔角度一般为 45°,钻孔从轨枕块底部穿过,尽量避免破坏轨枕块;钻孔完成后,利用电吹风清孔,对着孔口吹风,将孔内杂物吹出。安装注浆嘴:将专用注浆嘴放入注浆孔中,安装牢固。注浆前将道尺放到出现空吊轨枕头钢轨上,要有专人负责观察轨距水平变化情况,并做好记录。根据注浆材料的配比配制注浆液,用高压注浆机注浆,直到浆液饱满。清理注浆嘴和裂缝表面:待浆液完全固化后,用铲刀清理注浆嘴和裂缝表面,注意尽量不要损伤混凝土表面。修饰裂缝表面,用接近混凝土结构表面效果的材料封闭和修饰裂缝表面。修饰混凝土结构表面,对于那些已修补过的高低不平的位置,用角磨机打平,再用细砂纸擦掉已涂上的水泥浆,然后统一修饰成接近混凝土结构表面的颜色。

材料的选择及配制:①注浆材料,选项用低黏度环氧树脂(E-44)和新型固化剂,配合比为:环氧树脂∶固化剂=4∶1。浆液黏度低、表面张力及接触角小,具有优良的浸润性能;能在干、湿、饱和水条件下固化;具有较好力学性能和抗渗性能;抗压强度达到 60 MPa 以上。②封闭材料及配比,VEA 防水胶∶水泥∶白水泥=1∶3∶7(水泥及白水泥可以适量调整,以接近混凝土原则为准)或采用堵漏王(快硬水泥)封堵。

4. 作业质量及技术标准

做好准备工作,准备好计量器具、搅拌器皿及注浆和修补材料;把混凝土表面裂缝先刷干净,清除裂缝周围的灰尘,注浆嘴应在裂缝比较宽或裂缝交叉处布设;黏结剂要根据温度变化进行调整配制;封堵裂缝后,进行气密性检查,抽一口烟对着注浆嘴往里吹,检查是否漏烟,对漏烟的地方进行二次封堵;记录好每天裂缝的注浆量,漏浆的地方要立即用抹布擦掉,然后用干净抹面蘸上丙酮擦拭漏浆的地方,减少浆液对混凝土表面的污染;注浆作业不能损伤混凝土表面,以便于混凝土表面的修补;混凝土结构表面高低不平处用角磨机打平,用 VEA 防水胶、普通水泥和白水泥调配成接近混凝土表面颜色进行修补,最后用细砂纸进行打磨;注浆后注浆地段限速 160 km/h,限速时间 24 h,确保环氧树脂凝固效果。注浆时要控制好注浆压力,一般不超过 400 kg,最高不超过 600 kg,并时刻观察水平变化值。

六、道床板与支撑层分离整治作业

1. 作业目的

消灭道床板与支撑层存在的离缝,保持无砟轨道整体结构的基础状态稳定性。

2. 材料及工、机具准备

SKD801 灌封胶、SKD803 修补胶、SKD807a 钻孔钉口底胶注胶嘴、碳纤维布、M27 销钉、RE500 SD 高强置筋胶、砂轮切割机、手持砂轮切割机、250 kW 发电机、水磨钻、气泵。

3. 作业程序

(1)先浇段植 M27 销钉,检查轨道结构的混凝土表面是否完好,钻孔前用钢筋探测仪对结构体内钢筋探测,避免伤及主要受力钢筋,并在道床表面确定相应的钻孔点进行标记。钻孔设备准备好 10 台空心水磨钻,功效 2 孔/h,日进度 40～60 孔/晚;对道床表面进行认真清理,去除泥土及浮尘,然后采用水磨钻及空心钻头在道床板标记部位按规定要求进行钻孔操作(孔直径 32 mm),直至规定钻孔深度(要求孔深为 450 mm)。钻孔时要求空心钻头垂直向下并保证孔内干燥洁净；植入 M27 销钉，销钉长度为 400 mm。首先向孔内注入 RE500 SD 高强度植筋胶(不少于 2/3 孔深)，注入时枪嘴伸入孔内底部缓慢向上注入，为保证注入胶的效果，在注入前将头三枪高强度植筋胶打出不要，因为头三枪 A、B 两组胶未完全配合均匀。高强度植筋胶在两小时后凝固达到要求强度，所以在行车前两小时应停止植入 M27 销钉工作。

(2)切缝注胶，在离缝注胶段切割两线间封闭层(宽 30 cm)，利用 2.2 kW 砂轮片切割机切开 10 cm 厚混凝土，用风镐破开混凝土和级配碎石，用编织袋把混凝土和级配碎石装好，运到线路以外。清理干净级配碎石，露出路基支撑层混凝土面；切割伸缩缝，按整治原则进行道床板切槽，释放温度应力。道床板切槽地段选择在原施工预留缝处，准备 1 台 2.2 kW 砂轮片切割机在道床板前期预留缝处垂直切开宽 20 mm 横向通缝，然后使用水磨空心钻以连环套的形式对道床板垂直钻孔，钻孔深度为 240 mm。在中间及两端部位钻到钢筋时应停止下钻保证预留接地钢筋，其他部位钢筋可使用水磨空心钻直接钻断，钢轨下部及支撑层上剩余混凝土使用凿子凿除，直至露出完整的支撑层表面。

(3)应力释放，在后浇段用内燃扳手松开扣件，释放钢轨应力。重压：利用每天的动载列车碾压两天，使离缝尽量闭合。

(4)基面处理，用角磨机对离缝周围表面进行打磨处理，去掉油污及沥青等附着物，露出坚实的混凝土表面；用钢丝刷沿离缝走向清理宽约 5 cm 范围内的混凝土表面，仔细清除水泥翻沫、苔、藓、灰尘等杂物；用丙酮或酒精清洗离缝并用吹风吹干净确保施工部位保持干燥状态。在清理干净的伸缩缝和掉块破碎处用 SKD803 修补胶的两种成分(2∶1)作修补整平处理。

(5)预埋注胶嘴，用两把洁净干燥的抹刀分别取封口胶(SKD803)的两种成分(2∶1)的配合，放到托灰板上。一次能用完一整套包装量时不必称量，全部混合即可；留在罐内的两种成分不得相互接触，以免发生反应造成变质，并且注意盖严罐盖；用抹刀反复混合搅拌胶的两种成分，使其呈现均匀一致的颜色；用抹刀取少许胶，刮在注胶嘴底面的四边，每边以 8 mm 宽、5 mm厚为度。将注入孔对正离缝中心，稍加力按压，使胶从底面的 4 个小孔中挤出。注意注入孔不要被胶堵塞。粘好后不要再移动注胶嘴；一手按住注胶嘴的顶端，防止其移位，另一只手用抹刀取胶将底板的各边包覆。包覆部分的内缘至盖住 4 个小孔，外缘扩展至直径 8～10 cm圆形范围。混凝土表面质量不良、缝两侧有较多细微龟裂的部位，应加以特别注意。注胶嘴的布置，应掌握沿缝的走向，每米约布置 3 个；离缝分岔处的交叉点应设注胶嘴；选混凝土表面平整处设置，避开剥落部位，对于贯通缝，可在一侧布置注胶嘴，另一侧完全封闭。缝宽度较大且内部通畅时，可以按每米 2 个注胶嘴的密度来布置。注胶嘴注胶嘴间距为 30～40 mm 封闭离缝：在沿缝隙走向 5 cm 宽的范围内用抹刀刮抹封口胶，厚度 2 mm 左右，尽量一次完成，避免反复涂抹。缝两侧龟裂的部位，应抹至 8～10 cm 宽，并按压胶的边缘，消除卷边。混凝土剥落处要填充密实，与注胶嘴衔接的地方要特别注意。密封完成后，让封口胶自然固化。注意固化过程中防止其接触水。

(6)注胶，将专用离缝灌注加压罐的一连接端安装在注胶嘴上，把卡口部分的两扣卡紧，用力不要过猛，以免损坏座的颈部；将灌缝胶(SKD801)的两种成分按 3∶1 的比例混合搅拌均匀后置入加压罐中。一次能用完一整套包装的量时不必称量，全部混合即可；用量较少时要分别称量两种成分，按规定配合比配合；将加压罐盖好盖，调整好压力表(最好保持在 0.2～0.3 MPa左右的压力)，打开阀门，推动活塞，排除系统中的空气后开始注胶；注浆时从一端向另一端注入并使胶嘴高于离缝高度，待净胶完全从另一端冒出后，持续压 3～5 min 方可停压，再进入下一工序；使用时间(2 kg 量)为 5～20 min；操作时要两人配合，一人操作加压罐，另一人托扶注胶嘴和阀门，不要让注胶嘴的颈部不正常受力；让灌注胶自行固化，固化时间大约为

10～24 h,气温越高,速度越快;固化后敲掉注胶嘴,如有必要用砂轮机把表面打磨平整。

(7)后浇段植 M27 销钉,检查轨道结构的混凝土表面是否完好,钻孔前用钢筋探测仪对结构体内钢筋探测,避免伤及主要受力钢筋,并在道床表面确定相应的钻孔点进行标记;对道床表面进行认真清理,去除泥土及浮尘,然后采用水磨钻及空心钻头在道床板标记部位按规定要求进行钻孔操作(孔直径 32 mm),直至规定钻孔深度,植筋顺序是先浇段大里程端一先浇段小里程段一后浇段(翘起段),质量要求按先浇段植筋标准。

(8)粘贴碳纤维布,待植入钢筋完全固化后,将外露部分钢筋锯掉,打磨平整;涂刷底层胶:在修复后的混凝土表面上均匀涂刷 SKD807a 底胶,使混凝土表面形成坚硬的底层,有利于修补胶或浸渍胶的黏结。修补整平处理,表面平整度凸出部分(小突起等)以切割机或砂轮机将其铲除并使其平滑。凹陷部分(打除部分)以修补找平胶填补平整,且不应有棱角,要求混凝土表面平整,无凹凸处。混凝土不平处在 1 m 范围内落差不超过 5 mm。转角处需研磨至凸角 R=20 mm(R 为曲率半径)以上,这为了使碳纤维布与平滑的混凝土更好地黏结,而且对碳纤维布受力有利。粘贴碳纤维布:维贴片预先以剪刀、刀子依所设计的尺寸大小裁好(这里可根据轨枕道板厚度来确定碳纤维布的宽度)。碳纤维布的纹理方向一定要垂直于离缝方向。将配制好的浸渍胶涂刷在混凝土表面,然后粘贴碳纤维布,并用专用的橡胶滚筒或刮板沿碳纤维方向滚动,使浸渍胶能浸透碳纤维布,并且挤出多余胶液和气泡。层以上的碳纤维相叠贴时,重复上述步骤。施工现场空气应流通,严禁烟火。施工时必须要穿戴保护装备(口罩、护目镜及橡皮手套等)。确保粘贴碳纤维布质量的关键是:配制浸渍胶时要严格按照配比,搅拌要充分、均匀。保证浸渍胶的质量。确保浸渍胶充分浸透碳纤维布,能保证碳纤维布与混凝土黏结紧密,同时又能发挥碳纤维的抗拉性能。

(9)防护处理,在粘贴的碳纤维布表面进行水泥砂浆的防护处理。

4. 作业技术标准

整个施工处理过程中保持工作面的绝对干燥,否则将影响黏接效果;灌注离缝压力保持在 0.2～0.3 MPa 左右;当吸浆率小于 0.1 L/min 时,应增加压注时间确保灌浆饱满;胶液的配置和使用现场,操作人员穿戴工作服及防护用具;严把材料关,保证材料等的质量合格,合格产品方可用于本工程中。

七、承轨台破损的维修作业

1. 作业目的

修复承轨台破损部分,确保钢轨扣件(角度垫片、弹性支撑)在承轨台支撑点范围内传力区域的性能良好。

2. 材料及工机具准备

抹子、刮刀、钢丝刷、毛刷、预涂料、灌注砂浆、火烧干燥石英砂(粒径 0.4～0.7 mm)、搅拌设备和照明设备。

3. 作业程序

清除破损表面范围内松散的部分以及其他灰尘和污染物,破损表面必须干燥;按照产品说明搅拌预涂料并用刷子涂抹;在被涂抹的表面撒上干燥石英砂;用模板来固定损伤的部位,尺寸误差要符合轨道板的相关要求;按照产品说明采用适当的搅拌设备搅拌灌注砂浆,在模板内浇筑搅拌砂浆,搅拌砂浆配比要和当时气温相匹配;在浇筑砂浆硬化后拆模,清除多出的砂浆。

4. 作业技术标准

修补密实牢固，表面平整、光滑，无空响、断裂、脱离、飞边、毛刺；新旧缝衔接良好，修补与污工很好地连结；配料、秤料无差错，砂浆拌合均匀，色泽一致；涂料涂刷均匀，无漏涂；砂浆、涂料剩余量不大于 20%；应对修复后的承轨台进行跟踪观察是否还有发展。

八、小型机械打磨钢轨轨面作业

1. 作业目的

整治达到钢轨病害限度的焊缝凹陷、钢轨母材轨顶面凹陷或接头马鞍磨耗、波浪性磨耗，延长钢轨使用寿命，保证列车高速、安全、平稳运行。

2. 材料及工、机具准备

轨面精细打磨机、电子平直尺、波磨尺、道尺、游标卡尺、护目镜、石笔和照明设备。

3. 作业程序

作业准备，调查划撬，将需要打磨的位置和深度做好标记，划在钢轨头部外侧；打磨轨面，戴好手套、护目镜，将打磨机抬上线路，进行打磨试运行；打磨时两人操纵，一人掌握打磨机在轨面上平稳的前后往返运动，另一人掌握打磨深度和砂轮的左右移动；根据打磨的长度和轨面宽度，打磨倾斜角度应与轨底坡相一致，使砂轮作用面与轨头顶面吻合，保持轨底坡不变；研磨时接触要轻，走行要稳，返回要快，用力要均匀，注意在打磨时不可在一点停留时间过长而造成轨面局部退火；可以以打磨后不发蓝作为标志；整治作业中和作业后，要体现综合养护要求，如遇有钢轨内侧肥边时，应同时打磨。并配合打磨进行高低、水平整治。一周后进行复查，如发现轨面车轮碾压线不平与生锈现象，应重新打磨。在打磨过程中，经常用电子平直尺对钢轨平面进行检测细打磨。打磨完毕后，关闭发动机将机械抬至限界以外，放置稳固。根据作业标准进行自检，发现不符合作业标准处所进行纠正。

4. 作业技术标准

打磨后钢轨轨边、轨面平整；用电子水平尺测量轨面及钢轨轨面平直度小于或等于 0.2 mm；波浪形磨耗不大于 0.1 mm；钢轨内侧轨距变化率，不大于 0.3‰。

九、小型机械打磨道岔作业

1. 作业目的

打磨尖轨、辙叉、基本轨轨头作用边压塌产生的肥边，使基本轨与基本轨密贴，轨距、查照间隔、护背距离、护轨轮缘槽和辙叉咽喉、轮缘槽宽度符合标准，保证行车安全。

2. 材料及工、机具准备

道岔打磨机、轨面精细打磨机、发电机、电子平直尺、直尺或游标卡尺、道尺、护目镜和石笔和照明设备。

3. 作业程序

调查钢轨内侧肥边，按尖轨非工作边与基本轨工作边距离小于 63 mm、护轨平直部分轮缘槽宽度小于 41 mm、辙叉心轮缘槽宽度小于 41 mm 标准，用直尺测量打磨的宽度、长度做好记录，将需要打磨的位置和宽度做好标记，划在钢轨头部外侧；检查打磨机的动力性能状态、调整零件、走行轮、砂轮片、紧固件是否完好，砂轮片必须安装牢固，状态良好；校对量具；戴好手套、护目镜，将打磨机抬上线路，进行打磨试运行。打磨时两人操纵，一个掌握打磨机在轨面上平稳的前后往返运动，并对打磨方向施加一定的力，另一人掌握打磨深度和砂轮的左右移动。研磨时接触要轻,走行要稳,返回要快,用力要均匀,注意在打磨时不可在一点停留时间过长而造成轨面局部退火;可以以打磨后不发蓝作为标志。钢轨内侧、尖轨非作用边、辙叉肥边除掉后,应对其进行倒角。打磨过程结束后,要用游标卡尺和 1 m 直尺检查错牙和顺坡率,不符合规定的应进行返工。

4. 作业技术标准

轨距内侧工作边应平顺,无明显凸凹波浪形。肥边不大于 0.2 mm;钢轨踏面打磨后用电子平直尺测量,不平度应小于 0.2 mm;钢轨横向弯曲(硬弯)矫直打磨后矢度用电子平直尺测量作用边应不大于 0.2 mm;尖轨非工作边与基本轨工作边的最小距离为 65 mm,容许误差为 −2 mm;护轨平直部分轮缘槽标准宽度为 42 mm,容许误差为 +3、−1 mm;辙叉心轮缘槽标准宽度(测量位置按标准图或设计图规定)为 46 mm,容许误差为 +3、−1 mm。

十、人工探伤检查作业

1. 作业目的

对钢轨进行无损探伤检测,提前发现钢轨各部位伤损的存在,以便及时处理,预防断轨事故的发生。

2. 材料及工、机具准备

通用探伤仪、丁字拐、扣件螺栓扳手、白铅油、钢刷、1 m 直尺、检查锤、钢卷尺、放大镜等。

3. 作业程序

作业前对仪器各部位进行性能检查,探伤仪器应在焊缝对比试块上校对探伤灵敏度和扫查灵敏度,并有记录。人员上道后,两人一台仪器,负责焊缝全断面探伤操作和记录;仪器前后方各有一人分别负责探伤前的预处理和探伤后线路复位等工作,主要是拆卸影响探伤的轨枕扣件及焊头除锈、探伤面清扫和扣件复位紧固等工作。探伤前应对焊缝区域的外观进行检查,焊缝接头用 1 m 直尺测量高低允许不超过 0、+0.2 mm,焊缝轨底两边不足 200 mm 长度的工作面时,要对轨枕扣件进行拆卸。对焊缝两侧面进行除污、整理和打磨。标定焊缝熔合面位置,准确使用焊缝探伤标尺架。采用双 K1 探头在钢轨踏面作前、后串列法及直探头反射法探伤,探测轨面至轨底高 176 mm 区域的轨腰部位缺陷。双 K1 探头沿轨头宽度 73 mm 两侧垂直面,才用 K 型探伤,检查轨头部位的缺陷。双 K1 探头沿轨宽度 150 mm 轨脚两侧垂直面,采用 K 型探伤,检查轨底部分的缺陷。单探头对轨头和轨底部分分别采用 K1 和 K2.5 探头探伤,对于轨腰垂直部分采用 K1 探头探伤。轨脚缺陷补充探伤,采用 K2.5 单探头,探伤面在轨脚两侧垂直面及轨脚面。铝热焊必须采用直探头在钢轨焊缝顶面做垂直法探伤,探测焊缝前后 150 mm 范围。焊缝探伤作业方式采用流水作业程序,即每个焊头使用两台仪器进行探伤,一台仪器使用双探头对轨头、轨腰、轨底探伤,另一台仪器使用单探头对轨头、轨腰、轨底进行全面补充探伤。使用单、双探头作业均应对焊缝进行两边和双侧探伤。焊缝探伤作业完毕后,应对仪器及探头、探伤架等设备进行擦试保养,及时充电,并根据作业情况补充相应备品,保证次日正常工作。

4. 作业技术标准

焊缝探伤:探伤仪及探头各项指标应符合超声波探伤仪 TB/T 2658.21—2007 的要求;探伤灵敏度标定应按工艺达到基准灵敏度要求;探伤仪在正常检测时,应无杂波、无杂乱报警音响。无缝线路采用探伤车按规定周期探伤,人工进行复核,并采用应用专用仪器对焊缝全断面探伤,厂焊焊缝每年 1 次;移动电阻焊和铝热焊焊缝每半年不少于 1 次。要结合道岔区仪器探伤采用专用检查小锤,每月对仪器不能检查的部分,进行一次全面细致的检查,并认真做好记录。手工检查部位:可动心道岔的直、曲股翼轨,长、短心轨,直、曲尖轨竖切部分,护轨。固定型辙叉的心轨和翼轨,护轨,直、曲尖轨竖切部分。组合辙叉探伤时,仪器探测区域为轨面宽度大于 50 mm 的部位。

第十四章　桥隧主要检查及作业项目

第一节　桥隧主要检查项目

一、钢 结 构

1. 钢桥面板焊缝裂纹，密横梁与系梁连接处裂纹；
2. 正交异性板，横肋与纵梁、横肋与U肋相交处割焊孔焊缝裂纹；
3. 结合梁道砟槽板与纵、横梁连接处流锈、缝隙；
4. 纵梁与横梁及主梁与横梁连接处的母材、焊缝、高强度螺栓；
5. 受拉及受反复应力杆件的节点及连接系节点的高强度螺栓；
6. 受拉及受反复应力杆件上的焊缝及邻近焊缝热影响区的钢材；
7. 杆件断面变化处焊缝；
8. 连接系节点及焊缝；
9. 伸缩纵梁端横处、支座上方钢杆件裂纹；
10. 加劲肋、横隔板及盖板处焊缝；
11. 加劲肋未顶紧上、下盖板时，腹板上加劲肋两端焊缝处；
12. 主桁箱形下弦杆的上水平板与桥面顶板的不等厚度的对接焊缝；
13. 主桁节点板与横梁下缘焊缝；
14. 对接焊缝；
15. 主桁节点处弦杆的上水平板槽口是否有裂纹、积水；
16. 对钢梁角落隐蔽部位，特别是电气化接触网连接板包裹部位应注意锈蚀的检查，检查时使用探伤仪器、化学药剂和手工结合进行；
17. 高强度螺栓、焊缝的检查方法见《铁路桥隧建筑物修理规则》附录八“栓焊梁高强度螺栓及焊缝检查方法”。

二、混凝土梁(拱)

1. 检查桥面防水层破损、开裂和起鼓；
2. 泄水孔堵塞、漏水、丢失管盖；
3. 梁端止水带漏水、脱落、破损、堵塞，有砟轨道梁缝挡板脱落、盖板脱出；
4. 遮板端部挤死；
5. 栏杆松动、裂损、掉块、开裂，连接处脱落，栏杆螺栓松动、缺少、锈蚀；
6. 作业通道盖板损坏、缺少、翘动、大缝隙；
7. 防护墙开裂、掉块；
8. 轨道底座板、侧向挡块和桥面接合状态；
9. 封锚混凝土开裂、脱落、空鼓；
10. 梁与梁之间、异形墩上梁端与桥墩挤死；

11. 吊装孔、检查孔附近、倒角变截面处裂纹，矮墩防护门状态；
12. 拱脚与拱肋、拱脚与梁体连接部位混凝土裂缝；
13. 吊杆在拱、梁上的锚固混凝土裂缝、脱落；
14. 桥面、箱梁内积水；
15. 梁体渗水、流白浆；
16. 排水管破损和漏水；
17. 排水孔、电缆孔尿梁。

三、混凝土墩台

1. 墩台下沉、倾斜、滑动；
2. 墩台混凝土裂缝、腐蚀、空洞；
3. 空心墩、台温度裂缝，裂缝内外有无贯通；
4. 空心墩、台积水、冻胀裂损；
5. 高桩承台桥墩基桩环状裂缝、断裂；
6. 桥台护锥砌体灰缝缺损、开裂、下沉变形，土体陷穴，盲沟排水；
7. 寒冷地区墩台水位变化部位冻害、腐蚀；
8. 墩帽托盘有无冻裂；
9. 有冲刷的桥梁墩周局部冲刷的深度及基底淘空；
10. 水库下游的桥梁河床冲刷下切；
11. 跨越泥石流沟的桥梁桥下冲淤；
12. 混凝土中性化检查；
13. 行洪桥有无水标尺，水标尺是否稳固、标示清晰；
14. 水中桥墩表面冲蚀情况；
15. 墩身排水管是否有脱落、松动、损坏；
16. 墩身检查围栏、吊篮锈蚀、开焊、断裂、步行板损坏、开裂。

四、支　座

1. 上下锚栓缺少、松动、弯曲、断裂，螺纹锈蚀，锚栓剪断时支座变位；
2. 上座板与梁底、下座板与支承垫石之间脱空，支点三条腿、支承垫石不平、开裂压碎，支座各部分是否完好；
3. 支座钢件锈蚀、裂纹、脱焊；
4. 聚四氟乙烯板脱出、磨损，中间钢衬板高度，外露摩擦面状态；
5. 支座位移、转角超限；
6. 大吨位活动支座的相对位移不匀；
7. 橡胶密封件老化、外翻现象；
8. 支座的调高预留孔防护盖损坏、丢失，预留孔损伤、锈蚀、堵塞；
9. 支座防尘罩损坏、丢失；
10. 临时连接未解除。

五、防落梁挡块

1. 防落梁挡块与支承垫石之间的空隙；

2. 活动支座旁防落梁挡块与支承垫石、墩台顶面顶死；
3. 防落梁挡块约束相邻跨梁体的自由伸缩；
4. 防落梁挡块和螺栓松动、损坏、丢失、锈蚀。

六、拱肋、吊杆、拉索、立柱、索塔

1. 拱吊杆拉力、斜拉桥拉索拉力（可采用索力仪测量）；
2. 拱吊杆拉力、斜拉桥拉索锚具防护及锈蚀状态；
3. 钢管混凝土拱肋内填充与钢管脱空情况（可采用敲击或超声波检查）；
4. 钢管混凝土拱脚周围混凝土裂缝；
5. 拉索阻尼器状态；
6. 拱上立柱混凝土裂缝、掉块；
7. 索塔裂缝、掉块。

七、涵洞和倒虹吸

1. 涵身变形、裂损、露筋、漏水、漏土；
2. 涵内淤积；
3. 基底冒水、潜流、基底淘空等；
4. 铺砌、河调等防护设施损坏；
5. 涵洞两侧排水不畅、堵塞；
6. 倒虹吸节间渗漏；
7. 倒虹吸井口盖板、垂裙、拦污栅、闸门、沉淀池、溢洪道设施损坏；
8. 倒虹吸渠道水流有无挟带大颗粒物质。

八、隧　　道

1. 衬砌裂缝、风化、腐蚀、压溃、剥落、掉块（可使用分格、安设测标检查）；

2. 衬砌、施工缝、变形缝漏水、涌水、渗水、结冰（查明水源、测量流量、水温，必要时化验水质）；

3. 道床基底沉陷；
4. 道床与水沟边墙交界处、中心水沟部位的裂缝、变形、错台等；
5. 施工缝、变形缝部位的裂缝、变形、错台等；
6. 隧道内排水设施、出入口天沟、吊沟、截水沟排水和淤积情况；
7. 洞口边仰坡崩塌落石、滑坡，边坡防护设施损坏；
8. 偏压隧道或明洞的山体滑动，明洞顶填土厚度和坡度；
9. 洞顶防排水设施损坏，有无泄水漏斗；
10. 沟槽盖板损坏、缺少、翘动、大缝隙等；
11. 双洞隧道横通道、设备洞、预留洞状态，横通道内防护门状态。

九、桥梁救援通道

1. 救援疏散通道与地面道路接驳情况；
2. 平台顶面与桥面遮板之间的缝隙；

3. 栏杆、安全防护罩锈蚀、损坏；
4. 围墙墙体裂缝、变形，排水管堵塞；
5. 栏杆、边框钢管与梯板连接是否牢固；
6. 门锁、插销损坏、缺失。

十、桥涵限高防护架

1. 状态是否良好，是否缺少、变形和损坏；
2. 限高标志是否齐全完好，标识是否准确。

十一、河调及附属建筑物

1. 河流冲刷、淤积影响情况；
2. 下沉变形及损毁情况；
3. 铁丝石笼、浆砌片石、干砌片石等缺失、变形、脱落等情况。

十二、桥隧周边环境

《铁路运输安全保护条例》规定范围内应重点检查以下内容：
1. 桥梁周边抽取地下水、堆载、修建建筑物、存放垃圾等；
2. 桥梁上下游采砂、拦河筑坝、架设浮桥、围垦、抽取地下水等；
3. 隧道周边采石、开矿及上方修建道路、建筑物等；
4. 桥隧设备附近是否有易燃、易爆物品；
5. 周边危及铁路桥隧设备安全的其他问题。

第二节　桥隧主要作业项目

一、补充支座螺栓

1. 适用范围

适用于高铁桥梁盆式橡胶支座。

2. 技术标准和质量要求

(1)螺栓无松动；
(2)螺栓无超拧、欠拧现象。

3. 作业程序及要领

(1)卸开防尘罩；
(2)清理螺栓孔内污物、铁锈；
(3)安装新螺栓，在螺母的螺纹和端面上涂少许黄油，用扳手进行初拧，拧紧至螺母不能转动为止；
(4)采用扭矩扳手将初拧后的螺母拧到规定扭矩，并在螺母、螺栓相应位置划一白线以便检查；
(5)装好防尘罩，并将缝隙封闭，以防灰尘侵入。

4. 安全注意事项

(1)墩高超过 3 m 时，要系好安全带；

(2)因作业空间狭小,应注意身体保护,防止磕碰及工具、材料坠落。

二、浆砌片石

1. 适用范围

适用于高铁桥隧建筑物各种设备,各个部位浆砌片石的新砌和拆砌;室外昼夜平均气温在5 ℃以上,如低于5 ℃时,按冬季施工办理。

2. 技术标准和质量要求

(1)砌体尺寸符合设计要求;

(2)石质无风化、无裂纹、无水锈、表面干净,抗压强度一般不低于20 MPa,主体工程不小于30 MPa,中部厚度不小于15 cm;

(3)砂浆标号:一般不低于M10,附属工程不低于M7.5;

(4)砌石前必须按设计处理好地基,必要时进行整实或换土等,并做基坑排水;

(5)采用挤浆法,不准灌浆。

3. 作业程序及要领

(1)检查地基或旧砌体接茬面处理情况;

(2)放线;

(3)需要时搭脚手架;

(4)砂浆拌和均匀,颜色一致,稠度适当,手握成团;

(5)立沉落缝间隔板或在砌石后用油浸麻筋添塞;

(6)砌石按照既有线桥涵砌石方法作业;

(7)养生:收工和完工后,必须将砌体用湿草袋覆盖,及时浇水,保持润湿,当气温低于5 ℃时,不得浇水;

(8)拆除脚手架;

(9)清理场地,填平基坑,清理河道。

4. 安全注意事项

(1)搬运石料要清楚道路障碍物,防止绊倒摔伤;

(2)加工石料必须带护目镜,打锤不准戴手套;

(3)砌石时要带手套,防止挤手碰脚,严禁将石块下摔;

(4)基坑边缘不准堆石,防止滑动伤人。

三、水泥砂浆抹面

1. 适用范围

(1)适用于高铁各种圬工建筑物表层风化脱落、局部破损;

(2)采用普通水泥;

(3)室外昼夜平均气温在5 ℃以上,如低于5 ℃时,按冬季施工办理。

2. 技术标准和质量要求

(1)抹面必须平顺、光滑、无裂纹、无空响,并尽量成为规则的几何图形;

(2)补修面应凿麻、冲洗干净;

(3)砂浆标号符合设计要求;

(4)抹面厚度,一般10～30 mm,当厚度大于15 mm时,应分层补抹;

(5)厚度大于 30 mm 时，应用混凝土修补。

3. 作业程序及要领

(1)凿除破损混凝土，不留痕迹；

(2)凿除面要用水冲洗，在抹面前刷一层素灰浆；

(3)抹 M7.5 砂浆，筛、洗砂子，拌和不少于 3 次，水灰比一般不超过 0.65；

(4)抹面砂浆可分层抹面，每层厚度为 10～15 mm，下层抹面时，砂浆面拉毛，使层次连接紧密，先用木抹子赶平压实，再用铁抹子压光；

(5)养生：湿草袋覆盖，养生不少于 7 天。

4. 安全注意事项

(1)作业人员应带安全带、护目镜、手套；

(2)凿除混凝土时，不准对面打锤，锤把、锤头、钢钎不得有飞边。

四、水泥砂浆勾缝

1. 适用范围

(1)适用于新砌体圬工勾缝；

(2)旧砌体圬工勾缝脱落、裂损；

(3)室外昼夜平均气温在 5 ℃以上作业。

2. 技术标准和质量要求

(1)勾缝样式有平缝、凹缝、凸缝三种；

(2)勾缝宽度，样式一致，新旧缝衔接良好，旧缝凿深 30～50 mm；

(3)水泥砂浆不小于 M7.5 砂浆，水泥 42.5 号以上，砂子粒径不大于 2 mm；

(4)勾缝要压实、抹光，无裂纹、无飞边断道，空响处所不超过 5%；

(5)勾缝圆滑、美观。

3. 作业程序及要领

(1)筛洗砂子，备好用具；

(2)凿除面要用水冲洗，在抹面前刷一层素灰浆；

(3)清缝：将旧砌体周边的旧缝清除干净；

(4)勾缝：先刷一遍水泥砂浆，再将水泥砂浆自下而上，从左至右抹入灰缝，砂浆达到初凝时，用小抹子压光，缝边找平压实，用毛刷扫去毛刺和飞边；

(5)养生：湿草袋覆盖，养生不少于 7 天。

4. 安全注意事项

(1)作业人员应带安全带、护目镜；

(2)打锤时不许戴手套。

五、环氧树脂砂浆修补圬工裂损

1. 适用范围

(1)圬工、墩台表面涵渠边墙等；

(2)不易用水泥砂浆修补时。

2. 技术标准和质量要求

(1)环氧树脂砂浆配合比：

环氧树脂(6101,634)	100
邹苯二甲酸二丁酯	<20
乙二胺	8(15)
水泥 42.5 号	100
细砂(直径 0.5～0.7 mm)	450
立德粉	50

环氧树脂涂料配合比：

环氧树脂(6101,634)	100
邹苯二甲酸二丁酯	<20
乙二胺	8(15)

(2)环氧混凝土与圬工连接牢固,平整、无飞边、无空响；

(3)补修平整有排水坡。

3. 作业程序及要领

(1)检查圬工表面损坏部位,做好记录；

(2)凿除损坏的旧混凝土,外漏的钢筋要除锈,凿完后清除表面遗留灰屑；

(3)拌和环氧黏剂及环氧混凝土；

(4)补修破损表面:将凿除的表面,先涂一层约 0.2 mm 的黏合剂后用,环氧树脂混凝土砂浆补平压光,如面积较大的破损,可立模板,以防止环氧树脂混凝土砂浆下坠,模板表面涂一层二丁酯以便拆模；

(5)完工后将工具、量具清刷干净。

4. 安全注意事项

(1)作业人员应戴安全帽、护目镜、手套、口罩；

(2)作业完毕后,需用肥皂水洗手,医用酒精消毒,严禁不洗手吃东西或接触皮肤；

(3)使用和存放化学材料注意防火、严禁吸烟。

六、可调盆式橡胶支座调高

1. 适用范围

适用于高速铁路 KTPZ、KTPZ-TG 系列可调盆式橡胶支座。

2. 技术标准和质量要求

(1)调高量满足经调查确认需调整的高度；

(2)支座调高后支座螺栓无松动,上下支座板分别与梁底及灌浆层密贴无缝隙。

3. 作业程序及要领

(1)压注式(填充式)调高

① 按规定程序办理登记要点、进网手续；

② 检查支座实际工作状态,并根据桥上轨道标高调整及墩身不均匀沉降差要求,会同桥梁设计单位,确定拟调高各支座的预计调高量(在调高预留量范围之内)；

③ 根据支座钢盆直径,确定所需聚氨酯橡胶材料数量,在实施支座高度调整前备出足够数量的聚氨酯橡胶材料；

④ 压注施工操作开始前,检查支座调高所用液压设备(油泵、油管、阀门、液压表等)性能及工作状态的可靠性；

⑤ 压注操作过程中，检查同一墩台上相邻支座调高过程的同步性，避免产生过大的高差，以免对相应梁体造成不利影响；

⑥ 支座高度调整完成后，检查支座标高及支座反力是否符合设计要求。其后关闭压注孔阀门，防止聚氨酯橡胶材料于预留孔处流出；

⑦ 支座调高完成后，及时拆除液压设备，并用溶剂清洗设备管道和阀门，防止设备孔道发生堵塞。

(2)机械式调高

① 按规定程序办理登记要点、进网手续；

② 检查支座实际工作状态，并根据桥上轨道标高调整要求及桥墩不均匀沉降差情况，会同桥梁设计单位，确定拟调高各支座的预计调高量(在调高预留量范围之内)；

③ 根据支座尺寸及拟定调高量，加工调高用钢垫板；

④拧出待调高支座的所有下锚定的螺栓；

⑤ 在待调高的支座旁用适合千斤顶进行起顶梁(高出所需调高量 1～3 mm)工作，插入调高钢垫板拧下锚定螺栓，但不拧紧；

⑥ 落下千斤顶，使支座受压，然后拧紧下锚定螺栓；

⑦ 检查支座就位状态，对支座与调高钢垫板之间的缝隙进行封堵，在调高钢垫板外露面上涂油漆进行防锈保护。

4. 安全注意事项

(1)各作业人员要统一指挥、服从命令、协调配合；

(2)要在起顶前做好相关防落梁措施；

(3)作业过程中要做好相关劳动保护。

七、隧道衬砌修补

1. 适用范围

适用于高速铁路隧道衬砌修补作业。

2. 技术标准和质量要求

(1)满足圬工耐久性修补标准；

(2)压注浆液应饱满，无裂纹，麻面，封孔修补应压实，平整，牢固。

3. 作业程序及要领

(1)搭设必要的脚手架或梯凳；

(2)做孔眼布置标记，凿孔眼，清理，凿除松散圬工并洗净；

(3) 封闭嵌补裂缝，麻面，空隙 ，埋设压浆嘴，同时编号，养生；

(4)养生合格后做压水试验，检查压浆嘴是否牢固，同时要做好每个孔眼压注水量的记录；

(5)按配合比拌和浆液，并测定浆液的延散度；

(6)开始压浆：顺序是先下后上，先外后内，当个别孔耗浆量大而不饱满时，待 24 h 再压注同一比例的浆液，压浆时要准备好棉纱或纸堵塞漏浆处所，待浆液饱满后拔出注浆插头，立即用木塞把注浆嘴塞紧；

(7)衬砌背后压浆时要注意检查，堵塞跑浆孔道；

(8)压完浆后按要求时间可拆除压浆嘴，用 1∶3 的干砂浆抹平封孔。

4. 安全注意事项

(1)各作业人员要统一指挥、服从命令、协调配合；

(2)搭拆脚手架要防止摔伤；

(3)作业过程中要做好相关劳动保护。

八、隧道排水设施整修

1. 适用范围

适用于高速铁路隧道排水沟整修作业。

2. 技术标准和质量要求

(1)满足圬工耐久性修补标准；

(2)排水沟无杂物、通畅。

3. 作业程序及要领

(1)用小撬棍掀开侧沟盖板，用方头铁锨挖除沟内，井里的污泥和杂物，并运至洞外；

(2)清理完毕要盖好侧沟盖板，安放平稳；

(3)浇筑混凝土侧沟，制立模板，清晰模板并涂刷润滑剂，基底铺 2～3 cm 厚的 M10 水泥砂浆，按比例配料，拌和混凝土，搅拌均匀，灌筑捣实，找平顶面并压光，终凝后覆盖养生 7 天以上拆模，拆吊轨，回填，安装盖板；

(4)修补排水沟，拆除原裂损圬工砌体，凿除松动部分，用清水洗干净，用比原标号高一标号的砂浆进修修补，用草袋覆盖养生 7 天以上。

4. 安全注意事项

(1)各作业人员要统一指挥、服从命令、协调配合；

(2)拆装水沟盖板要防止砸伤；

(3)作业过程中要做好相关劳动保护。